운명을 바꾸는 마음공부

하

운명을 바꾸는 마음공부 하

발행일   2023년 2월 6일

지은이   김규열
펴낸이   손형국
펴낸곳   (주)북랩
편집인   선일영   편집   정두철, 배진용, 김현아, 윤용민, 김가람, 김부경
디자인   이현수, 김민하, 김영주, 안유경, 최성경   제작   박기성, 황동현, 구성우, 권태련
마케팅   김회란, 박진관
출판등록   2004. 12. 1(제2012-000051호)
주소   서울특별시 금천구 가산디지털 1로 168, 우림라이온스밸리 B동 B113~114호, C동 B101호
홈페이지   www.book.co.kr
전화번호   (02)2026-5777   팩스   (02)3159-9637

ISBN   979-11-6836-719-7 04200 (종이책)   979-11-6836-694-7 04200 (세트)
ISBN   979-11-6836-720-3 04200 (전자책)

(주)북랩 성공출판의 파트너
북랩 홈페이지와 패밀리 사이트에서 다양한 출판 솔루션을 만나 보세요!
홈페이지 book.co.kr   •   **블로그** blog.naver.com/essaybook   •   **출판문의** book@book.co.kr

작가 연락처 문의 ▸ ask.book.co.kr

작가 연락처는 개인정보이므로 북랩에서 알려드릴 수 없습니다.

운명을
바꾸는
마음공부

김규열 **지음**

원광디지털대학교 총장
한의학박사

북랩

서문

우리는 왜 살까요? 첫째는 당연히 살아계시기 때문에 사실 테고, 둘째는 행복하기 위해 사시지 않나요? 그런데 행복의 기준은 사람마다 다르며 방법 또한 무수히 많을 것입니다. 누구나 행복한 삶을 원하지만, 인생의 출발선인 태어날 때의 조건부터가 다 다르고, 전반적인 삶의 조건 자체가 단 한 사람도 똑같지 않고 편차가 매우 크지 않습니까?

왜 누구는 부잣집에 태어나 호강을 하고 누구는 가난한 집에 태어나 고생을 하며, 누구는 건강하고 누구는 허약하게 태어나며, 누구는 머리가 좋고 누구는 머리가 나쁘게 태어나는지, 왜 출발선부터 우리의 삶의 모든 조건들이 이와 같이 사람 따라 차별이 생기는지 궁금하지 않습니까? 그 이유를 보통은 운명이라고들 하는데 그렇다면 운명은 누가 결정하는지, 타고난 운명은 바뀔 수가 없는 것인지, 우리의 자유의지와 노력의 결과는 무엇인지, 운명을 바꿀 수 있다면 어떻게 해야 하는지 또한 궁금하지 않습니까?

세상 사람들이 누구나 행복하기를 바라고 나름대로 부단히 노력들을 하고 있는데 왜 행복한 사람보다 불행한 사람들이 더 많아보일까요? 우리가 어디든 여행을 가고자 한다면 먼저 그 목적지가 어디에 있는지, 그곳에 가려면 어떻게 가는 것이 가장 바람직한지, 여행지의 상황이나 볼거리는 어떠한지 등을 먼저 알아보지 않습니까? 마찬가지로 우리가 행복하고자 한다면 당연히 먼저 어떻게 사는 것이 행복한지, 행복하게 살려면 어떻게 해야 하는지부터 알아봐야 하지 않을까요?

더구나 우리가 성공과 행복을 위해 많은 노력들을 하고 있지만 모든 것들이 본질적으로는 다 영원하지 않고 무상하며, 우리의 삶 또한 유한하다는 것입니다. 그래서 우리가 언제 어디서 어떻게 죽을지는 아무도 모르지만 언젠가 반드시 죽는다는 것만큼은 분명한 사실인데, 병들고 늙어야만 죽는 것도 아니고, 사고로도 죽고, 어려서도 죽고, 원인도 모르게 죽기도 하기 때문에, 사실 남녀노소와 신분 고하를 막론하고, 오늘 죽을지 내일 죽을지 아무도 모르지 않습니까? 그런데 젊은 사람은 말할 것도 없고 80이 넘은 어르신조차도 죽으면 어디로 가는지도 모르면서 아직도 살게 될 날이 많이 남아 있는 것처럼 살아간다는 겁니다.

더욱이 부처님 말씀에 의하면 저승길에는 다만 서원과 업 보따리와 자기의 수행력만 가지고 간다고 하며, 이 세상에 올 때에 우리가 모두 빈손으로 왔듯이 죽을 때도, 권력자든 부자든 상관없이 누구나 빈손으로 돌아간다는 것을 분명하게 확인할 수 있는데도 불구하고, 사람들은 왜 다른 사람들을 괴롭히면서까지 자기의 욕심을 차리려고 들까요?

이러한 의문들은 비단 저만의 의문이 아닐 겁니다. 이 책은 바로 이러한 의문들에 대한 답을 찾고자 필자 나름대로 오랜 기간 탐색하고 연마하며 심혈을 기울여서 쓴 결과물입니다. 아마 저의 박사 논문을 쓸 때보다 몇 배 이상의 시간과 정력을 더 쏟았을 겁니다.

답을 찾는 중에 그래도 부처님과 여러 선지식들의 가르침이 가장 믿을 수 있다고 생각했기 때문에 이를 기반으로 하고, 개운서開運書인 《요범사훈》과 현대까지 밝혀진 여러 가지 과학적 지식과 저의 경험적 지식을 바탕으로 연구한 바를 종합하여 되도록 논리적으로 기술하고자 노력했습니다마는, 그중에서도 다음의 법문이 가장 중요한 지침이 되었습니다.

- 『대종사께서 말씀하시기를, "원래 불교는 일체유심조一切唯心造 되는 이치를 스스로 깨쳐 알게 하는 교이니 … 그 이치를 알고 보면 불생불멸의 이치와 인과보응의 이치까지도 다 해결되나니라."』(《대종경》, 교의품 27장)

- 『대종사께서 말씀하시기를, "모든 사람에게 천만 가지 경전을 다 가르쳐 주고 천만 가지 선을 다 장려하는 것이 급한 것이 아니라, 먼저 생멸 없는 진리와 인과보응의 진리를 믿고 깨닫게 하여 주는 것이 가장 급한 일이 되나니라."』(《대종경》, 인과품 16장)

- 『정산종사께서 일체유심조에 대한 질문에 답하시기를 "사람도 마음이 들어서 길흉화복과 생로병사를 지어 나가며, 천지도 근본 되는 형상 없

는 진리 곧 마음이 들어서 성주괴공과 풍운우로상설과 유무 변화가 되느니라."[1]

• 『대산종사께서 말씀하시기를, "불교는 모든 중생에게 제가 짓고 제가 받아 가며 무시광겁으로 왕래하는 이치—切唯心造를 깨쳐 알리기 위하신 것으로, 부처님께서 49년간 설하신 팔만대장경의 강령을 들어 말하자면 불생불멸의 진리와 인과보응의 진리를 밝혀 놓으셨으며, 특히 사성제, 팔정도, 십이인연, 육바라밀 등이 그 중 요체要諦가 되는 것이다."[2], 『부처님께서 49년 동안 설하신 팔만대장경은 일체유심조의 이치를 가르치신 것이요, 대종사께서 28년간 가르쳐 주신 교법의 핵심은 용심법이라, 이는 죄와 복이 다 자기 마음 가운데 있으므로 각자의 조물주는 바로 자기 자신임을 밝혀 주신 것이니라. 그러므로 정산 종사께서는 항상 "마음을 여유 있고 넉넉하게 쓰라." 하셨고, 나는 "남의 마음을 고치고 가르치기 전에 자기 마음부터 고치고 가르치라." 하나니, 자기 훈련과 신분검사로 스스로를 변화시키는 데 정성을 다해야 하느니라.』《대산종사법어》, 훈련편 38장)

맨 먼저 건강법을 설명한 다음 운명이 무엇인지를 밝혔으며, 우주 자연의 변화와 우리의 삶이 진리를 벗어날 수가 없으므로 이에 대한 기본적인 내용들을 기술했습니다. 이어서 모든 현상 변화의 핵심 원리인 인연과의 법칙과 운명을 만드는 업의 원리를 설명했으

---

1) 《한울안 한이치에》, 제1편 법문과 일화 3.일원의 진리, 67절.
2) 《대산종사법문집 제1집》, 진리는 하나, 1.불교.

며, 그 근본 원리인 일체유심조의 이치를 다각도로 밝히고, 삶의 주체인 내가 누구인지를 고찰했습니다.

다음으로 운명을 바꾸는 방법과 괴로움을 벗어나 행복으로 가는 길(부처님의 사성제·팔정도와 12연기, 육바라밀 등)에 대해 기술했습니다. 하권에서는 이상의 상권에 이어서 행복의 비결인 보은감사생활과 사은사요 및 불공법에 대해서 설명하고, 이어서 진리의 상징인 일원상과 마음공부의 방법인 삼학팔조와 염불·좌선 등의 명상법 및 일상수행요법과 상시응용주의사항 등에 대해 자세히 해설하고, 6단계 마음공부방법과 인간관계의 요결 및, 죽음의 도와 천도에 대해 설명하는 것으로 마무리를 지었습니다.

전체적으로 상권에서는 주로 불교를, 하권에서는 주로 원불교의 내용을 기본으로 하여, 재가 교도·학자의 입장에서 최대한 경전의 말씀에 기반하고 과학적 지식과 사실적 경험에 바탕을 두어 일체유심조 또는 인과의 이치와 용심법을 하나로 꿰어 논리적으로 서술하고자 노력하였습니다.

하지만 글을 쓰는 내내 과연 제가 이 일을 잘 해낼 수 있을까? 이 분야의 전문가도 아니고, 확철대오를 한 것도 아니고, 지행합일을 이룬 것도 아니고, 식견이 뛰어나다거나 체험이 남다른 것도 아니고, 더 훌륭한 선지식들도 많으신데 굳이 제가 이 일을 할 만한 가치가 있는 걸까? 하는 생각을 많이 했었습니다. 그러나 제가 여러 가지로 부족한 것은 사실이지만 남다른 저만의 색깔과 이력이 있기에, 분명히 이 책이 도움이 될 수 있는 분들도 계실 것이라는 생각에 스스로 용기를 북돋우며 집필을 해서 마침내 이와 같이 출판하기에 이르렀습니다.

원래 이 책을 집필하게 된 동기는 첫째로 제 공부를 좀 더 체계적으로 하기 위해서, 둘째로 제가 아는 바를 모르는 분들과 공유해서 함께 진급해 가기 위해서, 셋째로 법 보시를 통해 법연을 좀 더 두텁게 함과 동시에 그동안 제가 세상에 나와서 입은 모든 은혜와 한때 출가하려다 못한 빚을 사은님께 다소나마 갚고자 함이었습니다. 그러나 체력이 원래 약하고 내공이 딸리는 데다 기억력도 옛날 같지 않아서 가까스로 집필을 마칠 수가 있었는데, 무엇보다도 내용 중에 혹 잘못된 부분이 있어서 불조의 말씀 또는 진리를 오도誤導하는 일은 없을까 염려가 됩니다. 그렇지만 독자 제현·도반들께서 바로잡아 주신다면 저의 공부에도 많은 도움이 될 것이라는 생각에 감히 용기를 내어 출판하게 되었습니다.

이 책을 집필하는 동안 수많은 참고문헌의 도움을 많이 받았습니다. 그중에서도 특히 원요범 선생의 《요범사훈》과, 초기불교에 대한 각묵스님, 묘원스님, 일묵스님의 저술, 유식불교에 대한 김명우 박사와 한자경 교수님의 저술, 원불교에 대한 각산종사님의 《교전공부》와 좌산상사님의 저술 등을 통해 많은 도움을 받았습니다.

끝으로 일이 잘 안 풀리어 고단한 인생을 희망적인 행복한 삶으로 운을 열어가고 싶거나, 마음공부에 관심이 있는 독자들께서는 여러 가지의 개운법과 마음공부법의 근본원리를 확실하게 깨치셔서 함께 행복의 이정표를 세우고 사회적 갈등을 해소하며 평화

안락한 세계를 만들어 가실 수 있기를 법신불 사은전에 간절히
심축 드립니다. 감사합니다.

2022년 12월 15일

평산 김규열 합장

일러두기

1. 여러 경전들의 말씀을 주제별로 일목요연하게 한데 모아서 독자들이 공부하기 쉽게 하고자 노력하였으며, 중복 인용은 되도록 피해서 좀 더 많은 말씀을 싣고자 했습니다.

2. 해설은 전체적인 맥락과 원리 및 핵심을 파악하도록 하는데 촛점을 맞추었으며, 개별적인 어구 등에 대해서는 지면 관계상 일일이 설명을 더하지는 않았습니다.

3. 참고문헌에서 인용한 말씀들은 서두나 말미에 각주를 달아 출전을 밝혔으며, 부연 설명이나 해설이 필요한 어휘들 역시 각주를 달았으나 지면 관계상 일부로 한정하였습니다.

4. 지면 관계상 출전만으로도 알 수 있는 "대종사 말씀하시기를", "정산종사 말씀하시기를", "대산종사 말씀하시기를"은 모두 생략하는 것을 원칙으로 했습니다.

5. 【참고문헌】에서 인용한 문장은 본문의 문체 흐름에 맞추고자 경어체로 바꾸거나 중간중간 생략한 부분도 있는데, 생략한 부분은 "(중략)" 또는 "…"를 넣어 표시하였습니다.

6. 인용문의 출전은 인용문의 서두나 말미의 각주, 또는 인용문 바로 뒤의 괄호 속에 실수로 빠뜨린 경우가 아닌 한 모두 밝혔습니다. 여러 문단을 인용한 경우에는 출전을 각 문단 뒤에 각각 표시하였으나, 지면 관계상 서두나 맨 나중 문단 뒤의 각주에 한 번만 밝힌 경우도 있습니다.

7. ∙ 뒤에 인용한 법문은 고딕체로 표시하여 본문의 서체와 구분되게 하였으며, 출전은 인용법문의 맨 뒤 괄호 속에 표기함을 원칙으로 하고, 출전의 표기가 긴 것은 각주로 처리하였습니다.

8. 본문 내용에 부연 설명이 필요하거나 공부하기 편리하게 관련 법문을 보여드리고 싶은데 본문의 흐름을 해칠 염려가 있는 것은 각주로 처리하여 참고하도록 하였습니다.

9. 각주에 표기한 출전 중 참고문헌은 지면 관계상 도서명과 페이지만 표기하였으므로, 구체적인 서지사항이 필요한 경우에는 이 책 말미의【참고문헌】목록에서 확인해 주시면 감사하겠습니다.

10. 모든 어휘는 한글로 표기함을 원칙으로 하되, 혼동의 우려가 있거나 기타 필요한 경우에는 한자나 영어를 병기하였으며, 본문의 서체는 명조체로 표기하되 본문 중에 특별히 강조할 필요가 있는 부분은 고딕체로 표기하였습니다.

11. 전문적이거나 어렵다고 여겨지는 어휘에 대해서는 필요한 경우 각주에 해설을 달고, 인용한 경우 출전을 간략히 표기하였으며, 고전에서 인용한 문장은 각주에 원문과 출전을 표기했습니다.

12. 서책명은 《정전》, 《금강경》과 같이, 논문명은 『사은사상에 대한 연구』와 같이 표기했으며, 인용문은 『대산종사께서 말씀하시기를, "정산 종사께서는 항상 '마음을 여유 있고 넉넉하게 쓰라.'고 하셨고,』에서처럼 『 』, " ", ' '의 순으로 표기하였습니다.

13. 출전 표기에서 "《정전》, 제2 교의편", "《대종경》, 제3 수행품" 등은 "《정전》, 교의편", "《대종경》, 수행품"같이 표기하여 차례를 나타내는 "제2", "제3" 등은 생략하였으며, 경전의 인용문이 너무 긴 경우 현대의 맞춤법에 준하여 쉼표를 임의로 첨가한 경우도 있습니다.

목차

하권下卷 목차

08 감사하고 보은하는 마음에 행복이 찾아든다

09	일원상은 진리의 상징이며 신앙의 대상과 수행의 표본이다

10 마음공부가 모든 공부의 근본이다

12　좋은 인간관계가 건강과 행복을 불러온다

13　죽음을 준비하는 것도 잘사는 것 못지않게 중요하다

감사하고 보은하는 마음에
행복이 찾아든다

- 『세상 만사가 다 뜻대로 만족하기를 구하는 사람은 모래 위에 집을 짓고 천만 년의 영화를 누리려는 사람같이 어리석나니, 지혜 있는 사람은 세상을 살아가는 데 십분의 육만 뜻에 맞으면 그에 만족하고 감사를 느끼며 또한 십분이 다 뜻에 맞을지라도 그 만족한 일을 혼자 차지하지 아니하고 세상과 같이 나누어 즐기므로, 그로 인하여 재앙을 당하지 않을뿐더러 복이 항상 무궁하나니라.』《대종경》, 인도품 29장)

- 『사람이 그 본의는 저 편에게 이利를 주고자 한 일이 혹 잘못되어 해를 주는 수도 있나니, 남을 위하여 무슨 일을 할 때에는 반드시 미리 조심해야 할 것이요, 그러한 경우로 해를 입은 사람은 그 본의를 생각하여 감사할지언정 그 결과의 해로운 것만 들어서 원망하지 말아야 하나니라.』《대종경》, 인도품 14장)

- 『중생들은 열 번 잘 해준 은인이라도 한 번만 잘못하면 원망으로 돌리지마는 도인들은 열 번 잘못한 사람이라도 한 번만 잘하면 감사하게 여기나니, 그러므로 중생들은 은혜에서도 해(害)만 발견하여 난리와 파괴를 불러 오고, 도인들은 해에서도 은혜를 발견하여 평화와 안락을 불러 오나니라.』《대종경》, 요훈품 33장)

- 『감사 생활만 하는 이는 늘 사은의 도움을 받게 되고, 원망 생활만 하

는 이는 늘 미물에게서도 해독을 받으리라.』《정산종사법어》, 법훈편 59장)

• 『세상에서 제일 잘 사는 길은 은혜를 발견하여 감사 생활을 하는 것이

요, 세상에서 제일 잘못 사는 길은 해독을 발견하여 원망 생활을 하는

것이니라.』《대산종사법어》, 교리편 40장)

우리는 배고플 때 밥 한 그릇 얻어먹고 갈증이 심할 때 물 한잔 얻어 마시는 것도 은혜로 알고 고맙게 생각합니다. 하물며 우리의 삶의 담보가 되는 사은의 크신 은혜는 그 고마움을 이루 다 헤아릴 수가 없는 것입니다. 그러므로 우리는 지금 살아있는 것 자체만으로도 감사한 것이며 축복입니다. 그런데 코가 있어서 숨을 쉴 수 있고, 눈이 있어서 사물을 볼 수 있고, 귀가 있어서 소리를 들을 수 있고, 입이 있어서 음식을 먹을 수 있고, 손이 있어서 물건을 잡을 수 있고, 다리가 있어서 스스로 걸을 수 있다면, 얼마나 더 감사할 일입니까?

일찍이 헬렌 켈러 여사는 청각장애인과 시각장애인이었는데도 자기의 인생을 매우 감사하게 생각했지만, 단 하루 동안만이라도 자신의 두 눈으로 해가 뜨고 지는 것과 만물을 바라볼 수 있다면 얼마나 큰 축복이겠느냐고 말했다고 합니다. 오늘 하루는 어제 죽은 사람이 그토록 살고 싶었던 하루임을 생각한다면, 오늘 하루 무사한 것만으로도 정말 감사할 일이며 축복인 것입니다. 그러므로 우리의 삶은 긍정적인 시각으로 바라보면 감사하지 않을 일이 없습니다. 우리는 걸핏하면 남을 탓하거나 원망하며 매사에 불평

불만을 가지고 사는 경우가 많습니다. 그러나 행복하게 살기 위해서는 범사에 감사하는 태도부터 기르지 않으면 안 됩니다. 더구나 자기에게 주어지는 모든 조건은 다 자기가 만든 것이며, 자기에게 부정적으로 보이는 것 또한 자기의 마음이 그렇기 때문이라는 것을 제4장과 제5장에서 충분히 살펴보았습니다.

매사에 감사하는 태도가 성공과 행복을 더 잘 불러온다는 것은 심리학적으로도 충분하게 입증되고 있지만 마음의 이치상으로 보면 당연한 일입니다. 이 세상에서 자기에게 불평불만하고 자기를 탓하거나 원망하는 사람을 좋아할 사람이 있습니까? 자기가 잘못한 것을 분명하게 인정하고 있는 경우라 해도 그것을 드러내놓고 비판한다면 이를 기분 좋게 생각할 사람은 거의 없을 것입니다. 하물며 다른 사람들이 잘못했다고 지적해도 정작 본인은 그렇게 생각하지 않는 경우가 대부분인데, 이러한 경우 상대방이 자기를 나쁘다고 비판하거나 탓하거나 원망하며 불평한다면 어떻게 생각하겠습니까? 아마 고맙게 생각하거나 좋게 생각하기보다는 오히려 기분 나빠하고 화를 낼 것입니다. 당신이라면 상대방에 대해 기분이 나쁘고 화가 나는데도 도와줄 생각이 나겠습니까? 더욱이 상대방을 비판하고 탓하고 원망하는 사람은 상대방의 기분을 나쁘게 하기 전에 먼저 자기의 기분부터 나쁩니다. 그런 말을 내뱉기 전에 이미 자기부터 화가 나 있거나 양심에 어긋난 경우 스스로 찝찝하기 때문입니다.

반대로 아무런 대가를 바라지 않고 자기를 평소 칭찬하거나 고맙게 생각하는 사람을 싫어할 사람이 있습니까? 아마 싫어하는 사람이 있다면 그것은 특수한 정황이 있을 것이고 일반적으로는 누구나 다 그런 사람을 싫어하기는커녕 오히려 좋아할 것입니다. 자기를 기분 좋게 하는 사람이 있다면, 무엇이든 도울 만한 일이 있으면 자기도 도와주고 싶은 것이 인지상정입니다. 그러므로 남을 칭찬하거나 평소 감사하기를 좋아하는 사람은 그렇지 않은 사람에 비해 성공할 가능성이 당연히 높아질 수밖에 없는 것입니다. 더구나 남을 기분 좋게 해주는 사람은 먼저 자기의 기분부터 좋기 마련입니다. 자기가 기분 나쁜데도 남을 기분 좋게 하기는 그만큼 어렵기 때문입니다. 자기의 기분이 좋으면 그만큼 행복해지는 것이므로, 매사에 긍정적인 태도로 감사하기를 좋아하는 사람은 자연히 더 행복하고 마음에 여유가 있을 수밖에 없습니다. 따라서 무슨 일을 하든지 그만큼 좋은 컨디션을 유지할 수 있으므로, 불평불만하는 사람보다 일 처리를 더 잘할 수밖에 없고, 행운의 기회도 더 잘 포착하므로 성공의 기회도 그만큼 더 많아지게 되는 것입니다. 이것은 실제 사회적으로 성공한 사람들과 실패한 사람들의 삶의 태도에 대한 연구 결과에서도 분명하게 입증된 사실입니다. 그러므로 자기와 이웃의 행복한 삶을 위해서는 되도록 원망 생활을 감사 생활로 돌리자는 것입니다. 더 나아가서는 나에게 좋은 것이면 무엇이든지 당연하게 생각하지 말고 감사하게 생각하라는 것입니다.

예를 들어 꾸어준 돈을 돌려받으면 당연하게 생각하여 감사하지 않을 수 있는데, 돌려받지 못한 경우를 생각해보면 역시 감사한 것입니다. 천지은과 같이 평소 우리가 당연한 것으로 생각했던 것들이 깊이 생각해 보면 사실은 너무나 큰 은혜이고 감사할 일이라는 것을 새삼 느낄 수 있습니다. 그러므로 감사의 반대는 원망만이 아니고 당연하게 생각하는 것입니다. 당연하게 여겨지는 것들도 모두 감사하게 생각할 때 우리의 행복도 그만큼 커지는 것입니다. 이것은 심리학적으로도 충분히 입증된 사실입니다. 긍정 감사의 효과를 이시형 박사님의 『인생을 바꾸는 긍정의 힘』(YTN 사이언스)과 매일 매일 100가지 감사할 일을 찾아 쓰는 감사일기를 통해서, 자신의 인격과 인생이 완전히 바뀌고 온 가족이 모두 행복해진 사례와 암을 고친 사례 등을 실어 방송한 KBS의 『생로병사의 비밀』감사의 힘(①감사일기[3], ②감사편지[4])에서도 유튜브를 통해 바로 확인해 볼 수 있습니다.

　"감사합니다"라는 말을 많이 하면 할수록 행복 주문이 되어 여러분의 삶을 행복으로 안내해줄 것입니다. 이와 같이 감사 생활은 가장 비용을 적게 들이면서 가장 쉽게 가장 빨리 행복해질 수 있는 최고의 비법입니다. 여러분도 꼭 실천해 보시기 바랍니다. 머릿속으로만 이해하는 것과 실제로 실천해 보는 것이 얼마나 큰 차이가 있는지를 여러분이 직접 실천해 보시면 알 수 있습니다. 오늘부터 바로 실천해 보십시오.

---

3)　유튜브 동영상 주소 (https://www.youtube.com/watch?v=m295rGbr9WQ)
4)　유튜브 동영상 주소 (https://www.youtube.com/watch?v=fE8gbHt-r68)

♥ 감사일기 쓰는 방법 ♥

① 사소한 것이라도 내 주변에서 감사할 일을 찾습니다.

② 무엇이 왜 감사한지를 구체적으로 적습니다.

③ 문장의 맨 끝을 "~해서 감사합니다."의 형식으로 마무리합니다.

④ 어제 감사한 일을 오늘 다시 감사해도 좋습니다.

⑤ 당연하게 생각되었던 것들도 다시 한번 깊이 생각해 보면 감사할 일이 많습니다.

⑥ 상대방이 있는 경우에는 상대방에게 "감사합니다"라는 말로 직접 표현하는 것이 좋으며, 상대방이 없을 때는 마음속으로라도 생활 틈틈이 "감사합니다"란 말을 되뇌면 좋습니다.

♥ 감사편지 쓰는 방법 ♥

① 자신의 삶을 더 좋게 변화시킨 사람을 떠올린 다음 자리에 앉아 감사편지를 씁니다. 그 사람이 어떻게 해주었고 자신이 어떠한 영향을 받았는지에 대해 300자 정도로 구체적으로 써야 합니다.

② 편지를 다 쓰면 그 사람과 만날 자리를 마련하는데 그 이유는 말하지 않습니다.

③ 그렇게 해서 만나면 편지를 진심을 담아 천천히 읽습니다. 이때 방해 요소가 없어야 합니다.

④ 자녀 또는 배우자에게 감사편지를 쓰셔도 매우 좋은 효과가 있습니다.

이상을 실천해 보면 "놀라운 효과를 냅니다. 편지 낭독으로 사람들은 감동하여 서로 껴안지요. 그뿐만이 아닙니다. 우리는 일반적으로 편지를 쓴 사람이 그 후로 꼬박 한 달 동안 덜 우울해하고 삶을 좀 더 긍정적으로 생각한다는 사실을 발견했습니다."라고 셀리그먼 박사가 말했습니다.[5]

끝으로 원망 생활의 해독과 감사 생활의 유익한 점을 다시 한번 간략히 정리해 보면 다음과 같습니다.

(1) 원망 생활의 해독

① 불평불만으로 원망 생활하면 먼저 스스로의 마음이 괴롭습니다.

② 감정이 억울하게 되고 화병이 동하여 온갖 병증을 불러옵니다.

③ 성내고 분노하는 마음을 강화하며 상극의 인연을 강화하여 업장 업력을 더욱 두텁게 합니다.

④ 주위 사람들의 심기를 불편하게 하여 쟁투를 불러옵니다.

⑤ 주위 인연들이 자꾸 떠나가고 사람들이 나와 가까이하고 싶어 하지 않으므로 점점 외로워져서 삶이 팍팍해집니다.⑥ 울퉁불퉁한 마음으로 일하다 보면 스스로 실수하여 사고를 내기 쉽습니다.

⑦ 주변 사람들의 호응하는 기운이 점점 사라지므로 하는 일마다

---

5) 제니스 캐플런 지음, 김은경 옮김, 《감사하면 달라지는 것들》, 113쪽.

기운이 막히게 되어 실패를 거듭합니다.

⑧ 원망심이 깊어져서 원한으로 발전하면 독기를 내뿜으며 자신의 건강과 이웃을 해칠 뿐만 아니라 복수심으로 또 다른 죄업을 짓게 됩니다.

⑨ 독심과 죄업으로 인해 악도에 떨어집니다.

(2) 감사 생활의 결과

① 매사에 은혜를 느껴 감사하니 자기 마음부터 즐겁습니다.

② 마음이 즐거워지니 면역력이 증강하고 건강이 절로 좋아집니다.

③ 자꾸 화和하는 기운을 조성하므로 상극의 악연도 좋은 인연으로 바뀌어 업장 업력이 소멸되고 복락이 장만됩니다.

④ 주위 사람들의 심기를 편안하게 하여 화평한 분위기를 만들어줍니다.

⑤ 나와 가까이하고 싶고 도와주고 싶어 하는 인연들이 점점 많아지므로, 삶이 외롭지 않고 힘들 때에도 주변 사람들의 도움을 쉽게 받을 수 있습니다.

⑥ 감사한 마음으로 일하다 보면 항상 즐겁고 매사에 정성을 들이게 되므로 성취도가 높아집니다.

⑦ 주변 사람들의 호응하는 기운이 많아지므로 하는 일마다 운이 열리어 성공을 수월하게 합니다.

⑧ 감사하는 마음으로 보은하고 덕을 베풀면 나뿐만 아니라 이

웃도 더불어 잘살게 됩니다.

⑨ 낙도생활로 선도에 태어납니다.

이상에서 살펴본 바와 같이 원망 생활을 하고 보면 자신에게나 이웃에게나 이익이 될 일은 하나도 없고 해될 일만 있을 뿐 아니라, 일체유심조 항에서 자세히 살펴본 바와 같이 원망할 일도 알고 보면 모두 자기가 지어서 받는 과보이거나 자기의 부정적인 관점에서 그렇게 보이는 것일 뿐이므로, 오직 스스로를 반성하고 참회하며, 어떠한 경우라도 달게 받으며 은혜를 발견하여 감사하기에 힘쓰고, 더 나아가 은혜를 심어서 상생의 선연으로 돌리도록 하는 것이 복을 받는 길이며 행복으로 가는 길입니다.

8.1 생명의 경이로움

봄날에 들에 나가 보면 새싹이 돋아나는 모습들을 많이 볼 수 있습니다. 씨앗이 막 발아하여 그 여리디여린 줄기가 떡잎을 위로 하여 단단하게 굳은 흙덩어리를 헤치고, 무거운 흙덩어리를 제치며 밀고 나오는 모습을 보면 생명의 경외와 신비를 느끼지 않을 수 없습니다. 때로는 그 여린 뿌리가 바위를 뚫기도 합니다. 이것만으로도 물리학적인 한계를 넘어서는 생명의 힘을 느끼기에 충분할 것입니다. 그런데, 한 걸음 더 나아가서 얼핏 보기에 그저 삭막하다거나 아무것도 없다고 느낄 만한 그 흙 속에서 온갖 종류의 식물이 돋아나서 아름다운 꽃을 피우고 열매를 맺는 것을 보면 이보다 더 신기한 기적이 또 어디에 있을까요? 그 더럽다고 여기는 똥 거름을 먹고서도 그 아름다운 꽃을 피우고 그 맛있는 과일을 맺는 걸 보면 얼마나 경이롭습니까!

또, 우리가 들과 길가에서 흔히 볼 수 있는 식물인 민들레를 보십시오. 그 아름다운 꽃이 지는가 싶으면 하얀 깃털 같은 날개를 단 수많은 종자가 맺히고 얼마 있다가 바람이 휙 불면 하늘하늘 사방으로 흩어져 날아갑니다. 이것은 민들레가 오직 자신의 종자를 쉽게 널리 퍼뜨리기 위한 것인데, 그 멋진 모습과 살랑거리는 바람에조차 쉽게 날리어 산산이 흩어지도록 고안(?)한 것을 보면 그 심미적 측면에서나 실용과학적 측면에서나 참으로 탄성이 절로 나오지 않을 수 없습니다.

또, 우엉의 열매는 작은 밤송이처럼 생겼는데 그 가시 하나하나의 끝이 낚싯바늘처럼 구부러져 있어서 스치는 사람의 옷이나 일반 동물의 몸에 열매가 착 달라붙도록 고안되어 있습니다. 그래서 옷에 한 번 달라붙으면 잘 안 떨어지기 때문에 열매 이름을 악실惡實이라고 부릅니다. 이것이 열매에 가시를 촘촘히 내고 그 가시 끝을 갈고리 모양으로 만들면, 다른 동물의 몸에 착 달라붙어서 종자를 쉽게 널리 퍼뜨릴 수 있다는 것을 어떻게 알아서 이렇게 만들어냈을까 생각해 보면 역시 탄복하지 않을 수 없습니다. 흔히 식물은 생각이 없다고들 여기는데 민들레나 우엉의 종자 퍼뜨리는 기술(?)을 보면 우리 인간의 생각보다도 더 탁월하다는 생각이 들 정도입니다.

어디 그뿐이랴! 모든 식물들이 계절의 오고 감과 기후의 차고 더움을 어찌 그리 잘 알아서 싹 틔우고 꽃 피우고 결실하는 것을 정확하게 때를 맞추며, 거름이 있는 곳으로 뿌리를 뻗고, 햇볕 있는 곳으로 가지를 뻗으며, 열매가 너무 많이 달려서 부실하겠다 싶으면 적당히 낙과를 시키는 등 생명의 신비한 예를 모두 들기로 한다면 한이 없을 것입니다.

그렇다면 동물은 어떻습니까? TV나 비디오를 통해서 동물의 왕국을 보고 있노라면 근본적으로 먹고 배설하고 활동하고 자고 짝 짓고 집 짓고 새끼 낳고 기르는 일련의 삶은 우리 인간이나 별반 차이가 없다는 것을 잘 알 수 있습니다. 다만, 우리 인간이 좀 더 문화적이고 문명적이며, 영적이라는 것 외에는. 어쨌든 각각의 생물이 개체의 유지와 종족의 번성을 위해서 들이는 공력과 재주는 이루 다 말할 수 없습니다.

이와 같이 동식물의 생태를 잘 관찰해 보면 이 지구상에 존재하는 모든 생물의 생명 활동은 궁극적으로 자기 자신의 삶을 좀 더 잘 영위하고(개체 유지의 본능), 나아가서는 자기 종족의 번성을 더 잘 이루려는 데(종족 유지 번성의 본능)에 목적이 있다는 것을, 그리고 여기서 우리는 모든 생명체가 본능적으로, 그리고 궁극적으로, 자기의 생명을 최대한 발휘하려는 욕구가 있음을 알 수 있으며, 여기에서 또한 생명의 보편적 가치를 인식할 수 있습니다.

그리고 한 걸음 더 나아가서 보면 지구상의 모든 생명체는 천지의 한 기운을 먹고 살면서 전체적으로 볼 때 서로가 서로를 살려주는 근원적인 은혜의 관계를 맺고 있습니다. 서로 잡아먹고 잡아먹히는 먹이 사슬의 관계조차도 좀 더 근원적으로 살펴보면 전체를 살리는 관계인 것입니다.

그러니, 만물의 영장이라는 우리 인간이야 더 말할 나위가 있겠습니까? 우리 인간은 자신의 생명의 가치를 최대한 실현시킴과 동시에 온 인류 동포의 생명의 가치를 최대한 실현시키는 것, 더 나아가서는 일체 생명의 가치를 최대로 실현시키는 것을 그 궁극적인 목적으로 삼아야만 할 것입니다. 그런데, 우리 인간들 중에는 자살하는 사람도 많이 있습니다. 이것은 그들이 자신의 생명을 발휘하고 싶은 욕구가 없기 때문이 아니고, 삶의 여러 가지 고단함 때문에 도피적인 생각으로 그러는 것일 뿐입니다.

　그리고 인간으로서 생명의 소중함을 안다면 이러한 생명의 존재 근거가 되는 네 가지의 커다란 근원적인 은혜가 있음을 또한 알지 않으면 안 됩니다. 즉, 천지은·부모은·동포은·법률은이 그것입니다. 천지가 아니면 이 생명을 단 한 순간도 유지하거나 영위할 수 없고, 부모가 아니면 이 세상에 존재할 수가 없으며, 모든 동식물과 인간을 포함하는 동포가 없거나, 인간의 모든 규범과 자연의 질서를 포함하는 법률이 없다면 생명을 보전하고 영위해 가기가 심히 어려울 것이니 이보다 더 큰 은혜가 어디에 있겠습니까? 그래서 소태산 대종사께서는 일찍이 이를 사은四恩으로 밝혀주셨습니다. 우리는 이 사은을 떠나서 단 한 순간도 살 수가 없습니다. 이에 대해서는 뒤에서 다시 한번 언급하겠습니다.

8.2   인체의 신비로움

• 『언제나 육근은 상부 상조하는 것입니다. 왼 손에 나무 토막을 들고 바른 손에 자귀를 들고 그 나무를 깎아 내리다가 잘못하여 손을 다쳤다고 할 때 손을 다치다가 바쁘게 입에서는 아프다는 소리가 저절로 나며 약을 갖다 달라는 요청을 하게 되고, 약을 가져다 주면 바른 손은 바로 약을 왼 손에 발라 주게 된다. 그러나, 왼 손이 바른 손에 대하여 원망이 없고, 또 입에서는 방송을 해 주었다고 손에 대하여 요금을 요청하지도 아니하는데 이것은 모두 하나이기 때문이다.』(《한울안 한이치에》, 제1편 법문과 일화, 3.일원의 진리 44절)

필자는 한의사로서 사람들의 건강과 질병을 다루다 보니 누구보다도 인체의 신비로움에 감탄을 하곤 합니다. 단지 인체 구조의 한 단면만 살펴보더라도 모든 것이 음식물을 소화 흡수하고 대사하며 직립하여 활동하기 좋게 미적으로나 기능적으로나 최적의 조건으로 되어있다는 것을 알 수 있습니다. 눈은 얼굴의 위쪽 전방에 양쪽으로 위치해서 거리 감각과 함께 모든 것을 잘 살필 수 있고, 눈썹이 있는 데다 눈꺼풀을 쉽게 깜박일 수 있어서 이물질이 눈에 잘 들어가지 않도록 하면서 눈물에 의해 건조되지 않고 불순물을 닦아낼 수 있게 되어있고, 전후좌우 상하를 모두 잘 살필 수 있도록 목을 전후좌우로 움직일 수 있게 되어있습니다. 귀는 머리의 양쪽 측면에 위치하고 오목하게 되어있는 데다 고막을 두어 사방의 소리는 잘 들되 귀속으로 이물질은 잘 들어갈 수 없도록 되어있습니다. 코는 중앙에 위치하고 콧구멍이 아래로 향하고 있어서 비가 와도 빗물이 들어가지 않고 냄새 맡기에 편리하게 되어있으면서 코털과 점액을 통해 먼지나 찬 기운이 바로 폐에 흡입되지 않도록 방어 장치가 잘 되어있습니다. 입은 얼굴의 맨 아래에 위치하여 음식물이 눈이나 코, 귀에 들어가지 않고 식도를 통해 뱃속으로 잘 들어가기 좋게 되어있으며, 음식물을 잘 씹어 삼키고 넘길 수 있도록 이와 혀가 만들어져 있습니다. 음식물이 식도를 통해 위장에 모여서 충분히 으깬 다음 소장에서 영양분을 충분히 흡수할 수 있도록 기다랗게 연결되어 있으면서도 내부 표면적을 넓히기 위한 수많은 융모를 가지고 있으며, 마지막으로 대장에서 그 찌꺼기를 모아 똥으로 만들어 배출하기 좋게 되어있고, 맨 끝에 항문 괄약근을 두어 똥이 아무 때나 배출되지 않도록 단속할 수 있게 되어있습니다.

전신을 잘 지탱하고 움직이기 좋게 척추를 비롯한 각종의 뼈와 관절과 인대와 근육이 잘 어우러져 있고, 모든 영양물질과 산소공급을 원활하게 하고 대사 과정에서 생성된 노폐물을 잘 배출할 수 있도록 혈관과 림프관이 촘촘히 배치되어있으며, 전신의 각 조직, 기관, 세포 간의 정보 전달을 잘할 수 있도록 신경이 촘촘하게 분포되어있습니다. 이렇게 구조적으로만 대략적으로 살펴봐도 인체의 신비를 충분히 느낄 수 있지만 그 복잡한 생리·병리 기전과 뇌와 우리의 마음 및 정신 작용까지를 살펴본다면 인체는 우주보다도 더 신비로우며 생명 활동 자체가 한마디로 최고의 기적이라고 밖에 달리 표현할 수가 없습니다.

그래서 동양에서는 예로부터 인체를 소우주라고 일컬었는데 생명과학자들이나 도를 깨치셨다는 분들에 의하면 사실은 소우주인 우리의 몸이 대우주보다도 더 신비롭고, 우리의 마음이 대우주를 싸고도 남는다고 하셨으며, 성자들이 한결같이 우리의 본성 마음을 온전히 깨달으면 우주의 진리까지도 다 알게 된다고 하셨으니, 우리의 몸과 마음이, 우리의 생명이 얼마나 소중합니까! 더욱이 우리의 생명은 수억 마리의 정자 중의 한 마리가 난자와 극적으로 만나서 잉태된 것이니 억대 일 이상의 경쟁률을 뚫고 이 세상에 나온 셈입니다. 그런데 부처님께서는 맹구우목盲龜遇木의 법문을 통해 인간이 죽은 후 다시 사람의 몸을 받을 확률이, 수명이 무량겁인 눈먼 거북이가 바다 밑을 헤엄치다가 숨을 쉬기 위해 100년에 한 번씩 물 위로 떠오르는데, 우연히 그곳을 떠다니던 구멍 뚫린 나무 판자의 구멍에 목이 낄 확률보다 더 작다고 하셨다 하니, 우리가 사람으로 태어난다는 것이 얼마나 어려운 일이며, 따라서 우리의 목숨이 얼마나 소중한지 이루 다 말할 수 없다는 것을 새삼 느낄 수 있습니다. 독자들도 한번 자기의 몸과 마음에 대해서 자세히 관찰하면서 깊이 명상을 해보시면 제 말에 충분히 공감하실 것이라 생각합니다.

사은四恩: 세상의 모든 것이 은혜 아님이 없다

• 『아기일 때 먹는 분유는 아주 많은 사람의 손을 거쳐 만들어집니다. 소를 키우는 사람, 우유를 모아서 운반하는 사람, 우유를 분유로 만드는 사람, 분유를 운반하는 사람, 가게에서 파는 사람, 그것을 사와서 따뜻하게 녹여 먹여주는 사람 등 이렇게 많은 사람들 덕분에 우리가 먹는 분유가 완성되는 겁니다. 커서 먹는 밥도 마찬가지고, 매일 입고 있는 옷도 마찬가지입니다. 이 모든 것이 수많은 사람들의 도움 없이는 불가능 하지요. 그래서 17년간 살아오면서 도움을 받은 모든 사람들을 헤아려 보면 200만명이나 되는 것입니다. 이 모든 사람들 덕분에 지금 살아가고 있지요.』《운을 읽는 변호사》[6]

부처님께서는 사문유관[7]을 통해 인생의 생로병사의 고통을 보시고 이를 극복하시기 위해 출가를 하셨습니다. 그래서 깨달으신 진리가 연기의 진리와 고집멸도 사성제 및 이를 해결하기 위한 팔정도 등입니다. 그래서 평생 동안 이 고통의 바다에서 벗어나는 법

---

6) 나시나카 쓰토무 지음, 최서희 옮김, 《운을 읽는 변호사》, 알투스, 2018, 98쪽.
7) 사문유관四門遊觀: 석가가 태자로 있을 때 가비라성의 밖으로 놀러 나갔다가 동문 밖에서는 노인을, 남문 밖에서는 병든 사람을, 서문 밖에서는 죽은 사람을, 북문 밖에서는 승려를 만나, 인생의 네 가지 괴로움인 나고 늙고 병들고 죽는 괴로움을 보고 출가를 결심한 일.[Daum 사전]

을 가르치고 깨우쳐 주셨습니다. 범부 중생의 삶을 보면 참으로 고통스러운 면이 많습니다. 특히 늙고 병들고 죽어갈 때와 삼독심에 사로잡혀 있을 때는 더욱 그러합니다. 게다가 부처님 생존 당시 인도인들은 가난과 질병으로 인해 삶의 고통이 극심했을 것입니다. 부처님께서는 이러한 범부중생들의 고통의 근본 원인을 밝게 통찰하시고 그로부터 벗어나 누구나 항상 행복하게 살 수 있는 방법을 확연히 깨달으셨습니다. 그래서 범부중생들을 고통의 바다에서 건져내시고자 이를 가르치고 깨우치시는 데 평생을 바치셨습니다. 부처님께서는 누구나 행복한 삶을 살 수 있는데도 불구하고 범부중생이 어리석어서 진리를 바로 알지 못하고 탐진치 삼독심에 사로잡혀 스스로 고통을 자초하는 삶을 살아가기 때문이라고 간파하셨습니다. 따라서 부처님께서는 인생 자체를 고해로 보신 것이 아니라 범부들의 삶을 집착으로 인한 고통으로 보시고 이를 벗어나 항상 행복하게 사는 길로 범부들을 모두 인도하시고자 고집멸도를 말씀하셨던 것입니다.

원불교를 창건하신 소태산 대종사께서도 오늘날 과학과 물질문명의 발달에 따라 사람들의 정신력이 점차 약화되어 물질의 노예가 됨으로써 한량없는 고통 속에 들어갈 것을 통찰하시고, 진리적 종교의 신앙과 사실적 도덕의 훈련으로써 고통 속의 중생들을 모두 행복한 낙원 세계로 인도하시고자[8] 원불교를 개교하셨습니다.

---

8) 《정전》 제1총서편 개교의 동기

그런데 가난과 질병의 고통 속에 살 때는 모든 집착을 버리라는 법문이 가슴에 깊이 박힐 수 있지만, 현대에서와 같이 물질과학 문명이 극도로 발달하여 삶의 고통을 느끼기보다는 즐거움을 느끼는 경우가 더 많고 일시적으로나마 욕망을 충족시키기가 쉬운 세상에서는 고집멸도의 법문이 귀에 잘 들어오지 않을 것입니다. 그러므로 물질적으로 풍요를 누리는 현대인들에게는 인생의 고통을 강조하여 현실에 대한 부정을 통해 긍정으로 나아가게 하는 접근 방법보다는, 인생의 즐거움 또는 행복을 오래도록 더 잘 누릴 수 있는 긍정적인 접근 방법을 제시하는 것이 훨씬 더 공감을 얻기도 쉽고 효과적일 수 있습니다. 소태산 대종사께서 일체가 괴로움이라는 법문으로 접근하지 않으시고 일체가 은혜라는 법문으로 접근하신 뜻이 아마 여기에 있지 않을까 생각되는 면이 있습니다. 그러나 사실은 부처님께서는 사문유관을 통한 당시의 현실적인 인생관의 관점에서 접근하셨기 때문에 무상無常·고苦·무아無我를 중심으로 한 법문을 많이 하셨고, 소태산 대종사께서는 7살의 어린 나이에 우주에 관한 의문으로부터 출발하여 우주관적인 관점에서 구도를 하셨기 때문에 삼학의 공부법과 "없어서는 살 수 없는 관계"에 있는 사은을 깨치신 까닭이라고 생각합니다.

　그래서 천지은·부모은·동포은·법률은의 사은四恩과 이에 대한 보은의 도를 밝혀주시고, "욕심을 없앨 것이 아니라 도리어 키우라"《대종경》, 수행품 36장)고 하시고, 또한 오직 금욕만 할 것이 아니라 "분수에 맞게 의식주도 수용하며 피로의 회복을 위해 때로는 소창도 하라"(《대종경》, 교의품 33장)고 말씀하셨습니다. 부처님이나 대종사님이나 모두 중생들을 고해에서 낙원 세계로 인도하시려는 본의는 같았으나, 필자의 생각에 과거 석가모니 부처님께서는 인생의 무상하고 괴로운 측면을 드러내시어 이를 해탈하는 방법을 주로 강조하셨고, 대종사께서는 인생의 은혜로운 측면을 드러내시어 적극적으로 지은보은하는 방법을 통해 복락을 누리며 낙도하는 길을 강조하셨던 것 같습니다.

모든 생명체는 삶이 아무리 힘들다 해도 기본적으로는 자기의 생명을 보호[9]하고 자기의 종족을 보전하려는 생리적 본능을 가지고 있으며, 천지 또한 만물을 살리려는 덕을 가지고 있습니다. 이것이 생명 가치의 소중함입니다. 일반적으로는 자신의 생명 가치보다 더 소중한 것은 없습니다. 왜냐하면 자신의 생명이 없다면 자아를 발현시키거나 자신의 어떠한 포부와 의지도 구현시킬 수 없기 때문입니다. 따라서 무엇이든 자신의 생명에 도움이 된다면 은혜로운 것이 아닐 수 없습니다. 더욱이 자신의 생명을 유지하는 데 필수적인 관계에 있다면 적어도 자신에게만큼은 그보다 더 큰 은혜가 없을 것입니다.

그래서 대종사께서는 모든 은혜 중에서도 가장 근본적이고 가장 큰 은혜가 바로 천지은·부모은·동포은·법률은의 사은이라고 밝혀주

---

9) 간혹 자살하는 사람들도 있지만 그들은 인과와 생사의 이치를 잘 모르고 오직 사는 것이 매우 힘들다고 생각하여 고통스럽게 사느니 차라리 죽는 게 낫겠다는 생각에서 그런 것이지 그것이 좋아서 그런 것은 아닙니다. 근본 마음은 다 살고 싶은 것입니다.

셨습니다. 왜냐하면 천지가 없다면 우리의 생명을 단 한 순간도 유지할 수가 없고, 부모가 아니면 이 세상에 태어날 수도 없고, 자라날 수도 없을 것이며, 금수·초목도 인류 동포와 마찬가지로 천지의 한 포태 속에서 나고 자라므로 크게 보면 모두 우리의 동포인데, 이러한 동포가 없다면 누구도 혼자서 살 수가 없을 것이며, 세상에 수신하고 가정을 다스리고 나라를 다스리며 세계를 다스리는 법률[10]이 없다면 인류의 안녕질서가 잠시도 유지되기 어려워, 한시도 편안히 살 수가 없을 것이기 때문입니다. 그러므로 사은 가운데는 천지가 갑자기 홍수·가뭄·지진 등의 천재지변을 내는 경우도 있고, 부모가 자식을 버리거나 학대하는 경우도 있으며, 동포가 강도·살인하는 경우도 있고, 악법으로 사람을 구속하는 경우도 있지만, 그것은 사은과 일부 피해자 간의 상극의 인연 관계에 의한 것이라 할 수 있습니다. 따라서 그러한 점들 때문에 우리에게 '없어서는 살 수 없는 근본적인 은혜의 관계'에 있는 사은이 부정될 수는 없는 것입니다. 그래서 정산종사께서는 "한 부분의 해를 받았다 하여 큰 은혜를 모르고 원망하는 것은 한 끼 밥에 체했다 하여 밥을 원수로 아는 것 같나니라."(《정산종사법어》, 법훈편 57장)라고 밝혀주셨습니다.

　우리는 보통 누군가에게 은혜를 입었으면 마땅히 이에 보답하는 것이 당연한 도리라고 알고 있습니다. 은혜에 보답하는 것 즉, 보은하는 것이 인지상정인 것입니다. 따라서 우리가 사은의 크신 은혜

---

10)　법률: 여기서는 우리 인간 생활에 필요한 각종 도덕규범과 규칙, 법률 등을 모두 포괄하는 "인도 정의의 공정한 법칙"을 가리키는 말임.

속에 살고 있다면 이에 보답하는 것이 또한 당연한 도리일 것입니다. 그런데 우리가 사은에 보은하는 심신 작용을 하면 그것이 당연한 도리를 행한 것인데도 불구하고 사은으로부터 다시 복을 받게됩니다. 그러므로 복을 많이 받으며 잘살기 위해서는 사은에 대해 보은을 많이 하면 됩니다. 우리가 남에게 정신·육신·물질 간에 무엇이든지 베풀어주는 것을 흔히 보시라고 말합니다. 그리고 보시하면 인과법칙상 언젠가는 되돌려 받기 때문에 복을 받기 위해서는 먼저 보시를 해서 복을 지으라고 말하는 것입니다. 그러나 사실 따지고 보면 우리가 이 세상에 태어날 때는 모두 빈 몸으로 왔으니, 지금까지 살아올 수 있었던 것은 모두 사은의 크신 은덕이 아닌 것이 없으므로, 우리가 생각하는 보시라는 것도 사실은 사은으로부터 입은 크신 은혜에 비한다면 그 빚을 아주 조금 갚는 것에 불과합니다.

사은에 보은을 하면 복을 받는 이유는 법신불 사은이 만물의 생성변화의 근원일 뿐만 아니라 바로 죄복의 권능을 가진 당처이기 때문입니다. 그러므로 우리가 복을 많이 받기 위해서는 사은님께 은혜 입은 내역을 정확히 잘 알아서 이에 보은하는 행동을 잘해야만 하는 것입니다. 그래서 사대강령 중에 "지은보은은 우리가 천지와 부모와 동포와 법률에서 은혜 입은 내역을 깊이 느끼고 알아서 그 피은의 도를 체받아 보은행을 하는 동시에, 원망할 일이 있더라도 먼저 모든 은혜의 소종래를 발견하여 원망할 일을 감사함으로써 그 은혜를 보답하자는 것"[11]이라고 밝혀주신 이유입니다. 그래

---

11) 《정전》, 제2 교의편, 제7장 사대강령

서 어떠한 상황 속에서라도 어떠한 악조건 속에서라도 감사할 만한 요소를 발견하며 감사 보은하는 생활을 하는 것이 행복하게 사는 최고의 비결 중 하나입니다.

이하 소태산 대종사께서는 《정전》에 천지·부모·동포·법률의 사은님께 은혜 입은 내역과 보은의 강령 및 보은의 조목과 보은·배은의 결과 등을 자세히 밝혀주셨는데, 여기에서 특히 유념할 부분은 사은에 대한 배은을 말씀하실 때 매양 "피은·보은·배은을 알지 못하는 것과 설사 안다 할지라도 보은의 실행이 없는 것"이라고 밝혀주신 점입니다. 즉, 적극적으로 사은에 배은하는 것뿐만 아니라 소극적으로 사은에 대한 피은·보은·배은의 도리를 알지 못하는 것과 알고서도 보은의 실행이 없는 것까지 모두 배은이라고 밝혀주신 점입니다. 이는 모든 죄업이 무지와 알고서도 실행이 없는 데서 온다는 점을 밝혀주신 것입니다.

8.3.1 천지의 은혜가 아니면 한순간도 살 수가 없다

천지가 없다면 모든 생명체는 생명을 잠깐 동안도 보전할 수가 없습니다. 하늘의 공간과 햇빛·공기·바람·구름·비·이슬 등과 땅의 바탕이 있기에 생명을 이어갈 수가 있는 것이니 이보다 더 큰 은혜가 어디에 있겠습니까? 그런데 천지는 우리에게 베풀기만 할 뿐 대가를 바라지 않습니다. 그래서 천지의 은혜가 가장 크다고 할 수 있습니다. 천지가 있기에 우리가 숨을 쉴 수 있고 형체를 의지할 수 있으며, 각종 곡식과 채소·과일 등의 식자재를 마련할 수 있고 온갖 동식물이 함께 먹고 살 수 있는 것입니다. 따라서 천지의 은혜를 절실하게 깨닫는다면 자연을 함부로 대하며 파괴하지 못할 것입니다. 오늘날 기후 온난화와 대기 및 토양의 오염 등은 우리 인류가 알게 모르게 직간접으로 또는 무분별하게 자연을 파괴해왔기 때문입니다. 이로 인한 자연재해는 해마다 증가하고 있으며 앞으로 전개될 상황은 인류의 생존 자체를 위협하는 상황으로까지 치닫고 있습니다. 따라서 자연 보호는 우리 자신의 삶을 위해서라도 널리 보호하는 것이 우리의 당연한 도리이며 책무인 것입니다. 이밖에 천지의 도에는 8가지가 있으니 이를 체받아서 실행하는 것이 천지은에 보은하는 길임을 천지보은의 조목에서 자세히 밝혀주셨습니다. 그래서 천지 보은의 조목을 온전히 행한다면 곧 천지의 도와 합일한 성자가 될 것입니다.

• 『천지 피은被恩의 강령

우리가 천지에서 입은 은혜를 가장 쉽게 알고자 할진대 먼저 마땅히 천지가 없어도 이 존재를 보전하여 살 수 있을 것인가 하고 생각해 볼 것이니, 그런다면 아무리 천치天痴요 하우자下愚者라도 천지 없어서는 살지 못할 것을 다 인증할 것이다. 없어서는 살지 못할 관계가 있다면 그 같이 큰 은혜가 또 어디 있으리요.

대범, 천지에는 도道와 덕德이 있으니, 우주의 대기大機가 자동적으로 운행하는 것은 천지의 도요, 그 도가 행함에 따라 나타나는 결과는 천지의 덕이라, 천지의 도는 지극히 밝은 것이며, 지극히 정성한 것이며, 지극히 공정한 것이며, 순리 자연한 것이며, 광대 무량한 것이며, 영원 불멸한 것이며, 길흉이 없는 것이며, 응용에 무념無念한 것이니, 만물은 이 대도가 유행되어 대덕이 나타나는 가운데 그 생명을 지속하며 그 형각形殼을 보존하나니라.』《정전》 제2 교의편, 제2장 사은, 제1절 천지은)

8.3.2 부모의 은혜가 아니면 아무도 태어날 수 없다

그러나 아무리 천지의 은혜가 크다고 해도 부모가 없다면 또한 이 세상에 태어날 수가 없습니다. 사람뿐만 아니라 모든 생명체가 부모로부터 생겨납니다. 그러니 부모의 은혜도 천지의 은혜 못지않게 큰 것입니다. 특히 사람의 몸을 받기는 정말로 어렵다고 하거니와 대부분의 어머니들은 열 달 동안 태아를 뱃속에서 기르다가 산고를 치르고 출산한 뒤 온갖 정성을 다하여 자력이 없는 자식을 자력을 갖출 때까지 양육해주시니 부모의 은혜는 아무리 강조해도 지나치지 않을 것입니다. 그래서 모든 윤리 도덕의 출발이 효도로부터 시작됩니다. 자기를 낳아주신 부모에게도 잘못하면서 다른 사람에게 잘해주기를 기대하는 것은 말이 안 되기 때문입니다. 부모의 은혜를 모른다면 자기 존재의 근원조차도 알지 못하는 것이니, 이것이 모든 종교와 윤리 도덕에서 효를 강조하는 까닭입니다. 설혹 천애의 고아라 하더라도 부모가 아니면 이 세상에 태어날 수가 없고, 친부모가 아니더라도 누군가가 부모의 역할을 해주었기 때문에 성장할 수 있었던 것입니다. 그래서 나를 낳아주신 친부모뿐만 아니라 나를 길러주신 부모님께도 효를 해야 하고, 삼생을 통해서 보면 누구라도 언젠가는 나의 부모였거나 부모가 될 수도 있으므로, 남의 부모라도 무자력한 분을 돕게 되면 역시 효가 되는 것입니다.

- 『부모 피은의 강령

  우리가 부모에게서 입은 은혜를 가장 쉽게 알고자 할진대, 먼저 마땅히

  부모가 아니어도 이 몸을 세상에 나타내게 되었으며, 설사 나타났더라

  도 자력自力 없는 몸으로서 저절로 장양될 수 있었을 것인가 하고 생각

  해 볼 것이니, 그런다면 누구나 그렇지 못할 것은 다 인증할 것이다. 부

  모가 아니면 이 몸을 나타내지 못하고 장양되지 못한다면 그 같이 큰

  은혜가 또 어디 있으리요.

  대범, 사람의 생사라 하는 것은 자연의 공도요 천지의 조화라 할 것이지

  마는, 무자력할 때에 생육生育하여 주신 대은과 인도의 대의를 가르쳐

  주심은 곧 부모 피은이니라.』《정전》제2 교의편, 제2장 사은, 제2절 부모은)

8.3.3 동포의 은혜가 없이 혼자서 살 수는 없다

부모의 은혜 다음으로는 동포의 은혜가 또한 큽니다. 우리가 의식주를 비롯해 살아가는 데 필요한 모든 물품들은 대부분 자기가 직접 생산하는 것이 아니고 동포들이 생산한 것이며, 사농공상의 모든 직업과 개인·단체·사회·국가·세계의 모든 활동들 역시 동포들

이 아니면 이루어질 수가 없기 때문입니다. 더욱이 동포의 개념을 인류 동포뿐만 아니라 천지의 포태 속에 함께 살아가고 있는 동식물까지 모두 포함시키면, 이 세상에 동포 없이도 살 수 있는 사람은 단 한 사람도 없습니다. 그러니 동포의 은혜 또한 크지 않습니까? 온갖 식물들이 있어서 우리의 생존에 필수적인 산소와 먹거리가 지속적으로 공급될 수 있는 것이며, 헤아릴 수 없이 많은 미생물들이 있어서 우리 사람뿐만 아니라 지구의 모든 동식물들이 그 생명을 유지해 갈 수 있는 것입니다. 미생물들의 활발한 분해 작용이 없으면 지구 생태계가 보전될 수 없고, 장내 미생물과 같은 각 동물들의 몸속에 기생하고 있는 미생물들이 아니면 각 동물들도 생명 활동을 영위해갈 수 없기 때문입니다. 비록 동포 속에는 병원균이나 도둑, 강도처럼 우리를 해롭게 하는 동포들도 일부 있지만 그것은 해를 끼치는 동포와 당하는 동포 사이의 상극의 인연 관계로 인한 경우라 할 것이며, 전체적으로 근본적으로 볼 때는 모두가 동포의 은혜 속에 살고 있다는 것을 아무도 부정할 수 없을 것입니다.

- 『동포 피은의 강령

  우리가 동포에게서 입은 은혜를 가장 쉽게 알고자 할진대 먼저 마땅히

  사람도 없고 금수도 없고 초목도 없는 곳에서 나 혼자라도 살 수 있을

  것인가 하고 생각해 볼 것이니, 그런다면 누구나 살지 못할 것은 다 인

  증할 것이다. 만일, 동포의 도움이 없이, 동포의 의지가 없이, 동포의 공

  급이 없이는 살 수 없다면 그 같이 큰 은혜가 또 어디 있으리요.

대범, 이 세상은 사·농·공·상士農工商의 네 가지 생활 강령이 있고, 사람들

은 그 강령 직업 하에서 활동하여, 각자의 소득으로 천만 물질을 서로 교

환할 때에 오직 자리 이타自利利他로써 서로 도움이 되고 피은이 되었나니

라.』(《정전》제2 교의편, 제2장 사은, 제3절 동포은)

8.3.4 법률의 은혜가 없다면 안전을 보장받을 수 없다

끝으로 우리가 천지·부모·동포의 은혜 속에 살고 있더라도 그 사
이에 질서·법칙과 도덕·법률의 규범이 없다면 또한 자연법칙을 알
수도 이용할 수도 없고 약육강식의 아수라장이 되어 서로 안위와
평화를 유지하며 살기가 어려울 것입니다. 그래서 우주 자연의 법
칙이 있고 인간세계의 질서를 세우기 위한 도덕규범과 법률·규칙이
있는 것입니다.[12] 따라서 이를 통칭하여 법률의 개념 속에 포함시
킨다면 법률의 은혜가 또한 크지 않습니까? 자연에 법칙이 있기에
이를 밝혀서 우리의 삶에 무한한 혜택을 입고, 도덕·규범이 있기에
인간의 도리를 다할 수 있으며, 각종의 법률·규칙이 있기에 국가와
사회의 안녕·평화와 질서가 유지되며, 우리의 생명과 재산, 권리 등
에 대한 안전이 지켜질 수 있는 것입니다.

---

12) "자연법칙"은 천지은에 포함시킬 수도 있지만, 《정전》에는 "법률"을 "인도상의 공정한 법칙"이라고
정의하고 수신·제가·치국·평천하의 규범에 대해서만 언급하셨을 뿐 "자연법칙"에 대한 언급은 없으
나, 인간의 도덕·법률의 근원이 자연법이라는 점에 착안하면 법률은에 포함시키는 것이 더 타당하다
고 생각되어 여기에 포함시켰습니다.

• 『(1) 법률 피은의 강령

우리가 법률에서 입은 은혜를 가장 쉽게 알고자 할진대, 개인에 있어서

수신하는 법률과, 가정에 있어서 제가齊家하는 법률과, 사회에 있어서

사회 다스리는 법률과, 국가에 있어서 국가 다스리는 법률과, 세계에 있

어서 세계 다스리는 법률이 없고도 안녕 질서를 유지하고 살 수 있겠는

가 생각해 볼 것이니, 그런다면 누구나 살 수 없다는 것은 다 인증할 것

이다. 없어서는 살 수 없다면 그 같이 큰 은혜가 또 어디 있으리요.

대범, 법률이라 하는 것은 인도 정의의 공정한 법칙을 이름이니, 인도 정

의의 공정한 법칙은 개인에 비치면 개인이 도움을 얻을 것이요, 가정에

비치면 가정이 도움을 얻을 것이요, 사회에 비치면 사회가 도움을 얻을

것이요, 국가에 비치면 국가가 도움을 얻을 것이요, 세계에 비치면 세계

가 도움을 얻을 것이니라.』(《정전》 제2 교의편, 제2장 사은, 제4절 법률은)

8.3.5 지은보은: 은혜를 발견하여 보은하면 축복을 받는다

• 『대산 종사, 사중 보은四重報恩에 대해 말씀하시기를 "천지은은 만물에

게 응용 무념으로 덕을 입혀 주신 대시주은大施主恩이시니, 우리도 그 도

를 체받아서 무념 보시를 하면 보은이 되는 동시에 우리가 곧 천지와 합

일하여 덕화가 만방에 미칠 것이요, 부모은은 우리가 무자력할 때 자력

을 얻게 해 주신 대자비불이시니 우리도 그 도를 체받아서 무자력한 노

약자를 보호하면 보은이 되는 동시에 우리가 곧 사생의 부모가 되며 삼

세의 대효가 될 것이요, 동포은은 우리에게 자리이타로써 대협동이 되었

으니 우리도 그 도를 체받아서 서로 돕고 서로 북돋우면 보은이 되는 동시에 내가 곧 사생의 지친이 되어 일체 동포는 자연히 공생 공영할 것이요, 법률은은 지공무사한 법도로써 우리를 보호하여 주시니 우리가 그 도를 체받아서 법규를 잘 지키면 보은이 되는 동시에 우리가 바로 법주가 되어 대자유세계가 전개될 것이니라.”』《대산종사법어》, 교리편 35장)

- 『보은의 필요[13]』

  ① 시방이 일가一家요, 사생이 지친至親인 것을 알아서 큰 집 살림을 하여야 부모·형제의 윤기倫氣가 건네고, 정의가 솟아나며, 대세계주의가 실현될 것이다.

  ② 세상에서 제일 잘 사는 것은 은혜를 발견하여 감사생활 하는 것보다 더 큼이 없고, 세상에서 잘못 사는 것은 해독을 발견하여 원망생활 하는 것보다 더 큼이 없다.

  ③ 대인大人일수록 은혜를 발견하여 안전한 생활을 하고, 소인일수록 원한을 발견하여 불안한 생활을 한다.

  ④ 복 있는 사람은 원수도 은혜로 돌려서 낙생활을 하고, 복 없는 사람은 은혜도 원망으로 돌려서 고품 생활을 한다.

  ⑤ 은혜를 발견해서 보은할수록 천지의 좋은 기운이 응하고, 원수를 발견하여 배은할수록 나쁜 기운이 응한다.

  ⑥ 지은보은하면 사은이 곧 복전이 되고, 배은망덕하면 사은이 곧 죄전罪田이 되는 것이므로, 부처님께서는 처처불상의 도를 믿고 깨달아서 사사물물에 불공하신다.

---

13) 《대산종사법문집 제1집》, 정전대의正典大意, 7.사은四恩

⑦ 사은에 피은된 도를 체받아서 보은하면 곧 불성이 되고 천지가 된다.

⑧ 천지 만물 어느 것 하나가 서로 은혜로써 이루어지지 않은 것이 없
으니, 이 은恩은 바로 정의情誼요, 정의는 바로 도덕이다. 그러므로 이
은을 서로 알아야 도덕이 행해질 것이요, 도덕이 행해져야 천하는 좋
아질 것이니 은의 도가 천하의 근본이다.』

　앞 장에서 우리는 사은의 지중함과 감사심의 소중함을 살펴보았
습니다. 사람이 은혜를 입었으면 그에 보답하는 것이 일반적인 도
리입니다. 은혜를 입고서도 이를 모르거나 저버리면 아무도 그 사
람을 다시는 도우려 하지 않을 것이니 이것이 인과법칙상 당연한
이치입니다. 그러므로 우리가 계속해서 은혜를 입고 도움을 받기
위해서는 항상 입은 은혜를 잘 살펴서 적시에 잘 갚아야만 하고,
내게 힘이 있을 때 은혜를 널리 베풀어야만 하는 것입니다. 이것이
은혜를 알아 보은하고 감사한 마음으로 은혜를 심으며, 널리 베풀
어 덕을 쌓아야 하는 이유입니다.

　일반적으로 사은에 보은하는 방법은 《정전》에서 기술한 천지보
은의 조목, 부모 보은의 조목, 동포 보은의 조목, 법률보은의 조목
을 일일이 실천하면 되는데, 여기서는 우리가 쉽게 실천할 수 있는
것들을 중심으로 몇 가지씩만 예를 들어보겠습니다.

　천지의 은혜에 보답하는 것은 무엇보다도 천지은에 깊이 감사하
며 자연을 파괴하지 않고 소중히 여기며 보호하는 것입니다. 이유
없이 풀잎 하나, 나뭇가지 하나라도 함부로 꺾거나 손상하지 말고,

개미 한 마리, 미물곤충 한 마리라도 함부로 죽이거나 해치지 말며, 쓰레기나 오염물질을 함부로 아무 데나 버리지 말고, 주인 없는 시냇물이라도 함부로 쓰거나 오염시키지 말아야 합니다. 그리고 여력이 닿는 대로 생물을 보호하며 나무를 심는다면 더욱 좋겠습니다. 이상은 가장 기본적인 보은행이며, 한 차원 더 들어가서 보면 소태산 대종사께서 천지 보은의 조목에서 밝혀주신 바와 같이 천지의 팔도八道를 체받아서 실행하는 것이 천지은에 대한 본질적인 보은이라고 할 수 있습니다.

부모의 은혜에 보답하는 길은 무엇보다도 첫째, 건강상으로나 생활상으로나 심리상으로나 부모님께 걱정을 끼치지 말고 자력 생활을 해야 합니다. 둘째, 부모님께서 나중에라도 대견해하시고 자랑스러워하실 일을 하고 수치스럽게 생각하실 일은 되도록 하지 않아야 합니다. 셋째, 평소 부모님께서 평안하게 지내실 수 있도록 자주 보살펴드리고 심리적으로 정신적으로 불안하거나 외롭지 않도록 자주 위안을 드리며 기쁘게 해드려야 합니다. 넷째, 부모님께서 질병을 앓으시거나 무자력하실 때 육신을 잘 봉양해드려야 합니다. 다섯째, 돌아가시면 역사를 잘 봉안하고 제사를 정성껏 모셔야 합니다. 한 걸음 더 나아가서 삼세를 통해서 볼 때는 모든 부모님이 다 나의 부모가 될 수 있는 것이므로, 친부모와 배우자의 부모님뿐만 아니라 형편이 닿는 대로 무자력한 노약자를 보호하고 봉양해드리면 더욱 큰 효가 됩니다.

동포의 은혜에 보답하는 길은 어디서 무슨 일을 하든지 자리이타의 도로써 하고 서로 이해가 대립이 되어 자리이타가 되지 않을 때에는 자기가 다소 손해를 보더라도 상대방에게 유리한 길을 택하는 것입니다. 이것이 영생을 통해서 상극의 인연을 짓지 않고 자기에게 복을 불러오는 길입니다.

법률의 은혜에 보답하는 길은 자기의 양심과 예의 규범에 어긋나지 않도록 노력하고 사회질서와 법률·도덕을 잘 지켜서 사회·국가의 질서와 안녕을 유지하는 데 적극적으로 협력하며, 불의한 일이 일어나지 않도록 노력하는 것입니다.

이밖에 소태산 대종사께서 밝혀주신 사은에 보답하는 4가지의 요체가 있으니 바로 자력양성, 지자본위, 타자녀교육, 공도자 숭배의 사요四要 실천입니다. 이를 좀 더 부연설명하면 육체적으로나 경제적으로나 정신적으로나 남에게 의존하지 않고 자력으로 살아갈 수 있는 힘을 길러 남에게 피해를 주지 말며, 모든 불평등을 타파하되 오직 지식과 지혜의 불평등만을 인정하여 나보다 더 지식과 지혜가 뛰어나면 직업, 신분과 나이의 고하를 막론하고 누구든지 스승으로 알아서 배우고 익히도록 하며, 나에게 여력이 있으면 타자녀라도 교육을 받을 수 있도록 도와서 교육평등, 지식평등이 구현되도록 하며, 어떠한 방면으로든지 대중 또는 공중을 위해 희생·봉사하는 분들을 높이 받들어 모시고 자기 자신도 공도사업에 적극 협력하라는 것입니다. 이렇게 하면 세상이 점차 인권평등, 지식평등, 교육평등, 생활평등이 이루어져서 모두가 잘 사는 세상이 될 수 있을 것입니다.[14]

---

14) 《정전》, 제2 교의편, 제3장 사요四要와 본서의 8.6. 사요四要를 참조.

이밖에 개별적으로 입은 은혜에 대해서는 잘 유념하여 잊지 말고 적절한 시기에 적절한 방법으로 보답하기를 주의할 것이요, 항상 물질·육신·정신의 어떠한 방면으로든지 힘닿는 대로 사은에 보답하여 빚을 갚는다는 자세로 두루 착한 일을 하여 복을 짓는 것입니다. 그러면 자신은 보은을 한 것이지만 진리적으로는 그것이 복전이 되어 지은 대로 다시 복을 받게 되는 것이니, 상대방도 좋게 되고 자기도 좋게 되어 모두가 잘살게 되는 낙원 세계가 될 것입니다. 그래서 원수도 은혜로 돌리면 원한의 빚이 청산되어 상극의 인연도 상생의 선연으로 바뀌게 되므로 자기의 앞길이 열리게 됩니다. 따라서 은혜를 발견하여 보은하는 것이 곧 자신의 복락을 장만하는 길이 됩니다.

• 『복이 있는 사람은 원수라도 은혜로 돌려 즐거운 생활을 하는 사람이요, 복이 없는 사람은 은인이라도 원수로 돌려 괴로운 생활을 하는 사람이니, 원수라도 은혜로 돌려 은혜를 발견하면 천지의 상서로운 기운이 내게로 올 것이요, 은혜라도 원수로 돌려 원수를 발견하면 천지의 나쁜 기운이 내게로 오느니라. 그러므로 저 사람이 나를 괴롭히고 해치려 할 때 원수로 보지 말고 '저 사람이 나에게 공부할 기회를 주고 길을 열어 주는 사람이구나.' 하고 은혜로 알아서 감사 생활을 해야 하느니라.』《대산종사법어》, 교리편 36장)

• 『개인과 인류가 영세토록 다 같이 잘 살아갈 생활 표준은 대종사께서 밝혀 주신 자리이타의 도라, 이 표준대로만 살고 보면 나도 이롭고 남도

이롭고 일체 동포가 이롭고 현생도 좋고 내생도 좋으리라. 그러나 부득이 자리이타가 되지 않을 때에는 내가 해를 차지하는 자해타리自害他利의 도를 실천해야 할 것이니 이것이 바로 불보살의 생활이니라.』《대산종사법어》, 교리편 37장)

- 『지은보은하면 사은이 곧 복전이 되고 배은망덕하면 사은이 곧 죄전이 되므로 부처님께서는 처처불상의 도를 믿고 깨달아서 사사물물에 불공하시느니라.』《대산종사법어》, 교리편 41장)

8.3.6 법신불과 사은·만물과의 관계

《정전》제1장 제1절에서 "일원一圓은 우주 만유의 본원이며, 제불 제성의 심인이며, 일체 중생의 본성이며,"라고 하셨고, 제4절에서 "일원은 … 천지·부모·동포·법률의 본원이요, 제불·조사·범부·중생의 성품으로"라고 하셨으며, 제5절에서 "(일원상의 진리를 깨치면) 우주 만물이 이름은 각각 다르나 둘이 아닌 줄을 알며, 또는 제불·조사와 범부·중생의 성품인 줄을 알며,"라고 하셨고, 《정전》제10장에 "우주 만유는 곧 법신불의 응화신應化身이니"라고 하셨고, 《대종경》교의품 2장에 "일원상의 내역을 말하자면 곧 사은이요, 사은의 내역을 말하자면 곧 우주 만유로서 천지 만물 허공 법계가 다 부처 아님이 없나니,"라고 하셨으므로, 법신불一圓이 곧 사은인 천지·부모·동포·법률의 본원이요, 우주 만유의 본원이며, 제불 제성의 심인이며, 일체 중생의 본성이며, 제불·조사·범부·중생의 성품이며,

우주만유가 법신불의 응화신임을 알 수 있습니다. 이를 우리 인체에 비유하여 설명하면 다음과 같습니다.

우리 인체에서는 생명을 법신불에 비유할 수 있고, 근골격계, 순환기계, 신경계, 소화기계, 호흡기계, 비뇨기계, 내분비계 등은 사은에 비유할 수 있을 것입니다. 그리고 오장 육부라든지, 눈, 귀, 코, 입이라든지, 머리, 어깨, 허리, 팔, 다리, 손, 발, 항문, 생식기, 혈액 등의 각 기관이나 조직이라든지, 인체를 구성하는 모든 세포들은 만물에 해당한다고 보겠습니다. 이때 생명은 모든 조직, 기관과 세포를 떠나 있는 것이 아니며, 그것들이 각각의 역할과 생리기능을 할 수 있는 것은 오직 생명이 있기 때문에 가능합니다. 이것이 바로 법신불이 우주만유의 본원이 되고 우주만유가 법신불의 응화신이 되어, 법신불이 곧 사은이요 사은이 곧 만물이 되는 이치라고 하겠습니다.

그리고 눈은 눈의 위치와 기능이 있고 코는 코의 위치와 기능이 있으며 귀는 귀대로, 입은 입대로, 오장육부는 오장육부대로 각각의 위치와 기능이 있습니다. 그 각각의 기관들은 모두 형태도 다르고 위치도 다르고 기능도 다르기 때문에 각자의 자리에서 보면 서로 남남처럼 생각될 수 있을 것입니다. 그러나 실제는 모두가 하나의 생명체를 구성하면서 서로 상보적인 관계로 존재하고 있다는 것을 알 수 있으며, 심지어는 장내 미생물까지도 인체의 생명 활동에 없어서는 안 된다는 것이 과학적으로 속속 입증되고 있습니다. 이것이 바로 일원상의 진리를 깨치고 보면 만물이 이름은 각각 다르나 둘이 아닌 줄을 알게 되는 이치라고 하겠습니다. 따라서 왼손이 상처 입은 것을 오른손이 방치하여 왼손을 못 쓰게 되면 결국 왼손이 할 일까지 오른손이 떠맡아야 하고, 눈이나 귀가 상처 입는 것을 방치하면 온몸이 고초를 겪게 되고, 다리가 부상당한 것을 방치하게 되면 전신이 불편을 겪어야 하는 것처럼, 남에게 해를 끼치면 결국 그 해를 자기가 보게 되며, 또는 몸의 어딘가를 다쳤을 때 손은 빨리 응급처치를 해주고 다리는 빨리 병원으로 옮겨주고 귀와 눈은 병원을 빨리 찾아주는 등 몸의 각 기관이 서로 돕고 보면 결국 건강의 혜택을 모두 보게 되는 것처럼, 내가 남에게 좋은 일을 하면 결국 그 덕이 자기에 돌아오게 되는 인과의 이치 또한 쉽게 이해할 수 있습니다.

이와 같이 우리 몸의 각 장부조직과 기관이 각각 나뉘어 있어서 서로 남남 같아 보이지만 사실은 한 몸인 것처럼 우리 모든 인류 동포는 물론 동식물과 무정물까지도 현상적으로는 모두가 각각 나뉘어 남남같이 보이지만, 근원에서 보면 나뉜 그대로 하나라는 것입니다.

8.3.7 살아있는 한 가치 있는 일을 하고 가는 것이 보은이다

사람이 이 세상에 태어났으면 무엇인가 가치 있는 일을 하고 가야 합니다. 왜냐하면 우리의 하루하루의 삶이 누군가의 희생과 공덕에 의지해서 살고 있기 때문입니다. 내가 먹는 밥 한 그릇과 반찬, 내가 입고 있는 의복과 나의 수용품 하나하나가 내 앞에 오기까지 얼마나 많은 사람들의 노력과 천지의 은혜가 들어가는지 생각해본다면 나 역시 무엇인가 가치 있는 일을 하지 않고 그냥 놀고 먹는다든지 누군가에게 해를 끼치면서 산다든지 하는 것은 기생충과 다를 바 없기 때문입니다.

그러므로 일을 한다는 것은 첫째로 내가 생존하기 위한 것이며, 둘째로 인간으로서 최소한의 의무를 다하자는 것이며, 셋째로 노동을 하지 않으면 결국에는 자기의 인생이 망치게 될 뿐만 아니라 미래 생을 기약할 수도 없기 때문입니다. 그러므로 인간으로 태어났으면 각자에게 걸맞는 적당한 직업을 가지고 무언가 가치를 생산해야만 합니다. 그런데 각자가 태어난 시공간의 조건과 재능과 욕망과 의지에 차이가 있습니다.

나에게 주어지는 제반 조건은 인과법칙에 따라 내가 지은 바대로 주어지는 것이므로 누구도 원망할 수 없습니다. 그러므로 자기에게 주어지는 모든 조건을 달게 받아들이고 더 나은 방향으로 개척해 나가야 합니다. 욕망은 한이 없으므로 적절히 조절할 줄 알아야 합니다. 제반 조건은 의지에 따라 조금씩이라도 바꾸어 나갈 수 있으며 의지는 마음먹기에 달려 있으므로, 자신의 상황 조건과 역량을 잘 헤아려서 달성 가능한 목표부터 단계별로 분명하게 설정하고, 정성과 열정을 다하면 마침내 꿈이 이루어지는 결과를 가져올 것입니다.

인생의 목표가 없으면 삶의 지향점이 없게 되어 방황할 수밖에 없으며, 어떠한 목표라도 노력 없이 이루어질 수 있는 것은 없습니다. 또한 아무리 노력을 했더라도 실패 없이 성공하는 경우도 드뭅니다. 그러므로 자신의 상황과 조건을 잘 점검하고 목표를 잘 설정해서 가능한 일부터 지혜롭게 차근차근 단계적으로 접근해야만 합니다. 목표에 따라서는 평생 걸리는 일도 있고 몇 생을 노력해야만 되는 일도 있기 때문입니다. "하늘은 스스로 돕는 자를 돕는다."고 했습니다. 감사 생활을 하면서 스스로 노력하는 자를 하늘은 결코 저버리지 않습니다.

　다만 부처님께서는 무기 거래, 인신매매, 도살목적의 짐승거래, 술 거래, 독극물 거래에 속하는 직업은 악업을 쌓게 되므로 갖지 말라고 하셨습니다. 그러므로 직업은 가능하면 다른 생명을 해치거나 남에게 피해를 주지 않고 서로에게 유익을 줄 수 있는 직업, 세상에 도움이 되는 직업을 선택하는 것이 좋습니다. 그리고 좋은 직업을 선택했더라도 근무 태도가 중요합니다. 자기만의 이익을 도모해서는 안 되고 서로에게 이익이 될 수 있도록 자리이타의 정신으로 일을 해야 하며, 직장에 근무할 경우에는 자기가 받는 급여의 3배는 벌어준다는 생각으로 근무해야 합니다. 그 직장에서 꼭 필요한 직원이 되도록 해야 하고 최소한 있어야 좋은 사람이 되어야지 가능한 한 빨리 그만두기를 바라는 직원이 되어서는 안 됩니다. 그것은 구성원들과 사업주 또는 직장에 피해를 주어 자기의 빚을 쌓아가며 악업을 짓는 일이기 때문입니다. 직업의 귀천은 진리적으로 볼 때는 소득의 많고 적음이나 대우가 얼마나 좋으냐보다는 세상에 얼마나 가치 있는 일을 하느냐에 따라 달려 있다고 생각합니다.

- 『사람의 직업 가운데에 복을 짓는 직업도 있고 죄를 짓는 직업도 있나니, 복을 짓는 직업은 그 직업을 가짐으로써 모든 사회에 이익이 미쳐 가며 나의 마음도 자연히 선하여지는 직업이요, 죄를 짓는 직업은 그 직업을 가짐으로써 모든 사회에 해독이 미쳐 가며 나의 마음도 자연히 악해지는 직업이라, 그러므로 사람이 직업을 가지는 데에도 반드시 가리는 바가 있어야 할 것이며, 이 모든 직업 가운데에 제일 좋은 직업은 일체 중생의 마음을 바르게 인도하여 고해에서 낙원으로 제도하는 부처님의 사업이니라.』《대종경》, 인도품 40장)

- 『사람이 세상에서 무슨 일을 할 때에는 혹 남의 찬성도 받고 또는 비난도 받게 되나니, 거기에 대하여 아무 생각 없이 한갓 좋아만 하거나 싫어만 하는 것은 곧 어린아이와 같은 일이니라. 남들이 무엇이라고 할 때에는 나는 나의 실지를 조사하여 양심에 부끄러울 바가 없는 일이면 비록 천만 사람이 비난을 하더라도 백절불굴의 용력으로 꾸준히 진행할 것이요, 남이 아무리 찬성을 하더라도 양심상 하지 못할 일이면 헌신같이 버리기를 주저 하지 말 것이니, 이것이 곧 자력 있는 공부인이 하는 일이니라.』《대종경》, 인도품 37장)

8.4   # 복을 지어야 복을 받는다

　세상 사람들은 누구를 막론하고 복 받기를 좋아합니다. 그래서 매년 새해를 맞이할 때면 너도나도 "새해 복 많이 받으세요!"라는 인사를 주고받습니다. 우리가 살아가는 근본 목적이 대부분 지혜와 복락을 갖추어 행복하게 잘 사는 것입니다. 그런데 복을 받기는 다들 좋아하는데 정작 어떻게 해야 복을 받을 수 있는지에 대해서는 별로 관심들이 없습니다. 부처님 말씀에 의하면 복은 지어야 받는다고 하셨습니다. 소태산 대종사께서는 지혜를 장만하기 위해서는 삼학 공부를 해야 하고 복락을 장만하기 위해서는 불공을 잘해야 한다고 하셨습니다. 불공은 부처님 앞에 공양[15]을 드리는 것으로 원래는 부처님께 신심·공경심과 감사함을 표현하고자 정성을 바치는 것이었으나, 세월이 흐르면서 주로 소원성취와 질병·재난의 피면避免을 바라는 기복적인 것으로 흘렀습니다. 그러나 실제 불공의 개념은 '부처'[16]의 개념을 어떻게 보느냐에 따라서 여러 가지로 나누어 볼 수 있습니다.

---

15)　공양供養: 불·법·승 삼보三寶나 사자死者의 영혼에게 공양물과 정성을 바치는 것으로 정신·육신·물질을 모두 포함함.

16)　'부처Buddha'는 그 범주에 따라 ①진리불이신 법신불, ②석가모니 부처님, ③진리를 깨치신 분(인격불), ④ 사찰 등에 모셔진 부처님 형상의 조각상인 등상불等像佛, ⑤법신불의 화신인 사은불 또는 만유불萬有佛, ⑥자기의 마음 부처인 자심불自心佛, 자성불自性佛 등으로 나눌 수 있습니다.

불공은 가장 넓은 의미에서 볼 때 일체의 신앙 행위를 포괄하는 말이며, 자기 불공까지 포함한다면 일체의 수행까지 포괄될 수 있는 말입니다. 그래서 "처처불상 사사불공" 즉, "당하는 곳마다 부처님이요 일일이 불공"이란 말이 불공의 극치를 표현한 법문이라고 할 수 있습니다. 우주만물의 운행과 생성변화를 주재하는 것이 곧 진리라고 한다면 결국 진리는 천지만물이 그렇게 생성변화될 수밖에 없도록 하는 법칙이요 원리요 이치이니, 천지만물이 생성변화하는 그 가운데 있는 것이지 그것을 떠나 따로 있는 것이 아니므로, 우주만유가 곧 진리의 응화신이며, 따라서 죄복의 권능도 천지만물 당처에 갊아 있다는 것입니다.[17]

그러니 천지만물 어느 것 하나 진리 아님이 없고 죄복의 권능을 갖지 않은 것이 없기 때문에 천지만물 허공법계를 전부 산부처님으로 알고 천만사물의 당처에 직접 불공을 잘하면 그 정성의 정도에 따라 상응하는 불공의 효과를 거둘 수 있다는 것입니다.[18] 보은이 곧 불공이요 보시가 곧 불공인데 보시는 형편상 가능하다면 되도록 여기저기 고루고루 쉬지 말고 계속해서 짓는 것이 좋고, 이왕이면 남모르게 음덕을 쌓는 것이 더 좋으며, 자기가 복을 지었다는 관념이 없는 무상보시無相布施를 하면 더욱 좋습니다. 그러면

17) 응화신應化身: 중생을 구제하기 위해 그 중생의 능력에 알맞은 몸으로 나타나서 설법하고 교화하는 부처를 가리키는 말인데, 여기서는 진리가 그 시공간의 상황에 맞게 상응하여 구체적인 현상사물로 변화하여 나타난 것이라는 말입니다.
18) 각산 신도형 지음, 《한글로 읽는 교전공부(수행편)》, 원불교출판사, 2010. 264쪽.

복을 받을 때도 만복을 구비하거나 무량대복[19]을 받을 수도 있습니다. 그리고 같은 보시라도 이왕이면 공중에게 대중에게 하는 보시가 공덕이 더 큽니다.

불공하는 방법은 무엇이든 상대방에게 유익을 주면 되는데 보통 육신으로 노동을 해주거나, 요긴한 정보·기술을 가르쳐주거나, 요긴한 물건이나 돈을 주거나, 정신적인 위안과 기쁨을 주거나 하는 방법 등이 있습니다. 이밖에 돈 안 드는 보시로는 미소, 격려·위로· 칭찬, 기도, 자리 양보 등을 들 수 있습니다. 보시할 때에 주의할 점을 대산종사께서는 "이 몸은 사은의 빚이니 선행을 했더라도 복을 지었다 생각하지 말고 과거에 가져다 쓴 빚을 갚았다고 생각하라. 선을 행하고 그것을 복이라 생각해 상대가 몰라주면 원망이 나오기 쉽나니 빚을 갚는 마음으로 오롯이 선을 닦는 데에만 힘쓰라."[20]고 말씀하셨습니다.

불공은 크게 진리불공과 실지불공(당처불공)으로 나눌 수 있습니다. 진리불공이란 허공법계의 진리부처님이신 법신불께 드리는 불공을 말하고, 실지불공이란 천지·부모·동포·법률의 사은에 보은을 하거나 천만 사물의 당처 또는 자기의 마음부처(자심불)에 드리는 불공을 말합니다.

---

19) 무량대복無量大福: 헤아릴 수 없을 만큼 큰 복덕. 언제 어디서나 구애됨이 없도록 필요한 만큼 상응하여 나오는 복덕입니다. 예를 들어 일금 100만 원이 필요하다면 어디선가 100만 원의 돈이 들어오고, 어떤 물건이 필요하다고 생각하면 또 누군가가 그 물건을 갖다주기 때문에 저축해 놓은 것이 없어도 쓰는 데 전혀 구애됨이 없는 복덕입니다.
20) 《대산종사법어》, 제8 운심편 11장.

진리불공은 진리의 위력·가피력을 얻고자 허공법계를 통하여 법
신불께 올리는 불공이며 주로 심고·기도가 이에 속합니다. 진리불
공의 요체는 정성精誠이니, 심신을 경건하게 하고, 불공의 효과에
대한 확고한 믿음을 가지고, 진실하게 오롯한 마음으로 한결같이
간절하게 하는 것입니다. 기도의 형식보다는 정성이 중요하지만,
형식도 일종의 정성의 표현이므로 소홀히 해서는 안 될 것입니다.

- 『또 여쭙기를 "진리 불공은 어떻게 올리나이까?" 대종사 말씀하시기를
  "몸과 마음을 재계齋戒하고 법신불을 향하여 각기 소원을 세운 후 일체
  사념을 제거하고, 선정禪定에 들든지 또는 염불과 송경을 하든지 혹은
  주문 등을 외어 일심으로 정성을 올리면 결국 소원을 이루는 동시에 큰
  위력이 나타나 악도 중생을 제도할 능력과 백천 사마邪魔라도 귀순시킬
  능력까지 있을 것이니, 이렇게 하기로 하면 일백 골절이 다 힘이 쓰이고
  일천 정성이 다 사무쳐야 되나니라."』《대종경》 교의품 16장)
- 『사람이 출세하여 세상을 살아가기로 하면 자력과 타력이 같이 필요하
  나니 자력은 타력의 근본이 되고 타력은 자력의 근본이 되나니라. 그러
  므로 자신할 만한 타력을 얻은 사람은 나무 뿌리가 땅을 만남과 같은지
  라, 우리는 자신할 만한 법신불 사은의 은혜와 위력을 알았으니, 이 원만
  한 사은으로써 신앙의 근원을 삼고 즐거운 일을 당할 때에는 감사를 올
  리며, 괴로운 일을 당할 때에는 사죄를 올리고, 결정하기 어려운 일을 당

할 때에는 결정될 심고와 혹은 설명 기도를 올리며, 난경을 당할 때에는 순경될 심고와 혹은 설명 기도를 올리고, 순경을 당할 때에는 간사하고 망녕된 곳으로 가지 않도록 심고와 혹은 설명 기도를 하자는 것이니, 이 심고와 기도의 뜻을 잘 알아서 정성으로써 계속하면 지성이면 감천으로 자연히 사은의 위력을 얻어 원하는 바를 이룰 것이며 낙 있는 생활을 하게 될 것이니라. 그러나 심고와 기도하는 서원에 위반이 되고 보면 도리어 사은의 위력으로써 죄벌이 있나니, 여기에 명심하여 거짓된 심고와 기도를 아니 하는 것이 그 본의를 아는 사람이라고 할 것이니라. 심고와 기도를 올릴 때에는 "천지 하감지위下鑑之位, 부모 하감지위, 동포 응감지위應鑑之位, 법률 응감지위, 피은자 아무는 법신불 사은 전에 고백하옵나입니다." 하고 앞에 말한 범위 안에서 각자의 소회를 따라 심고와 기도를 하되 상대처가 있는 경우에는 묵상 심고와 실지 기도와 설명 기도를 다 할 수 있고, 상대처가 없는 경우에는 묵상 심고와 설명 기도만 하는 것이니, 묵상 심고는 자기 심중으로만 하는 것이요, 실지 기도는 상대처를 따라 직접 당처에 하는 것이요, 설명 기도는 여러 사람이 잘 듣고 감동이 되어 각성이 생기도록 하는 것이니라.』(《정전》 제3 수행편, 제9장 심고와 기도)

• 『기도의 방법은, 첫째, 근원을 알아서 해야 한다. 기도를 할 때에 괴목이나 바위나 신 등 어떤 특정한 대상에 대하여 할 것이 아니라 우주 만유의 본원인 법신불 일원상 진리를 향하여 드려야 한다. 둘째, 정성을 드려야 한다. 정성을 드리는 데에는 ①청정히 할 것이니 기도의 도량을 청정하게 청소하고, 몸을 재계하고 의복을 깨끗하게 입을 것이며, 계문을 잘 지키어 정신을 청정하게 해야 할 것이다. ②해원解寃을 할 것이니

원망하고 미워하며 해하고자 하는 마음을 일소해야 할 것이다. 원진이 있어 기운이 막혀 있으면 감응하기 어렵기 때문이다. ③사욕을 품지 말아야 할 것이니 우주의 기운은 지공 무사하므로 사욕이 들어 있으면 감응할 수 없으니, 오직 공변된 마음으로 해야 할 것이다. ④속이지 말아야 할 것이니 기도할 때에 법신불 전에 고백한 조항은 반드시 실천에 옮겨야 하며 만일 그렇지 못할 때에는 무서운 벌이 있을 것을 각오해야 할 것이다. 셋째, 위력을 얻는 것이다. 철저한 신념으로 오래오래 계속하여 정성을 드리면 자연히 법신불의 위력을 얻게 되어 시일의 장단은 있을지언정 원하는 바를 모두 이루게 될 것이다.』(《한울안 한이치에》, 제1편 법문과 일화, 3.일원의 진리 18절)

- 『기도 중 금기 사항은 거짓 원願, 요행심, 배은망덕, 살생, 원증怨憎, 조급躁急이니라.』(《대산종사법어》, 교리편 80장)

- 『기도를 올릴 때 시간을 길게 하는 것보다, 짧은 시간이라도 긴 기간을 계속하는 것이 좋으니라.』(《대산종사법어》, 제2교리편 76장)

- 『기도 기간 내에 정신·육신·물질로 남을 위해서 봉사하거나 자기 심공心功으로 수행하는 바를 기원하는 데에 모두 바치면 큰 위력을 얻을 수 있느니라.』(《대산종사법어》, 제2교리편 77장)

- 『기도를 올릴 때에는 일심이 계속되지 않는다고 낙망하거나 중단하지 말고 끝까지 계속하되, 특별 기도 중 혹 병이 날 때에는 잠깐 쉬었다가 다시 계속할 것이니라.』(《대산종사법어》, 제2교리편 79장)

- 『아침저녁으로 부모와 스승을 위해 지성으로 심고를 올려 보라. 이 몸을 낳고 길러 주신 부모의 은혜와 이 마음을 낳고 키워 주신 스승의 은혜

를 생각하며 계속해 심고를 올리면 혹 악도에 떨어질 경우가 있을지라도 무사히 넘기는 길이 열릴 수도 있느니라.』(《대산종사법어》, 제2교리편 81장)

- 『어떠한 소원을 위하여 축원하는 기도를 드리는 것도 좋으나, 자기의 수행을 위하여 서원하는 기도를 정성스럽게 드리면 부지중 전날의 습관이 녹아지고 공부가 점차 향상되어 만사를 뜻대로 성공할 수 있나니라.』(《정산종사법어》, 권도편 15장)

- 『그대들은 조석심고를 올릴 때에 우주의 진리와 자신이 부합이 되어 크게 위력을 얻을 수 있다는 확고한 신념이 서 있는가. 얼른 생각에는 마음으로 잠간 고하는 것이 무슨 위력이 있을까 싶지마는 우리가 마음으로 생각하는 것이 다 허공법계에 스며드나니, 그대들은 심고할 때 뿐 아니라 언제나 마음의 움직임에 주의하며, 조석 심고를 일심으로 드리는 것이 큰 공부가 되고 큰 위력이 있음을 잊지 말라. 동란을 우리가 무사히 넘긴 것은 우리 대중이 일심으로 심고 올린 위력에도 크게 힘입었나니, 우리가 낱 없는 마음으로 남을 위하고 상 없는 마음으로 공부하면 그 기운으로 교단이나 나라나 세계가 큰 위력을 얻을 수 있나니라.』 (《정산종사법어》, 원리편 31장)

8.4.2 실지 불공, 당처 불공

실지불공實地佛供은 죄복 권능을 가진 사은(천만사물)의 당처에 직접 불공하여 현실적으로 복락을 장만하는 불공법으로 당처불공當處佛供이라고도 부릅니다. 이는 다시 대상에 따라서 사은 불

공, 사요 불공, 대인 불공, 사사 불공, 대물 불공과 자기 불공으로
나누어 볼 수 있습니다.

- 『과거의 불공법과 같이 천지에게 당한 죄복도 불상佛像에게 빌고, 부모
  에게 당한 죄복도 불상에게 빌고, 동포에게 당한 죄복도 불상에게 빌
  고, 법률에게 당한 죄복도 불상에게만 빌 것이 아니라, 우주 만유는 곧
  법신불의 응화신應化身이니, 당하는 곳마다 부처님處處佛像이요, 일일이
  불공법事事佛供이라, 천지에게 당한 죄복은 천지에게, 부모에게 당한 죄
  복은 부모에게, 동포에게 당한 죄복은 동포에게, 법률에게 당한 죄복은
  법률에게 비는 것이 사실적인 동시에 반드시 성공하는 불공법이 될 것
  이니라.』《정전》제3 수행편, 제10장 불공하는 법)

- 『(전략) 불공하는 방법을 알아 불공을 한 후에 성공을 하는 것도 또한
  구분이 있나니, 그 일의 형세를 따라서 정성을 계속하여야 성공이 있으
  리라. 그러므로 인연 작복因緣作福을 잘하고 못하는 것과 부귀 빈천되는
  것이 다 다생 겁래를 왕래하면서 불공 잘하고 못하는 데 있나니, 복이
  많고 지혜가 많은 사람은 법신불 일원상의 이치를 깨치어 천지 만물 허
  공 법계를 다 부처님으로 숭배하며, 성공의 기한 구별도 분명하며, 죄복
  의 근원처를 찾아서 불공하므로 무슨 서원이든지 반드시 성공할 것이
  니,… 』《대종경》교의품 14장)

- 『대종사 봉래 정사에 계실 때에 하루는 어떤 노인 부부가 지나가다 말
  하기를, 자기들의 자부子婦가 성질이 불순하여 불효가 막심하므로 실상
  사實相寺 부처님께 불공이나 올려 볼까 하고 가는 중이라고 하는지라,

대종사 들으시고 말씀하시기를 "그대들이 어찌 등상불에게는 불공할 줄을 알면서 산 부처에게는 불공할 줄을 모르는가?" 그 부부 여쭙기를 "산 부처가 어디 계시나이까?" 대종사 말씀하시기를 "그대들의 집에 있는 자부가 곧 산 부처이니, 그대들에게 효도하고 불효할 직접 권능이 그 사람에게 있는 연고라, 거기에 먼저 공을 드려 봄이 어떠하겠는가?" 그들이 다시 여쭙기를 "어떻게 공을 드리오리까?" 대종사 말씀하시기를 "그대들이 불공할 비용으로 자부의 뜻에 맞을 물건도 사다 주며 자부를 오직 부처님 공경하듯 위해 주어 보라. 그리하면, 그대들의 정성을 따라 불공한 효과가 나타나리라." 그들이 집에 돌아가 그대로 하였더니, 과연 몇 달 안에 효부가 되는지라 그들이 다시 와서 무수히 감사를 올리거늘, 대종사 옆에 있는 제자들에게 말씀하시기를 "이것이 곧 죄복을 직접 당처에 비는 실지불공實地佛供이니라."」《대종경》 제2 교의품 15장)

(1) 사은四恩 불공

사은불공은 천지·부모·동포·법률의 은혜 입은 내역을 알아서 보은하는 것이니, 천지에 보은 불공하는 강령은 응용무념의 도를 실천하는 것이요, 부모에게 보은 불공하는 강령은 약자 보호의 도를 실행하는 것이요, 동포에게 보은 불공하는 강령은 자리이타의 도를 실행하는 것이요, 법률에 보은 불공하는 강령은 준법지계[21]의 도를 실행하는 것입니다.[22]

---

21) 준법지계遵法持戒: 법률을 따르고 계문을 지킴.
22) 각산 신도형 지음, 《한글로 읽는 교전공부(수행편)》, 원불교출판사, 2010. 267~268쪽 참조.

(2) 사요四要 불공

　사요불공은 당처불공 중에서 오직 인간불을 대상으로 하여 자력양성, 지자본위, 타자녀교육, 공도자 숭배의 사요四要를 실천하는 것입니다. 그래서 인권평등, 지식평등, 교육평등, 생활평등이 이루어진 모두가 잘 사는 세상을 만들자는 것입니다.

- 『사요四要는 우리가 다 같이 실천할 요긴한 네 가지 법이 있는 바, 첫째, 자력양성이라, 인인개개人人個個에 갊아 있는 자력만 양성해 놓으면 세상의 존대를 받게 되어 자연 인권이 평등될 것이오. 둘째, 지자본위라, 과거의 불합리한 모든 차별은 없애버리고 지우차별만 두고 보면 우자愚者가 지자智者에게 배우게 되어 자연 지식이 평등될 것이오. 셋째, 타자녀교육이라, 가정·사회·국가에서 교육을 결함없이 고루 시키고 보면 자연 교육이 평등될 것이오. 넷째, 공도자숭배라, 사회·국가·세계에서 공도사업하는 사람을 부모같이 섬기고 생전 사후를 숭배하여 주면 자연 공도주의가 실천되어 사람의 생활이 평등하게 골라질 것이다. 이상 네 가지 은혜 갚는 법과 처세하는 법을 실행하고 보면 이 세상은 자연 좋아질 것이요, 세상이 좋아지게 되면 전 인류는 자연 고루 잘 살게 되어 이 지상에 평화안락의 천국이 건설될 것이다.』(《대산종사법문집 제1집》, 진리는 하나 5.원불교, 6.사은과 사요)

- 『사람으로서는 누구나 고루 교육을 받고 직업을 갖도록 서로 권장하되 남녀 간에 자력이 부족한 사람은 무슨 방법으로든지 먼저 교육을 받으며 직업을 가져서 가정·사회·국가·세계에 의무와 책임을 같이 이행할 수

있는 자주력을 세워 놓아야 권리가 동일해져서 자연히 인권 평등이 되느니라.』(《대산종사법어》, 교리편 47장)

- 『과거 불합리한 차별 제도를 버리고 지우 차별智愚差別만 세워 놓아야 각자가 배우기에 힘써서 사람마다 지자智者가 되는 동시에 온 인류의 지식이 자연히 평등해질 것이니라.』(《대산종사법어》, 교리편 49장)

- 『선진은 후진을 가르치는 것이 의무인 동시에 인생의 고귀한 가치니 자기 자녀에게만 국집하지 말고 개인이나 국가나 세계가 다 같이 교육기관을 많이 설치하여 가르치는 정신을 양성하여야 자연히 교육이 골라질 것이니라.』(《대산종사법어》, 교리편 50장)

(3) 대인對人 불공

대인불공은 당처불공 중에서 대인관계에 관한 불공법입니다. 현대사회에서 가장 어려운 부분이 바로 인간관계에서 오는 스트레스라고 할 수 있습니다. 대인불공은 바로 이 인간관계를 원만하게 풀어가기 위한 불공인 것입니다. 모든 일은 결국 사람이 하는 것이기 때문에 그 일의 성패가 어떤 인연을 만나느냐에 달려있는 경우가 많습니다. 따라서 이 대인불공을 얼마나 잘 하느냐가 인생의 성패를 결정짓는다고 해도 과언이 아닙니다. 그래서 복 받으려면 사람불공이 최고라고 하는 것입니다. 대인불공의 가장 핵심은 상대방으로 하여금 자기가 존중받는다는 느낌과 인정받고 사랑받는다는 느낌이 들게 해주는 것입니다. 그러기 위해서는 주의할 점들이 있습니다.

첫째, 상대방의 특성과 취향에 맞게 해야 합니다. 모든 사람은 생각과 기호와 취향이 다 다릅니다. 사람들은 자기 본위로, 자기 생각을 기준으로 불공하는 경우가 많은데 그러면 불공의 효과가 잘 나오지 않을 뿐만 아니라 오히려 역효과를 낼 수도 있습니다. 항상 상대방 본위로, 상대방의 입장에서 불공을 해야 효과가 있다는 점을 명심해야 합니다. 비유로 예를 들면 코끼리가 사자에게 풀을 선물한다든지 사자가 코끼리에게 영양을 잡아다 선물한다면 어떻게 되겠습니까? 예컨대 요즘 여성들은 집에서 요리하기를 싫어하는 데다 매우 바쁜 사람이 많은데 설 선물로 일손이 많이 가는 더덕이나 생선 등을 선물하면 환영을 받기가 어렵습니다. 그러므로 선물 하나를 하더라도 상대방이 필요로 하고 기쁘게 생각하는 것으로, 상대방이 원하는 것으로 해야 그 효과가 있습니다. 자기 본위로 불공하는 사람들은 대개 권위적이거나, 자기 신념이 강하거나, 자기를 과시하려 하거나, 애착이 강한 사람들 중에 많습니다. 이런 사람들은 상대방의 말을 잘 들으려 하지도 않고 상대방 입장을 잘 고려하지도 않습니다.

둘째, 진심과 정성을 담아서, 되도록 다른 사람과 차별화 되게 하는 것이 좋습니다. 그러면 상대방도 감동하기 마련입니다.

셋째, 때를 놓치지 말고 적시에, 상황에 맞게 하는 것이 좋습니다. 칭찬 하나를 하더라도 타이밍이 매우 중요합니다. 타이밍을 놓치면 마치 식은 밥을 대접하는 것과 같기 때문입니다.

넷째, 대가를 바라지 말고 무상無相으로 하는 것이 좋습니다. 모든 것이 사은의 공물이라 본래 "내 것"이란 없기 때문이며, 만약 대가를 바라고 불공을 하게 되면 대가가 바로 오지 않을 경우 원망하거나 화를 내게 되어 오히려 악연의 종자를 심기 쉽습니다. 그러나 내가 받은 경우에는 답례와 사례하기를 잊지 않도록 주의해야 합니다. 상대방이 나에게 잘할 이유가 특별히 없는 경우에는 대부분 뭔가 대가를 바라거나 주었다는 상相을 가지고 있어서 자칫하면 악연으로 발전할 수 있기 때문입니다. 세상에는 절대 공짜가 없다는 것을 잘 알아야 합니다. 내가 주었으면 언젠가 때가 되면 반드시 받게 되는 것이 인과의 이치입니다. 따라서 주고서 생색을 내면 안 됩니다. 오히려 추해져서 안 한 것만도 못해질 수 있기 때문입니다.

다섯째, 상대방이나 본인이 부담을 느끼지 않을 정도의 범위에서 하는 것이 좋습니다. 지나치면 상대방이 되갚을 생각에 부담을 느끼게 되어 기뻐하는 것이 아니라 오히려 불편하게 여길 수도 있기 때문입니다.

관계를 시작하고 싶거나 지속하고 싶으면 적절한 선물을 하고, 관계를 끝내고 싶으면 부적절한 선물이나 이별 선물을 하라고 했습니다. 적절한 선물이란 되도록 상대가 좋아하면서도 본인이 선뜻 사기에는 좀 부담스럽거나 각별한 물건을 선물하는 것이 좋습니다. 선물을 갚을 때는 각자의 처지와 상황에 맞게 적절한 타이밍을 잡아서 하는 것이 좋습니다. 잘못하면 오히려 상대의 기분을 상할 수 있기 때문입니다.

(4) 대물對物 불공

대물 불공은 물건을 선용善用하고 절용節用하며 소중히 다루는 것입니다. 모든 물건은 사은이 주신 것이며 수많은 사람들의 노고가 스며있는 것인데, 이것을 소중히 하지 않고 함부로 사용하면 쉽게 망가지거나 잃어버리기 쉬울 뿐만 아니라 나중에 가난하게 사는 빈천보貧賤報를 받게 되며 잘못하면 몸을 상할 수도 있기 때문입니다.

(5) 사사事事 불공

사사 불공은 모든 일을 할 때에 부처님께 불공하듯이 정성을 다하라는 것입니다. 정성을 다한다는 것은 일을 건성으로 하거나 잡념 속에 하는 것이 아니라 순서를 알아서 시종일관 한결같이 그 일에 집중하여 일심으로 하는 것을 말합니다. 그러면 일하는 것이 곧 수행이 되며, 매사에 성공을 하게 됩니다.

(6) 자기 불공

자기 불공은 자기를 건강하고 행복하게 만드는 일에 공을 들이고 성불제중의 서원으로 보은불공을 하면서 삼학공부로 삼대력을 쌓되 아울러 만사만리의 근본인 육신의 건강을 유지하도록 적절한 노력을 기울이는 것입니다. 정신과 육신은 서로 영향을 미치며 뗄 수 없는 상관관계를 가지고 있어서 어느 한쪽이 부실하면 다른 한쪽에도 바로 영향을 주기 때문입니다. 마음공부를 아무리 잘하려 해도 몸이 힘들고 괴로우면 짜증부터 올라오기 때문에 마음공부도 잘 안되고, 마음공부를 아무리 잘했어도 몸 관리를 잘못해서 치매가 오거나 중풍에 걸리면 최후일념을 바로 챙기기도 어려워지게 되는 것입니다. 따라서 수행은 삼학공부가 근본이긴 하지만 반드시 몸과 마음을 함께 닦아가야 되는 것이며, 불공 중에서도 자기 불공이 가장 중요한 것입니다.

09

일원상은 진리의 상징이며
신앙의 대상과 수행의 표본이다

진리는 그 속성상 물질도 아니며, 에너지도 아니며, 마음도 아니며, 관념도 아니면서 우주만유의 본원이요, 제불제성의 심인이요, 일체 중생의 본성이요, 우주 변화의 원리이며, 삼라만상의 이치인 어떤 것이어야 하는데, 이를 언어로 정의하는 순간 개념화되므로 이를 직접적인 언어로 표현하는 데에는 분명한 한계가 있습니다. 그러나 진리가 무엇인지를 깨우치기 위해서는 또한 어떻게든 표현하고 설명할 수밖에 없습니다. 그래서 대종사께서는 일원상의 진리를 다음과 같이 밝혀주셨습니다. 여기서 우리는 진리가 불변의 측면과 변화하는 측면을 아울러 가지고 있음을 또한 알 수 있습니다. 원리, 본원의 측면에서는 불변하지만, 현상의 측면에서는 무상하게 변화하는 것이 진리인 것입니다.

· 『일원―圓은 우주 만유의 본원이며, 제불 제성의 심인이며, 일체 중생의 본성이며, 대소 유무大小有無에 분별이 없는 자리며, 생멸 거래에 변함이 없는 자리며, 선악 업보가 끊어진 자리며, 언어 명상言語名相이 돈공頓空한 자리로서 공적 영지空寂靈知의 광명을 따라 대소 유무에 분별이 나타나서 선악 업보에 차별이 생겨나며, 언어 명상이 완연하여 시방

삼계十方三界가 장중掌中에 한 구슬같이 드러나고, 진공 묘유의 조화는 우주 만유를 통하여 무시광겁無始曠劫에 은현 자재隱顯自在하는 것이 곧 일원상의 진리니라.』《정전》, 일원상의 진리)

- 『일원은 언어도단言語道斷의 입정처入定處이요, 유무 초월의 생사문生死門인 바, 천지·부모·동포·법률의 본원이요, 제불·조사·범부·중생의 성품으로 능이성 유상能以成有常하고 능이성 무상無常하여 유상으로 보면 상주 불멸로 여겨 자연如如自然하여 무량세계를 전개하였고, 무상으로 보면 우주의 성·주·괴·공成住壞空과 만물의 생·로·병·사生老病死와 사생四生의 심신 작용을 따라 육도六途로 변화를 시켜 혹은 진급으로 혹은 강급으로 혹은 은생어해恩生於害로 혹은 해생어은害生於恩으로 이와 같이 무량 세계를 전개하였나니, …』《정전》, 일원상서원문)

- 『대종사 말씀하시기를 "일원의 진리를 요약하여 말하자면 곧 공空과 원圓과 정正이니, 양성에 있어서는 유무 초월한 자리를 관하는 것이 공이요, 마음의 거래 없는 것이 원이요, 마음이 기울어지지 않는 것이 정이며, 견성에 있어서는 일원의 진리가 철저하여 언어의 도가 끊어지고 심행처가 없는 자리를 아는 것이 공이요, 지량知量이 광대하여 막힘이 없는 것이 원이요, 아는 것이 적실하여 모든 사물을 바르게 보고 바르게 판단하는 것이 정이며, 솔성에 있어서는 모든 일에 무념행을 하는 것이 공이요, 모든 일에 무착행을 하는 것이 원이요, 모든 일에 중도행을 하는 것이 정이니라."』《대종경》, 교의품, 7장)

9.1 일원상은 진리의 상징이다

소태산 대종사께서는 앞에서 말한 일원의 진리를 일원상 ◯으로 상징해 주시고 "법신불 일원상"이라고 이름하셨습니다. 즉, '일원一圓'은 진리[(법(法): Dharma)]의 다른 이름이며, 이를 인격화하여 부르는 이름이 '법신불'이고, 이를 '하나의 동그라미 모양'으로 형상화하여 상징한 것이 일원상입니다.

초기불교에서는 석가모니만을 부처님이라고 불렀으나 대승불교에서는 싯다르타 태자였던 석가모니뿐만 아니라 누구든지 진리를 깨치면 붓다(Budah: 부처)가 된다고 말합니다. 그것은 범부 중생이라고 하여도 그 본래의 마음은 모두 석가모니 부처님이나 진리 부처님과 똑같은 마음 즉, 불성佛性을 조금도 차별 없이 지니고 있다고 보기 때문입니다. 우리 보통 사람도 누구나 지니고 있는 이 불성을 성품 또는 본성이라고 부릅니다. 그러나 이 진리 또는 본성은 아무런 형상도 없고, 냄새도 없고, 소리도 없는 것이기 때문에 우리 보통 사람들은 도무지 짐작하기가 어렵습니다. 그래서 진리를 깨치신 역대 선지식들 중에 이를 일원상으로 표현하신 경우가 종종 있었습니다. 그런데 소태산 대종사께서는 이를 "법신불 일원상"으로 천명하시어 신앙의 대상과 수행의 표본으로 삼아주셨습니다. 일원상一圓相은 한글로 풀면 문자 그대로 "하나의 둥그런 모양"
이란 뜻이나 여기서는 우주만유의 모든 상대성을 초월해 있는 유
일 절대의 진리인 동시에 그대로 우주만유로 나타나 있는 원만구
족하고 지공무사한 청정법신불을 상징합니다.

'일원상'의 '일一'은 하나의 자리인 절대의 자리이니, 곧 '유일절대'의
뜻입니다. '원圓'은 '원만구족'의 뜻이니, 원만구족하고 지공무사[23]한
진리와 원만 청정한 부처님의 성품 자리를 표현한 것입니다. '상相'은
'모양', '모습'을 뜻하니, 관상 즉 '상을 본다'고 할 때의 '상相'입니다. 그
러므로 '법신불 일원상'은 무형의 법신불과 이를 형상화하여 상징한
일원상을 합칭한 것으로서, 대종사께서 이를 신앙의 대상과 수행의
표본으로 삼아 타력신앙과 자력신앙을 병진하여 우리 보통 사람들
도 비교적 쉽게 법신불을 깨달아 알 수 있도록 해주셨습니다.

그래서 일원상은 "참 일원을 알리기 위한 한 표본"[24]이요, "우주
만물 허공 법계와 진리불의 도면"[25]이요, "곧 진리 전체의 사진"[26]

---

23) 원만구족은 진리의 체를 가리킨 말이요, 지공무사는 진리의 작용을 가리킨 말입니다. 진리의 체는
진공이라 원만구족한 것이며("유와 무가 구공이나 구공 역시 구족이라"), 진공인지라 무아無我이고, 무아
이니 지공무사한 작용이 나오는 것이며, 이를 체받은 실행이 바로 무아봉공인 것입니다. 따라서 온
전한 무아가 되면 성불이요, 성불하면 제중하니 제중이 바로 봉공인 것입니다. 그리고 진리가 원만
구족하고 지공무사한지라 인과보응이 호리도 틀림없게 되는 것입니다.
24) 《대종경》, 제2 교의품 6장: 『저 원상은 참 일원을 알리기 위한 한 표본이라』
※ 표본標本: 본보기나 기준이 될 만한 것.
25) 《정산종사법어》, 경의편 3장: 『일원상은 우주 만물 허공 법계와 진리불의 도면이니, 견성 성불하는
화두요, 진리 신앙하는 대상이요, 일상 수행하는 표준이니라.』
26) 《정산종사법어》, 제1 원리편 6장: 『… 대종사께서는 일원상으로 진리 그 당체의 사진을 직접 보여
주셨으므로 학인들이 그 지경을 더우잡기가 훨씬 편리하게 되었나니라. 일원상은 곧 진리 전체의
사진이니, 이 진리의 사진으로써 연구의 대상을 삼고 정성을 쌓으면 누구나 참 진리 자리를 쉽게 터
득할지라, …』

이요, "부처님의 심체心體를 나타낸 것"[27]이라고 하시어 진리의 상징임을 분명히 하셨는데, 대종사님과 여러 스승님들의 법문을 종합해 볼 때 필자는 일원상이 상징하는 진리의 속성을 다음과 같이 풀 수 있다고 생각합니다.

① 圓同太虛(원동태허), 空中眞滿(공중진만) : 둥글게 가운데가 비어 있는 모습은 허공을 닮았습니다. 이 텅 비어 있는 허공에서 우주만유 삼라만상을 생성변화시키니 그냥 비어있는 것이 아니라 그 가운데 참이 가득 찼다는 것을 나타냅니다.

② 圓滿具足(원만구족), 無欠無餘(무흠무여) : 어디 한 군데 찌그러진 데 없이 둥글게 꽉 차서 부족함이나 남음이 없이 원만구족 하다는 것을 나타냅니다.

③ 圓光靈明(원광영명), 空寂靈知(공적영지) : 두렷한 광명이 신령스럽게 밝아서 인과보응이 소소영령昭昭靈靈하게 호리도 틀림없고, 마음이 지극히 고요한 가운데 지혜가 밝게 드러나는 공적영지의 성품자리를 나타냅니다. 그래서 일월과 같은 두렷한 광명으로 표현하여 소소영령한 진리인 공적영지를 상징한 것입니다.

④ 圓正中道(원정중도), 不偏不倚(불편불의) : 둥글어서 어느 쪽에서 보더라도 기울어짐이 없이 똑바르며, 중심에서 모두 같은

---

27) 《대종경》, 교의품 3장: 「일원상은 부처님의 심체心體를 나타낸 것이므로, … 심체라 하는 것은 광대무량하여 능히 유와 무를 총섭하고 삼세를 관통하였나니, 곧 천지 만물의 본원이며 언어도단의 입정처라, 유가에서는 이를 일러 태극 혹은 무극이라 하고, 선가에서는 이를 일러 자연 혹은 도라 하고, 불가에서는 이를 일러 청정 법신불이라 하였으나, 원리에 있어서는 모두 같은 바로서 비록 어떠한 방면 어떠한 길을 통한다 할지라도 최후 구경에 들어가서는 다 이 일원의 진리에 돌아가나니.」

거리에 있으니, 진리는 어디에도 치우침이 없이 중도의 자리에서 지공무사하게 일체의 차별이 없이 누구에게나 지은 바대로 평등하게 작용하여 호리도 틀림없이 보응함을 나타냅니다.

⑤ 圓環無窮(원환무궁), 陰陽相勝(음양상승) : 진리의 작용은 음양상승의 도를 따라 춘하추동·원형이정元亨利貞으로 끊임없이 돌고 돌면서 천지자연의 변화를 일으킴과 동시에 사생의 심신작용을 따라 인과보응한다는 것을 나타냅니다.

9.2 일원상의 신앙과 수행

　이와 같이 일원의 진리를 상징한 일원상은 "견성 성불하는 화두요, 진리 신앙하는 대상이요, 일상 수행하는 표준"이므로[28], "공부하는 사람은 마땅히 저 표본의 일원상으로 인하여 참 일원을 발견하여야 할 것이며, 일원의 참된 성품을 지키고, 일원의 원만한 마음을 실행하여야 일원상의 진리와 우리의 생활이 완전히 합치"될 것이니[29], "일원상의 진리를 신앙하는 동시에 수행의 표본을 삼아서 일원상과 같이 원만 구족하고 지공무사한 각자의 마음을 알자는 것이며, 또는 일원상과 같이 원만 구족하고 지공무사한 각자의 마음을 양성하자는 것이며, 또는 일원상과 같이 원만 구족하고 지공무사한 각자의 마음을 사용하자는 것이 곧 일원상의 수행"[30]이라고 밝혀주셨습니다.

　"원만구족하고 지공무사한 각자의 마음"이라고 한 것은 일원상의 진리와 합일된 각자의 성품을 말한 것이니 이를 한마디로 말하면 '자성自性 일원상'이라고 할 수 있으며, "일원상 수행"은 바로 이

---

28) 《정산종사법어》, 제6 경의편 3장
29) 《대종경》, 제2 교의품 6장
30) 《정전》, 제1장 일원상, 제4절 일원상서원문

'자성 일원상'을 온전히 회복해 가는 과정이라고 볼 수 있습니다. 이는 바로 "법신불 일원상을 체받아서 심신을 원만하게 수호하는 공부를 하며, 또는 사리를 원만하게 아는 공부를 하며, 또는 심신을 원만하게 사용하는 공부[31]를 지성으로 하여" "진급이 되고 은혜는 입을지언정, 강급이 되고 해독은 입지 아니하기로써 일원의 위력을 얻도록까지 서원하고 일원의 체성體性에 합하도록까지 서원"[32]하고 정진해가는 것을 말합니다. 그 결과 "이 원상圓相의 진리를 각覺하면 시방 삼계가 다 오가吾家의 소유인 줄을 알며, 또는 우주 만물이 이름은 각각 다르나 둘이 아닌 줄을 알며, 또는 제불·조사와 범부·중생의 성품인 줄을 알며, 또는 생·로·병·사의 이치가 춘·하·추·동과 같이 되는 줄을 알며, 인과보응의 이치가 음양상승陰陽相勝과 같이 되는 줄을 알며, 또는 원만 구족한 것이며 지공 무사한 것인 줄"을 알게 되고, 눈·귀·코·입·몸·마음을 사용할 때에 원만구족하고 지공무사하게 사용한다는 것입니다.[33]

9.1.1 일원상의 신앙은 원만한 진리신앙이다

일반적으로 신앙이란 어떤 권능을 가지고 있다고 생각되는 존재를 믿고 받드는 것을 말합니다. 이러한 신앙 행위의 주된 목적은 고

---

31) 심신을 원만하게 사용하는 공부: 원근친소와 희로애락 또는 증애에 끌리지 않고 공정한 자리에 들어가 중도中道를 잡아 절도에 맞게 쓰는 것.(오선명 엮음, 《정산종사 법설》, 402쪽.)
32) 《정전》, 제1장 일원상, 제4절 일원상 서원문
33) 《정전》, 제1장 일원상, 제5절 일원상 법어

통이나 재난을 면하고 심신의 평강과 복락을 불러오자는 데에 있습니다. 그래서 흔히 이를 기복신앙이라고 합니다. 우리 보통 사람들은 누구를 막론하고 복 받기를 좋아하며, 종교를 갖는 일차적인 목적도 바로 복락을 누리기 위한 것입니다. 우리가 살아가는 근본 목적이 대부분 지혜와 복락을 갖추어 행복하게 잘 사는 것이니, 복락을 바라는 것은 인지상정이며 당연한 일이라고 할 수 있습니다. 문제는 무엇을 어떻게 믿느냐입니다. 기복신앙이라고 해서 아무것이나 아무렇게나 믿어도 복락이 오지는 않을 것이기 때문입니다.

"일원상의 신앙"이란 앞에서 밝힌 일원상의 진리를 그대로 믿는 것을 말하며, 이를 통해 복락을 구하는 방법이 바로 불공법입니다. 일원상 신앙을 구체적으로 말한다면 사은 신앙, 만유불 신앙, 자성불 신앙과 인과 신앙이며[34], 이는 개체 신앙을 전체 신앙으로, 미신 신앙을 진리 신앙으로, 형식적 신앙을 사실적 신앙으로, 타력 신앙을 자타력 병진 신앙으로 돌려 편협한 신앙을 원만한 신앙으로 만든 것입니다. 이를 대소유무의 이치와 진공묘유의 수행에 부합시켜 본다면, 법신불 신앙은 대大 자리인 진공眞空에 상응하며, 사은 신앙 또는 만유불 신앙은 소小 자리인 묘유妙有에 상응하고, 인과 신앙은 유무有無에 상응합니다.[35]

---

34) 법신불[진리불]이 현상적으로 드러난 것을 4개의 범주로 본 것이 천지은, 부모은, 동포은, 법률은의 4은[사은불]이며, 이 사은의 작용에 의해 구체적인 현상사물로 드러난 것이 만물[만유불]이고, 이러한 진리를 온전히 깨친 분을 부처님[인격불]이라 하는데 일체 중생이 다 이러한 부처가 될 수 있는 요소를 가지고 있는바 그것이 바로 마음부처(자성불自性佛)이며, 진리와 부처와 중생이 조금도 차별없이 공통으로 가지고 있는 이것을 성품이라고 부르는 것입니다.

35) 《정산종사 법어》 제6 경의편 36장.

- 『또 여쭙기를 "일원상의 신앙은 어떻게 하나이까?" 대종사 말씀하시기를 "일원상을 신앙의 대상으로 하고 그 진리를 믿어 복락을 구하나니, 일원상의 내역을 말하자면 곧 사은이요, 사은의 내역을 말하자면 곧 우주 만유로서 천지 만물 허공 법계가 다 부처 아님이 없나니, 우리는 어느 때 어느 곳이든지 항상 경외심을 놓지 말고 존엄하신 부처님을 대하는 청정한 마음과 경건한 태도로 천만 사물에 응할 것이며, 천만 사물의 당처에 직접 불공하기를 힘써서 현실적으로 복락을 장만할지니, 이를 몰아 말하자면 편협한 신앙을 돌려 원만한 신앙을 만들며, 미신적 신앙을 돌려 사실적 신앙을 하게 한 것이니라."』《대종경》 교의품 2장)
- 『"일원상 숭배는 그 뜻이 실로 넓고 크나니, 부처님의 인격만 신앙의 대상으로 모시는 것보다 우주 만유 전체를 다 부처님으로 모시고 신앙하여 모든 죄복과 고락의 근본을 우주 만유 전체 가운데에 구하게 되며, 또는 이를 직접 수행의 표본으로 하여 일원상과 같이 원만한 인격을 양성하자는 것이니, …"』《대종경》 교의품 12장)

9.1.2 일원상의 수행은 생활 속의 중도수행이다

그럼 일원상의 수행은 어떻게 하는가? 대종사께서 말씀하시기를 "일원상을 수행의 표본으로 하고 그 진리를 체 받아서 자기의 인격을 양성하나니 일원상의 진리를 깨달아 천지 만물의 시종 본말과 인간의 생·로·병·사와 인과보응의 이치를 걸림 없이 알자는 것이며, 또는 일원과 같이 마음 가운데에 아무 사심私心이 없고 애욕과 탐착에 기울고 굽히는 바가 없이 항상 두렷한 성품 자리를 양성하자는 것이며, 또는 일원과 같이 모든 경계를 대하여 마음을 쓸 때 희·로·애·락과 원·근·친·소에 끌리지 아니하고 모든 일을 오직 바르고 공변되게 처리하자는 것이니, 일원의 원리를 깨닫는 것은 견성見性이요, 일원의 체성을 지키는 것은 양성養性이요, 일원과 같이 원만한 실행을 하는 것은 솔성率性인 바, 우리 공부의 요도인 정신수양·사리연구·작업취사도 이것이요, 옛날 부처님의 말씀하신 계戒·정定·혜慧 삼학도 이것으로서, 수양은 정定이며 양성이요, 연구는 혜慧며 견성이요, 취사는 계戒며 솔성이라, 이 공부를 지성으로 하면 학식 있고 없는 데에도 관계가 없으며, 총명 있고 없는 데에도 관계가 없으며, 남녀노소를 막론하고 다 성불함을 얻으리라.』[36]라고 하셨습니다.

우리가 위와 같이 삼학수행을 통해 "현묘한 진리를 깨치려 하는 것은 그 진리를 실생활에 활용하고자 함이니 만일 활용하지 못하고 그대로 둔다면 이는 쓸데없는 일이라, 이제 법신불 일원상을 실생활에 부합시켜 말해 주리라. 첫째는 일원상을 대할 때마다 견성성불하는 화두話頭를 삼을 것이요, 둘째는 일상생활에 일원상과 같이 원만하게 수행하여 나아가는 표본을 삼을 것이며, 세째는 이 우주 만유 전체가 죄복을 직접 내려주는 사실적 권능이 있는 것을 알아서 진리적으로 믿어 나아가는 대상을 삼을 것이니, 이러한 진

---

36) 《대종경》, 제2 교의품 5장

리를 아는 사람은 일원상을 대할 때마다 마치 부모의 사진 같이 숭배될 것이니라."[37]

우리가 법당이나 선방에서 공부를 할 수 있기까지는 그 이면에 실로 허다한 사람들의 노력이 숨어있습니다. 대종사께서는 이와 같이 여러 사람들의 수고 덕택으로 편안히 공부를 하면서도 아무런 효과를 내지 못한다면 "그는 반드시 배은자이요, 죄인을 면치 못할 것"이라고 말씀하시고 일상 생활하는 가운데 일원상을 표본으로 삼아 체 받는 공부를 다음과 같이 자세히 설명해 주셨습니다.

• 일원상을 체 받는 공부:『 … 오늘부터라도 집에 가거든 그 일원상圓形을 조그맣게 하나씩 만들어서 몸에다 지니든지, 벽에다 붙이든지 하고 행주좌와行住坐臥 어묵동정語默動靜 간에 오직 일원一圓의 그 공空한 자리만을 생각하여 사심邪心·잡념을 떼어 버려라. 그런다면 곧 일원상을 체 받는 것이 될 것이니, 비하컨대 글씨 배우는 아이들이 선생의 쳇줄(글씨 교본)을 보고 그대로 쓰듯 그 일원의 원만 무애無碍한 모형을 본떠보라는 말이다. 예를 들면 무슨 일을 하다가 하기 싫은 사심邪心이 나는 것은 일원상을 위반하는 마음이니, 그런 때에는 즉석에서 그 사심을 물리치고 오직 온전한 마음으로 그 일에 전일한 것이 일원상을 체 받는 것이요, 또는 불의의 재물이 욕심난다든지 부당한 음식이 먹고 싶다든지 하거든 곧 그 욕심을 없애버리고 오직 청렴한 그 마음으로 전환시키는

---

37) 《대종경》, 제2 교의품 8장

것이 일원상을 체 받는 것이며, 혹은 가족을 대할 때에도 미운 데에 끌린다든지 사랑스러운 데에 끌려서 중도를 잃는다면 일원상하고는 어긋난 일이니, 오직 증애심을 놓아버리고 항상 원만 공정히 하는 것이 일원상을 체 받았다고 할 것이다. 자고로 인물도 잘난 것을 보고 "원만하다" 하고, 일 처리도 잘된 것을 보고 "원만하다" 하나니, 원만이란 것은 곧 일원상을 이름이니라.본회 공부의 요도要道 삼강령 중 정신수양 즉 일심을 얻는데 대해서도 항상 마음을 대조하여 보아서 사심 없이 온전하여 무슨 일에든지 그르침이 없다면 곧 일원상을 체 받는 것이요, 사리연구 즉 지식을 얻는데 대해서도 사리 간에 배우고 익혀서 시비와 이해를 원만히 분석할 줄 안다면 또한 일원상을 체 받는 것이며, 작업취사 즉 실행에 들어가서도 정의는 죽기로써 행하고 불의는 결코 행치 않았다면 이 또한 일원상을 체 받은 것이니라. 그리고 순경이나 역경이나 그 어떠한 경계를 당하든지 원망심을 버리고 감사생활을 하며, 타력심을 버리고 자력생활을 하며, 모르는 것은 배우기에 노력하고, 아는 것은 가르치기에 노력하며, 남은 나에게 어떻게 하든지 나는 남에게 유익을 주며, 이외에도 사은사요와 솔성요론 등 하여간 자리이타법을 쓸 것 같으면 일원상의 체를 받는 동시에 공부한 효과가 나타나서 한량없는 지자智者 복인福人이 될 것이요, 만약 그 반대로 삼십계문 등의 나쁜 일을 행한다면 일원상과는 위반되는 동시에 적악積惡이 되어 무궁한 죄고를 받게 될 것은 사실이다.』[38]

---

38)   이공주 수필, 불법연구회, 『회보40호』, 원기 22년 12월

또 정산종사께서는 "먼저 일원상의 대의를 해득한 후 행주좌와 어묵동정 간에 항상 일원상을 신앙하며, 일원상을 숭배하며, 일원상을 체 받으며, 일원상을 이용하여 잠깐도 이 일원상 부처님을 떠나지 아니하여야 할지니 이것이 곧 불법 수행상 정로"라고 말씀하시고 '일원상을 체 받는 법'과 '이용하는 법'에 대하여 다음과 같이 밝혀주셨습니다.

• 『일원상 체 받는 법: 일원상은 어떠한 법으로 체 받는 것인가. 이것은 곧 나의 성품을 스스로 회광 반조하자는 것이니 앞에서 말씀한 바와 같이, 우리의 마음은 원래 생멸이 없고 거래가 없고 분별 주착이 없는 오직 두렷한 참 성품이건마는, 육근六根이 육식六識으로 화하고 육식이 육진六塵[39]을 응하여 그 가운데에서 자연 무수한 망상, 번뇌가 일어나서 드디어 그 진성을 버리게 되는 것인 바, 공부인은 먼저 각자에게 그러한 성품이 근본적으로 품부해 있음을 각오하여 이것으로써 수양의 최상 표본을 삼고, 항상 그 육근을 조복하며 망심을 제멸除滅하여 다시 이 일원의 진경이 회복되기를 노력하는 것이니, 우리가 매일 염불을 하고 좌선을 하며 기타 모든 시간에도 오직 전일을 연마하는 것이 이에 대한 실행적 과정이 아닙니까. 그러한 중에 이 공부를 긴밀히 하기로 하면 그 마음 가운데에 항상 일원상을(망상 없는 곳) 깊이 인상하여 잠깐도 잊어버리지 아니하여야 할지니 실경을 들어 말하자면, 혹 어느 기회에 탐

---

39) 육진(六塵): 육근의 작용 대상인 색(色)·성(聲)·향(香)·미(味)·촉(觸)·법(法)을 말함.

심이 동하거든 즉시 발견하여 '아, 내가 일원상을 망각하였구나!' 하고 급히 그 마음 돌리기에 힘쓰며 또, 어느 기회에 진심이 동하거나 치심이 동하거나 기타 무슨 망상이 동할 때에도 또한 그와 같이 힘써서 동정 간에 오직 자주 생각하고 자주 대조하여 낮과 밤에 그 마음 대중을(일원 상에 반조하는 대중) 놓지 아니하면 이것이 이른바 일원상을 체 받는 법이 니, 이 법을 오래 계속하면 필경 낱個이 없는 지경에 이르러서 진眞·망妄 이 구공하고 물物·아我 동일하여 능히 생사를 초월하고 무위無爲에 안주 할지니, 이런 자는 곧 일원상에 회복되어 여래의 법신을 여실히 확득하 였다고 할 것입니다.』[40]

- 『일원상 이용하는 법: 일원상 이용은 어떻게 하는 것인가. 이것은 곧 일원상을 잘 체득하는 공부로서 모든 경계를 응용할 때에 또한 일원적 실행을 하자는 것이니, 일원적 실행이라 함은 즉 희로애락에도 끌리지 말고 의지하지도 말고 과하게도 말고 불급하게도 말아서, 천만사를 오 직 공변되고 오직 바르고 오직 가운데(중도中道로) 하고 오직 떳떳하게 처리함을 이름이니, 이것이 곧 성품에서 나타나는 양심의 소작이요 진 리에서 활용되는 정의의 행사라 능히 수신, 제가하고 치국, 평천하하는 대도 정체가 되나니, 공부인이 만약 이것을 이용하기로 하면 일체 시중 에 항상 성성惺惺불매不昧하여 천만 경계를 응용할 때 오직 자주의 정 신하에 무루의 취사를 하여야 할지니, 우리가 매일 일기를 하고 유무념 을 대조하는 것이 다 이에 대한 실행과정이 되는 바, 그 일부의 실경實

40) 《한울안한이치에》, 제2편 평상심平常心, 5. 일원상에 대하여

例을 들어 말하자면 응용하기 전에 응용의 형세를 보아서 미리 연마하는 것은 이 대도에 어긋나지 않기를 연마하는 것이요, 응용할 때에 온전한 생각으로 취사하기를 주의하는 것은 이 대도에 어긋나지 않기를 취사하는 것이요, 응용한 후에 즉시 대조하기를 주의하는 것은 또한 이 대도에 어긋나지 아니하였는가를 조사한 것이니, 그와 같은 주밀한 공부로써 시종이 여일하면 자연 중 모든 일이 점점 골라 맞아서 사사 처처에 항상 일원을 떠나지 아니하고 필경 만선이 겸비하는 성공을 성취할 것입니다.』[41]

---

41) 《한울안한이치에》, 제2편 평상심平常心, 5. 일원상에 대하여 (한울안신문(http://www.hanulan.or.kr)

10

마음공부가
모든 공부의 근본이다

- 『모든 학술을 공부하되 쓰는 데에 들어가서는 끊임이 있으나, 마음 작용하는 공부를 하여 놓으면 일분 일각도 끊임이 없이 활용되나니, 그러므로 마음공부는 모든 공부의 근본이 되나니라.』《대종경》, 요훈품 1장)
- 『마음이 바르지 못한 사람이 돈이나 지식이나 권리가 많으면 그것이 도리어 죄악을 짓게 하는 근본이 되나니, 마음이 바른 뒤에야 돈과 지식과 권리가 다 영원한 복으로 화하나니라.』《대종경》, 요훈품 4장)

앞에서 우리는 일체유심조의 이치를 자세히 살펴보았습니다. 우리는 모든 것이 내 마음 작용에 의해서 이루어지는 것이므로 내 마음을 어떻게 사용하느냐에 따라서 자기 인생의 행·불행과 성패가 결정된다는 것을 잘 알고 있습니다. 그런데 우리는 늘 사용하고 있는 내 마음임에도 불구하고 이에 대해 잘 알지도 못할 뿐더러, 또한 내 마음인데도 내 마음대로 사용하지 못하고 나쁜 습관과 부침하는 감정과 욕망에 따라 끌려다닙니다. 더욱 우스운 것은 자기 마음도 제 마음대로 못 하면서 남의 마음까지 제 마음대로 하려고 하다가 뜻대로 되지 않으면 오히려 화를 내는 경우가 많다는 것입니다. 사람이 아무리 천만 가지 재주가 있고 꿈과 포부가 있다고 하더라도 그것의 실현 여부는 무엇보다도 자기의 마음 작용을 어떻게 하느냐에 달려 있으므로, 자기 마음을 제 마음대로 바르게 사용하지 못한다면 모든 것이 다 허사가 될 뿐만 아니라 오히려 죄고의 구렁텅이에 빠지기 십상입니다. 그러니 모든 공부 중에 마음공부가 가장 근본이 되는 공부가 되는 것입니다.

• 『정산종사 말씀하시기를 "바른 마음은 일만사를 이루는 근본이 되나니, 바른 마음으로써 하는 학문은 옥으로 비단을 싸는 것과 같으나, 악한 마음으로써 하는 학문은 도적에게 칼을 주는 것과 같나니라."』(《정산종사 법설》, 마음공부 2장)

마음이란 무엇인가?

그렇다면 마음이란 무엇인가? 마음이 무엇인지에 대해서는 종교, 철학, 심리학, 생물학 등 각 학문 분야와 학자에 따라서 매우 다양하게 다각도로 정의될 수 있겠으나 어떠한 정의를 내리더라도 마음을 온전히 정의하기는 어렵습니다. 사실 마음은 무엇이라고 정의를 내리든 그것은 언어적 개념에 불과할 뿐 실제의 마음은 아니며, 어떠한 언어 개념으로도 온전히 설명할 수가 없으므로 대종사께서는 성리적으로 "비비역비비(非非亦非非: 아니고 아니며 또한 아님도 아니다), 무무역무무(無無亦無無: 없고 없으며 또한 없음도 없다)"[42] 라고 표현하셨습니다. 마음은 우리의 오감각으로는 인식할 수 없어서 매우 신비스러우면서도 일상적으로 늘 사용되고 있는 데다 그 함의와 기능이 매우 다층적이며 복합적이기 때문입니다. 그렇지만 우리가 마음의 정의를 모른다고 해서 자기의 마음을 사용하는데 크게 불편을 느끼지는 않습니다. 마치 문법을 몰라도 언어소통을 하는데 크게 어려움이 없는 것처럼!

---

42) 《대종경》, 제7 성리품 제11장: "非非亦非非"는 번역하면 "아니고 아니며 또한 아님(아닌 것도 아닙니다." "無無亦無無"는 번역하면 "없고 없으며 또한 없음(없는 것도 없습니다."입니다. 시비와 유무를 초월한 우리의 본래 성품자리를 표현한 말이라고도 할 수 있고, 우리의 마음을 설명한 말이라고도 할 수 있습니다. 대종사께서는 이 말의 참뜻을 알면 도를 깨달은 사람이라고 하셨습니다.

여기서는 마음공부[43]의 목적에 비추어서 마음을 살펴보고자 합니다. 마음은 가장 넓은 뜻으로 보면 성품과 일체의 모든 정신작용, 영성·신성[44], 더 나아가서는 생명의 주재主宰와 진리까지도 포괄하는 말이며, 좁게 보면 주로 분별·식별하는 마음을 가리킵니다. 따라서 구체적으로 어떤 의미의 '마음'인지는 문맥을 좇아 자세히 살펴보아야만 알 수 있습니다.

10.1.1 마음의 특성

먼저 일반적으로 사용하는 '마음'의 특성을 살펴보면 다음과 같습니다.

(1) 마음은 물질이 아니다

마음은 물질이 아니며, 따라서 형체를 볼 수도, 만질 수도, 냄새를 맡을 수도 없으며, 기타 우리의 오감각 기관으로는 직접 확인할 수 있는 방법이 없습니다. 그러나 분명히 마음이 있어서 우리 몸을 끌고 다니며, 감각기관을 통하여 모든 대상을 인식하는 작용을 합니다. 따라서 마음은 있다고도 할 수 없고 없다고도 할 수 없는

---

43) 여기서 '공부'란 흔히 영어의 'study'로만 알기 쉬우나 오히려 'training(훈련)'이나 'practice(반복·규칙적인 연습)'에 가까운 말입니다.

44) 영성靈性·신성神性: 《원불교대사전》에서는 영성을 "신령한 품성. 마음의 본성. 본래 성품이 신령스럽다고 해서 영성이라 한다."고 되어있습니다. 영성과 신성은 주로 기독교와 서양에서 많이 사용되는 용어인데 기독교에서 말하는 영성은 '예수님을 닮은 품성', 신성은 '하느님을 닮은 품성' 정도의 의미를 가진다고 보며, 이를 불교적으로 해석하면 '영지靈知'와 비슷한 개념이라고 생각합니다.

유무를 초월한 존재입니다.

(2) 마음은 대상을 아는 기능을 한다.

마음의 가장 본질적인 기능은 대상을 아는 것입니다. 마치 거울이 그 앞에 대상이 나타나면 그대로 비추어주듯이 마음은 감각기관인 육근이 대상인 색色·성聲·향香·미味·촉觸·법法의 육경과 접촉하면 이를 그대로 아는 기능을 합니다. 이것이 마음의 가장 순수한 기능이며 마음 자체가 청정하다고 하는 이유입니다. 오온 중에서 색色은 우리의 몸을 가리키고 수受·상想·행行·식識은 정신작용을 가리키는데 그 중에서 식識이 바로 아는 마음이며, 수受·상想·행行[45]은 마음의 작용입니다. 그래서 마음은 이러한 마음의 작용을 받아들여서 아는 기능을 할 뿐입니다. 마음이 대상을 좋아한다거나 싫어한다거나 괴로워한다거나 슬퍼한다거나 하는 것 등은 모두 마음의 작용인 수受·상想·행行이 일으킨 여러 가지 일들을 마음이 단지 받아들여 아는 것뿐입니다. 어떤 느낌이 일어나면 그 순간 마음이 이것을 압니다. 그리고 어떤 상상을 했을 때도 마음이 단지 이것을 압니다. 그리고 어떤 의도를 가지고 행위를 했을 때도 마음이 단지 이것을 압니다. 이처럼 마음은 대상을 아는 단순한 기능을 합니다.[46]

---

45) 수受·상想·행行·식識은 우리의 정신작용 즉, 마음을 그 기능과 작용을 따라 구분해서 설명한 것인데, 수受는 느낌을 뜻하고, 상想은 인식·지각·표상·기억을 뜻하며, 행行은 마음의 의도와 형성력 및 수受·상想·식識 이외의 모든 심리작용을 뜻합니다.
46) 묘원 지음, 《사념처 명상의 세계》, 294~295쪽 참조.

(3) 마음은 매 순간 변한다

이 세상에 변하지 않는 것은 하나도 없습니다. 물질도 매 순간 변하고 마음도 매 순간 변합니다. 조건에 의하여 일어난 것은 반드시 조건에 의해 사라집니다. 몸이 한순간에 한 번 변할 때 마음은 열일곱 번 변한다고 합니다. 이렇게 순간순간 변하는 마음을 찰나생 찰나멸이라고 합니다. 우리가 평생을 하고 사는 호흡이 같은 호흡이 아니듯이, 마음도 같은 마음은 결코 없습니다. 이것이 무상이고 무아입니다. 마음은 일어났다가 사라지면서 쉬지 않고 흐릅니다. 먼저 마음이 다음 마음을 조건 짓고 사라지지만 먼저 마음에 있는 정보는 다음 마음에 고스란히 옮겨갑니다. 그래서 먼저 마음이 다음 마음과 같은 마음은 아니지만 그렇다고 또 전혀 다른 마음일 수도 없습니다. 여기에 원인과 결과라는 현상이 있기 때문입니다. 이것이 생명의 연속입니다. 그래서 같은 마음이 아니라고 할 수도 없고, 그렇다고 같은 마음이라고 할 수도 없습니다. 여기에는 오직 원인과 결과만 있습니다.[47] 마치 한강이 그 강물을 구성하는 물 분자, 물방울은 끊임없이 변화하며 흘러가고 있지만 외견상으로는 한강이라는 강물이 예나 지금이나 유유히 변함없이 흘러가는 것처럼 보이는 것과 같습니다.

(4) 마음은 대상이 없으면 일어나지 않는다

마음은 반드시 대상이 있어야 일어납니다. 한순간의 마음은 조

---

47) 묘원 지음, 《사념처 명상의 세계》, 296~298쪽.

건에 의해 일어나고 조건에 의해 사라집니다. 이때의 조건이란 눈이 빛에 의해서 형상이라는 대상과 접촉했을 때 아는 마음이 일어나는 것을 말합니다. 눈이 없어도 아는 마음이 일어나지 않으며, 빛이 없어도 형상을 아는 마음이 일어나지 않습니다. 이와 같이 마음은 조건에 의해서 일어나며, 이러한 조건은 바로 대상과 접촉을 통해 일어납니다. … 이때 순간의 마음은 있지만 조건에 의해 일어났다가 사라지기 때문에 마음은 실체가 없습니다. … 마음은 어떤 대상을 만나느냐에 따라서 그 마음을 갖습니다.[48]

(5) 마음은 한순간에 하나다

마음은 매 순간 일어나고 사라지므로 한순간에 하나밖에 없습니다. 감각기관이 감각 대상과 접촉했을 때 오직 하나의 마음만 일어납니다. … 영화를 볼 때 어떤 장면이 스크린에 비칩니다. 이때 본 한 장면은 무수한 필름이 돌아가면서 필름의 한 컷, 한 컷이 모여서 장면을 전개하는 것과 같습니다. 이때 필름의 한 컷은 한순간에 하나의 마음과 같습니다. 그러므로 한순간에 두 개의 컷이 존재할 수 없듯이 마음도 한순간에 두 마음이 있을 수 없습니다. 한순간에 하나의 마음이라는 것은 조금 전의 마음과 현재의 미음과 지금 이후의 마음이 모두 다른 마음이라는 것을 의미합니다. 이런 한순간의 마음을 '나'라고 하면 나는 매 순간 태어나고 죽는

---

48)   묘원 지음, 《사념처 명상의 세계》, 298쪽.

것입니다. 모든 것이 찰나 간에 있으며 그 찰나에는 오직 하나의 마음만 있습니다. 그러므로 수행자는 현재 한순간의 마음에 집중할 필요가 있습니다.[49]

(6) 마음이 모든 것을 이끈다

우리가 가고 오고 앉고 서고 먹고 자고 말하고 웃는 모든 행동들은 마음이 이끄는 대로 이루어집니다. 아무리 맛이 있는 음식이라도 내가 먹지 않겠다고 마음먹으면 먹지 않는 것이고, 아무리 멋진 곳, 좋은 곳이라도 내가 가지 않겠다고 마음먹으면 안 가는 것입니다. 우리 인간뿐만 아니라 살아있는 모든 생명체는 다 마음이 이끄는 대로 움직이며 살아갑니다. 짐승이든 곤충이든 그들의 마음이 이끄는 대로 움직이는 것입니다. 우리의 행동뿐만 아니라 몸이 만들어지는 것도 마음이 있어야 합니다. 모든 것은 마음이 앞서서 이끌고, 이끄는 그 마음에 따라 행위를 하고, 그 행위는 반드시 과보를 일으킵니다.[50] 이때 누가 있어서 결정하는 것이 아니고, 단지 원인이 결과를 만듭니다. 그러므로 우리가 매 순간 마음을 잘 알아차려서 선한 마음을 가지도록 해야 합니다.

(7) 마음은 무아이다

우리의 마음은 안眼·이耳·비鼻·설舌·신身·의意의 육근이 색色·성聲·

---

49) 묘원 지음, 《사념처 명상의 세계》, 299쪽.
50) 묘원 지음, 《사념처 명상의 세계》, 301쪽.

향香·미味·촉觸·법法의 대상六境을 접촉하여 받아들인 감각 정보를 바탕으로 이루어진 수受·상想·행行·식識이라고 하였습니다. 앞에서 자세히 살펴본 바와 같이 우주 만유와 우리의 몸은 그것 아닌 것들이 인연 따라 모여서 이루어진 것이며, 끊임없이 변화하므로 변화하지 않는 고정된 실체를 찾을 수가 없으니 무아입니다. 따라서 육근이 그 대상인 육경을 접촉해서 생긴 수受·상想·행行·식識도 무상할 수밖에 없고 무아일 수밖에 없습니다. 마음이 대상이 없으면 일어나지 않고 반드시 대상이라는 조건이 있어야 일어나므로 무아인 것입니다.[51]

10.1.2 마음의 분류[52]

마음은 그 기준에 따라 여러 가지로 분류할 수 있으나 과보와 관련해서 선심·불선심·과보심·작용심의 네 가지로 분류할 수 있습니다. 이 네 가지 마음은 누구나 태어날 때 함께 가지고 태어납니다. 다만 어떤 마음을 더 많이 가지고 있고 어떤 마음을 더 많이 쓰느냐의 차이가 있을 뿐입니다.

(1) 선심善心

선심은 탐심, 진심, 치심과 결합되어 있지 않고 관용寬容, 자애慈

---

51) 묘원 지음, 《사념처 명상의 세계》, 302~306쪽 참조.
52) 묘원 지음, 《사념처 명상의 세계》, 307~312쪽 참조.

愛, 지혜와 결합되어 있는 마음입니다. 선심은 선한 업으로 이끌어 선한 과보를 받습니다.

(2) 불선심不善心

불선심은 탐심, 진심嗔心, 치심과 결합되어 있는 마음입니다. 불선심은 불선한 업으로 이끌어 불선한 과보를 받습니다.

(3) 과보심果報心

과보심은 과거에 행한 업의 결과로 생긴 마음입니다. 선업을 많이 지었으면 선과보의 마음이 작용하여 현재에 선한 마음이 일어나도록 지배합니다. 불선업을 많이 지었으면 불선과보의 마음이 일어나서 현재에 불선한 마음이 일어나도록 지배합니다. 수행자들은 자신의 의지로 선한 마음을 일으키지만 대부분의 사람들은 자기가 과거에 만들어 놓은 과보에 떠밀려가면서 삽니다. 누구나 현재의 마음을 자기 마음먹은 대로 살고 싶어 하지만 자기가 과거에 만들어 놓은 과보심의 영향을 벗어나기 어렵기 때문에 뜻대로 잘되지 않는 것입니다. 그래서 사는 것을 자기의 의지대로 살지 못하고 과보심에 의해 지배당하면서 사는 것입니다.

(4) 작용심作用心

작용심은 마음의 작용만 있지 업을 짓지 않는 마음입니다. 이른바 "응무소주이생기심應無所住而生其心"하는 마음이니 성자인 부처님과 아라한의 마음입니다. 이런 마음은 무명과 갈애가 끊어져서 삼독심이 끊어진 마음입니다. 작용만 하는 마음은 대상을 아는 마음만 있지 욕망에서 벗어나 있으므로 대상을 즐기거나 혐오하지 않기 때문에 업을 생성하지 않는 함이 없는 마음이라 생사에서 해탈한 자유로운 마음입니다.

10.1.3 마음의 주요 기능

우리가 일반적으로 사용하는 '마음'의 기능을 살펴보면 크게 다음과 같이 지知·정情·의意의 3가지로 나누어 볼 수 있습니다.
① 인지적 기능知: 현상사물을 지각, 개념화, 이미지화하여 분별, 인식, 상상, 추론, 판단, 기억하고 생각하는 기능. 주로 이성, 지성, 사고력, 연구력, 판단력 등과 관계됩니다.
② 정서적 기능情: 정서·감정 및 욕구·욕망을 느끼고 표출하는 기능. 주로 감성, 공감력, 소통력, 수양력 등과 관계됩니다.
③ 의지적 기능意: 어떤 목적을 이루고자 하거나 어떤 생각을 행동으로 옮기려는 실천적, 추진적 기능. 주로 의지, 실천력, 결단력, 추진력, 취사력 등과 관계됩니다.

10.1.4 마음 관련 주요 개념들

이상과 같은 기능들로 작용하는 마음이 바로 좁은 의미에서의

'마음'입니다. 이러한 마음의 온갖 작용에도 변화하지 않는 바탕, 즉 이러한 일체의 마음작용·정신작용의 체성體性이 되는 본래의 마음을 지칭하여 '성품' 또는 '본성本性' 또는 '자성自性'이라고 합니다. 이른바 "한 생각도 일어나기 이전의 마음"이요, "무위자연의 본래 면목 자리"이며, "한 이름도 없고, 한 형상도 없고, 가고 오는 것도 없고, 죽고 나는 것도 없고, 부처와 중생도 없고, 허무와 적멸도 없고, 없다 하는 말도 또한 없는 것이며, 유도 아니요 무도 아닌 그것"[53]입니다. '정신'은 대종사께서 정의하시기를 "마음이 두렷하고 고요하여 분별성과 주착심이 없는 경지를 이름이요"[54]라고 하시고, 좌선의 방법에서 "정신은 항상 적적寂寂한 가운데 성성惺惺함을 가지고 성성한 가운데 적적함을 가질지니, 만일 혼침에 기울어지거든 새로운 정신을 차리고 망상에 흐르거든 정념正念으로 돌이켜서 무위자연의 본래 면목 자리에 그쳐 있으라."[55]고 하신 것으로 보아 '정신'은 '성품 그대로 온전하게 작용하는 마음'[56]으로서 "무위자연의 본래 면목 자리(성품자리)"인 "한 생각도 일어나기 이전의 마음(성품)"이 '또랑또랑 초롱초롱하게 깨어있는 상태에 있음'을 지칭한 것으로, 이른바 "알아차리는" 마음이라고 할 수 있습니다. 즉, 정산종

---

53) 《대종경》, 제9 천도품 5장(열반 전후에 후생길 인도하는 법설)
54) 《정전》, 제2 교의편, 제4장 삼학, 제1절 정신수양
55) 《정전》, 제3 수행편, 제4 좌선의 방법
56) 《대산종사법어》, 적공편 27장: "우리의 정신에는 아버지인 성품이 있고 아들인 마음이 있고 손자인 뜻이 있나니, 정신은 본래 밉지도 곱지도 크지도 작지도 않은 성품 그대로를 타고났으나 정신의 아들인 마음이 손자인 뜻에게 본성 자리를 빼앗겨 혼탁해지고 미혹해졌느니라. 그러므로 우리는 뜻이 마음으로 마음이 정신으로 정신이 성품으로 돌아갈 수 있도록 정신수양에 힘써야 하느니라."에서도 이를 확인할 수 있습니다. * 뜻: 여기서는 욕심을 가리킴

사께서 '정신·성품·마음·뜻'을 분석하여 말씀하시기를 "성품은 본연의 체요, 성품에서 정신이 나타나나니, 정신은 성품과 대동하나 영령한 감이 있는 것이며, 정신에서 분별이 나타날 때가 마음이요, 마음에서 뜻이 나타나나니, 뜻은 곧 마음이 동하여 가는 곳이니라."[57]라고 하신 뜻이 바로 이것입니다.

'깨어있는 의식'으로서 작용할 때의 정신, 즉 알아차리는 마음을 또한 '공적영지空寂靈知'[58] 또는 줄여서 그냥 '영지靈知'[59]라고도 부릅니다. 법타원종사는 "정신은 원만구족하고 지공무사한 마음이 갊아 있는 그 알음알이 기운을 의미합니다. 마음이 오고 가며, 나빠지고 착해지며, 좋아하고 싫어하며, 밝아지고 어두워지고, 가라앉고 들뜨는 것을 지켜보며 아는 그것이 정신기운이며, 분별성과 주착심이 없는 바탕입니다."[60]라고 하셨습니다. 공적영지에 의해 사리를 밝게 깨쳐 앎으로 이를 '마음부처', '심불心佛' 또는 '자심미타自心彌陀'[61]

57) 《정산종사법어》, 제5 원리편 12장.
58) 공적영지空寂靈知: 텅 비어 고요하지만 소소영령하게 아는 지혜. 문자 그대로 마음이 사심잡념이 없이 텅 비어 고요한 가운데 또랑또랑 초롱초롱하여 또렷하게 깨어있는 의식이며 감각·지각하는 근본 심근본心根本으로 사리를 환하게 아는 신령한 지혜의 참마음을 말합니다. 이것이 들어서 행주좌와行住坐臥, 어묵동정語默動靜 간에 일체를 보고 듣고 아는 것이니 이것이 바로 참나입니다. 참나를 알면 곧 근본 진리를 깨치게 됩니다.
59) '영지靈知'를 죽은 사람에 대해서 말할 때는 '영혼靈魂'이라고 주로 부르며, 생사와 관계없이 부를 때는 그냥 '영靈'이라고 부릅니다. 《정산종사법어》 제5 원리편 12장에서 "영혼이란 허령불매한 각자의 정신바탕이니라."라고 밝혀주셨습니다. 원불교에서는 일반적으로 죽은 사람의 영혼을 지칭할 때는 주로 '영식靈識'이란 말을 사용하는데, 이는 정산종사님께서 밝혀주신 '영혼' 개념과는 약간 다르다고 생각합니다. 정산종사님께서 밝혀주신 '영혼' 개념은 '성품'에 가까우며, '영식'은 무명無明 업식業識까지를 포함하는 윤회의 주체로서 오히려 살아있는 사람일 때의 '오염된 심지'에 가까운 것으로 보이기 때문입니다.
60) 법타원 김이현조사와 함께하는 《정전 마음공부 길》, 원불교출판사, 2016. 143쪽.
61) 《정전》, 제3 수행편, 제3 염불법: "우리의 마음은 원래 생멸이 없으므로 곧 무량수無量壽라 할 것이요, 그 가운데에도 또한 소소영령昭昭靈靈하여 매昧하지 아니한 바가 있으니 곧 각覺이라 이것을 자심 미타라고 하는 것이며, 우리의 자성은 원래 청정하여 죄복이 돈공하고 고뇌가 영멸永滅하였나니, 이것이 곧 여여如如하여 변함이 없는 자성 극락이니라."

라고도 부르고, 사물을 밝게 비추는 해와 달에 비유하여 '혜월慧月', '심월心月', '성월性月', '혜일慧日', '대일여래大日如來' 등으로도 불립니다. 성품은 또 나뉘어 있지 않은 전체의 마음이므로 '한마음'이라고도 부르고, 털끝만큼의 거짓도 없이 진실된 마음이므로 '참마음'이라고도 부르며, 일체의 심신 작용의 주체가 되지만 실체가 따로 없으므로 '주인공主人公[62]'이라고도 부르고, 이것이 '나'의 참모습이므로 '참나'라고도 부릅니다. 땅이나 밭은 무엇이든 종자가 뿌려지면 기후 조건 등이 맞을 때 종자대로 싹을 내는 특성을 가지고 있는데, 우리의 마음도 선악 간의 마음씨에 따라 경계를 당하면 그대로 발현되어 심신작용으로 나타나게 되므로 마음을 땅에 비유하여 '심지(心地: 마음 땅)' 또는 '심전(心田: 마음 밭)'이라고도 부릅니다.[63]

마음과 관련된 용어들의 개념을 설명하자니 부득이 이상과 같이 설명하긴 했지만 대종사께서 성품자리는 "언어도단言語道斷 입정처入定處"라고 단언하셨습니다. 이 말씀은 '어떠한 말로도 형용할 수 없고 어떠한 생각으로도 헤아릴 수 없는, 오직 적적성성寂寂惺惺하고 성성적적한 선정禪定 삼매三昧에 들어갔을 때 알 수 있는 자리'라는 뜻입니다. 이는 성품이 뭐라고 말하려는 순간 이미 한 생각이 동한 것이므로 "한 생각도 일어나기 이전의 마음"이 아닌 '한 생각이 일어난 뒤의 마음'이 되기 때문입니다.

---

62) 대행스님께서는 '주인공主人公'이란 말을 애용하셨습니다. 한마음선원, 《한마음요전(대행스님 행장기·법어집)》 참조.
63) 《대종경》, 제3 수행품 59장. ※ '심지' 개념에 대한 자세한 설명은 『10.3.1. 일상수행요법 제1~3조 해설』 부분의 각주를 참조할 것.

성품자리는 본연 청정하여 생멸거래가 없고 선악업보가 끊어진 자리이며 언어명상이 돈공한 자리라서 요란함도 없고 어리석음도 없고 그름도 없는 진리와 합일된 자리입니다. 성품은 진리와 하나인 참나의 자리로서 일체의 분별집착심이 없는 허공과 같이 본연 청정한 마음이며, 그 가운데 지혜와 복덕을 온전히 갖추고 있는 원만구족한 마음이며, 개별로 나누어지지 않은 전체이므로 피차彼此의 상대심과 아견我見·아상我相의 사심私心이 없는 지공무사한 마음이며, 어느 한쪽으로 치우침이 없는 중정中正의 마음입니다. 그러나 범부들은 참나를 알지 못하고 거짓나인 아상에 매몰되어 심신작용으로 선악 간에 업을 지어 종자를 심층마음인 아뢰야식에 함장하게 되므로 인연 경계를 따라 종종의 마음이 일어나 요란해지고 어리석어지고 글러지게 됩니다.

10.1.5 마음공부란 무엇인가?

마음공부란 성품자리인 참나를 깨달아 평소 심신을 작용할 때에 거짓나인 에고에 휘둘리지 않고 자성을 여의지 않고 "온전한 생각으로 취사"하도록 반복 훈련하는 것이며, 혹 경계를 당함에 업력에 끌려 요란해지고 어리석어지고 글러지더라도 얼른 이를 알아차리고 정신 차려서 본래 요란함도 어리석음도 그름도 없는 성품자리를 회복하고자 반복하는 훈련입니다. 이를 달리 말하면 마음공부란 우리의 마음의 원리를 잘 알아서 우리가 일을 하거나 경계를 당하여 마음을 작용할 때는 본성 그대로 온전하고 바르게 즉, 시비이해의 분별 집착과 사심잡념에서 벗어난 성품의 자리에서 "원만구족하고 지공무사하게" 발현되도록 하고, 일이 없을 때는 마음작용을 쉬어 본성에 그대로 계합되도록, 즉 "일원의 체성에 합하도록까지" 반복 훈련하는 것을 말합니다.

따라서 마음공부는 공력을 들이는 방향에 따라 크게 정신수양·사리연구·작업취사의 3가지 방면으로 구분할 수 있으나 반드시 이를 통합해서 아울러 나가야만 온전한 마음공부가 되므로 통상 이를 합칭해서 '삼학병진三學竝進 공부'라고 하며, 보통은 이를 줄여서 '삼학공부' 또는 '삼학三學'이라고 부릅니다. 따라서 마음공부를 삼학을 아우르는 의미로 다시 정의한다면 '마음공부란 자기의 생각과 감정에 끌려가지 않고 정서적인 안정과 평화를 이루며, 지금 여기 또는 그 일 그 일에 일심하거나 일경一境[64]에 집중하는 힘을 양성하여 무심으로 들어가며, 마음의 원리를 알고 지혜를 밝혀 사리를 바르게 알고 바르게 판단하며, 매사에 치우침이 없이 공정하게 원만구족하고 지공무사하게 취사하는 힘, 정의를 용기 있게 실천하는 힘을 기르는 공부'라고 말할 수 있습니다. 마음공부를 통해 성품을 온전히 깨쳐 아는 것을 견성이라고 하고, 성품의 힘을 길러 키우는 것을 양성이라 하고, 성품 그대로 심신작용에 베풀어 쓰는 것을 솔성이라고 합니다.

---

64)　일경一境: ➡ 각주 245) 참조.

우리가 마음공부를 하는 목적은 수양력과 정신력을 강화하여 스트레스의 침해를 줄이고 평화로운 안정된 마음을 가지고 긍정·감사·희망으로 행복을 증진하며, 지혜를 밝혀 사리를 바르게 판단하여 심신작용을 할 때 바르게 취사함으로써 죄고는 피하고 복락을 장만하자는 것이며, 우리의 욕망·감정·생각과 습관을 다스리고, 궁극적으로 그 뿌리가 되는 무명 아상을 타파하고 마음의 자유를 얻어 고락을 초월하고 생사를 자유함으로써 영원한 행복을 성취하자는 것입니다.

- 『수도인이 구하는 바는, 마음을 알아서 마음의 자유를 얻자는 것이며, 생사의 원리를 알아서 생사를 초월하자는 것이며, 죄복의 이치를 알아서 죄복을 임의로 하자는 것이니라.』(《대종경》, 요훈품 2장)

10.2   삼학 공부

   원래 삼학三學이란 말은 불교의 계戒·정定·혜慧[65]를 가리키는 말인데 원불교에서는 이를 정신수양·사리연구·작업취사라는 말로 바꾸어 불교의 삼학을 포괄하는 훨씬 확장된 의미[66]로 사용합니다.

- 『이 삼학 공부의 강령을 들어 말하자면 "온전=修養한 생각=研究으로 취사取捨를 잘 하자"는 공부법인 바, 우리 모두가 실천해 나가야 할 천하의 대도大道이다.[67]삼학공부의 대요大要를 말하자면 "정신수양은 마음을 닦아 맑히자는 것인데 흩어진 정신을 모아 자주력을 얻자는 것이며, 번뇌에 타는 심화心火를 끄자는 것이며, 욕심에 도둑맞은 진성眞性을 찾아

---

65)   계戒·정定·혜慧: 계율·선정禪定·지혜의 세 가지를 줄인 말로, 불교에서는 이를 통칭해서 삼학三學이라고 합니다. 계는 몸과 입과 뜻으로 범하게 되는 악업을 방지하고 올바르게 살아가는 것, 곧 불의를 물리치고 정의를 실천해 가는 것을 말하며, 좁은 의미로는 계율을 지키는 것을 말합니다. 정은 산란한 마음을 한곳에 모아 뚜렷하고 고요한 경지에 머물러 있는 것, 곧 분별 망상심을 끊어버리고 원적무별한 참 성품을 기르는 것을 말하며, 좁은 의미로는 선정을 말합니다. 혜는 진리를 깨달아 아는 바른 지혜, 곧 대소유무의 이치와 인과보응의 진리를 깨닫고 인간 세상의 시비이해를 바르게 판단하는 것을 말하며, 좁은 의미로는 선정을 통해 얻어지는 지혜를 말합니다.《원불교대사전》

66)   『삼학에 대하여 말씀하시기를 "과거에도 삼학이 있었으나 계정혜와 우리의 삼학은 그 범위가 다르나니, 계는 계문을 주로 하여 개인의 지계에 치중하여 말씀하셨지마는 취사는 수신·제가·치국·평천하의 모든 작업에 빠짐없이 취사케 하는 요긴한 공부며, 혜도 자성에서 발하는 혜에 치중하여 말씀하셨지마는 연구는 모든 일 모든 이치에 두루 알음알이를 얻는 공부며, 정도 선정에 치중하여 말씀하셨지마는 수양은 동정 간에 자성을 떠나지 아니하는 일심 공부라, 만사의 성공에 이 삼학을 벗어나지 못하는 것이니 이 위에 더 원만한 공부 길은 없나니라."』《정산종사법어》, 경의편 13장)

67)   《대산종사법문집 제2집》, 제1부 교리敎理 삼학공부三學工夫.

내자는 것이다. 사리연구는 마음을 찾아 밝히자는 것인데 모든 진리를 갈고 궁굴려 깨치자는 것이며, 모르는 진리를 배워 알자는 것이며, 밝혀 놓은 참 지혜를 계속해서 어둡지 않게 하자는 것이다. 작업취사는 마음을 바르게 잘 쓰자는 것인데 모든 악업惡業을 끊고 뭇 선業善을 행하자는 것이며, 없는 복을 새로 짓자는 것이며, 지은 복을 계속해서 있게 하자는 것이다.”』(《대산종사법문집 제2집》, 제1부 교리, 삼학공부)

• 『우리가 수양·연구·취사의 삼학으로써 공부를 진행하는 바, 결국 수양은 해탈이 표준이 되며, 연구는 대각이 표준이 되며, 취사는 중정中正이 표준이 되나니라.』(《정산종사법어》, 경의편 18장)

• 『안이정이 정산종사를 뵙고 “공부길을 어떻게 잡아야 합니까?”라고 여쭙자 정산 종사 즉석에서 공空·원圓·정正이라는 세 글자를 써 주시며 “매일 이 표준으로 공부하면 될 것이니라.”하시고 공·원·정에 대하여 말씀하시기를 “공부의 표준은 곧 마음을 비우는 공부를 하자는 것인바, 이 공을 표준삼아 일이 없을 때에는 마음을 비우고 일이 있을 때에는 그 일 그 일에 일심을 다하여 모든 일을 처리한 다음 또한 마음을 비워 자성을 여의지 않는 공부에 힘써서 수양의 힘을 쌓아나가자는 것이니라. 허공이 비워있기 때문에 천하만물을 다 소유할 수 있는 것과 같이 우리가 마음을 저 허공과 같이 비우게 되면 일원의 위력을 얻고 일원의 체성에 합일하게 되나니라. 그러므로 우리가 마음을 비워 자성을 여의지 않는 공부로써 자신을 다스리되 빈 마음으로써 하고, 가정을 다스리되 빈 마음으로써 하며, 나라를 다스리되 빈 마음으로써 하고, 모든 동지와 모든 동포를 대할 때에도 빈 마음으로써 한다면 천하를 다 포용할 수

있는 능력을 얻어서 일원의 위력을 얻게 되고, 사은의 가호함을 힘입어서 모든 일이 뜻대로 이루어지게 될 것이니, 매양 공을 표준삼아 마음의 거래에 자유 하여, 경계에 주착함이 없이 자유를 얻고 해탈을 얻자는 것이니라.

원圓의 표준은 일과 이치를 연마하여 사리를 원만히 깨달아 알자는 것이니, 이 원을 표준삼아 사리를 원만히 알아서 사리에 막힘이 없이 모든 사물을 바르게 보고 바르게 판단하는 지량智量을 갖추자는 것으로, 원만한 신앙과 수행으로 매양 이 원을 표준삼아 대각을 이루자는 것이니라.

정正의 표준은 곧 무념無念·무착無着의 중도행으로 모든 일을 바르게 행하자는 것이니, 이 정을 표준삼아서 모든 일을 할 때에 온전한 생각으로 취사하여 바르게 믿고, 바르게 알고, 바르게 행하여 행동하자는 것이라, 이 정을 표준삼아 매사에 중도행을 하게 되면 결국 중정中正을 얻게 될 것이니라.

이 공·원·정의 뜻을 알아 염두에 두고 표준삼아 공부한다면 공부가 일취월장 할 것이요, 쉽게 삼대력을 얻어 대각성불하게 될 것이니, 이 공·원·정을 표준삼아 공부 잘 하여라."하시었다.』[68]

• 『삼학공부를 오래 오래 계속하면 다음과 같은 삼대력三大力을 얻게 된다.[69]

① 수양력修養力: 마음의 자주력을 얻어 생사윤회를 자유로 하며 극락을 마음대로 수용하고 업문業門을 자유로 열고 닫을 수 있으며 삼대력을

---

68) 오선명 엮음, 《정산종사 법설》, 321~322쪽.
69) 《대산종사법문집 제2집》, 제1부 교리敎理, 삼학공부三學工夫, 7. 삼학공부의 결과

10. 마음공부가 모든 공부의 근본이다   115

얻는 근본이 된다.

② 연구력硏究力: 일事과 이치를 빠르게 알아내는 지혜력을 얻어 이무애
사무애理無碍 事無碍가 되고 지혜가 족족하여 세세생생 어둡지 아니하
며 삼대력을 얻는 근본이 된다.

③ 취사력取捨力: 옳은 것을 취하고 그른 것을 놓는 용단력을 얻어 만행萬
行이 원만 구족하게 되고 만복이 족족해서 세세생생 복만 짓게 되며 삼
대력을 얻는 근본이 된다.」

10.2.1 정신수양 공부

(1) 정신수양의 요지

- 『정신이라 함은 마음이 두렷하고70) 고요하여 분별성71)과 주착심72)
이 없는 경지를 이름이요, 수양이라 함은 안으로 분별성과 주착심을 없
이하며 밖으로 산란하게 하는 경계73)에 끌리지 아니하여 두렷하고 고
요한 정신을 양성함을 이름이니라.』《정전》, 제2 교의편, 제4장 제1절)

---

70) 두렷하다: '두렷하다'는 말은 원불교에서 자주 사용되는 말인데 여러 사례들 종합해보면 대체로 '일
원상 또는 맑은 하늘의 보름달과 같이 '원만구족하다', '둥글고 밝다', '명백하다' 등의 의미를 내포하
는 뜻으로 쓰인다는 것을 알 수 있습니다.
71) 분별성分別性: 나누고 구별하는 마음 작용. 사리 간에 사량계교하고 분별 시비하는 마음의 성질.(《원
불교대사전》). 분별하는 습성(우산 최희공 종사).
72) 주착심住著心: 어느 한 곳에 치우쳐 집착하는 마음. 또는 한곳에 집착하고 고집하여 다른 것을 용납
하거나 이해하지 못하는 마음을 말하기도 합니다. 분별성과 주착심의 근본 원인은 '욕심'에 있습니
다.(《원불교대사전》) 좋아하거나 싫어하는 마음, 끌리는 마음이 모두 주착심이다.
73) 경계境界란 우리가 살면서 부딪히는 심신 내외의 일체의 현상 사물과 변화, 즉 육근六根을 통해 접
촉되는 일체의 대상을 말하는데 그중에서도 특히 우리의 마음을 요란하게 하거나 어리석게 하거나
그르게 하는 것을 말합니다.

정신수양 공부는 대체로 현대의 명상과 상통하는 의미로 이해할 수 있습니다. 정신수양 공부의 핵심은 어떠한 방법으로든지 결국 마음을 비우고 일심을 만들며, 일심을 통해 무심으로 들어가 삼매의 경지에 들어가자는 것입니다. 항상 마음의 움직임을 지켜보며 망념을 알아채어 비워놓고 내려놓거나, 단전에 의식을 두어 집중하거나, 호흡에 집중하거나, 염불·송주를 하거나, 화두를 참구하거나, 기도를 하는 것 등이 모두 착심을 떼고 욕심·망념·사심잡념 등을 비워 어떠한 경계에도 끌려가지 않는 일심과 평상심을 이루자는 것이며, 나아가 무심·삼매의 경지에 들자는 것입니다.

(2) 정신수양의 목적

• 『유정물有情物은 배우지 아니하되 근본적으로 알아지는 것과 하고자 하는 욕심이 있는데, 최령한 사람은 보고 듣고 배우고 하여 아는 것과 하고자 하는 것이 다른 동물의 몇 배 이상이 되므로, 그 아는 것과 하고자 하는 것을 취하자면 예의·염치와 공정한 법칙은 생각할 여유도 없이 자기에게 있는 권리와 기능과 무력을 다하여 욕심만 채우려 하다가 결국은 가패신망74)도하며, 번민·망상과 분심초려75)로 자포자기의 염세증도 나며, 혹은 신경 쇠약자도 되며, 혹은 실진자76)도 되며, 혹은 극도

---

74) 가패신망家敗身亡: 가산을 탕진하여 없애고 몸을 망침. 패가망신敗家亡身과 같은 말입니다.《원불교대사전》
75) 분심초려憤心焦慮: 번민망상과 같은 뜻. 마음속에 분하고 억울한 마음이 치솟아 오르고 초조하고 불안한 생각으로 마음이 안정되지 못하여 온갖 근심 걱정을 다하는 것.《원불교대사전》
76) 실진자失眞者: 미친 사람. 실성失性한 사람. 정신에 이상이 생겨 본성을 잃어버린 사람.《원불교대사전》

에 들어가 자살하는 사람까지도 있게 되나니, 그런 고로 천지만엽[77]으로 벌여가는 이 욕심을 제거하고 온전한 정신을 얻어 자주력自主力을 양성하기 위하여 수양을 하자는 것이니라.』(《정전》, 제2 교의편, 제4장 제1절)

(3) 정신수양의 결과

• 『우리가 정신수양 공부를 오래오래 계속하면 정신이 철석같이 견고하여, 천만 경계를 응용할 때에 마음에 자주自主의 힘이 생겨 결국 수양력 修養力을 얻을 것이니라.』(《정전》, 제2 교의편, 제4장 제1절)

(4) 정신수양 공부의 방법

• 『공부인이 동動하고 정靜하는 두 사이에 수양력修養力 얻는 빠른 방법은, 첫째는 모든 일을 작용할 때에 나의 정신을 시끄럽게 하고 정신을 빼앗아 갈 일을 짓지 말며 또는 그와 같은 경계를 멀리할 것이요, 둘째는 모든 사물을 접응할 때에 애착·탐착을 두지 말며 항상 담담한 맛을 길들일 것이요, 세째는 이 일을 할 때에 저 일에 끌리지 말고 저 일을 할 때에 이 일에 끌리지 말아서 오직 그 일 그 일에 일심만 얻도록 할 것이요, 네째는 여가 있는 대로 염불과 좌선하기를 주의할 것이니라.』(《대종경》, 수행품 2장)

• 『수양력을 얻어 나가는 데 두 길이 있나니, 하나는 기질氣質의 수양이

---

77) 천지만엽千枝萬葉: 천 개의 가지와 만개의 잎. 여러 갈래로 나뉘어 어수선함을 비유적으로 이르는 말. 소태산대종사는 사람의 정신이 욕심의 경계를 따라 천지만엽으로 흩어진다는 표현을 자주 사용하면서 정신수양의 필요성을 강조했습니다.(《원불교대사전》)

요 둘은 심성心性의 수양이라, 예를 들면 군인이 실지 전쟁에서 마음을 단련하여 부동심不動心이 되는 것은 밖으로 기질을 단련한 수양이요, 수도인이 오욕의 경계 중에서 마군魔軍을 항복받아 순역 경계에 부동심이 되는 것은 안으로 심성을 단련한 수양이라, 군인이 비록 밖으로 기질의 수양력을 얻었다 할지라도 안으로 심성의 수양력을 얻지 못하면 완전한 수양력이 되지 못하고, 수도인이 또한 안으로 심성의 수양력은 얻었으나 실지의 경계에 단련하여 기질의 수양력을 얻지 못하면 또한 완전한 수양력이 되지 못하나니라.』(《대종경》, 수행품 16장)

• 『그대들이 일심 공부를 하는데 그 마음이 번거하기도 하고 편안하기도 하는 원인을 아는가? 그것은 곧 일 있을 때에 모든 일을 정당하게 행하고 못 하는 데에 원인이 있나니, 정당한 일을 행하는 사람은 처음에는 혹 복잡하고 어려운 일이 많은 것 같으나 행할수록 심신이 점점 너그럽고 편안하여져서 그 앞길이 크게 열리는 동시에 일심이 잘 될 것이요, 부정당한 일을 행하는 사람은 처음에는 혹 재미있고 쉬운 것 같으나 행할수록 심신이 차차 복잡하고 괴로워져서 그 앞길이 막히게 되는 동시에 일심이 잘 되지 않나니, 그러므로 오롯한 일심 공부를 하고자 하면 먼저 부당한 원을 제거하고 부당한 행을 그쳐야 하나니라.』(《대종경》, 수행품 18장)

• 『무릇, 사람에게는 항상 동과 정 두 때가 있고 정정定靜을 얻는 법도 외정정과 내정정의 두 가지 길이 있나니, 외정정은 동하는 경계를 당할 때에 반드시 대의大義를 세우고 취사를 먼저 하여 망녕되고 번거한 일을 짓지 아니하는 것으로 정신을 요란하게 하는 마魔의 근원을 없이하는 것이요, 내정정은 일이 없을 때에 염불과 좌선도 하며 기타 무슨 방법으

로든지 일어나는 번뇌를 잠재우는 것으로 온전한 근본 정신을 양성하는 것이니, 외정정은 내정정의 근본이 되고 내정정은 외정정의 근본이 되어, 내와 외를 아울러 진행하여야만 참다운 마음의 안정을 얻게 되리라.」《대종경》, 수행품 19장)

• 『외정정과 내정정에 대하여 말씀하시기를 "외정정은 밖으로 입지가 부동하게 하는 공부인 바, 첫째는 큰 원을 발함이니, 원하는 마음이 지극하여 천만가지 세상 인연이 앞에 가로놓여도 보되 보이지 않고 조금도 마음에 걸리지 않기를 석가세존께서 한 번 대도에 발심하매 왕궁의 낙과 설산의 고가 조금도 마음에 머물지 않듯 하는 것이요, 둘째는 큰 신심을 발함이니, 신심이 지극하여 천만가지 세상 법이 비록 분분하여도 다시 사량 취사하는 마음이 없기를 혜가慧可[78])께서 한 번 믿어 뜻을 결정하매 몸을 잊고 법을 구하듯 하는 것이요, 세째는 큰 분심을 발함이니, 분심이 지극하여 천만 장애가 포위 중첩하여도 두렵고 물러나는 마음이 없기를 십이사도가 위험을 무릅쓰고 도를 지켜 죽어도 말지 않듯 하는 것이라, 이 세 가지가 있으면 자연 뜻이 태산같이 서서 흔들림이 없으리라.내정정은 안으로 마음이 요란하지 않게 하는 공부인바, 첫째

---

78) 혜가(慧可, 487~593년): 중국 선종禪宗의 제2조祖. 남북조南北朝시대의 북위인北魏人. 달마達摩에게서 의발衣鉢과 최상승最上乘의 법을 전수받음. 시호諡號는 대조선사大祖禪師. 달마의 제자가 되었을 때, 눈 속에서 왼팔을 절단하면서까지 구도(求道)의 성심을 보이고 인정을 받았다는 '혜가단비慧可斷臂'의 전설로 유명하다.《원불교대사전》 혜가는 젊어서부터 여러 곳을 다니면서 유儒·불佛·도道를 두루 공부했으며, 40세에 소림사에서 보리달마를 만난 가르침을 청했으나 달마대사는 오로지 벽을 마주하고 수행하며 외면했다. 이에 큰 눈이 내리던 어느 날 밤 눈 속에 서서 왼팔을 잘라 구도의 결연한 의지를 보였다. 이어 두 사람 사이에 오고 간 다음과 같은 '안심安心 문답'을 계기로 혜가는 선종의 제2대조사가 되었다. "그래, 무엇을 알고자 하는가?" "마음이 심히 편치 않습니다." "편치 않다는 그 마음을 어디 가져와 보아라." "아무리 찾아보아도 없습니다." "그럼 되었다. 그대 마음이 편안해졌다." 이에 크게 깨침을 얻고 보리달마를 6년 동안 받들었으며 〈능가경楞伽經〉과 전법의 증표로 의발衣鉢을 전수받았다.(『Daum 백과』)

는 염불 좌선을 할 때와 일체 일 없는 때에 어지러운 생각이 일어나지 않게 하여 그 일심을 기르는 것이요, 둘째는 행주 동작과 일체 일 있는 때에 그 뜻이 올발라서 비록 찰나간이라도 망념이 동하지 않게 하는 것이요, 셋째는 사상四相이 공하고 육진六塵이 조촐하여 경계를 대하되 경계를 잊고 착되지도 물들지도 않는 것이라, 이 세 가지 힘을 얻으면 자연히 마음 바다가 평정하고 번뇌가 길이 끊어지리라.」(《정산종사법어》, 경의편 66장)

• 『내수양은 안으로 자기 마음을 닦는 공부인 바, 첫째는 집심執心공부니, 염불 좌선을 할 때와 일체 때에 마음을 잘 붙잡아 외경外境에 흘러가지 않게 하기를 소 길들이는 이가 고삐를 잡고 놓지 않듯 하는 것이요, 둘째는 관심觀心공부니, 집심공부가 잘 되면 마음을 놓아 자적自適하면서 다만 마음 가는 것을 보아 그 망념만 제재하기를 소 길들이는 이가 고삐는 놓고 소가 가는 것만 제재하듯 하는 것이요, 셋째는 무심無心공부니, 관심공부가 순숙하면 본다는 상도 놓아서 관하되 관하는 바가 없기를 소 길들이는 이가 사람과 소가 둘 아닌 지경에 들어가 동과 정이 한결같이 하는 것이라, 한 마음이 청정하면 백 천 외경이 다 청정하여 경계와 내가 사이가 없이 한 가지 정토를 이루리라.」(《정산종사법어》, 경의편 65장)

• 『학인이 묻기를 "정定공부의 길로는 염불과 좌선뿐이오니까?" 말씀하시기를 "무슨 일이나 마음이 한 곳에 일정하여 끌리는 바 없으면 정 공부가 되나니, 기도도 정 공부의 길이 되며, 매사를 작용할 때에 온전한 생각으로 그일 그일의 성질을 따라 취할 것은 능히 취하고 놓을 것은 능

히 놓으면 큰 정력을 얻나니라." 또 말씀하시기를 "좌선은 정 공부의 큰 길이 되고 기도는 정 공부의 지름길이 되나니, 기도드리며 일심이 되면 위력과 정력을 아울러 얻나니라."』(《정산종사법어》, 권도편 14장)

• 『동정 간에 일심을 여의지 않는 것이 곧 입정이며, 그 일심으로써 육근 동작에 바른 행을 나타내는 것이 곧 신통이니라.』(《정산종사법어》, 응기편 29장)

• 『평상심을 운용하는 몇 가지 실례를 들어 해석하자면 ①어느 일이나 한 번 정당한 곳에 입각한 이상에는 그 지키는바 신의가 항상 여일함이 평상심이니, 그 신념이 항상 환경에 초월하여 환영과 배척이 능히 마음을 더하고 덜하게 하지 못하며 환란과 영화가 능히 마음을 변하고 옮기지 못하여, 한 번 뜻을 정한 후에는 능히 천만 난경을 돌파하고 마침내는 생사관문에 이른다 할지라도 오직 태연자약하여 조금도 요동하거나 의구하는 기색을 보이지 않는 것은 신의에 나타난 평상심이요, ②우리가 대중을 상대하여 은의恩誼를 서로 맺은 이상에는 그 교제의 정신이 항상 원만하고 순일함이 평상심이니, 그 정신이 능히 파당에 초연하고 증애에 안 끌려서 일을 당하여는 오직 공정을 주장하고 은혜를 베풀 때에는 오직 무념을 주장하여, 여기는 이利주고 저기는 해害주며 어느 때는 좋아하고 어느 때는 싫어하는 마음이 없으며, 설혹 저 피은자가 배은하는 일이 있다 할지라도 은혜 베풀 때의 마음을 조금도 변하지 아니하는 것은 교제에 나타난 평상심이요, ③우리가 세상에 처하여 빈부의 환경을 당할 때에 그 응하는 감정이 항상 담박함이 평상심이니, 그 태도가 항상 평탄하여 가난하여도 가난한 데에 구구한 바가 없고 부하여도 부한 데에 넘치는 바가 없으며 금의 옥식을 할지라도 외면에 교만한

빛이 보이지 아니하고 추의醜衣 악식惡食을 할지라도 내심에 부끄러운 생각이 없게 되는 것은 빈부에 나타난 평상심이요, ④우리가 세상에 출신하여 안위의 모든 경우를 당할 때에 그 가지는 바 정신이 오직 전일함이 평상심이니, 편안한 때에도 항상 조심하는 대중을 놓지 아니하고 위급한 때에도 항상 규모 절도를 범하지 아니하여 한가히 거居하나 난중亂中에 처하나 그 부동하고 유유한 정신이 조금도 변하지 않는 것은 안위에 나타난 평상심이니라."』(《정산종사법어》, 권도편 46장)

• 『이어 말씀하시기를 "이를 다시 강령적으로 말한다면 어느 곳에 있으나 어느 때를 당하나 항상 일심을 놓지 않는 것이 평상심을 운용하는 원동력이 되나니, 공부하는 이가 평상의 진리를 깨치면 능히 생사 고락에서 해탈하는 묘법을 얻을 것이요, 평상의 마음을 운용할 때에는 능히 성현의 실행을 나타내게 될 것이니, '평상심이 곧 도'라 하는 것이 어찌 적절한 법문이 아니리요."』(《정산종사법어》, 권도편 47장)

• 『정신수양 공부의 길79): 정신수양 공부는 ①마음을 닦고 키우는 공부, ②일심一心을 모으는 공부, ③기도祈禱하는 공부, ④마음을 길들이는 공부, ⑤마음을 지키는 공부, ⑥마음을 고요하게 만드는 공부, ⑦생각을 텅 비어 버리는 공부, ⑧착심着心을 떼는 공부, ⑨부동심不動心을 양성하는 공부 ⑩보림保任하는 공부인 바 안으로 마음을 닦는 데 있어서는 심고心告, 기도祈禱, 주송呪誦, 염불念佛, 좌선坐禪, 무시선無時禪, 무처선無處禪 및 연구硏究와 취사取捨가 있어야 할 것이다.』

---

79) 이 "정신수양 공부의 길" 각각의 항목에 대한 구체적인 내용은 『《대산종사법문집 제2집》, 제1부 교리 삼학공부, 3. 정신수양 공부의 길』을 참조.

10.2.2 사리연구 공부

(1) 사리[80]연구의 요지

- 『사事라 함은 인간의 시·비·이·해是非利害를 이름이요, 이理라 함은 곧 천조天造[81]의 대大·소小·유무有無를 이름이니, 대大라 함은 우주 만유의 본체를 이름이요, 소小라 함은 만상이 형형색색으로 구별되어 있음을 이름이요, 유무라 함은 천지의 춘·하·추·동 사시 순환과, 풍風·운雲·우雨·로露·상霜·설雪과 만물의 생·로·병·사와, 흥·망·성·쇠의 변태를 이름이며, 연구라 함은 사리를 연마하고 궁구함을 이름이니라.』《정전》, 제2 교의편, 제4장 제2절)

- 『순이라 함은 저 춘·하·추·동 사시의 변천이 차서를 잃지 아니함과 같이 모든 일에 그 순서를 찾아서 하는 것이요, 역이라 함은 일의 순서를 알지 못하고 힘에 감당 못할 일을 구태여 하고자 하며, 남의 원 없는 일을 구태여 권하며, 남의 마음을 매양 거슬러주는 것이니, 사람이 무슨 일을 할 때에 먼저 이 순과 역을 잘 구분해서 순을 주로 하여 행한다면 성공하지 못할 일이 거의 없으리라.』《대종경》 인도품 9장)

사리연구 공부의 핵심은 사제·교우·동지 간의 문답·회화와 경전 공부와 의두연마·화두참구 등을 통해 일의 시비이해와 대소유무

---

80) 사리事理: '사事'는 천차만별로 전개되어 나타나는 현상계의 모든 현상 사물을 가리키고, '이理'는 그러한 현상사물로 전개되어 나타나게 되는 이치, 원리, 이법 즉 현상계의 본질을 가리킵니다.(인터넷의 《위키백과》)
81) 천조天造: 천지자연의 조화.

의 이치를 순서를 따라 연구하기를 오래오래 계속하여 천만 사리를 밝게 분석하고 빠르게 판단하는데 걸림 없이 아는 지혜의 힘을 갖추자는 것입니다. '순順'이라는 것은 대소유무의 이치에 순응하는 것이고, '역逆'이라 하는 것은 거스르는 것입니다. 그래서 대종사께서는 "이 일을 할 때 알음알이를 구하여 순서 있게 하고, 저 일을 할 때 알음알이를 구하여 순서 있게 하면 곧 이것이 연구 공부요"(《대종경》, 수행품 9장), 동정 간에 연구력을 얻는 빠른 방법의 하나가 "보고 듣고 생각하는 중에 의심나는 곳이 생기면 연구하는 순서를 따라 그 의심을 해결하도록 힘쓸 것이요"(《대종경》, 수행품 2장)라고 하셨으며, 한 가정이 흥하기로 하면 호주가 "이소성대의 준칙으로 순서있게 사업을 키워나갈 것이요"(《대종경》, 인도품 41장), "공부를 하는 데에도 급속한 마음을 두지 말고 스승의 지도에 복종하여 순서를 밟아 진행하고 보면 마침내 성공의 지경에 이를 것"《대종경》, 교단품 30장)이라고 하신 것입니다.

(2) 사리연구의 목적

• 『이 세상은 대·소·유무의 이치로써 건설되고 시·비·이·해의 일로써 운전해 가나니, 세상이 넓은 만큼 이치의 종류도 수가 없고, 인간이 많은 만큼 일의 종류도 한이 없나니라. 그러나 우리에게 우연히 돌아오는 고락이나 우리가 지어서 받는 고락은 각자의 육근六根을 운용하여 일을 짓

는 결과이니, 우리가 일의 시·비·이·해를 모르고 자행자지[82]한다면 찰나

찰나로 육근을 동작하는 바가 모두 죄고로 화하여 전정 고해가 한이 없

을 것이요, 이치의 대·소·유무를 모르고 산다면 우연히 돌아오는 고락

의 원인을 모를 것이며, 생각이 단촉하고 마음이 편협하여 생·로·병·사

와 인과보응의 이치를 모를 것이며, 사실과 허위를 분간하지 못하여 항

상 허망하고 요행한 데 떨어져, 결국은 패가망신의 지경에 이르게 될지

니, 우리는 천조天造의 난측한 이치와 인간의 다단한 일을 미리 연구하

였다가 실생활에 다달아 밝게 분석하고 빠르게 판단하여 알자는 것이

니라.』(《정전》, 제2 교의편, 제4장 제2절)

(3) 사리연구의 결과

• 『우리가 사리 연구 공부를 오래오래 계속하면, 천만 사리를 분석하고

판단하는 데 걸림 없이 아는 지혜의 힘이 생겨 결국 연구력을 얻을 것이

니라.』(《정전》, 제2 교의편, 제4장 제2절)

(4) 사리연구 공부의 방법

• 『공부인이 동動하고 정靜하는 두 사이에 … 연구력 얻는 빠른 방법은, 첫

째는 인간 만사를 작용할 때에 그 일 그 일에 알음알이를 얻도록 힘쓸 것

이요, 둘째는 스승이나 동지로 더불어 의견 교환하기를 힘쓸 것이요, 세

째는 보고 듣고 생각하는 중에 의심나는 곳이 생기면 연구하는 순서를 따

---

82) 자행自行 자지自止: 제멋대로 행하고 제멋대로 그침. 진리를 깨치지 못한 사람이 스스로를 깨친 것으
로 잘못 알아서 함부로 제멋대로 행동하는 것을 말하기도 합니다.

라 그 의심을 해결하도록 힘쓸 것이요, 네째는 우리의 경전 연습하기를 힘

쓸 것이요, 다섯째는 우리의 경전 연습을 다 마친 뒤에는 과거 모든 도학

가道學家의 경전을 참고하여 지견을 넓힐 것이니라.』(《대종경》, 수행품 2장)

• 『그대들이여 화두를 들고 지내는가? 화두를 연마하는 데에는 의리선·

여래선·조사선[83]을 차서 있게 병행함이 옳으나, 과거의 선방 공부 같이

온 종일 화두만 계속할 것이 아니요 화두를 마음 가운데 걸어 놓고 지

내다가 마음이 맑고 조용할 때에 잠깐 잠깐 연구해 볼지니라. 그러하면

마치 저 닭이 오래 오래 알을 품고 굴리면 그 속에서 병아리가 생기듯

마음의 혜문慧門이 열리리라.』(《정산종사법어》, 권도편 18장)

• 『연구 공부 하는 데 세 가지 요긴함이 있나니, 첫째는 바르게 봄이요,

둘째는 바르게 앎이요, 세째는 바르게 깨침인 바, 이 세 가지 가운데 바

르게 깨침이 그 구경이 되나니라. 안으로 버리고자 하되 버릴 수 없고

잊고자 하되 잊을 수 없고 숨기고자 하되 숨길 수 없으며, 밖으로 길흉

이 능히 그 뜻을 움직이지 못하고 순역이 능히 그 마음을 유혹하지 못

하고 백가지 묘한 것이 능히 그 생각을 끌지 못하면 이것이 이에 바르게

깨친 진경이니라.』(《정산종사법어》, 권도편 39장)

• 사리연구과목:『경전은 우리의 지정 교서와 참고 경전 등을 이름이니,

이는 공부인으로 하여금 그 공부하는 방향로를 알게 하기 위함이요, 강

---

83) 『첫째는 의리선이니, 의리선이라 함은 화두를 논리적으로 분석하여 해석함이니, 초학자는 먼저 의
리선을 공부한 후에 간화로 옮겨야 하나니라. 둘째는 여래선이니, 이는 적적지의寂寂之意로 일체만
법이 공한 자리에 그쳐 있음이요, 셋째는 조사선이니, 이것이야말로 대승적 진공묘유의 지경至境이
니라. 만약 순서 있는 화두를 들고자 할진대 의리선에서 여래선으로, 구경에는 조사선으로 밟아감
이 옳은 것이니라.』(오선명 엮음, 《정산종사 법설》, 335~336쪽.)

연은 사리간에 어떠한 문제를 정하고 그 의지를 해석시킴이니, 이는 공

부인으로 하여금 대중의 앞에서 격格을 갖추어 그 지견을 교환하며 혜

두慧頭를 단련시키기 위함이요, 회화는 각자의 보고 들은 가운데 스스

로 느낀 바를 자유로이 말하게 함이니, 이는 공부인에게 구속 없고 활

발하게 의견을 교환하며 혜두를 단련시키기 위함이요, 의두는 대소 유

무의 이치와 시비 이해의 일이며 과거 불조의 화두話頭 중에서 의심나

는 제목을 연구하여 감정을 얻게 하는 것이니, 이는 연구의 깊은 경지를

밟는 공부인에게 사리간 명확한 분석을 얻도록 함이요, 성리는 우주 만

유의 본래 이치와 우리의 자성 원리를 해결하여 알자 함이요, 정기 일

기는 당일의 작업 시간 수와 수입 지출과 심신 작용의 처리건과 감각感

覺·감상感想을 기재시킴이요.』(《정전》, 제3 수행편, 제2장 정기 훈련과 상시

훈련, 제1절 정기 훈련법)

- 『사리연구 공부의 길[84]: 사리 연구 공부事理硏究工夫는 ①마음을 찾는

  공부[85], ②스스로 의심을 걸어서 궁굴려 깨치는 공부[86], ③우연히 보고

  듣고 말하다가 깨치는 공부, ④스승이 가르치고 훈습薰習시켜서 깨치는

---

84) 이 "사리연구 공부의 길" 각각의 항목에 대한 구체적인 내용은 『《대산종사법문집 제2집》, 제1부 교
     리 삼학공부, 4. 사리연구 공부의 길』을 참조.
85) ①마음을 찾는 공부: 심우尋牛, 이 무엇고, 일체 유심조一切唯心造, 또는 우주의 대소유무大小有無와
     인간의 시비이해是非利害되는 이치, 또는 중생의 생노병사와 우주의 성주괴공成住壞空과 만물의 흥
     망성쇠와 진급·강급 및 복·불복, 죄·불죄罪不罪의 이치, 그리고 불생불멸不生不滅, 인과보응因果報應
     의 도리는 마음을 찾음으로써만 요달了達되는 것이다.(《대산종사법문집 제2집》)
86) ②스스로 의심疑心을 걸어서 궁굴려 깨치는 공부: 혜두慧頭를 단련하는 데 있어 적은 의심으로부터
     큰 의심에 이르기까지 의심이 오고 가는 중 한 의심 아래 만 가지 의심이 함께 비어 삼라만상과 대
     지 허공이 하나의 참다운 의심 속에 나타나는 경지에 들어가야 될 것이다. 《정전》에 있는 20 항목
     의 의두疑頭, 그러나 처음에는 자기 힘에 알맞은 적은 의심이나 또는 경전에서 모르는 것을 하나씩
     들고 궁굴려 갈고 닦는 가운데 진리를 깨치게 되는 것이니, 이는 마치 낚시질을 할 때 고기가 단단
     히 걸려야 빠지지 않는 것과 흡사한 것이다.(《대산종사법문집 제2집》)

공부, ⑤실지 체험으로 깨치는 공부, ⑥심천心天에 오욕의 흑운黑雲을 거두고 혜월慧月이 솟아오르게 하는 공부, ⑦견성보다 수증修證이 훨씬 어려움을 아는 공부, ⑧윗 스승의 인허認許를 얻는 공부, ⑨스승이 제자에게 다 보여주지 않고 스스로 자각케 하는 공부, ⑩대각의 경로를 아는 공부인 바, 안으로 깨치는 데 있어서는 경전연습, 회화, 강연, 성리性理, 청법廳法, 문목연마問目硏磨, 수양, 취사가 있어야 할 것이다.

다시 사리연구의 요령을 말하자면 점수돈오漸修頓悟이니 점수돈오는 선행후각先行後覺의 경지로서 처음에는 진경을 모르고 그저 닦아 나가다가 문득 깨쳐 합치된 것이요, 돈오점수頓悟漸修는 선각 후행先覺後行의 경지로써 먼저 깨쳐 알아 가지고 뒤에 그 진리대로 닦아 나가서 합치된 것이요, 돈오돈수頓悟頓修는 각행일치覺行一致의 경지로써 선후 없이 일시에 합치된 것이다.』

10.2.3 작업취사 공부

(1) 작업 취사의 요지

- 『작업이라 함은 무슨 일에나 안·이·비·설·신·의眼耳鼻舌身意 육근을 작용함을 이름이요, 취사라 함은 정의는 취하고 불의는 버림을 이름이니라.』

(《정전》, 제2 교의편, 제4장 제3절)

(2) 작업 취사의 목적

- 『정신을 수양하여 수양력을 얻었고 사리를 연구하여 연구력을 얻었다

하더라도, 실제 일을 작용하는 데 있어 실행을 하지 못하면 수양과 연구가 수포에 돌아갈 뿐이요 실효과를 얻기가 어렵나니, 예를 들면 줄기와 가지와 꽃과 잎은 좋은 나무에 결실이 없는 것과 같다 할 것이니라.

대범, 우리 인류가 선善이 좋은 줄은 알되 선을 행하지 못하며, 악이 그른 줄은 알되 악을 끊지 못하여 평탄한 낙원을 버리고 험악한 고해로 들어가는 까닭은 그 무엇인가. 그것은 일에 당하여 시비를 몰라서 실행이 없거나, 설사 시비는 안다 할지라도 불 같이 일어나는 욕심을 제어하지 못하거나, 철석같이 굳은 습관에 끌리거나 하여 악은 버리고 선은 취하는 실행이 없는 까닭이니, 우리는 정의어든 기어이 취하고 불의어든 기어이 버리는 실행 공부를 하여, 싫어하는 고해는 피하고 바라는 낙원을 맞아 오자는 것이니라.』《정전》, 제2 교의편, 제4장 제3절)

(3) 작업취사의 결과

• 『우리가 작업 취사 공부를 오래오래 계속하면, 모든 일을 응용할 때에 정의는 용맹 있게 취하고, 불의는 용맹 있게 버리는 실행의 힘을 얻어 결국 취사력을 얻을 것이니라.』《정전》, 제2 교의편, 제4장 제3절)

(4) 작업취사 공부의 방법

• 『공부인이 동動하고 정靜하는 두 사이에 … 취사력 얻는 빠른 방법은, 첫째는 정의인 줄 알거든 크고 작은 일을 막론하고 죽기로써 실행할 것이요, 둘째는 불의인줄 알거든 크고 작은 일을 막론하고 죽기로써 하지 않을 것이요, 세째는 모든 일을 작용할 때에 즉시 실행이 되지 않는다고

낙망하지 말고 정성을 계속하여 끊임없는 공을 쌓을 것이니라.』(《대종
경》, 수행품 2장)

- 『경계를 당하여 마음 일어나는 것을 보아 나쁜 마음의 싹이 보이거든
그 즉시로 제거하고 또 제거하면 여러 가지 사심이 저절로 일어나지 않
게 되나니라.』(《정산종사법어》, 응기편 21장)

- 『작업취사作業取捨 공부의 길87): 작업취사 공부는 ①유무념 대조하는
공부88), ②계율을 잘 지키는 공부, ③육근 동작을 바르게 하는 공부, ④
조심하는 공부, ⑤남을 유익 주는 공부, ⑥겸양의 도를 실행하는 공부,
⑦넉넉한 처사를 본받는 공부, ⑧중도中道를 잡는 공부, ⑨상相을 없애
는 공부, ⑩심신을 원만하게 쓰는 공부인 바, 안으로 취사하는데 있어서
는 참회, 주의, 실행, 결단력, 상시일기 및 연구와 수양이 있어야 될 것이
다. 다시 취사의 요령을 말하자면 "모든 악을 짓지 말고 뭇 선을 행하라
諸惡莫作, 衆善奉行"는 것이니 옳음을 취하면 이利가 생기고 그름을 버리
면 해害가 멀어지는 것이다.』89)

10.2.4 삼학공부 중 대기사大忌事

- 공부의 순서: 『대종사 말씀하시기를 "처음 발심한 사람이 저의 근기도
잘 모르고 일시적 독공篤工으로 바로 큰 이치를 깨치고자 애를 쓰는 수

---

87) 이 "작업취사 공부의 길" 각각의 항목에 대한 구체적인 내용은 『《대산종사법문집 제2집》, 제1부 교
리 삼학공부, 5. 작업취사 공부의 길』을 참조.
88) 이에 대한 자세한 내용은 『10.4.1. 상시응용주의사항 제1조 (5)』 참조
89) 《대산종사법문집 제2집》, 제1부 교리 삼학공부, 5. 작업취사 공부의 길 참조.

가 더러 있으나 그러한 마음을 가지면 몸에 큰 병을 얻기 쉽고, 마음대로 되지 않을 때에는 퇴굴심退屈心이 나서 수도 생활과 멀어질 수도 있나니 조심할 바이니라. 그러나 혹 한 번 뛰어서 불지佛地에 오르는 도인도 있나니 그는 다생 겁래에 많이 닦아 온 최상의 근기요, 중·하의 근기는 오랜 시일을 두고 공을 쌓고 노력하여야 되나니, 그 순서는 첫째 큰 원이 있은 뒤에 큰 신信이 나고, 큰 신이 난 뒤에 큰 분忿이 나고, 큰 분이 난 뒤에 큰 의심이 나고, 큰 의심이 있은 뒤에 큰 정성이 나고, 큰 정성이 난 뒤에 크게 깨달음이 있으며, 깨달아 아는 것도 한 번에 끝나는 것이 아니라 천통 만통이 있나니라.”』(《대종경》제3 수행품 43장)

- 『우리가 삼학공부를 하는 가운데 불신不信과 탐욕貪慾과 나懶와 우愚가 대기사가 되는 것을 《정전》에 자상히 밝힌 바 있거니와 공부를 진행하는 중에 크게 꺼리는 일이 몇 가지가 있으니 그것은 다음과 같다.90)

(1) 수양 중 대기사

첫째, 무기공항無記空抗에 빠져있는 것이니 수양하는 길에 무심無心 공부나 공심空心 공부는 분별심=雜心을 버리자는 것이요, 본래 마음조차 없애자는 것은 아니다. 마음이 살아 있지 않고 죽은 마음死心, 灰心, 空心, 無心, 無記空이 되는 것은 바로 지옥에 빠지는 일이니 삼독의 해보다 더 큰 것이다. 정정定한 이외의 수면은 곧 마장이라 정신이 단절되는 것이니 주의해야 될 것이다.

---

90) 이하의 (1) 수양 중 대기사, (2) 연구중 대기사, (3) 취사 중 대기사와 (4) 삼학과 일상생활의 내용은 모두 《대산종사법문집 제2집》, 제1부 교리敎理 삼학공부=學工夫, 6. 삼학공부의 대기사에서 그대로 인용한 것임.

이에 한 예를 들면 어느 노파가 청년 남승男僧 하나를 가르치다가 어느 경계를 주어보고 그 마음을 물어본즉 대답하되 회심灰心과 같다 하니 노파가 그 집을 불사르고 쫓아버리면서 내 도인을 길들이려 하였더니 무정지물無情之物 목석을 길들였다고 하였다는데, 이는 바로 무기공無記空을 의미한 것이다. 그러므로 참다운 대도를 수행하는 데에는 독거獨居하는 것보다 엄사嚴師를 모시거나 또는 대중 가운데 처하여 있는 것이 훨씬 성성惺惺해서 혼자 백 년 걸릴 것이 십 년에, 십 년 걸릴 것이 단 일 년에 끝마칠 수 있는 것이다. 사람이 마음이 죽고 보면 그것은 마치 물이 없는 우물이나 폐가廢家나 공기 없는 허공과 같이 아무런 쓸모가 없는 것이니, 도에 뜻한 자는 이를 명심하여 그 길에 어긋남이 없어야 할 것이다.

둘째, 허령虛靈이 나타나는 것이다. 영지靈智가 나타나는 데에는 둘이 있으니 그 하나는 수도를 함으로써 나타나는 진령眞靈이고, 그 둘은 순간 반짝이는 허령虛靈으로서 전자는 맑은 물에 백물百物이 그대로 비치는 것과 같이 천만 사리를 닿는 대로 알게 되는 영통靈通이요, 후자는 때에 어긋나 피는 꽃처럼 오래 가지도 못하려니와 열매도 맺지 못하나니 이런 유類는 성현의 말변지사末邊之事요 요괴지사妖怪之事로 여기는 것이다. 그러나 나타난 허령이라도 그대로 비축해 두면 진령眞靈이 되는 수도 있지만 허령이 뜨는데 재미를 붙이는 자는 정도를 놓고 사도邪道에 드는 사람이라 성공하기 어려울 것이다.

(2) 연구 중 대기사

첫째, 대각을 몰록 이루려고 급속한 마음을 두는 것이니 이는 경전만 보거나 또는 선禪만 하거나 하여 도를 단번에 얻으려는 것을 이름이다. 이것은 마치 종이장 속에서 여의보주如意寶珠나 해인海印이나 마니보주를 구하는 것과 같은 일이며, 채광인이 수고 없이 마탁磨琢된 금을 얻으려는 것과 같다. 불가의 말에 "근기가 높은 자는 쉽사리 불지佛地에 오른다."고 하였으나, 이것은 다생多生 동안 쌓아온 노공勞功의 결정이며 결코 일시에 이루어지는 것이 아니다. 그러므로 석가세존께서도 숙겁에 쌓으신 오백생의 공功과 현생의 육년 적공으로 대각을 이루시었고, 우리 대종사님께서도 구원겁래久遠劫來로 세워 오신 대원력과 8, 9세부터 26세까지 16년 동안 한결 같은 대공을 쌓으신 나머지 대각을 이루신 것이다. 뿐만 아니라 천하사가 단번에 이루어진 것이 없으며, 성현이라도 생이지지生而知之하신 분은 없는 것이니 마땅히 이를 알아야 할 것이다.

둘째, 사견邪見에 걸려 있는 것이다. 확철대오廓徹大悟를 못했음에도 불구하고 홀로 스승이 되어서 위로 스승이 없어지고 좌우로 충고할 만한 어진 벗이 끊어져 버리는 것이니, 하근下根으로서의 가장 조심하고 꺼려야 할 큰 병인 것이다. 그러므로 중근의 병[邪見의 病]에 걸린 자는 마치 돌을 가지고 금으로 오인하고 있는 자와 같은 것이니, 적은 법에 집착執着한 자는 마침내 대도를 얻지 못할지라 가득 차 있는 그릇에는 아무것도 더 담을 수 없는 것이다. 대종사님께서는 "아직 부처를 이루지 못한 사람으로서 윗 스승의 지도가 끊어진 것같이 위태한 사람은 없다."고 하시었다.

(3) 취사取捨 중 대기사

첫째, 제가 짓고 제가 받는 줄을 모르는 것이다. 모든 사람이 죄를 짓게 되는 것은 천지만물 허공법계 즉, 사은四恩이 밭이 되고 각자의 심신 동작이 종자가 되어 호리도 틀림없이 나타나는 것을 모르기 때문이다. 남을 해롭게 하는 것이 결국 자기를 해치는 일이라는 것을 알아야 한다. 대종사께서 이르시되 "어리석은 중생이 복이 돌아오기만 바라고 있는 것은 마치 농사 짓지 않은 농부가 수확하려는 것과 같다."고 하시었다. 그러므로 수도인은 자업자득自業自得의 진리를 알아야 할 것이다.

둘째, 범의 선線이 없이 사는 것이니 범부중생이 자행자지하면서 사는 것은 달리는 기차가 선(레일)을 벗어난 것과 같다. 이에 대종사께서는 '공부하는 길'로써 삼학 팔조의 선線과 '사람 노릇하는 길'로서 사은사요와 계문 및 솔성요론의 선線을 정하여 주셨으니 우리는 일체 만사를 작용할 때 과불급의 탈선이 아니 되도록 중도실행을 하여야 할 것이다.

(4) 삼학과 일상생활

매일 본교 일상수행의 요법 9조와 상시응용주의사항 6조로써 공부의 강령을 삼고 나아가되 특히 다음과 같이 세 때를 정하고 공부하는 대중을 잡아 하면 좋을 것이다.

첫째, 수양 정진 시간

아침마다 십분 이상 선공부禪工夫에 전진하며 날마다 5분간 알맞은 의두 연마에 정진하며 유무념 공부에 정진할 것이니 이러하면 무시선無時禪과 무처선無處禪이 아울러 실행되는 것이다. 아침 일찍이 일어나서 모든 행사를 마친 뒤 잠시 고요히 앉아 마음을 찾아 하나하나 살펴보고 닦은 뒤 큰 서원을 다시 묶으면서 그날 하루의 일을 계획 할 것이다. "이 몸을 이생에 제도하지 못하면 다시 어느 생을 기다려 제도하리오!此身不向今生度, 更待何生度此身!"

둘째, 보은 노력 시간

심신 노력과 수입 중 일조로써 보은미報恩米를 실시할 것이니 이러하면 처처불상處處佛像과 사사불공事事佛供이 실행되는 것이다. 낮에는 심신 노력을 하되 이 몸은 사은四恩의 빚負債임을 깨달아서 힘 미치는 대로 노력하여 지혜 계발과 보은생활을 쌍전하여 남의 힘에 내가 살려고 할 것이 아니라 내 힘으로 남이 살도록 의무와 책임감을 가지고 일하는 사람이 되어야 할 것이다. 지은보은知恩報恩하면 천생만생千生萬生의 생문生門이 열리고 배은망덕하면 천사만사千死萬死의 사문死門이 열리는 것이다.

세째, 참회 반성 시간

일말日末과 월말月末에 각각 참회 반성을 할 것이니 이러하면 사참事懺과 이참理懺이 아울러 실행되는 것이다. 매일 저녁 취침 전에 심고를 올리고 잠시 동안 그날 하루의 지난 일을 하나하나 반성하여 잘못된 일이 있으면 묵묵히 참회 반성한 후 안면安眠에 든다. 각자의 조물주는 각자의 마음이니 일체를 제가 짓고 제가 받는 것이다.

이상과 같이 매일 세 때로서 대중 잡는 시간을 두며 매월 매년에 또한 특별기도를 행할 것이다. 1일을 수도정진 기도의 날로, 15일을 보은 감사 기도의 날로, 회일晦日을 보은 참회 개과 기도의 날로 하고, 정월正月을 수도정진 기도의 달로, 6월을 보은방생放生 기도의 달로, 12월을 참회 청산 기도의 달로 정하면 좋을 것이다.

10.2.5 일상생활 가운데서의 삼학병진 공부

• 『(전략) 그 실은 삼대력이 한꺼번에 얻어지나니, 이제 몇 가지 예를 든다면 대개 아래와 같다. 즉 법설을 들으면서 삼대력을 익히는 법은 법설을 들을 때에 모든 잡념을 끊어버리고 오직 일심으로 듣는 것은 수양력을 익힌 것이요, 그 말을 들음에 따라 사리事理간에 모르던 것이 알아지고 의심나던 것이 확연히 깨쳐졌다면 연구력을 익힌 것이며, 밖에 나가고 싶어도 결단코 참고 꼭 앉아서 잘 들었다면 취사력을 익힌 것이다. 또 길을 가면서 삼대력 공부하는 법은 길을 갈 때에 아무 사심邪心도 없이 마음이 온전하여 돌뿌리에 채이거나 넘어지지도 아니하고 오직 일심으로 그 길을 갔다면 수양 공부를 잘한 것이요, 길 가다가 높고 낮은 데를 척척 분별할 줄 알며 가는 도중에도 견문간에 알아진 것이 있다면 연구 공부를 잘한 것이며, 어디를 물론하고 가는 것이 옳다고 생각한 이상에는 아무리 가기가 싫던지 다른 연고가 있다 하더라도 기어이 그곳에 가는 것은 취사 공부를 잘한 것이다. 또 이외에도 삼대력 공부는 무엇을 하면서도 할 수가 있나니, 즉 마음이 좋은 데나 낮은 데에도 끌리지 아니하고, 하고 싶은 데나 하기 싫은 데에도 끌리지 않기를 공부 삼아 한다면 수양력을 얻는 길이요, 보든지 듣든지 생각을 하든지 하여튼 사리간에 알음알이가 생기도록 하는 것은 연구력을 얻는 길이며, 정당한 일과 부정당한 일을 구분해서 정당한 일은 기어이 행하고 부당한 일은 죽기로써 안 하기로 하는 것은 취사력을 얻는 길이니, 누구나 이 삼대력 공부만 잘 한다면 일방으로는 소관사를 성취하게 되고 일방으로는 삼대

력 얻는 공부를 잘 하게 되므로, 나는 이것을 일러 일거양득이라고 하노

라.(후락)』[91] (불법연구회 『회보 34호』)

---

91) 이공주 수필(대종사 법문), 불법연구회 『회보 34호』, 원기 22년 4, 5월

10.3　　　　　날마다 9가지로 마음을 살피는 공부
　　　　　　　　　　　　　　　　　　－일상수행의 요법－

• 『일상수행의 요법』[92]

『1. 심지心地는 원래 요란함이 없건마는 경계를 따라 있어지나니, 그 요

　란함을 없게 하는 것으로써 자성自性의 정定을 세우자.

2. 심지는 원래 어리석음이 없건마는 경계를 따라 있어지나니, 그 어리

　석음을 없게 하는 것으로써 자성의 혜慧를 세우자.

3. 심지는 원래 그름이 없건마는 경계를 따라 있어지나니, 그 그름을 없

　게 하는 것으로써 자성의 계戒를 세우자.

4. 신과 분과 의와 성으로써 불신과 탐욕과 나와 우를 제거하자.

5. 원망 생활을 감사 생활로 돌리자.

6. 타력 생활을 자력 생활로 돌리자.

7. 배울 줄 모르는 사람을 잘 배우는 사람으로 돌리자.

8. 가르칠 줄 모르는 사람을 잘 가르치는 사람으로 돌리자.

9. 공익심 없는 사람을 공익심 있는 사람으로 돌리자.』

　정산종사께서는 이 날마다 9가지로 마음을 살피는 공부의 결과

---

92) 《정전》, 제3 수행편, 제1장 일상수행의 요법: 이를 "교강敎綱 9조" 또는 "교강 구성심九省心 조항"라
　　고도 부릅니다.

를 설명해 주시기를 "심지가 요란하지 아니함에 따라 영단靈丹이 점점 커져서 대인의 근성을 갖추게 되고, 심지가 어리석지 아니함에 따라 지혜의 광명이 점점 나타나서 대인의 총명을 얻게 되고, 심지가 그르지 아니함에 따라 정의의 실천력이 점점 충장하여 대인의 복덕을 갖추게 되고, 신과 분과 의와 성을 운전함에 따라 불신과 탐욕과 나懶와 우愚가 소멸되어 대도의 성공을 볼 수 있고, 원망 생활을 감사 생활로 돌림에 따라 숙세에 맺혔던 원수가 점점 풀어지고 동시에 복덕이 유여하고, 타력 생활을 자력 생활로 돌림에 따라 숙세에 쌓였던 빚이 점점 갚아지고 동시에 복록이 저축되고, 배울 줄 모르는 사람을 잘 배우는 사람으로 돌리며 가르칠 줄 모르는 사람을 잘 가르치는 사람으로 돌림에 따라 세세 생생에 항상 지식이 풍부하여지고, 공익심 없는 사람을 공익심 있는 사람으로 돌림에 따라 세세 생생에 항상 위덕이 무궁하리라."[93]라고 밝혀 주시고, "평생 일상수행요법만 읽고 실행하여도 성불에 족하리라."(법훈편 7장)고 말씀하셨습니다.

대산종사께서는 "① 정신을 양성하여 일심정력을 만들고, ② 사리를 연구하여 대원정각을 하고, ③ 작업을 취사하여 중도中道[94]를 실행하고, ④ 신·분·의·성으로 정진해서 불신·탐욕·나·우를 제거하고, ⑤ 사은의 지중한 은혜를 발견해서 보은감사 생활을 하고, ⑥

---

93) 《정산종사법어》, 제7 권도편 30장. 여기서는 교강 "구성심九省心 조항"으로 표현하셨음.
94) 중도: "천지의 지극한 공정한 도를 체 받아서 만사를 작용할 때에 희로애락과 원근친소에 끌리지 않으며 육근동작에 있어서 불편불의하고 과불급이 없는 원만행을 하는 것"을 말합니다.(이정은종사 추모문집, 《고요한 하늘소리》, 88쪽)

자력을 양성시켜서 인격평등이 되게 하고, ⑦ 모르는 것을 배워서 지식평등이 되게 하고, ⑧ 아는 것을 가르쳐서 교육평등이 되게 하고, ⑨ 공도주의를 실현하여 생활평등이 되게 한다. 이상의 내용 가운데 전 생령을 건지는 방법으로는 삼학팔조요, 세계평화의 근본으로는 사은에 대한 보은생활이요, 서로 잘 사는 묘방으로는 사요의 실현을 말한 것이다."[95]라고 밝혀주셨습니다.

교강 9조인 이 일상수행의 요법을 날마다 조석으로 외게 하는 것은 공부인으로 하여금 일상생활의 표준을 삼아 날로 대조하고 경계마다 대조하여 바로 불보살의 삶이 될 수 있도록 하신 것입니다.[96] 일상수행의 요법 9조는 바로 삼학팔조 사은사요를 응축해 놓으신 것이기 때문입니다.

10.3.1 일상수행요법 제 1·2·3조 해설

「일상수행요법」 제1~3조는 일상생활 중에 삼학을 수행해가는 방법을 요약해 놓은 법문이라고 할 수 있습니다. 제1조는 정신수양(양성養性, 정정) 공부를, 제2조는 사리연구(견성見性, 혜慧) 공부를, 제3조는 작업취사(솔성率性, 계戒) 공부를 각각 언급한 것이므로 이에 대한 자세한 내용은 『10.2. 삼학공부』를 참조하시기 바랍니다. 여기서는 각 조문의 뜻풀이와 원리 및 응용하는 방법을 중심으로

95) 《대산종사법문집 제1집大山宗師法門集 第1輯》, 진리는 하나 5. 원불교圓佛敎
96) 각산 신도형 지음, 《한글로 읽는 교전공부(수행편)》, 56쪽.

해설하려고 합니다. 「일상수행요법」 제1~3조는 보시는 바와 같이 모두 똑같은 문장구조로 되어있고 삼학공부를 하나씩 각각 언급한 것이므로 편의상 한 데 묶어서 설명하겠습니다.

『1. 심지心地는 원래 요란함이 없건마는 경계를 따라 있어지나니, 그 요란함을 없게 하는 것으로써 자성自性의 정定을 세우자.

2. 심지는 원래 어리석음이 없건마는 경계를 따라 있어지나니, 그 어리석음을 없게 하는 것으로써 자성의 혜慧을 세우자.

3. 심지는 원래 그름이 없건마는 경계를 따라 있어지나니, 그 그름을 없게 하는 것으로써 자성의 계戒를 세우자.』

(1) 어휘풀이

① "심지心地"는 원래 '마음의 본바탕인 우리의 성품 자리'를 가리키는 말이나, 여기서는 경계를 따라 '요란함·어리석음·그름'이 있어지는 심지이므로, 유식학에서의 아뢰야식에 해당하는 심

층마음을 가리킨다고 보는 것이 이해하기가 쉽습니다.[97] "심지는 원래 요란함[·어리석음·그름]이 없건마는"이라고 하셨으므로 여기서 '원래의 심지'는 '요란함[·어리석음·그름]이 없다'는 것을 알 수 있습니다. 여기서 '심지心地'라고 하여 마음 땅에 비유하신 것은 "본래에 분별과 주착이 없는 우리의 성품性稟에서 선악간 마음 발하는 것이 마치 저 밭에서 여러 가지 농작물과 잡초가 나오는 것 같다 하여 우리의 마음 바탕을 심전心田이라 하고"(《대종경》 수행품 59장)라고 밝혀주신 말씀과 같은 취지라고 보겠습니다. 땅은 무엇이든 우리가 심은 종자대로 싹을 내듯이 우리가 마음 땅, 마음 밭에 심은 선악 죄복도 지은 바대로 조금도 어그러짐이 없이 인과법칙을 따라 나타나게 되므

---

97) '심지'는 원래 '요란함·어리석음·그름'이 없다고 하셨으므로 '원래의 심지'는 우리의 성품자리라고 할 수 있습니다. 그러나 여기서는 "심지는 원래 '요란함·어리석음·그름'이 없건마는 경계를 따라 있어지나니"라고 하셨으므로 '원래의 심지'가 아닌 '업장·업력으로 오염된 범부의 심지'라고 보아야 합니다. 필자는 여기서의 '심지'는 개념적으로 유식학에서의 '아뢰야식'에 해당하는 것으로서, '원래의 심지' 즉, '경계를 따라 요란함·어리석음·그름이 없는 심지'라야 비로소 성품과 같다고 볼 수 있습니다. 성품 즉 자성 자리는 유식학적으로는 아뢰야식의 업식이 완전히 정화된 아라한의 '백정식白淨識'에 해당한다고 보는 것입니다. 땅에 비유한다면 일체의 종자가 뿌려지기 전의 상태가 성품, 자성 자리이고, 좋은 종자와 나쁜 종자가 함께 섞여 뿌려져 있는 땅이 범부의 심지인 것입니다. 그래서 선악의 종자가 뿌려지기 이전의 성품자리는 무선무악인 것이며, 이 무선무악의 성품 자리에 선악의 종자가 뿌려지면 그 종자대로 선악의 열매를 맺게 되며, 또 선의를 가지느냐 악의를 가지느냐에 따라 행동이 선악으로 발현되어 나타나기 때문에 능선능악이 된다고 하신 것입니다.
"自性의 戒·定·慧"의 원전이라 할 수 있는 《육조단경六祖壇經》頓漸品第八에 "心地無非自性戒, 心地無痴自性慧, 心地無亂自性定."(번역: "심지에 그름이 없음이 자성의 계戒요, 심지에 어리석음이 없음이 자성의 혜慧요, 심지에 요란함이 없음이 자성의 정定이다.)라고 하신 것을 보면 "심지心地에 그름·어리석음·요란함"이 없는 것을 "自性의 戒·定·慧"라고 정의한 것이므로, '심지'에 '그름·어리석음·요란함'이 있는 것은 "自性의 戒·定·慧"라고 볼 수 없습니다. 그래서 대종사께서도 일상수행요법 제1·2·3조에 "경계를 따라서 있어지게 되는""심지心地의 '요란함·어리석음·그름'을 없게 하는 것으로써 '自性의 戒·定·慧'를 세우자"고 하신 것입니다. 즉, 부처님의 심지는 성품 자리와 똑같지만, 범부의 심지는 탐진치 삼독심이 어려 있고 업인業因이 함장 되어 있기 때문에 이른바 '무명의 업장에 가려진 성품'이요 '업력에 끌리는 심지'인 것입니다.

로, "본래에 분별과 주착이 없는 우리의 성품"자리와 같은 '심지'이지만 이전에 지어놓았던 선악간의 업인業因이 함장되어 있어서 경계의 연緣을 만나면 그것이 업력에 끌려 튀어나와 과果를 맺으려 하기 때문에 요란함(·어리석음·그름)이 있어지게 되는 것입니다. 이에 우리 공부인은 그 업력에 그대로 끌려가지 말고 얼른 마음을 멈추어 "온전한 생각으로 취사"하여 "자성自性의 계戒·정定·혜慧를 세움"으로써 업장·업력을 해소하고 은혜를 생산하여 "광대무량한 낙원세계"에서 살자는 것입니다.

② "경계境界"란 우리가 살면서 부딪치는 심신 내외의 일체의 현상 사물과 변화, 즉 육근六根을 통해 접촉되는 일체의 대상인 육경六境[98]을 가리키는데, 그중에서도 우리의 마음을 요란하게 하거나 어리석게 하거나 그르게 하는 것[99]을 말합니다. 경계는 인과보응의 법칙을 따라 과거에 내가 지은 업에 대한 과보로서 주어진다고 할 수 있습니다. 사람이 살아가면서 부딪치게 되는 경계를 정산종사는 순경順境·역경逆境과 공경空境으로 구분하시고, "순경은 내 마음을 유혹하는 경계요, 역경은 내 마음에 거슬리는 경계요, 공경은 내 마음이 게을러진 경

---

98) 육근六根과 육경六境: 육근六根은 감각 정보를 받아들이는 눈·코·귀·혀·몸·마음意의 여섯 기관을 말하며, 육경은 육근이 작용하는 대상을 가리킵니다. 쉽게 말해서 육경은 우리의 감각·지각·생각·인식의 대상이 되는 일체의 현상사물과 이에 반연攀緣하여 일어나는 감각, 감정, 욕구, 욕망, 생각 등을 모두 포괄합니다.

99) 우리의 공적영지가 이 육경을 비추어서 지각하고 인식하는 대상을 색色·성聲·향香·미味·촉觸·법法이라 부르고 이를 통칭하여 육진六塵 또는 육적六賊이라고 부릅니다. 육진이란 "청정한 자성의 지혜 광명을 가려 본성을 어둡게 하는 여섯 가지 티끌"이라는 뜻이며, 육적은 "중생의 본성 마음을 빼앗아 지혜를 어둡게 하는 도적"이라는 뜻입니다.

계"라고 하셨습니다.[100]

③ "요란함"이란 육근이 육경을 접촉할 때 분별집착심, 사심잡념, 욕심이 발동하거나 감정이 동하는 것을 말합니다. 마음이 어딘가에 끌리게 되면 요란해집니다.

④ "어리석음"이란 지혜가 가려져서 사실과 허위, 진리와 거짓을 바르게 알지 못하고 진리를 부정하며, 옳고 그름과 이해관계를 바르게 판단하지 못하고, 사리와 사물에 어두운 것을 말합니다. 대소大小유무有無의 이치와 일의 시비이해를 잘 알지 못하거나 고집, 상相, 편착심이 있거나 뻔뻔하여 부끄러움을 모르거나 아는 체하는 마음 등이 모두 어리석음이고 치심입니다.

⑤ "그름"이란 양심을 저버리거나 남을 해치려 하거나 배은하거나 생각과 행동이 그릇된 것을 말합니다. 어리석으면 생각과 행동도 자연히 글러지게 됩니다.

⑥ "그 요란함[·어리석음·그름]을 없게 함으로써"는 "경계를 따라 있어지는 '요란함[·어리석음·그름]'을 얼른 알아차리고 멈추어 자성을 반조하여 즉시 '요란함[·어리석음·그름]'이 없어지게 하며[101], 나아가 평소 경계를 당하기 전, 일이 없을 때에도 항상 예축·함축 공부를 간단없이 해서 마침내 어떠한 경계를 당하더라도 '요란함[·어리석음·그름]'이 없게 함으로써"라는 뜻입니다. "필경은

---

100) 《정산종사법어》, 제7 권도편 41장.
101) 원래 '요란함[·어리석음·그름]'이 없는, 온전한 마음을 회복시키는 여러 가지의 구체적인 방법에 대해서는 『10.4.1. 상시응용주의사항 제1조, (2) 온전한 정신을 회복하는 방법』을 참조.

경계를 만나 마음을 챙기지 아니하여도 저절로 요란함·어리석음·그름이 없게 되는 경지에까지 도달하라"는 뜻도 아울러 함축하고 있는 것입니다.[102]

⑦ 말미의 "자성自性의 정定·혜慧·계戒를 세우자"는 말씀은 무슨 뜻인가?

"자성"은 자기의 성품을 말하며, 성품은 우리의 모든 마음의 근원이 되고 바탕이 되는 본성을 가리킵니다. "자성의 정"이란 마음이 한 생각도 일어남이 없이 고요하여 조금도 요란함이 없는 지극히 안정된 상태를 말합니다. "자성의 혜"란 이와 같이 마음이 안정된 상태에서 의식이 초롱초롱하고 또랑또랑하여 정신이 고도로 깨어있는 상태의 밝은 지혜空寂靈智를 말합니다. "자성의 계"란 마음이 털끝만 한 사심私心도 없이 공변되며 어느 한편에 치우침이 없는 원만구족하고 지공무사至公無私한 상태를 말합니다. "세우자"는 것은 '심지에 요란함·어리석음·그름이 없는 원래의 상태' 즉, "자성의 정·혜·계"를 '회복하자'는 뜻입니다.

---

102) 《대종경》, 제3 수행품 1장: "내가 그대들에게 일상 수행의 요법을 조석으로 외게 하는 것은 … 대체로는 날로 한 번씩 대조하고 세밀히는 경계를 대할 때마다 잘 살피라는 것이라, 곧 심지心地에 요란함이 있었는가 없었는가, 심지에 어리석음이 있었는가 없었는가, 심지에 그름이 있었는가 없었는가, 신·분·의·성의 추진이 있었는가 없었는가, 감사 생활을 하였는가 못하였는가, 자력 생활을 하였는가 못하였는가, 성심으로 배웠는가 못 배웠는가, 성심으로 가르쳤는가 못 가르쳤는가, 남에게 유익을 주었는가 못 주었는가를 대조하고 또 대조하며 챙기고 또 챙겨서 필경은 챙기지 아니하여도 저절로 되어지는 경지에까지 도달하라 함이니라. 사람의 마음은 지극히 미묘하여 잡으면 있어지고 놓으면 없어진다 하였나니, 챙기지 아니하고 어찌 그 마음을 닦을 수 있으리요. 그러므로 나는 또한 이 챙기는 마음을 실현시키기 위하여 『상시 응용 주의 사항』과 『교당 내왕시 주의 사항』을 정하였고 그것을 조사하기 위하여 일기법을 두어 물 샐 틈 없이 그 수행 방법을 지도하였나니 그대들은 이 법대로 부지런히 공부하여 하루 속히 초범超凡 입성入聖의 큰 일을 성취할지어다."

따라서 「일상수행요법」 제1~3조의 전체적인 의미를 새긴다면, 우리의 심지는 원래 요란함[·어리석음·그름]이 없는 것이지만 경계를 만나면 습관과 업력에 끌리어 요란함[·어리석음·그름]이 또한 있을 수 있는데, 이때 이를 얼른 알아차려서 모든 분별·판단을 멈추고, 요란함[·어리석음·그름]이 원래 없는 자성자리에 돌이켜서 이를 회복하자는 것입니다. 더 부연한다면 경계에 끌리어 요란함[·어리석음·그름]이 있게 된 것은 이미 과거이며 일원상의 진리인 인연과의 이치에 의한 것이므로, 가치판단으로 잘못했다고 자책하며 스스로를 괴롭히거나 그것을 제거하려고 씨름하지 말며, 이를 신앙의 자세로 무조건적으로 수용하고, 다만 그런 줄만 얼른 알아차려 멈추고 원만구족하고 지공무사한 일원상과 같은 자성자리에 비추어 이를 바로 회복시키자는 것이며, 이것이 일일시시로 경계를 당할 때마다 바로 실천할 수 있는 일원상의 삼학수행인 것입니다.

(2) 심지에 "요란함·어리석음·그름"이 있게 되는 근본 원인

'원래의 심지'는 "요란함·어리석음·그름"이 없는데 왜 경계를 당하면 "요란함·어리석음·그름"이 있어지게 되는가? 먼저 그 이유를 분명하게 이해하는 것이 이 경계를 대치하는 마음공부의 핵심 관건입니다. '원래의 심지'는 '속진의 때가 묻기 이전의 마음의 본바탕'으로서 성품자리와 같으므로 요란함·어리석음·그름이 없는 부처님의 심지와 똑같습니다. 부처님의 심지는 에고가 없으므로 항상 자성자리와 같기 때문입니다. 그러나 범부의 심지는 에고가 있기 때문에 속진의 때가 묻어 삼독심이 어려 있고 이미 지어 놓은 업인業因이 함장 되어 있어서 경계의 연緣을 만나면 자기도 모르게 그 업력에 끌려 업인이 튀어나와 과果를 맺으려 하므로 마음이 요란해질 수밖에 없고, 마음이 업장에 가린 데다 요란해지면 지혜가 더욱 어두워져서 어리석어지며, 마음이 요란해지고 어리석어지면 자연히 취사가 글러지기 마련인 것입니다. 이것이 "심지는 원래 요란함·어리석음·그름이 없건마는 경계를 따라 있어지"게 되는 이유입니다.

가령 과거에 전혀 이해관계가 없었던 사람을 만났을 때는 마음이 별로 요란한 일이 없지만, 과거에 나를 괴롭혔던 사람을 만나거나 그러한 사람을 생각하면 마음이 쉽게 요란해집니다. 이것은 그 사람에 대한 나의 분노나 적개심, 또는 미움이 자기의 심층무의식 속에 잠복되어 있다가 그 사람을 보거나 생각함으로 인해 현재의 식 속의 밖으로 튀어나왔기 때문입니다. 이것이 인연과의 이치입니다. 이를 미루어 보면 내가 처음 만나는 사람인데도 공연히 싫거나 공연히 좋은 경우가 있는데, 이 역시 우리가 기억을 못해서 그렇지, 알고 보면 과거 또는 전생에 그럴 만한 이유가 있었기 때문이라는 것을 쉽게 짐작할 수 있습니다. 그러므로 내가 만나는 모든 경계 역시 알고 보면 내가 불러들인 것임을 알 수 있습니다. 과거 또는 전생에 내가 지어놓은 업인으로 인해 시절의 연을 따라 그렇게 만나지게 되는 것이기 때문입니다.

대개 마음이 요란해지는 것은 망념이나 감정이 발동했기 때문입니다. 감정이 사심이 없이 성품 그대로 발현되면 도심道心이라 순수하고 아름다운 정서가 되지만, 대부분의 감정 속에는 사심이 들어가 있기 때문에 마음을 요란하고 어리석고 그르게 하는 주범이 되는 것입니다. 예컨대 쾌락에 대한 욕구·욕망은 주로 감각을 바탕으로 자기를 즐겁게 하려는 생각에서 일어나고, 인간관계에서 일어나는 모든 부정적인 감정은 에고를 본위로 하여 자기를 이롭게 하려는 생각으로부터 일어납니다. 실행·실천의 문제도 따지고 보면 내 욕심이 동하거나 감정이 끌리는 것은 더 하고 싶고, 별로 이로울 게 없다고 생각되거나 힘들다든지 괴롭다든지 해서 감정이 끌리지 않는 것은 더 하기 싫어지는 것이므로 결국은 '생각(망념)'과 '감정'의 문제인 것입니다.

감정 중에서도 특히 진심(嗔心: 성내는 마음) 즉, 분노 또는 화가 문제입니다. 진심은 '나'의 생각대로 안 될 때, '나'의 뜻에 어긋날 때, '나'의 자존심이나 명예가 손상되었거나 손상된다고 생각될 때 발생하며, 주로 분노·화火와 짜증, 신경질 등의 형태로 표현됩니다. 또 어리석어지는 마음은 '나'라는 상相을 내세우고 싶을 때, '나'의 자존심을 세우고 싶을 때, '나'의 존재를 인정받고 싶고 드러내고 싶을 때, '나'의 명예를 높이고 싶을 때 발생하며, 자기 신념에 매몰되어 진리를 부정하는 마음과 자기의 얄팍한 꾀로 진리를 속일 수 있다고 생각하는 마음 또한 어리석은 마음입니다. 또, 그른 마음은 대부분 욕심이 앞을 가릴 때 양심을 저버리고 어떻게든 그 욕심을 채우려는 데서 발생합니다. 따라서 요란함, 어리석음, 그름은 모두 한 뿌리, 즉 아상에서 나온다는 것을 알 수 있습니다.

다시 말해서 **우리의 심지에 원래는 없던 '요란함·어리석음·그름'이 경계를 따라 있어지게 되는 가장 근본적인 이유는 우리의 심지의 밑바탕에 '나'라는 생각Ego과 그로 인한 분별주착심이 있기 때문입니다.** 좀 더 구체적으로 말하자면 범부의 무명 업장에 가려서 '에고'를 '나[자기]'의 실체라고 생각하는 믿음과 그 '나[자기]'의 생각이 사실·진실일거라는 신념이 심층의식 속에 깔려있어서 '나[자기]'를 위하는 마음으로, 또는 '나'의 생각·감정을 기준으로 하여 모든 것을 분별 판단하고 집착하거나 욕심을 내기 때문입니다.[103]

따라서 마음공부의 대상이 되는 마음은 현상사물에 대한 '감각'을 바탕으로 일어나는 '생각'과 '감정'의 '분별주착심'과 그 뿌리가 되는 '아상'입니다. 전5식前五識[104]에 의한 '감각'까지는 아무런 허물이 없습니다. 그것은 거울이 사물을 있는 그대로 비추어주는 것과 같기 때문입니다. 문제는 그 감각 정보를 바탕으로 제6의식과 제7식(말라식)이 작용하면서 에고가 발동하여 분별 집착심이 생김으로써 좋은 것은 취하고 나쁜 것은 배척하려는 증애심인 것입니다.

우리의 육근이 육경을 접촉하면 먼저 감각이 일어납니다. 감각은 크게 좋은 느낌, 나쁜 느낌, 덤덤한 느낌의 3가지로 나뉩니다. '좋은 느낌'이란 더 느끼고 싶은 느낌이며, 기분이 좋아지거나 즐겁거나 흥을 돋우거나 심신을 편안하게 이완시켜주는 느낌입니다. '나쁜 느

---

103) 《대종경》, 수행품 26장, 27장, 28 참조.
104) 전5식前五識: 눈, 귀, 코, 혀, 몸(피부)의 5감각 기관이 그 대상인 색色, 성聲, 향香, 미味, 촉觸에 대해 인식한 내용을 안식眼識, 이식耳識, 비식鼻識, 설식舌識, 신식身識이라고 하고 이를 통칭하여 전5식이라고 부릅니다.

낌'이란 더 느끼고 싶지 않은 느낌이며 기분이 나빠지거나 즐겁지 않고 괴롭거나 심신을 불편하게 긴장시키는 느낌입니다. '덤덤한 느낌'이란 '좋은 느낌'도 아니고 '나쁜 느낌'도 아닌 느낌과, 생각이 없거나 무엇인가에 몰입하고 있어서 '무슨 느낌인지도 모르고 있는 느낌'을 말합니다.

보통 사람들은 감각이 일어나면 그것이 잠시 일어났다가 곧 사라진다는 것을 알아채지 못하고, 자기에게 좋은 느낌인지 아닌지를 먼저 분별하여 좋은 느낌이면 더 느끼려 하고, 나쁜 느낌이면 더 느끼지 않으려고 하며, 또한 자기가 가지고 있는 기억 정보를 바탕으로 감각한 것이 무엇인지와 선악·가치를 변별하여, 자기에게 좋다고 생각되는 것이면 취하려 하고, 자기에게 나쁘다고 생각되는 것이면 배척하려고 하는데, 이를 한마디로 증애심憎愛心 또는 분별주착심이라고 부릅니다. 이 증애심 또는 분별주착심에서 모든 감정과 탐·진·치 삼독심 또는 사심·잡념·망념의 번뇌망상이 일어나고 스트레스를 받게 되는데, 그 바탕에 바로 에고가 있기 때문입니다.

보통 사람들의 모든 생각은 감각 정보와 현재의 사건에 대하여 자기의 직간접 경험에 대한 기억 정보를 바탕으로 분별, 인식, 판단한 것을 기초로 하며, 자기에게 유익하다고 생각되는 것은 취하려 하고 자기에게 무익하거나 해롭다고 생각되는 것은 배척하려고 하는데, 기본적으로 자기의 생각이 옳다는 믿음에 기초하여 행동합니다. 그 믿음이 강할수록 사심私心·邪心·욕심과 욕망도 함께 커져서 집착도 그만큼 커지게 되므로, 결국에는 그로 인해 시비이해의 판단이 흐려지며, 따라서 취사도 그르치게 됩니다. 이것이 선입견이나 편견이 작용하여 한쪽으로 치우치게 되거나 판단이 흐려져서 일을 그르치게 되는 이유입니다.

가령 친구가 와서 하는 말이 "네 남편이 바람이 났나 봐! 어제 어떤 젊은 여자와 손 붙잡고 호텔에 들어가는 것을 봤어!"라고 했다면, 대개의 여성들은 화가 먼저 올라올 것입니다. 이 사건에서 화가 나는 이유를 추측해 본다면, 첫째 어떤 젊은 여자와 손 붙잡고 호텔에 들어간 남자가 다른 사람이 아닌 바로 '나'의 남편이라고 믿었기 때문입니다. '나'의 남편이 아닌 다른 남자였다면 대개의 경우 그렇게 화를 내지는 않을 것입니다. 따라서 나중에 알고 보니 그 남자가 얼핏 보기에는 '나'의 남편과 많이 닮았지만 사실은 다른 남성이었다면, 남편으로 오인한 친구에게 화를 내든지 실소를 금하지 못하거나 남편에게 화를 내서 미안하다고 해야 할 것입니다. 둘째 그 '어떤 여자'는 남편과 다른 관계가 아닌 바로 이성 간의 '연애하는 남녀관계'로서 만난 사이라고 믿었기 때문입니다. 만약 그 '어떤 여자'가 평소 친밀하게 지내던 조카였고, 우연히 만나 호텔 커피숍에 차를 마시기 위해 들어갔었다는 사실을 남편에게 이미 들어서 알고 있었다면 그렇게 화를 내지 않았을 것입니다. 셋째 그 '친구'의 말이 모두 '사실'일 거라고 믿었기 때문입니다. 친구의 말이 거짓이었다면 남편에게 화를 낼 이유가 전혀 없고 화를 낸다면 오히려 거짓말을 한 친구에게 화를 내야 할 것입니다. 넷째, 평소 '남편도 바람피울 수 있다'는 생각이 조금이라도 있었을 것입니다. 만약 자기 남편은 전혀 바람피울 사람이 아니라는 굳은 믿음이 있었다면, 친구의 말을 들었어도 그 말을 곧이곧대로 믿고 바로 화를 내지 않았을 것입니다. 물론 나중에 확인해 본 결과 친구의 말이 사실이었다면 아마 배신감에 화를 더 심하게 냈을 수는 있겠지만. 다섯째 당연한 생각이겠지만 평소 '결혼한 남자는 자기 부인 외에 다른 여자하고는 연애 관계를 가지면 절대 안 된다'는 생각을 가지고 있거나, 또는 '아무리 친밀한 사이라도 유부남이 딴 여자와 서로 손 붙잡고 다니면 안 된다'는 신념이 있었기 때문입니다. 그러나 만일 일부다처제를 주장하는 사회에서처럼 또는 평소 연애 개방주의적 신념을 가지고 있어서, 남자는 능력만 있다면 얼마든지 (자기 부인이 아닌) 다른 여자와 연애할 수도 있다는 신념을 가지고 있었다면 그렇게 화를 내지는 않았을 것입니다.

이상의 예에서 살펴본 바와 같이 이 사건에서 친구의 말을 듣고서 화가 올라와 마음이 '경계를 따라 요란함이 있게 된 이유'는 바로 그 친구의 말을 듣고서 일어난 '나의 생각들이 사실'일 거라는 믿음 때문에 '화'의 감정이 동한 것이며, 그 밑바탕에 '나[자기, 에고]'라는 생각이 깔려있다는 것을 알 수 있습니다. 만약 친구의 말이 사실이 아닐 거라고 믿었다면, 또는 그 여자와 남편의 관계가 연애하는 남녀의 관계가 아닐 것으로 믿었다면, 또는 남편은 절대 바람피울 사람이 아니라고 믿었다면, 또는 남편에 대한 독점적 소유욕이 전혀 없었다면, 또는 무엇인가 나에게 잘못이 있어서 남편이 그랬을 것이라며 자기 탓으로 돌리려는 생각이 있었다면, 그렇게 화를 내지는 않았을 것이기 때문입니다.

여기서 '나의 생각이 사실'일 거라는 믿음은 내가 경험해왔고 지금도 경험하고 있는 '현상사물' 및 그 경험 주체로서의 '내'가 모두 실재한다는 믿음에 바탕하고 있습니다. 그러나 앞에서 누차 자세히 살펴본 바와 같이 이 세상에서 내가 경험하는 모든 '현상사물'과 그 경험 주체로서의 '나'는 무상하기 그지없는 연기적 존재로서 고정된 실체로써 존재하지는 않습니다. 따라서 이러한 사실을 알지 못하고 '에고'를 참나로 알면 허망한 분별주착심에 바탕해서 사리를 분별하기 때문에 어리석어질 수밖에 없고 그에 바탕한 행위는 그릇될 수밖에 없는 것입니다.

결국 심지를 요란하게 하는 주범인 생각과 감정은 기본적으로 사심 즉 에고의 소유욕을 바탕으로 하고 있습니다. 그런데 우리가 소유하고 싶은 대상으로서의 모든 '현상사물'은 물론이고, 그 소유 주체로서의 '나(에고)' 역시 본래가 모두 무상하며 연기적인 존재로서 '공空'한 것이므로, 누구도 결코 소유할 수 없다는 것이 이치적으로는 자명합니다. 그러나 우리가 현실적으로 그것을 잠시나마 소유할 수 있는 것처럼 보이는 것은 우리의 착각에 의한 것입니다. 설혹 이 착각을 그대로 인정하더라도 결국에는 모두 공으로 돌아가고 만다는 것은 현실적으로도 분명하게 확인되는 사실입니다.따라서 우리의 모든 소유욕과 증애심은 허망하기 그지없는 무명의 어리석음에 바탕한 것으로, 그 대상이 재물, 권력, 명예, 남녀, 몸, 마음 그 무엇이든 모두가 무상하고, 궁극적으로는 괴로움을 불러오며 실체가 없는 것임을 분명하게 인식하고, 다시 한번 철저하게 되새기지 않으면 안 됩니다. 그래야만 경계를 따라 요란함·어리석음·그름이 있어질 때마다 이를 돌려 자성의 계·정·혜를 세우는 것이 훨씬 더 수월해지기 때문입니다.

(3) 자성의 정定·혜慧·계戒를 세우는 방법

이미 우리가 앞에서 자세히 살펴본 바와 같이 우리가 그때 거기서 그러한 사건, 그러한 경계를 만나게 된 데에는 반드시 그럴만한 이유가 있습니다. 이것이 바로 누구도 비껴갈 수 없는 인연과의 법칙인 것입니다. 다시 말해서 자기에게 주어지는 모든 조건과 자기가 겪는 모든 사건의 근본 원인은 모두 자기에게 있다는 것이므로 우리는 누구도 원망할 수 없고, 다 자기가 뿌린 대로 거두는 것인 만큼 그대로 100% 달게 인정하고 수용할 수밖에 없다는 것입니다.

우리가 경계를 당해서 일어나는 생각·감정에 그대로 끌려가는 것은 대부분 자기도 모르게 자기의 업장에 가리고 업력에 끌려서 자기의 생각에 스스로 속아 넘어가는 것이므로, 생사윤회의 고통에서 벗어날 기약이 없게 되는 것입니다. 따라서 우리는 경계를 당할 때마다 정신을 똑바로 차리고 마음을 잘 살펴서, 경계를 따라 요란해지고 어리석어지고 글러지는 마음을 얼른 알아차려서 경계에 끌려가는 마음을 멈추고, 원래 요란함·어리석음·그름이 없는 자성에 돌이켜 비추어서 온전한 생각으로 취사함으로써, 경계를 따라 넘어지려던 마음을 원래의 마음자리인 성품자리로 돌려 세워 회복하자는 것입니다.

앞에서 든 예를 가지고 보자면 친구의 말을 듣고 화가 올라오려고 할 때 얼른 이를 알아차리고 정신을 차려서 마음을 멈춘 다음, 전후좌우의 사정과 실제를 잘 살펴서 본래의 평온한 마음을 회복하자는 것입니다. 그리고 혹 친구의 말이 사실이라 하더라도 무턱대고 흥분부터 할 것이 아니고, 남편이 바람을 피우게 된 데에는 분명히 그럴 만한 이유가 있을 것이고, 그 이유라는 것이 사실은 근본적으로는 다 과거 또는 전생에 내가 지은 죄업이나 부채 때문일 수도 있으므로, 그 원인을 차분하게 잘 살펴서 상극의 인연을 상생의 선연으로 잘 돌릴 수 있는 방법을 찾아내서 지혜롭게, 중도에 맞게, 원만하고 바르게 취사하자는 것입니다.

따라서 일상수행요법 제1·2·3조의 취지는 우리가 경계를 만나면 자기도 모르게 업장에 가리고 업력에 끌려서 사심·망념이 동하여 요란함·어리석음·그름이 있게 되므로, 항상 마음을 잘 살피고 챙겨서 혹 사심·망념이 동하거든 이를 얼른 알아차리고 정신을 차려서, 거기에 끌려가지 말고 멈춘 다음 본래 요란함·어리석음·그름이 없는, 한 생각도 일어나기 이전의 자성자리에 비추어서 즉, 원근친소와 희로애락의 감정과 선입견·편견과 사심私心·욕심의 집착심을 모두 내려놓고 빈 마음으로, 이미 일어난 것은 무조건 지공무사한 인과보응의 이치에 따라 일어났다는 것을 신앙으로 수용하고[105], 대소유무의 이치와 일의 시비 이해를 잘 살펴서 사리를 밝고 빠르게 분석·판단하여 그 원인을 해소하는 방향으로, 모두에게 은혜를 생산하며 이익이 되는 방향으로, 또는 중도에 맞게 바르게, 원만구족하고 지공무사하게 취사함[106]으로써, 경계에 걸려 넘어지려던 "자성의 계·정·혜"를 바로 세워 원래의 심지인 본성을 회복하자는 말씀인 것입니다.

경계를 당할 때마다 자성의 계·정·혜를 세우는 공부는 실지단련 공부이며, 이를 잘 하기 위해서는 평소 일이 없는 정할 때의 공부를 잘 해놓아야만 합니다. 이는 실전에 앞서 근본 체력을 기르는 것과 같습니다. 따라서 일이 없을 때와 경계를 당하기 전에 틈날 때마다 염불·좌선·경전·의두·성리 등의 예축 공부, 함축 공부[107]를 부지런히 해서 기초 수양력과 연구력을 충실하게 배양하고, 경계와 일 속에서 취사하는 가운데 계속 단련하는 공부로 삼대력을 갖추어 에고의 뿌리를 완전히 뽑아내야만 합니다. 이것이 정할 때와 동할 때의 공부를 쉬지 않고 무시선 공부를 해야만 하는 이유입니다. 그래서 『일상수행의 요법』은 다음 장에서 언급할 『상시 응용 주의 사항』과도 떼려야 뗄 수 없는 관계에 있는 것입니다.

---

105) 세상의 모든 사건은 반드시 그것이 그때 거기서 그렇게 일어날 수밖에 없었던 원인이 있다는 것이 바로 인연과의 법칙입니다. 이 인연과의 법칙은 3장에서 이미 자세히 살펴본 바와 같이 일반적이고 보편적인 진리이므로 혹 이해가 잘 안 가더라도 우선은 믿어야만 합니다. 이것이 인과에 대한 신앙입니다.

106) 취사할 때 욕심과 집착, 게으름에 끌려가지 말고 해야 할 일이면 결단코 행하고, 하지 말아야 할 일이면 결단코 하지 않겠다는 굳은 의지로써 실행해야만 취사력이 길러집니다.

107) 경계를 당하기 전 예축공부의 방법 ➡ 《대종경》, 제3 수행품 9장, 19장과 《정산종사법어》, 제6 경의편 66장 참조.

10.3.2 일상수행요법 제4조 해설

> • 『4. 신信과 분忿과 의疑와 성誠으로써 불신과 탐욕과 나懶와 우愚를 제거
> 하자.』

"신信"은 맹신을 가리키는 말이 아니고 바른 신심 즉, 진리에 대한 믿음, 올바른 스승에 대한 믿음, 정법에 대한 믿음, 자기의 본래 성품에 대한 믿음을 가리킵니다. "분忿"은 분노를 가리키는 것이 아니고, 자기를 채찍질하여 앞으로 나아가게 하는 분발심을 가리킵니다. "의疑"는 믿지 못하는 의심, 호의狐疑, 의혹 등을 가리키는 것이 아니고, 앞에서 말한 신심을 바탕으로 하여 사리 간에 의문을 가지고 탐구하는 마음, 사리를 알고자 하는 마음, 궁금하게 여기어 질문하는 마음, 즉 탐구심·연구심·질문심을 가리킵니다. 구경의 진리에 대한 의심이 뭉쳐서 큰 의심덩어리大疑團를 이룰 때 대각할 수 있습니다.

"성誠"은 간단없는 마음, 즉 하다 말다 하다 말다 하지 않고 거짓 없는 진실한 마음으로 끊어지지 않게 일관하는 정성을 가리킵니다. "불신"은 신심의 반대로 믿지 못하는 마음을 가리킵니다. "탐욕"은 투입 대비 소득을 과다하게 바라는 마음, 또는 투입 없이 산출을 기대하는 마음, 분수에 넘치게 바라는 마음, 지나친 욕심 등을 가리킵니다. "나懶"는 나태심, 즉 해야 할 일을 하기 싫어하는 마음, 게으름 피우려는 마음, 자꾸 나중으로 미루려는 마음, 의욕이

없는 마음을 가리킵니다. "우愚"는 사리를 제대로 알지 못하는 어리석음과 이상에 사로잡힌 마음을 가리킵니다.

"신信·분奮·의疑·성誠"은 삼학공부를 추진하게 하는 원동력이 되므로 "진행사조進行四條"라고 부르고, "불신不信·탐욕貪慾·나懶·우愚"는 삼학공부를 방해하여 제거할 조목이므로 "사연사조捨捐四條"라고 부릅니다. 그러므로 진행사조인 "신信·분奮·의疑·성誠"으로 사연사조인 "불신不信·탐욕貪慾·나懶·우愚"를 제거하여 간단없는 삼학공부가 되게 하자는 것입니다. 믿음이 없으면 신앙과 수행을 할 수가 없고, 분심이 없으면 나태하여 추진이 없고, 일과 이치에 모르는 것을 알아내고자 하는 의문이 없으면 사리를 알아내거나 깨치지 못하고, 탐욕과 어리석음은 매사를 그르치며, 정성이 없으면 만사를 성취하지 못하기 때문입니다.

이상의 팔조는 '원願'을 전제로 합니다. 꿈과 희망이 없으면 죽은 나무에 물을 주는 것과 같다고 하셨습니다. 절망은 죽음에 이르는 병이라고 했습니다. 무슨 일이든 성공하려면 반드시 먼저 목표와 이를 달성하고자 하는 의지가 있어야 합니다. 그것을 '원願'이라고 부릅니다. 무슨 원이든 그것을 달성하려면 올바른 방법대로 실천하기만 하면 자신도 반드시 이룰 수 있다는 굳은 믿음과 기필코 이루고야 말겠다는 적극적인 분발심을 가지고, 과정상이나 방법상의 의문점을 해결하면서 꾸준히 정성을 들여야만 하는 것입니다. 이 원이 자기만의 것이 아니고 모두를 위한 것이며 기필코 그 원을 꼭 이루고야 말겠다는 굳은 의지를 가질 때 이를 '서원誓願'[108]이라고 부릅니다. 서원 중에서도 부처가 되어 일체 중생을 제도하겠다는 성불제중成佛濟衆의 서원을 가장 으뜸으로 칩니다. 이것이 인간이 가질 수 있는 가장 으뜸이 되는 궁극적인 목표가 되기 때문입니다. 따라서 성불제중의 서원을 이루기 위해서는 추진하는 원동력이 되는 "신信과 분忿과 의疑와 성誠"으로써 장애요인이 되는 "불신과 탐욕과 나懶와 우愚"를 제거하지 않으면 안 되는 것입니다.

- 『도가에서 공부인의 신성을 먼저 보는 것은 신信이 곧 법을 담는 그릇이 되고, 모든 의두를 해결하는 원동력이 되며, 모든 계율을 지키는 근본이 되기 때문이니, 신이 없는 공부는 마치 죽은 나무에 거름하는 것과 같아서 마침내 결과를 보지 못하나니라. 그러므로 그대들도 먼저 독실한 신을 세워야 자신을 제도할 것이며, 남을 가르치는 데에도 신없는 사람에게 신심 나게 하는 것이 첫째가는 공덕이 되나니라.』(대종경 제10 신성품 7장)

- 『수도인이 마음을 굳게 세우고 한 번 이루어 보기로 정성을 다하면 아무리 어려운 일이라도 쉬운 일이 되어질 것이요, 아무리 쉬운 일이라도 안하려는 사람과 하다가 중단하는 사람에게는 다 어려운 일이 되나니라.』《대종경》, 부촉품 12장)

- 『신信이라 함은 믿음을 이름이니, 만사를 이루려 할 때에 마음을 정하는

---

108) 『서원은 나를 떠나 공公을 위하여 구하는 마음이요, 욕심은 나를 중심으로 사私를 위하여 구하는 마음이니라.』《정산종사법어》, 법훈편 23장)

원동력이니라. 분忿이라 함은 용장한 전진심을 이름이니, 만사를 이루려 할 때에 권면하고 촉진하는 원동력이니라. 의疑라 함은 일과 이치에 모르는 것을 발견하여 알고자 함을 이름이니, 만사를 이루려 할 때에 모르는 것을 알아내는 원동력이니라. 성誠이라 함은 간단없는 마음을 이름이니, 만사를 이루려 할 때에 그 목적을 달하게 하는 원동력이니라.[109]

불신不信이라 함은 신의 반대로 믿지 아니함을 이름이니, 만사를 이루려 할 때에 결정을 얻지 못하게 하는 것이니라. 탐욕이라 함은 모든 일을 상도에 벗어나서 과히 취함을 이름이니라. 나懶라 함은 만사를 이루려 할 때에 하기 싫어함을 이름이니라. 우愚라 함은 대소 유무와 시비 이해를 전연 알지 못하고 자행자지自行自止함을 이름이니라.」[110]

• 『신信에 대하여: 신은 부처가 되는 원동력으로 정신正信과 미신迷信의 2종이 있으니, 정신은 밝은 데에서 밝은 데로 나아가는 바른 믿음이요, 미신은 어두운 데서 어두운 데로 들어가는 그른 믿음이라, 정신 가운데도 자력신自力信과 타력신他力信이 있고, 그 대상에도 스승에 대한 신과, 법에 대한 신과, 진리에 대한 신이 있으며 거기에 따라 믿는 도道가 각각 다르나니, 스승에 대하여는 그 말씀과 행하심과 마음 쓰심에 대하여 조금도 자기 주견主見이 없어서 여하한 명령에도 불복不服이 없으며, 모든 일을 사실로써 고백하고 모든 재주와 권리와 명예를 남김없이 바치며, 마음과 마음을 서로 비추이는 것이 그 믿는 도가 되고, 법法에 대하여서는 스승이 내어 놓으신 교리와 제도에 대하여 이를 환희봉대歡喜奉

109) 《정전》, 제2 교의편敎義編, 제5장 팔조八條, 제1절 진행 사조進行四條
110) 《정전》, 제2 교의편, 제5장 팔조(八條), 제2절 사연 사조(捨捐四條).

戴하며, 수지독송受持讀誦하고, 위인강설爲人講說하는 것이 그 믿는 도가 되고, 진리에 대하여는 불생불멸의 진리와 인과보응의 진리에 철저한 믿음을 가지는 것이 그 믿는 도가 되는 것이다.

스승은 곧 불타와 대종사님과 종통을 이으신 분과 법강 항마위 이상 된 분을 이름인데, 옛부터 성현이 나시면 도가 성현에게 옮아가기 때문에 그 스승에게 법을 받으라는 것이며, 경전만으로는 큰 도를 이루지 못할 뿐만 아니라 그 경전은 필요 없는 공문서가 되기 쉽고, 또 해독을 끼칠 수도 있는 것이다.(후략)』《대산종사법문집 제2집》, 제1부 교리, 팔조에 대하여)

• 『분忿에 대하여: 분은 부처가 되게 하는 권장사勸獎師가 되는 것으로서 정분正忿과 객분客忿의 二종이 있으니, 정분은 공부나 사업을 해나가는 데에 게으르고 까라진 마음을 물리치고, '부처님은 누구며 성현은 누구냐? 나도 하면 될 수 있다.'는 용맹정진심勇猛精進心을 이름이요, 객분은 무용한 혈기지용血氣之勇을 이름이다.

정분은 예컨대 불타께서 보리수하에서, '내가 정각을 이루기 전에는 죽어도 이 자리를 떠나지 아니 하리라.'고 하신 분심 같은 것이요, 객분은 철없이 날뛰는 용기로서, 예를 들면 남의 시비是非에 관여하는 분심忿心 같은 것이다.』《대산종사법문집 제2집》, 제1부 교리, 팔조八條에 대하여)

• 『의疑에 대하여: 의疑는 진리를 깨닫게 하는 것으로서 정의正疑와 사의邪疑의 二종이 있으니, 정의正疑는 공부를 해 나가는 가운데 사리 간 모르는 것을 발견하여 알고자 함을 이름이요, 사의邪疑는 스승이나 법이나 진리를 저울질하는 호의(狐疑: 여우같은 의심)를 이르는 것으로 만사를 이루지 못하게 하는 원인인 것이다. 정의正疑로써 모르는 의심을 차차

굴려가다가 나중에는 한 의심 아래에 일만 의심이 구공俱空하면, 대지 허공大地虛空도 한 의심 속에 들게 되어 필경 큰 깨달음을 얻을 것이요, 사의邪疑를 가지면 자기는 물론 남의 마음까지 해태 방심케 하는 것이 니, 육신은 죽으면 일생의 죽음이지만 마음이 해태 방심하면 영생에 추어 잡을 길이 없으니 특히 사의邪疑에 조심해야 할 것이다.』《대산종사법문집 제2집》, 제1부 교리, 팔조에 대하여)

• 『성誠에 대하여: 성誠은 목적을 달성시키는 원동력이 되는 것으로서 성 誠에도 정성正誠과 우성愚誠 2종이 있으니, 정성은 옳은 일에 입각하여 간단없이 목적 달성에 노력함을 이름이요, 우성은 이치에 어긋난 목적 아래 부당한 방법으로써 억지로 노력함을 이름이다.

정성은 비하건대, 세존께서 부처를 이루기까지 500생을 끊임없이 정성을 계속한 것 등이요, 우성은 마치 기와를 갈아서 거울을 만들려는 것이나, 모래를 삶아 밥을 지으려는 것과 같은 헛된 정성인 것이다.』《대산 종사법문집 제2집》, 제1부 교리, 팔조에 대하여)

• 『놓아버릴 불신·탐욕·나·우不信·貪慾·懶·愚에 대하여: 불신不信이라 함은 모든 일에 믿지 않음을 이름이니, 특히 공부를 해나가는데 그 스승이나 법이나 진리를 믿지 않으면 성취하지 못할 것이므로 마땅히 버려야 할 것이다.

탐욕이란 모든 일에 상도常道를 벗어난 욕심을 이름이니, 특히 공부를 해나가는데, 오욕에 마음을 빼앗긴다든지, 분수에 넘치는 욕심을 가지고는 결코 성취하지 못할 것이므로, 탐심은 모조리 버려야 할 것이다. 탐욕이 일어 날 때 뭇 죄악의 싹이 트는 것이다.나懶라 함은 모든 일에 게으름을 이름이니, 특히 공부해나가는 데 게으름을 부려서 하지 않는

다든지, 또는 늘 뒷날로 미룬다든지 하면 매사를 성취하지 못할 것이므로 이 습관을 버려야 할 것이다. 나심懶心이 일어 날 때는 살았어도 죽은 송장이 되는 것이다.

우愚라 함은 일과 이치에 어리석음을 이름이니, 특히 공부해 나가는데 바른길을 놓고 삿된 길로 자행자지自行自止하면 성취하지 못할 것이므로 이를 버려야 할 것이다. 우치는 진리의 마음이 어두운 마음의 봉사가 되는 것이다.』(《대산종사법문집 제2집》, 제1부 교리, 팔조에 대하여)

10.3.3 일상수행요법 제5조 해설

• 『5. 원망 생활을 감사 생활로 돌리자.』

이는 천지·부모·동포·법률의 사은을 근원적으로 깊이 깨달아 어떠한 상황에서든 원망할 요소를 찾지 말고 감사할 요소를 찾아서 언제나 감사하고 보은하는 생활로 일관하라는 말씀입니다. 그것이 우주만유, 일체 동포와 은혜의 윤기가 통하여 모든 인연을 은혜로운 관계인 선연으로 만들고 복을 받는 복전으로 만들어주며, 어디를 가든 무슨 일을 하든 사은께서 항상 우리를 보호해주시고 은혜의 길로 인도해 주시기 때문입니다. 《정전》 솔성요론에도 "무슨 일이든지 잘못된 일이 있고 보면 남을 원망하지 말고 자기를 살필 것이요"(제9조)라고 하셨습니다. 일체유심조라 모든 일은 나로부터 시작되고 나로 인해서 결정되며 나에게서 끝나는 것입니다.

고로 모든 문제의 원인은 나에게 있고 모든 일의 책임은 내가 져야 하는 것이니, 남을 원망할 수 없고 허물할 수 없는 것이요 오직 스스로를 살피는 것이 자아완성의 첩경이며 원만한 솔성의 요체가 되는 것입니다.[111]

감사 생활에 대해서는 앞의 『8. 감사하고 보은하는 마음에 행복이 찾아든다』에서 자세히 언급했으므로 여기서는 더 이상의 설명은 생략합니다.

- 『대종사 말씀하시었다. "은혜를 발견하면 원수도 다시 은인으로 화하고 원망을 일어내면 은인도 오히려 원수가 되는 것이다."』(《대종경선외록》, 요언법훈장 31절)
- 『감사 생활만 하는 이는 늘 사은의 도움을 받게 되고, 원망 생활만 하는 이는 늘 미물에게서도 해독을 받으리라.』(《정산종사법어》, 법훈편 59장)
- 『세상에서 제일 잘 사는 길은 은혜를 발견하여 감사 생활을 하는 것이요, 세상에서 제일 잘못 사는 길은 해독을 발견하여 원망 생활을 하는 것이니라.』(《대산종사법어》, 교리편 40장)

10.3.4 일상수행요법 제6조 해설

- 『6. 타력 생활을 자력 생활로 돌리자.』

---

111) 각산 신도형 지음, 《한글로 읽는 교전공부(수행편)》, 353쪽.

이는 사람으로서 의무와 책임을 다할 수 있는 스스로의 힘을 양성하자는 것입니다. 타력 생활이란 남의 힘에 의지하여 사는 생활이며, 자력 생활이란 남에게 의지하지 않고 자기 힘으로 살아가는 것을 말합니다. 소태산 대종사께서는 "자력양성의 강령"을 "자력이 없는 어린이가 되든지, 노혼老昏한 늙은이가 되든지, 어찌할 수 없는 병든 이가 되든지 하면이어니와, 그렇지 아니한 바에는 자력을 공부삼아 양성하여 사람으로서 면할 수 없는 자기의 의무와 책임을 다하는 동시에, 힘 미치는 대로는 자력 없는 사람에게 보호를 주자는 것이니라."[112]라고 밝혀주셨습니다. 정산종사께서는 "먼저 생활방면에 자력을 본위하여 사람으로서 면할 수 없는 의무와 책임을 같이 지키자는 것이요, 정신방면에 있어서도 자력신앙을 근본하여 모든 신앙을 자기가 주인이 되어 믿자는 것이며, 모든 공부를 자기가 주인이 되어 수행하자는 것이며, 모든 사업을 자기가 주인이 되어 정성을 바쳐서 모든 일에 자타력을 병진하되 자력을 근본으로 실행하자는 것이니라."[113]라고 밝혀주셨습니다. 자력이 없으면 타력도 활용하기 어렵습니다. 내게 기본적인 힘이 있어야 다른 사람의 힘도 적절하게 빌려 효율적으로 활용할 수 있는 것입니다. 자력이 클수록 타력도 그만큼 더 크게 활용할 수 있습니다. 은행에서 돈을 빌려보면 이를 대번에 알 수 있습니다. 내가 남을 부려 쓸 때도 마찬가지입니다. 어린아이는 아무리 큰 도움을 받으려고

---

112) 《정전》, 제2 교의편, 제3장 사요四要, 제1절 자력양성, 1. 자력양성의 강령
113) 《정산종사법어》, 제6 경의편 10장

해도 자력이 없기 때문에 한계가 있는 것입니다.

　타력 생활을 하는 이유는 자기가 충분히 할 수 있는 일인데도 남에게 미루고 자기는 편하게 지내자는 것입니다. 이는 죄복의 이치를 잘 알지 못하기 때문입니다. 그러므로 자력 있는 사람이 부당한 의뢰를 구할 때에는 그 의뢰를 받아주지 말라고 하셨습니다.[114] 자력이 아닌 남의 힘에 의지해서 살게 되면 의지한 만큼 빚을 지게 되므로, 자기의 자유가 그에게 그만큼 속박되게 될 뿐만 아니라 인과적으로도 언젠가는 갚아야만 되기 때문입니다.

　자력 생활을 하는 사람들은 밥 한 그릇만 얻어먹어도 언젠가는 그 밥값을 갚아야만 마음이 편안해집니다. 그러나 자기가 그 빚을 갚고 싶지 않아도 결국에는 갚고야 말게 되는 것이 또한 인과법칙입니다. 밥 한 그릇도 그러한데 그 이상의 신세를 진다면 오죽하겠습니까? 그러므로 내가 자유롭게 살려면 어떻게든 되도록 남의 신세를 지지 말고, 남에게 의지하지 말고 자기 힘으로 살아가야만 하는 것입니다. 그런데 요즘은 모두가 공짜병에 물들어가고 있으니 참으로 딱한 일입니다. 젊은 사람들이 30살이 넘도록 독립할 생각은 하지 않고 늙어가는 부모님께 의지해서 살려고 하는 경우가 많습니다. 무엇이든 나라에서 보태준다고만 하면 좋다고 하고, 또 공짜라면 무엇이 되었든 너도나도 서로 가져가려고 애씁니다. 우리 속담에 "공짜라면 양잿물도 마신다."는 말이 있는 것도 사람들이

---

114) 《정전》, 제2 교의편, 제3장 사요四要, 제1절 자력양성, 3. 자력자로서 타력자에게 권장할 조목 1.

그만큼 공짜를 좋아한다는 뜻입니다.

그러나 인과법칙에서 자세히 살펴보았듯이 세상에는 길흉화복 간에 무엇이든 결코 공짜가 없다는 것입니다. 반드시 받았으면 갚아야 하고 주었으면 받게 되는 것이 인과의 철칙이기 때문입니다. 그러므로 지혜로운 사람은 공짜로 준다고 해도 잘 받으려고 하지 않습니다. 받으면 마음에 빚이 되어 편하지 않고, 나중에 언젠가는 반드시 갚아야만 한다는 것을 잘 알기 때문입니다. 그러므로 특별한 사정이 있지 않은 한 자기가 할 수 있는 일이라면, 아무리 작은 일이라도 되도록 자기가 하는 것이 좋습니다. 물론 서로 간의 정을 나누기 위해서는 부득이 상대방이 주는 것을 그냥 감사히 받는 것이 좋을 경우도 있습니다. 가는 정이 있어야 오는 정이 있기 때문입니다. 그러나 이러한 경우에도 준 것 없이 받은 것은 잘 유념했다가 적절한 기회를 보아 갚는 것이 좋습니다.

자력은 크게 육신의 자활력, 경제적 자립력, 정신의 자주력 3가지 방면으로 나눠볼 수 있습니다. 이 중에 자기의 의사를 스스로 결정할 수 있는 정신의 자주력이 가장 중요합니다. 정신의 자주력이 없으면 결국에는 모든 것을 빼앗기기 때문입니다. 그래서 마음공부가 더욱 필요한 것입니다. 늙을수록 자신의 두 다리로 걸을 수 있는 것이 가장 큰 축복이라고 합니다. 자기의 두 다리로 걸을 수만 있다면 그만큼 남의 신세를 덜 지고 살 수 있기 때문입니다. 자기의 두 다리로 걸을 수 없으면 결국에는 누워 지낼 수밖에 없게 되고, 대소변 보는 것도 남에게 의지할 수밖에 없게 됩니다. 그러므로 평소 적절한 운동과 식사관리 등으로 자신의 건강관리에 힘써서 육신의 자활력을 양성해야만 합니다.

육신의 자활력이 있더라도 경제적 자립력이 없으면, 누군가에게 의지하여 살아갈 수밖에 없습니다. 그러므로 젊었을 때 생계를 이어갈 수 있는 기술 하나씩은 익혀야 하고, 자기에게 맞는 적절한 직업을 갖도록 힘써야 합니다. 그리고 평소에 수지를 대조하여 근검절약으로 저축하는 것을 원칙으로 하고, 노후대책을 세우도록 해야 합니다. 노후에는 심신이 모두 쇠약해지므로 질병은 많아지고 경제력은 줄어들게 됩니다. 따라서 미리미리 적절한 대책을 세워놓지 않으면 말년에 말할 수 없는 고통을 겪게 되기 쉽습니다. 젊어서 아무리 영화를 누렸다고 한들 말년에 병고와 생활고에 찌들며 외로움과 고통 속에서 살아간다면 무슨 소용이 있겠습니까? 그러므로 부부가 죽을 때까지 자식들에게도 의지하지 않고 자력으로 살아갈 수 있는 경제력을 미리 확보해 놓도록 유념해야만 합니다. 모든 사람들이 자력 생활을 하게 될 때 진정한 인권평등이 이루어집니다. 타력에 의존하는 만큼 종속되기 때문입니다. 따라서 자력 생활을 할 수 있는 사람이 부당한 의뢰를 구할 때에는 그 의뢰를 받아주지 않는 것이 서로에게 도움이 됩니다.

(1) 타력 생활의 해독

① 의뢰심, 의타심을 조장하고 자력을 양성하지 못하여 다른 사람에게 피해를 끼칩니다.

② 다른 사람에게 의지해야만 하므로 스스로가 자유롭지 못하여 결국에는 그에게 구속됩니다.

③ 의뢰 대상자는 의지하려는 자를 귀찮게 여기거나 구속, 지배하여 자기 마음대로 부리고자 할 것이므로, 상생의 선연이라도 결국에는 상극의 악연으로 발전되기 쉽습니다.

(2) 자력 생활의 결과

① 정신적 자주력, 육체적 자활력, 경제적 자립력을 양성하고 확보함으로써 남에게 피해를 끼치지 않고 자유를 구가할 수 있습니다.

② 자력을 갖추고 보면 힘 미치는 대로 무자력자에게 도움을 주어 덕을 쌓을 수 있으며, 구경에는 제생의세의 대업을 성취할 수 있습니다.

10.3.5 일상수행요법 제7조 해설

• 『7. 배울 줄 모르는 사람을 잘 배우는 사람으로 돌리자.』

사람들이 잘 배울 줄 모르는 것은 대체로 삶에 희망과 의욕이 없거나, 배움의 필요성을 못 느끼거나, 배우는 방법을 잘 모르거나, 게으르거나 자기의 소질과 습관에만 빠져있기 때문입니다.[115] 속담에 "아는 것이 힘이다"라는 말이 있듯이 우리가 세상을 살아가기로 하면 지식이 꼭 필요합니다. 소태산 대종사께서는 "사람의 인격이 그 구분(九分: 90%)은 배우는 것으로 이루어지는지라, 마치 벌이 꿀을 모으는 것과 같이 어느 방면 어느 계급의 사람에게라도 나에게 필요한 지식이 있다면, 반드시 몸을 굽혀 그것을 배워야 할 것이어늘, 세상 사람들 중에는 제각기 되지 못한 아만심에 사로잡혀 그 배울 기회를 놓치고 마는 수가 허다하나니, 이것이 곧 큰 병"[116]이라고 말씀하시고, 또 "사생 중 사람이 된 이상에는 배우기를 좋아할 것이요, 지식 있는 사람이 지식이 있다 함으로써 그 배움을 놓지 말 것이요, 주색낭유酒色浪遊하지 말고 그 시간에 진리를 연구할 것이요"[117]라고 말씀하셨습니다.

그래서 사요四要 중 지자 본위의 강령에서 "지자智者는 우자愚者를 가르치고 우자는 지자에게 배우는 것이 원칙적으로 당연한 일이니, 어떠한 처지에 있든지 배울 것을 구할 때에는 불합리한 차별제도[118]에 끌릴 것이 아니라, 오직 구하는 사람의 목적만 달하자는 것이니라."[119]라고 말씀하시고, 그 실천 조목으로 "① 솔성率性의 도와 인사의 덕행이 자기 이상이 되고 보면 스승으로 알 것이요, ②

---

115) 각산 신도형 지음, 《한글로 읽는 교전공부(수행편)》, 50쪽 참조.
116) 《대종경》, 제2 교의품 34장.
117) 《정전》, 제3 수행편, 제12장 솔성요론率性要論 3.~5.
118) 불합리한 차별의 조목: ①반상班常 차별, ②적서嫡庶 차별, ③노소老少 차별, ④남녀 차별, ⑤종족의 차별 등.(《정전》, 제2 교의편, 제3장 사요四要, 제2절 지자본위智者本位)
119) 《정전》, 제3 수행편, 제12장 솔성요론率性要論

모든 정사를 하는 것이 자기 이상이 되고 보면 스승으로 알 것이요, ③ 생활에 대한 지식이 자기 이상이 되고 보면 스승으로 알 것이요, ④ 학문과 기술이 자기 이상이 되고 보면 스승으로 알 것이요, ⑤ 기타 모든 상식이 자기 이상이 되고 보면 스승으로 알 것이니라. 이상의 모든 조목에 해당하는 사람을 근본적으로 차별 있게 할 것이 아니라, 구하는 때에 있어서 하자는 것이니라."[120]라고 말씀해주셨습니다.

즉 모든 차별을 철폐하되 오직 지우智愚 차별만은 두어서 어떤 분야든지 자기보다 더 나은 분이면 적어도 그 분야에서만큼은 그분을 스승으로 여겨서 배우고 익히기를 좋아하라는 것입니다. 그래서 자기보다 아랫사람이라도 부끄러워하지 말고 농사일은 농부에게, 음식 만드는 것은 조리사에게, 구두 닦는 것은 구두 닦는 분에게 물어서 배우라는 것입니다. 이는 현대에는 더욱 절실한 가르침이십니다. 현대는 물질문명이 극도로 발달하여 불과 4, 5년 뒤의 미래조차도 예측하기 어려울 정도로 빠르게 변화하는 시대이며, 따라서 하루가 다르게 변화하는 과학적 지식과 기술의 진보에 따라, 우리도 끊임없이 배우지 않으면 따라갈 수 없는 평생교육, 평생학습의 시대가 되었기 때문입니다.

일찍이 공자께서는 《논어》의 첫 구절에 "배우고 때때로 익히면 어찌 즐겁지 아니하랴!"[121]고 하셨고, "세 사람이 함께 가면 그 가

---

120) 《정전》, 제2 교의편, 제3장 사요四要, 제2절 지자본위智者本位
121) 《논어》, 학이學而: "學而時習之, 不亦悅乎!"

운데 반드시 나의 스승이 있다. 그 좋은 점을 선택해서 따라 배우고, 그 좋지 않은 점은 (반면교사로 삼아) 고치도록 하라."[122]고 하셨으며, 평생 동안 "배우기를 싫증 내지 않고 남 가르치기를 게으름 피우지 않았다."[123]고 하셨습니다. 대 성인이신 공자께서도 평생 동안 배우기를 싫증 내지 않으셨다는데 우리 보통 사람이야 두말할 나위가 있겠습니까! 그러나 새로운 지식 기술을 끊임없이 배우는 것도 매우 중요하지만, 그것보다 더 중요한 것이 바로 마음공부입니다. 왜냐하면 모든 학술 공부는 쓰는 데에 들어가서는 끊임이 있으나, 마음 작용하는 공부는 끊임없이 활용되기 때문입니다. 더욱이 4차 산업 혁명 시대에는 전문지식은 주로 AI를 활용하게 되므로, 지식보다는 오히려 얼마나 훌륭한 인성과 열정을 갖추고 있느냐가 주된 경쟁력이 될 것입니다.

단시간에 지식을 넓히는 데는 독서보다 더 좋은 것이 없습니다. 책은 대부분 저자의 경험과 지식을 응축해 놓은 것이기 때문입니다. 우리가 평생 동안 직접 경험하여 알 수 있는 것은 시간적으로나 공간적으로나, 체력 면에서나 지적 능력 면에서 매우 제한되어 있습니다. 이를 독서를 통해서 비록 간접 경험이긴 하지만 상당 부분 효율적으로 해결할 수 있습니다. 그러므로 어려서는 부모와 스승과 어른, 자라서는 친구들과 동포들, 자기의 경험과 역사와 천지 만물이 모두 스승 아님이 없지만, 서책만큼 다양하게 넓고 전문적

---

122) 《논어》술이述而: "子曰 三人行, 必有我師焉, 擇其善者而從之, 其不善者而改之."
123) 《논어》, 학이學而: "…學而不厭, 誨人不倦, …."

인 지식을 가르쳐 줄 수 있는 스승은 없습니다. 그중에서도 성자들의 가르침을 담고 있는 경전들은 우리의 인생길을 밝게 밝혀주며, 오랜 기간 검증되어 온 훌륭한 책들이므로 특히 많이 읽고 배워야 합니다.

무엇이든 필요한 지식이 있으면 서점이나 도서관에 가보십시오. 요즈음에는 인터넷만 뒤져도 웬만한 지식은 다 접할 수 있으며, 유튜브에서 동영상으로 직접 시청할 수 있는 훌륭한 강의도 너무나 많습니다. 잘 배울 줄만 안다면 스승이 없어서 돈이 없어서 배우지 못하는 시대는 이미 지나갔습니다. 마음만 먹으면, 의지만 있다면, 정열만 있다면 얼마든지 배울 수 있고, 또 직접 가르쳐 줄 스승도 만날 수 있는 세상이 된 것입니다. 그래서 부지런히 배우는 자는 점점 더 진급하고 배우지 않고 게으름 피우는 자는 그만큼 더 뒤떨어질 수밖에 없는 세상이 되었습니다.

• 『대종사 말씀하시기를 "그대들 가운데 누가 능히 끊임 없이 읽을 수 있는 경전을 발견하였는가. 세상 사람들은 사서 삼경四書三經이나 팔만 장경이나 기타 교회의 서적들만이 경전인 줄로 알고 현실로 나타나 있는 큰 경전은 알지 못하나니 어찌 답답한 일이 아니리요. 사람이 만일 참된 정신을 가지고 본다면 이 세상 모든 것이 하나도 경전 아님이 없나니, 눈을 뜨면 곧 경전을 볼 것이요, 귀를 기울이면 곧 경전을 들을 것이요, 말을 하면 곧 경전을 읽을 것이요, 동하면 곧 경전을 활용하여 언제 어디서나 조금도 끊임 없이 경전이 전개되나니라. 무릇, 경전이라 하는

것은 일과 이치의 두 가지를 밝혀 놓은 것이니, 일에는 시비 이해를 분석하고 이치에는 대소 유무를 밝히어, 우리 인생으로 하여금 방향을 정하고 인도를 밟도록 인도하는 것이라, 유교·불교의 모든 경전과 다른 교회의 모든 글들을 통하여 본다 하여도 다 여기에 벗어남이 없으리라. 그러나 일과 이치가 글에 있는 것이 아니라 세상 전체가 곧 일과 이치 그것이니, 우리 인생은 일과 이치 가운데에 나서 일과 이치 가운데에 살다가 일과 이치 가운데에 죽고 다시 일과 이치 가운데에 나는 것이므로, 일과 이치는 인생이 여의지 못할 깊은 관계가 있는 것이며, 세상은 일과 이치를 그대로 펴 놓은 경전이라, 우리는 이 경전 가운데 시비·선악의 많은 일들을 잘 보아서 옳고 이로운 일을 취하여 행하고, 그르고 해 될 일은 놓으며, 또는 대소 유무의 모든 이치를 잘 보아서 그 근본에 깨침이 있어야 할 것이니, 그런다면 이것이 산 경전이 아니고 무엇이리요. 그러므로 나는 그대들에게 많고 번거한 모든 경전을 읽기 전에 먼저 이 현실로 나타나 있는 큰 경전을 잘 읽도록 부탁하노라."(《대종경》, 수행품 23장)

10.3.6 일상수행요법 제8조 해설

• 『8. 가르칠 줄 모르는 사람을 잘 가르치는 사람으로 돌리자.』

소태산 대종사께서는 "지금 세상은 어떠한 병이 들었는가? … 다섯째는 가르칠 줄 모르는 병이니, 아무리 지식이 많은 사람이라도 그 지식을 사물에 활용할 줄 모르거나, 그것을 펴서 후진에게 가르칠 줄을 모른다면 그것은 알지 못함과 다름이 없는 것이어늘, 세상 사람들 중에는 혹 좀 아는 것이 있으면 그것으로 자만自慢하고 자긍自矜하여 모르는 사람과는 상대도 아니 하려 하는 수가 허다하나니, 이것이 곧 큰 병이며, …"(《대종경》, 교의품 34장)라고 말씀하시고, 사요 중 지자본위의 강령에서 "교육의 기관이 편소하거나 그 정신이 자타의 국한을 벗어나지 못하고 보면 세상의 문명이 지체되므로, 교육의 기관을 확장하고 자타의 국한을 벗어나, 모든 후진을 두루 교육함으로써 세상의 문명을 촉진시키고 일체 동포가 다 같이 낙원의 생활을 하자는 것이니라."라고 밝혀주셨습니다.

사람은 세상에 태어나자마자 오감각 기관을 통해 정보를 접수하며 배워나갑니다. 그러므로 내가 알고 있는 것은 누군가에게서 배운 것이니, 나도 누군가에게 가르쳐 전하는 것이 당연한 일입니다. 더구나 내가 참으로 잘 살기 위해서는 세상이 좋아져야 하고 밝아져야 할 것이며, 좋은 세상 밝은 세상 만들기로 하면 널리 가르쳐야 할 것입니다. 인과적으로도 내가 잘 배우기 위해서는 남을 잘 가르쳐야 하는 것입니다. 그런데도 잘 가르치지 못하는 이유는 가르치는 방법을 잘 모르거나, 눈앞의 욕심에 가리거나, 자기도 잘 모르거나, 게으르거나 인과의 이치를 잘 모르거나 성불제중의 원력이 크지 못하고 철저하지 못하기 때문입니다.[124] 따라서 잘 가르

---

124) 각산 신도형 지음,《한글로 읽는 교전공부(수행편)》, 51~52쪽 참조.

치는 사람이 되려면 무엇보다도 먼저 사랑과 열정이 있어야 하며, 다음으로 가르칠 내용을 스스로 잘 알고 있어야 하고, 가르치는 방법도 잘 알아야 합니다. 또, 교육은 지식·기술만 전수하는 것이 아니요, 인격을 도야하도록 도와줘야 하는 것이므로, 되도록 스스로 모범이 되는 훌륭한 인격을 갖추도록 노력해야 하며, 그러기 위해서는 원력을 크게 가지고 수행을 철저히 해야 하며, 더 나아가서는 진리를 확실하게 깨달아야 합니다.

대산종사께서는 "자기만 알고 가르칠 줄 모르는 자(자기만 배우고 가르치지 않고 간 사람)는 금수와 같은 야만인일 뿐 아니라, 사회적 죄인이며, 큰 빚쟁이라"고 하시고, "그러므로 공자孔子님께서는 '학불염, 교불권學不厭, 敎不倦'이라 배우기를 싫어하지 않고 가르치기를 게을리 않으셨다."고 하셨습니다.[125] 가르치는 방법은 대상과 내용과 상황 조건에 따라 여러 가지가 있겠으나 그중에서도 교육에서는 언제나 알뜰히 아껴주고 살려주고 용서해주고 북돋워주고 이끌어주는 마음 즉 사랑하는 마음이 가장 중요합니다. 배우는 사람이 가르치는 사람의 사랑을 느낄 수 있게만 해준다면 가르치는 내용이나 스킬이 다소 부족하더라도 괜찮습니다. 사랑이 들어간 교육이라야 상대방을 감화시키고 변화시킬 수 있기 때문입니다. 최선의 교육은 근본적으로 피교육자가 기존의 지식 기술을 가장 효율적으로 학습하고 잠재적 역량을 최대한 효과적으로 계발할 수

---

125) 《대산종사법문집 제2집》, 제1부 교리, 원만평등한 세계건설四恩四要

있도록 가르치고 이끌어주는 과정이라고 할 수 있는데, 이는 교육의 스킬보다는 교육하는 자의 사랑과 열정에 좌우되는 것이 훨씬 더 크기 때문입니다. 왜냐하면 사람은 자기 주체성과 자기 신념이 있기 때문에 다른 사람에 의해 자기가 변화되는 것을 거부하는 성향이 있는데, 사랑과 열정에 의해 감화된 경우에는 그러한 거부감이 없어져서 자발적 동기부여에 의해 능동적으로 즐겁게 배우며 변화하고자 하기 때문입니다. 이는 초중고등학교 때 자기가 존경하는 선생님이나 자기를 아껴주는 선생님의 과목은 다른 과목에 비해 성적이 월등히 우수한 것을 보아도 잘 알 수 있습니다.

기타 간접적으로 가르치는 길은 정신·육신·물질 간에 힘 미치는 대로 교육기관이나 교화기관 또는 장학기관에 합력하는 길이 있습니다. 소태산 대종사께서는 교육평등을 위해 사요四要 중 '타자녀교육의 조목에서 "교육의 결함 조목이 없어지는 기회를 만난 우리는, 자녀가 있거나 없거나 타자녀라도 내 자녀와 같이 교육하기 위하여, 모든 교육 기관에 힘 미치는 대로 조력도 하며, 또는 사정이 허락되는 대로 몇 사람이든지 자기가 낳은 셈 치고 교육할 것이요, …"라고 말씀하셨습니다.

◎ 자녀교육은 부모의 사랑과 믿음을 충분히 느끼게 해주고 자립정신을 기르도록 하는 것이 가장 중요하다.

우리나라는 자녀교육에 대해 유별난 것으로도 유명합니다. 일부 엄마들은 자녀들을 좋은 대학에 보내기 위하여 유치원 또는 초등

학교 때부터 준비한다고 합니다. 그렇게 하는 이유는 대부분 자녀들이 좋은 대학을 졸업해서 좋은 직장을 잡아 고생하지 않고 편안한 인생을 살게 하기 위함이라 생각합니다. 그러나 이것이 진정 자녀의 행복이 될까요? 과거에는 어느 정도 부모님의 뜻대로 될 수도 있었을 것입니다. 그러나 앞으로는 이것이 오히려 자녀를 불행으로 이끌 가능성이 훨씬 더 높습니다. 왜냐하면 현대는 초고속으로 변화하는 시대이기 때문에 과거와 같이 부모의 도움을 받아 편안하게 자란 자녀는 의존성이 커져서 나중에 사회 나가서 적응해가기가 매우 어렵게 될 확률이 높기 때문입니다. 결국은 엄마의 의도와는 다르게 자녀의 인생을 망치게 될 수도 있는 것이죠!

급속한 변화의 시대를 잘 살아가기 위해서는 무엇보다도 변화에 신속하게 대처하고 적응해나갈 수 있는 자력을 길러주는 것이 가장 중요합니다. 그러므로 무엇보다도 자기주도적 학습 능력을 갖추는 것이 가장 중요하며, 이를 통해 수양력, 집중력, 판단력, 창의력, 결단력, 실천력 등을 배양할 필요가 있는 것입니다. 이를 하나씩 좀 더 구체적으로 살펴보도록 하겠습니다.

우리가 어떤 상황에서 사리를 올바르게 판단하고 결단하기 위해서는 먼저 감정에 요란해지지 않고 침착함을 유지하거나, 증애의 착심에 끌려가지 않고 평정심을 지킬 수 있는 수양력을 얼마나 갖추고 있느냐가 관건입니다. 그래서 평소 명상을 통한 마음공부가 아주 중요합니다. 또한 미래 시대에는 힘든 일과 단순 반복적인 일들은 로봇이 대신하고, 다양한 정보를 바탕으로 복잡한 연산이 필요한 전문적인 일들은 AI가 대신하게 되어 인간은 즐겁게 놀면서 건강하고 행복한 삶을 추구하게 될 것이기 때문에 자연히 영성 지능이 가장 중요한 경쟁력이 되는 명상 시대가 될 것입니다. 따라서 미래 시대는 학교 공부를 얼마나 잘했으며 지식을 얼마나 많이 가지고 있느냐보다는, 얼마나 상황에 따라 잘 어울리며 즐겁게 놀 수 있느냐와, 수양력에 바탕해서 그 일 그 일에 몰입해서 일심으로 일을 잘 처리할 수 있는 집중력을 얼마나 갖추고 있느냐가 더 중요한 것입니다.

지식은 날마다 새로운 지식이 너무나 급속도로 늘어날 뿐만 아니라 AI가 이를 대신할 것이므로, 얼마나 많은 지식을 기억하고 있느냐는 그리 중요하지 않기 때문입니다. 특히 미래 시대는 여가 시간이 많아지기 때문에 그 어느 때보다도 즐겁게 잘 놀 수 있는 능력도 매우 중요한데, 이 역시 어려서부터 잘 익혀야 되는 내용입니다. 그러기 위해서는 친구들과 잘 어울리고 오락을 잘 즐길 줄 아는 태도를 길러야 합니다. 청소년기에 공부만 하고 자란 사람은 커서도 잘 어울려 놀 줄도 모르고 인생을 즐길 줄도 모르며, 나중에 늦바람이 나서 인생을 망치기 쉽습니다.

그리고 현상사물에 대해 얼마나 그 이면까지 꿰뚫어 보며 사리를 정확하게 파악하여 올바른 판단을 할 수 있는지의 판단력과, 학습하고 연구한 내용을 다른 사람과 얼마나 차별성 있게 응용할 수 있는 창의력을 갖추고 있느냐가 중요합니다. 그러기 위해서는 다양한 체험학습과 독서와 여행 등을 통해 견문을 넓히는 것이 더 중요한데, 그중에서도 실수, 실패를 하더라도 자기의 직접 경험을 통해 배우는 과정이 특히 중요합니다. 직접 체험을 통해서 배울 때 산지식을 얻을 수 있고 자기의 소질과 능력치를 알게 되며, 다양한 변수에 대처하고 창의적으로 응용할 수 있는 지혜가 생기기 때문입니다.

그러나 경험적으로든 이론적으로든 알기만 해서는 안 되고, 그 아는 바에 근거해서 바르게 판단하고 결단해서 이를 그대로 실천해 옮길 수 있어야만 비로소 최종적인 결실을 거둘 수 있는 것이므로, 일상에서 접하는 모든 일들을 처리할 때 스스로 잘 생각해서 결정을 내리고 이를 실천에 옮기는 반복된 훈련이 필요한 것입니다. 그런데 이러한 과정에 자꾸 부모가 개입해서 이래라저래라 하거나 도와주기를 반복하면, 스스로 탐색하고 결정하고 실행할 수 있는 능력이 배양될 수가 없는 것입니다. 그러므로 특별한 사정이 있는 경우가 아닌 한 다소 서투르거나 실수하는 일이 있더라도 자녀의 일은 자녀 스스로가 판단하고 결정하고 실행하도록 하고, 자녀의 일이 아니더라도 심부름이라든지 자잘한 가사 등을 자꾸 자녀에게 시켜서 되도록 많은 일들을 직접 체험을 통해 배우고 깨닫고 익히게 해주어야 합니다. 그래야만 매사에 그른 것은 배제하고 바른 것을 취하여 바람직한 방향으로 결정을 내릴 수 있는 판단력, 결단력과 그대로 실행에 옮길 수 있는 실천력을 배양할 수가 있게 되는 것입니다.

요컨대 말을 알아들을 수 있고 자기의 의사를 표현할 수 있는 때가 되면, 비록 한두 살짜리라도 자녀가 본인의 생각으로 판단하고 선택할 수 있는 기회를 되도록 많이 주고, 장난감 또는 학용품 구입이나, 숙제나 자기 방 청소와 같은 자녀의 일은 되도록 자녀가 직접 선택하고 결정하고 해결할 수 있도록 유도하라는 겁니다. 이렇게 어려서부터 교육, 훈련을 받으면 자녀의 독립 정신이 길러져서 초등학교 2, 3학년만 되어도 자녀의 일로 부모가 신경 쓸 일이 거의 없어지게 됩니다. 부모는 다만 어린 자녀가 위험에 빠지지 않도록 보호해주는 일과 자녀가 곤란해하는 의사결정을 하는 데에 조언자, 지지자로서의 역할만 할 뿐, 자녀의 모든 결정과 행동에 대한 책임은 자녀가 스스로 질 수 있도록 하라는 겁니다. 그러면 중학생만 되어도 자녀의 일은 모두 스스로 알아서 잘 처리하게 될 것이므로, 부모는 더 이상 자녀에 대해 걱정하고 신경 쓸 일이 거의 없게 되며, 자녀 스스로 자기의 인생을 잘 개척해 나갈 것입니다.

자녀의 인생은 자녀의 몫으로 각자가 타고난 기질적 특성과 운명 행로에 따라 전개되어가는 각자의 사명이 있으므로, 부모가 자기의 뜻대로 하려고 해서는 안 됩니다. 자녀의 인생을 부모의 뜻대로 하려고 하다 보면 실제 그렇게 잘 되지도 않을뿐더러, 부모 자식 간에 갈등만 조장해서 서로 사이만 나빠지게 됩니다. 특히 자녀를 키울 때 주의할 점은 다른 형제나 친구들과 비교해서 못한 점을 비난하거나 야단치거나 질책하는 것입니다. 그러면 자녀는 자존감이 떨어져 열등의식을 갖게 되고 성격이 비뚤어지기 쉬우며, 자기의 인생을 당당하게 살지 못하고 남의 눈치를 보며 남에게 인정받기 위한 인생을 살게 되기 쉽습니다. 부모는 오직 자녀로 하여금 부모가 자기를 믿고 많이 사랑한다는 것만 스스로 느끼게 해주면 됩니다. 그러면 결코 자식이 엇나가는 일이 없을 것입니다. 자식이 부모의 사랑을 스스로 잘 느낄 수 없을 때 온갖 문제가 발생하게 되는 것입니다. 자식이 부모의 속을 썩이는 것은 모두 사랑결핍증 때문이라고 해도 과언이 아닙니다. 부모가 자식을 아무리 깊이 사랑한다고 해도 자식이 그것을 스스로 느낄 수 있게 해주지 않으면 별 효과가 없습니다. 그러므로 부모의 사랑을 느낄 수 있도록 표현하는 것이 또한 중요합니다. **요컨대 자녀교육의 핵심은 자녀로 하여금 부모의 자녀에 대한 믿음과 사랑을 깊이 느끼게 해주면서 자기 일을 스스로 해결해가도록 자력을 양성해주는 것이라 하겠습니다.**

그리고 자녀의 인생은 잘살든 못살든 각자에게 맞는 자기의 팔자를 가지고 태어나기 때문에 부모의 뜻대로 되는 것도 아니고, 다 각자에게 마련된 자기 나름의 살길을 찾아가게 되어있는 것입니다. 예를 들어 매일 게임에 빠져서 공부를 안 한다고 큰 걱정을 했는데 나중에 게임 사업으로 큰 부자가 되기도 하는 것처럼, 인생길은 다양하게 전개되기 때문에 정해진 모범답안이 없는 것입니다. 그러므로 부모의 사랑을 깊이 느끼고 구김살 없이 마음껏 자기 하고 싶은 것 할 수 있도록 해주는 것이 가장 중요합니다. 어른들은 청소년들에 대해서, 특히 부모들은 자녀들에 대해서 으레 불안한 마음을 가지고 미래를 염려 걱정하지만 다 자기 나름대로 자기 인생길을 살아갑니다. 더욱이 요즘은 세상이 하도 빠르게 변화, 발전해

가기 때문에 어른들보다 젊은 사람들이 세상의 흐름을 더 잘 알고 더 빨리 적응해갑니다. 그러니 충분한 사랑과 믿음만 주면 크게 염려할 것이 없습니다. 그렇게 하면 부모 자식 간의 정이 두터워져서 효도하게 되고, 인간성도 좋아져서 성공 확률도 높아지고, 무엇보다도 자녀가 삐뚤어지거나 탈선하지 않고 인생을 더 행복하게 살 수 있게 됩니다.

▉10.3.7▉ 일상수행요법 제9조 해설

- 『9. 공익심 없는 사람을 공익심 있는 사람으로 돌리자.』

"공익심"이란 전체의 이익을 위하여 힘 미치는 대로 바라는 바 없이 알뜰하게 바치는 마음을 말합니다. 방법은 정신·육신·물질 간에 힘 미치는 대로 이타적 생활을 표준으로 가정·사회·국가·세계의 당하는 곳마다 개아個我를 놓고 전체를 위하여 바라는 바 없이 알뜰하게 바치면 되는 것입니다.[126] 세상은 나 혼자만 잘 살 수 없는 것이요 남과 이웃이 좋아져야 나와 내 가정도 잘 살 수 있는 것입니다. 세상에 강도나 도둑이나 살인자 같은 범죄자들이 활개 치고 다닌다거나 무지몽매하고 빈곤한 사람들만 가득하다고 생각해 보시면 쉽게 이해하실 수 있을 것입니다. 그래서 공도자가 많이 나와

---

126) 각산 신도형 지음, 《한글로 읽는 교전공부(수행편)》, 54쪽.

세계가 좋아지면 각 국가가 좋아지고 국가가 좋아지면 각 가정이 좋아지고 가정이 좋아지면 각 개인이 좋아질 것이니 우리가 먼저 서로 이 공도주의를 실천하면 점차 인류의 생활도 골라지고 세계 평화도 이루어지게 될 것입니다.

우리는 태어날 때 빈 몸으로 왔다가 죽을 때도 빈 몸으로 돌아갑니다. 그리고 연기적으로 볼 때 나의 심신과 모든 소유물은 사은이 주신 것이니 엄밀하게 말하면 사은의 공물公物입니다. 그러므로 매사에 공익심을 가지고 취사하는 것이 성리적으로 옳습니다. 내 몸도 나의 소유물도 본래 실체가 없으며 잠시 인연들이 모였다가 인연 따라 흩어지는 것입니다. 본래 내가 없으니 사사로울 것이 없고, 내가 아닌 것들이 인연 따라 모여서 이루어진 것이니 본래 공변된 것입니다. 내가 공空하니 무아無我이고, 무아이니 무사無私이고, 무아無我·무사無私이니 지공至公한 것입니다. 그러니 성불하면 자연히 지공무사至公無私 하며 무아봉공無我奉公 하게 되는 것입니다.

공익심으로 일하는 사람이 많으면 많을수록 사회와 국가 발전이 촉진되어 그 혜택이 결국 나에게 다시 돌아오므로 공도자를 숭배하자는 것입니다. 매사에 공익심을 가지고 일하다 보면 대중에게 이익을 주게 되어 복을 많이 짓게 되므로, 인과적으로 보면 다른 사람에게 이익을 준 만큼 결국엔 자기의 복락을 장만한 것이 됩니다. 그래서 어디를 가든 대중의 환영과 보호를 받게 되고, 진리의 음조를 입어 다음 생에도 선도善道에 수생하게 됩니다. 그러므로 자기 욕심을 차리는 사람이 영리한 것 같아도 사실은 공도를 위하는 사람이 더 영리한 것입니다. 그래서 대종사께서도 "중생은 영리하게 제 일만 하는 것 같으나 결국 자신이 해를 보고, 불보살은 어리석게 남의 일만 해주는 것 같으나 결국 자기의 이익이 되나니라."《대종경》, 요훈품 21장)라고 말씀하신 것입니다.

그런데 같은 공심이라도 어느 일부분에만 미치는 공심이 전체를 위한 공심만 못하고, 대중이 다 알 수 있도록 드러난 공심이 대중이 알지 못하게 바치는 숨은 공심만 못합니다. 그래서 이왕이면 음덕을 쌓으라고 하신 것입니다. 이와 같이 공익심으로 일하는 사람이 많아질수록 세상이 그만큼 살기 좋은 평등 세상이 될 뿐만 아니라, 대중에게 이익을 준 만큼 본인도 자기가 기여한 것 이상의 복을 받게 될 것이니 모두가 함께 좋아지는 것입니다.

언제나 행복과
성공을 불러오는 생활습관

• 『상시응용주의사항常時應用注意事項 6조

① 응용應用하는 데 온전한 생각으로 취사하기를 주의할 것이요,

② 응용하기 전에 응용의 형세를 보아 미리 연마하기를 주의할 것이요,

③ 노는 시간이 있고 보면 경전·법규 연습하기를 주의할 것이요,

④ 경전·법규 연습하기를 대강 마친 사람은 의두 연마 하기를 주의할 것이요,

⑤ 석반 후 살림에 대한 일이 있으면 다 마치고 잠자기 전 남은 시간이나 또
   는 새벽에 정신을 수양하기 위하여 염불과 좌선하기를 주의할 것이요,

⑥ 모든 일을 처리한 뒤에 그 처리건을 생각하여 보되, 하자는 조목과 말자
   는 조목에 실행이 되었는가 못 되었는가 대조하기를 주의할 것이니라.』

　우리가 행복하게 잘 살기 위해서는 마음을 바르게 잘 써야 하고,
마음을 바르게 잘 쓰기 위해서는 죄복의 이치와 사리를 잘 알아서
바르게 판단해야 하고, 사리를 바르게 판단하기 위해서는 정신수
양 공부로 마음을 잘 다스리고 잘 닦아서 온전한 일심을 길러야
하는데 이를 통 잡아서 삼학수행이라고 합니다. 우리가 진정으로
행복하게 잘 살기 위해서는 이 삼학수행을 통해서 자기의 마음을
잘 사용할 뿐만 아니라 새 삶을 개척하고 더 나아가 이 사회·국가·

세계를 새롭게 이롭게 하여 모두가 함께 행복하게 사는 새 세상, 낙원 세상을 만들어가는 데 힘써야 합니다.

《정전》의『상시응용 주의사항 6조』와『교당내왕시 주의사항 6조』는 공부인으로 하여금 어느 때 어느 곳에서나 끊임없이 법으로 길들이게 하여 실생활 가운데서 삼대력을 양성해나갈 수 있도록 하는 삼학수행의 일상적인 방법입니다.[127] 그중에서도『상시응용 주의사항 6조』는 용심법의 강령으로서 인간을 개조하고 운명을 바꾸는 묘법·묘방이며, 대종사께서 평생을 통해 하신 공부길이요 영생의 공부 표준입니다[128].

그런데 여기서 "주의사항"이라고 하시고 각 조문마다 "~하기를 '주의'할 것이요"라고 하신 뜻을 잘 알아야 합니다. 주의란 "육근을 동작할 때에 하기로 한 일과 안 하기로 한 일을 경우에 따라 잊어버리지 아니하고 실행하는 마음을 이름이요"[129]라고 하셨으므로, 이는 마음을 잘 챙겨서 잊어버리지 말고 반드시 실행에 옮기라는 말씀입니다. 그래서 상시일기에 "모든 일을 당하여 유념으로 처리한 것과 무념으로 처리한 번수를 조사 기재하되, 하자는 조목과 말자는 조목에 취사하는 주의심을 가지고 한 것은 유념"으로, "취

---

127) 각산 신도형 지음, 《한글로 읽는 교전공부(수행편)》, 84쪽.

128) 허광영 지음, 《원불교 정전 해석서, 개교백년의 정전공부》, 353쪽.

129) 《정전》, 제3 수행편, 제2장 정기훈련과 상시훈련, 제1절 정기훈련법
　　　※『상시응용 주의사항』과『교당내왕시 주의사항』에서의 "주의"의 차이는『상시응용 주의사항』에서의 "주의"는 자기 혼자 하는 것이고,『교당내왕시 주의사항』에서의 "주의"는 스승이나 동지들의 타력을 빌려서 하거나 더불어서 하는 "주의"입니다.(법타원종사 192쪽)

사하는 주의심이 없이 한 것은 무념"으로[130] 처리하도록 하시어 항상 공부심을 놓지 않고 정진하도록 해주셨습니다.

- 『대산 종사 말씀하시기를 "『상시 응용 주의 사항 6조』는 마음을 잘 사용하자는 공부법이요, 사람을 새롭게 바꾸는 묘방인 동시에 과거에도 없고 미래에도 없는 대도 정법이니라. 제1조는 온전한 생각으로 취사하는 동시 삼학動時三學 공부로 일을 당할 때마다 멈추는 공부를 하여 일심 정력을 쌓고, 멈춘 후에는 다시 생각을 궁굴려서 바른 지각을 얻고, 또 옳은 판단을 얻은 후에는 바로 취사를 해서 결단 있는 실천을 하자는 것이요, 제2조는 미리 연마하고 준비하는 여유餘裕 공부로 일이 없을 때는 일이 있을 때를 대비해 물심 예축을 잘하자는 것이요, 제3조는 묻고 배우는 대성大成 공부로 천지는 법이요 산 경전이라, 어느 때 어느 곳에서나 공부하는 대중을 놓지 말고 경전과 스승을 정하여 사제 훈도로 늘 묻고 배우자는 것이요, 제4조는 의심을 풀어내는 정각正覺 공부로 일과 이치 간에 의심 건을 하나씩 적어두고 어미 닭이 알을 품듯 알맞게 혜두를 단련하여 의심을 풀어내자는 것이요, 제5조는 마음을 고요하게 하는 정려靜慮 공부로 매일 아침저녁으로 복잡한 신경을 쉬고 마음을 텅 비우는 염불·좌선·심고·기도·송주의 시간을 가져 마음을 고요하게 하자는 것이요, 제6조는 반성 대조하는 성찰省察 공부로 일을 지낼 때마다 반드시 반성하여 시비를 감정하고 취침 전에는 일기 기재와 유무념 대조로

---

130) 《정전》, 제3 수행편, 제6장 일기법, 2. 상시일기법

그날의 죄복을 결산하고 다시 한번 본원을 챙기자는 것이니라. 대종사

께서는 과거에는 천생에 할 공부를 이 회상 이 법으로는 단생에 할 수도

있고, 평생에 할 공부를 정성만 들이면 쉽게 이룰 수도 있다고 하셨나니,

이 『상시응용주의사항 6조』 공부야말로 천여래 만보살을 배출할 수 있

도록 밝혀 주신 공부법이니라.",《《대산종사 법어》, 제2 교리편 65장)

10.4.1 상시응용주의사항 제1조

• 『응용하는 데 온전한 생각으로 취사하기를 주의할 것이요』

이는 용심법用心法의 강령인 상시응용주의사항 6조 중에서도 가
장 핵심 조항이며, 원만한 심신작용을 길들이는 동시삼학動時三學
의 마음공부 공식입니다. 경계를 당해서 바로 응하려는 생각을 일
단 멈추어야 원만하고 온전한 마음이 되고, 원만하고 온전한 마음
이라야 원만하고 바른 생각이 나오며, 원만하고 바른 생각이 있어
야 원만하고 바른 언행이 됩니다. [131]

사람은 일 속에서 태어나 일 속에서 살다가 일 속에서 죽습니다.
그러므로 인생을 잘 살기 위해서는 일 처리를 잘해야만 하는데, 상
시응용주의사항 제1조는 바로 이러한 일을 당해서 일 처리를 잘하
기 위한 마음공부법입니다. 일 처리를 잘못하고 나면 번뇌 망상이

---

131)   각산 신도형 지음, 《한글로 읽는 교전공부(수행편)》, 86, 92쪽.

심해져서 마음이 매우 요란해지기 때문에 수양공부를 하기가 어려워집니다. 그래서 일을 당해서 취사를 잘해야만 마음공부도 잘할 수 있는 것입니다. 그런데 취사를 잘하기 위해서는 먼저 일을 성공하게 하는 이치를 잘 알아야 하니 사리연구가 필요한 것이고, 사리연구를 잘하기 위해서는 마음이 요란하지 않고 안정되어야 하기 때문에 수양공부가 필요한 것입니다.[132] 소태산 대종사께서 《수양연구요론修養研究要論》[133] 서序에 "인생의 요도는 수양에 있고 수양의 목적은 연구에 있고, 연구의 목적은 혜복을 구하는 데 있다."고 말씀하신 뜻이 바로 여기에 있습니다. 대산종사께서는 "누구나 성공을 바라나 성공하는 사람은 적고 실패하는 사람이 많은 까닭은 탐·진·치와 오욕에 끌려서 조동早動하고 경동輕動하고 망동妄動하기 때문이다. 조동은 때에 맞지 않게 성급히 움직이는 것이요, 경동은 신중하지 않고 가볍게 움직이는 것이요, 망동은 거짓과 허식으로 움직이는 것이니, 실패를 하지 않으려면 경계를 당해 멈추고 생각하고 취사할 줄 알아서 천천히 순서 있게 참되고 바르게 움직여야 한다."』[134]고 말씀하셨습니다.

---

132) 우산 최희공 종사님의 새삶회 설법 중에서 인용.
133) 《수양연구요론》: 원불교 초기 수양교재의 하나. 소태산 술少太山述, 불법연구회 출판, 국한문 혼용의 4·6판 양장 74쪽, 1927년(원기12) 5월 발행. 편집 겸 발행인은 이공주李共珠, 인쇄소는 서울 기독교창문사이다.(《원불교대사전》)
134) 《대산종사법어》, 제8 운심편, 제39장.

(1) 용어풀이

① '응용하는 데'는 '모든 일을 당하여 육근을 작용할 때', 또는 '천만 경계를 응하여 육근을 작용할 때'를 말합니다.[135]

② '온전'이란[136] '마음작용을 멈추고, 망념(사심·잡념)·욕심을 비우고, 오롯하게 정신 차린 또랑또랑한 상태', 즉 '정신을 차려 두렷하고 요란함이 없는 상태'를 말합니다.

③ '생각'은 공적영지의 지혜로써 사리를 밝게 분석하여 시비이해를 바르게 판단하는 것을 말합니다.

④ '취사'는 정의는 취하고 불의는 버리는 결단을 내려서 용기 있게 실행·실천하는 것을 말합니다.

⑤ '주의'는 유념하여 잊지 않는 것이니, 해야 될 일이면 반드시 실천하고, 하지 말아야 될 일이면 반드시 하지 않는 것을 말합니다.

---

135) '응용하는 데'와 관련하여 참고할 만한 법문을 뽑아 보면 다음과 같습니다.
- 《정전》"작업취사의 결과: 우리가 작업취사의 공부를 오래오래 계속하면 모든 일을 응용할 때에 정의는 용맹있게 취하고 불의는 용맹있게 버리는 실행력을 얻어 결국 취사력을 얻게 될 것이니라."
- 《정전》"정신수양의 결과: 우리가 정신수양 공부를 오래오래 계속하면 정신이 철석 같이 견고하여 천만 경계를 응용할 때에 마음에 자주의 힘이 생겨서"
- 《정전》"상시일기법: 1. 유념·무념은 모든 일을 당하여, 유념으로 처리한 것과 무념으로 처리한 것의 번수를 조사 기재하되 하자는 조목과 말자는 조목에 취사하는 주의심을 가지고 한 것을 유념이라 하고, 취사하는 주의심이 없이 한 것은 무념이라 하나니,"
- 원리를 실지에 활용하는 것을 응용이라 하므로 "교법 또는 일원상의 진리를 실생활에 응용할 때"라고 해석해도 무방합니다.(우산 최희공 종사님의 새삶회 설법 중에서 인용)

136) 여기에서 '온전한' 상태란 무엇에도 가리지 않고, 때묻지 않고, 흔들리지 않는 상태를 말합니다. … 즉, 선과 악, 아름다움과 추함, 나와 타인, 그리고 미함과 깨달음, 이런 자리에 물들지 않고 상이 없는 그 자리에서 나툰 분별이라야 온전하다는 것입니다. 예를 들면 생각하기 전에 선악미추 자타미오의 상이 없는 그 자리에서 생각이 나와야 온전하다는 말씀입니다. … '상相'은 곧 테가 있는 것입니다. 테가 없어야 온전해집니다.(법타원 김이현종사와 함께하는 《정전 마음공부 길》, 193쪽)

따라서 "온전한 생각으로 취사하기"란 '모든 일을 당하여 육근을 작용할 때', 또는 '천만 경계를 응하여 육근을 작용할 때' 즉, 경계를 대할 때마다, 일을 당할 때마다 습관적으로, 욕심대로, 감정에 끌리는 대로 생각 없이 처리하지 말고, 일단 그 마음을 멈추어서 온전한 정신을 회복하고, 일심의 상태에서 생각을 잘 궁굴려서 바른 판단을 얻은 다음, 그 결과에 따라 옳은 것은 용기 있게 취하고 그른 것은 용기 있게 버리는 결단을 내려서 실행하는 것을 말합니다. 경계를 당해서 바로 응하려는 생각을 일단 멈추어야 원만하고 온전한 마음이 되고, 원만하고 온전한 마음이라야 원만하고 바른 생각이 나오며, 원만하고 바른 생각이 있어야 원만하고 바른 언행이 됩니다.[137]

요약하면 "온전한 생각으로 취사"하기를 주의하는 것은 감정에 흔들리지 않고(定), 편견·선입견과 망념·욕심을 비우고(空), 감정에 끌려 경거망동하거나 성급하게 움직이지 말고(定) 공적영지로 사리와 시비이해를 밝게 분석, 판단하여(慧), 사심·욕심을 버려 공변되고(公), 원근친소에 따라 어느 한편에 치우치지 않고 중도에 맞게(中), 즉 원만구족(圓)하고 지공무사하게 바르게(正) 일 처리를 하고자 함입니다. 마음이 동하여 요란해지고 어리석어지고 글러지는 것은 감정 또는 망념과 사심이 동하여 요란해지고 어리석어지고 글러지는 것이므로, 얼른 이를 알아차리어 본래 요란함도 어리석

---

137) 각산 신도형 지음, 《한글로 읽는 교전공부(수행편)》, 92쪽.

음도 그름도 없는 일념미생전의 원만구족하고 지공무사한 성품자리에 비추어서(자성반조) 대소유무의 이치와 시비이해를 잘 분석한 다음 사리를 밝고 빠르게 판단하여 바르게 취사하는 것이 바로 온전한 생각으로 취사하는 것이며 이것이 삼학병진공부의 핵심 요체입니다.

(2) 온전한 정신을 회복하는 방법

"응용하는 데 온전한 생각으로 취사하기" 위해서는 모든 일을 당할 때마다, 천만 경계를 대할 때마다 먼저 마음을 멈추어서 온전함을 회복하는 것이 무엇보다 중요합니다. 일단 마음을 멈추어서 온전한 정신을 회복하면 전체가 다 보이므로, 사리를 지혜롭게 연구하여 시비이해를 정확하게 판단할 수 있기 때문입니다. 요란해진 마음을 멈추고 온전한 정신을 회복하는 방법으로는 다음과 같은 것들이 있습니다. 어떤 방법이든 상황에 따라서 자기에게 맞는 것을 골라 적절히 활용하면 됩니다.

① **복식(단전)호흡법** : 먼저 뱃가죽이 등에 붙을 정도로 숨을 완전히 내쉰 다음 아랫배로 숨을 크게 들이마시고 내쉬면서, 즉 복식호흡을 하면서 날숨과 들숨 또는 단전에 의식을 집중하거나 복식호흡을 따라 나왔다 들어갔다 하는 배의 움직임에 집중하는 방법입니다. 이렇게 하면 기운과 의식이 아래로 내려가면서 요란해진 마음을 쉽게 안정시킬 수 있습니다. 이 방법은 화가 날 때처럼 요란해진 마음을 즉각적으로 진정시키고자 할

때 사용하면 좋은 방법입니다.

② **염불법** : 소리를 내어 "(나·무·) 아·미·타·불·"하고 염불을 하거나 또는 소리는 내지 않고 마음속으로만 염불을 하면서 "(나·무·) 아·미·타·불·"의 글자 하나하나에 정신을 집중하는 방법입니다. 이렇게 하면 의식 에너지가 염불 소리에 집중이 되면서 마음의 안정을 쉽게 찾을 수 있습니다. 이 방법 역시 화가 날 때처럼 요란해진 마음을 즉각적으로 진정시키고자 할 때 사용하면 좋은 방법입니다.

③ **관공법觀空法** : 일체가 모두 공한 자성자리에 비추어 모든 분별주착심을 내려놓는 방법입니다. 우리의 본성자리에서는 일체가 다 공하여 생사도 없고, 생멸도 없고, 고락도 없고, 길흉도 없고, 증애도 없고, 자타도 없다는 것을 비추어서 순역고락을 초월하는 것입니다. "변산의 구불구불한 길가에 돌이 서서 개울로 흘러가는 물소리를 (아무런 분별주착이 없이) 무심히 듣듯이" 돌장승이 되는 것입니다. 이는 가장 빠르고 효과적인 방법이지만 어느 정도 수행이 이루어진 사람이라야 가능한 방법입니다. 아직 자성자리에 대한 이해나 깨달음이 없는 경우에는 "나는 죽고 없다"고 생각하거나 인생이 결국은 빈손으로 왔다가 빈손으로 간다는 것을 생각해서 모든 분별주착심을 내려놓는 것도 하나의 방법입니다.

④ **반조법**(返照法: 回光返照[138]) : 저녁 무렵에 햇빛이 서산에 걸려서 동쪽을 되비추는 것처럼 상황에 따라서 수시로 자성, 서원, 신성, 목적, 일원상, 양심, 교법 등에 반조하여, 경계에 끌려가는 마음을 돌이켜 자성의 본래면목을 회복하는 방법입니다. 대표적인 반조법으로 일원상 반조[139], 자성반조[140], 서원반조[141], 목적반조[142] 등이 있습니다.

⑤ **관심**觀心 **대중법** : 자기 마음을 항상 살피면서 경계를 대할 때마다 자기 마음이 어디로 흐르는지 안 흐르는지, 경계에 끌려가는지 안 끌려가는지 항상 알아차리며 대중을 잡아가는 방법입니다. '대중'이란 대강 어림잡아 헤아리는 것을 말하는데 여기서는 마음공부를 해가는 데 있어서 자기 마음 내키는 대로, 욕심대로, 습관대로 행동하는 것이 아니라, 자기 마음속으로 가늠하고 헤아리면서 중도의 표준을 잡아가는 것을 말합니

---

138) 회광반조回光返照: 빛을 돌이켜 거꾸로 비춘다는 뜻. 불교의 선종禪宗에서 언어나 문자에 의존하지 않고 자기의 본래 성품을 직시하는 것을 의미합니다. 원불교에서는 매 순간 매일 온전한 정신을 가지고 자신의 행위와 삶을 돌아 비추어보라고 가르치고 있습니다.

139) 일원상 반조 : 일원상이 곧 우리의 자성 자리이므로 두렷한 일원상을 반조하여 욕심에 끌린다든지 탐심·진심·치심과 기타의 망념 또는 감정이 동할 때마다 "아, 내가 일원상을 망각하였구나!"하고 마음을 멈추고 돌려서 온전한 생각으로 바르게 취사하기를 주의하는 것입니다.

140) 자성반조自性返照 : 본래 요란함도 어리석음도 그름도 없는 일념미생전의 원만구족하고 지공무사한 각자의 성품자리에 비추어 보는 것.

141) 서원반조誓願返照: 서원을 돌이켜 비추어보는 것. 성불제중의 대서원을 세운 공부인으로서 세간의 모든 탐착과 애욕 등의 소소한 욕심에 끌려가지 않기 위해 서원반조를 합니다. 또한 경계 속에서 취사의 표준으로 서원을 반조하기도 하며, 마음 가운데 사심이 일어나거나 퇴굴심이 일어날 때마다 자신의 소중하고 거룩한 서원을 비추어 정심을 챙기고 공부인으로서 본분사에 정성을 다하는 것입니다.《원불교대사전》

142) 목적반조目的返照: 어떤 일을 하는 목적, 인생을 왜 살아가느냐 하는 목적을 돌이켜보는 것. 원불교에 입교하게 된 목적, 출가 수행자가 된 목적이 무엇인가를 다시 한번 반성·다짐하고 결심을 새롭게 하는 것. 서원이 퇴전할 때, 마음이 타락할 때, 용기가 없어질 때, 결심이 약해질 때, 신심·공심·공부심이 물러날 때에는 목적반조를 통해서 스스로를 더욱 채찍질해갑니다.《원불교대사전》

다. 가령 뷔페식당에서 음식을 담아올 때 욕심대로 담아오는 것이 아니라, 어느 정도면 적당할 것인지를 잘 대중해서 담아 오는 것과 같습니다. "경계를 대할 때마다 공부할 때가 돌아 온 것을 염두에 잊지 말고 끌리고 안 끌리는 대중만 잡아갈지 니라."[143]라고 하신 말씀이 이것입니다. 그래서 평소 마음이 잘 끌려가는 경계를 대할 때는 미리 대중을 딱 잡고 경계를 대하 면 끌릴 듯 안 끌리게 됩니다[144]

⑥ **육문六門 단속법** : 이는 늘 자기의 육근이 작용하는 지점을 지 켜보면서 경계를 대할 때마다, 일을 당할 때마다 나가는 마음 과 들어오는 마음을 점검한 뒤에 출입을 시키는 방법입니다. 마음이 들고 나는 것이 육근을 통해서 이루어지므로 이를 육 근문 또는 육문이라고 부르는데, 여기에 검문소를 설치하여 마음이 습관적으로, 조건반사적으로, 삼독심이나 감정에 끌려 서 함부로 들고나지 못하도록 단속하는 것입니다. 예를 들어 음식이 너무 맛이 있어서 배가 이미 부른데도 더 먹고 싶은 욕심이 동하면 "안 돼!" 하고 육근문을 닫고, 예쁜 여자의 유 혹에 끌려가려고 할 때도 "안 돼!" 하고 육근문을 닫고, 욕설 이나 비난하는 소리를 듣고서 화가 올라올 때도 "안 돼!" 하고 육근문을 닫고, 남을 험담하고 싶거나 잘난 체하고 싶을 때에 도 "안 돼!" 하고 육근문을 닫아서, "도가 아니고 예가 아닌 것

---

143) 《정전》, 제3 수행편, 제7장 무시선법.
144) 우산 최희공 종사님 새삶회 설법 중에서 인용.

은 보지도 말고, 듣지도 말고, 말하지도 말고, 느끼지도 말고, 생각하지도 말고, 오직 일심을 만들어가자!"는 것입니다. 이는 쉽게 말하면 육근문을 항상 지켜보다가 밖의 경계에 끌리는 기미가 보이거든 얼른 마음을 멈추고 제거해서 육근이 경계에 끌리어서 작용하지 않도록 하고, 반대로 마음 안의 경계인 사심·망념이나 삼독심 같은 그릇된 마음에 끌리어서 밖으로 그릇된 행동을 하려는 기미가 보이거든 얼른 마음을 멈추고 제거해서 온전한 마음을 회복하도록 하자는 것이니, 이른바 "외불방입外不放入하고 내불방출內不放出"하도록 하여 마음을 온전하게 지키는 데에 매우 효과적인 방법입니다.

⑦ '멈살돌' 3단계법[145] : 여기서 '멈'은 멈춤, 즉 운전할 때 빨간 불을 만나면 멈추듯이 경계를 만났을 때 먼저 내 마음작용(생각·감정)을 멈추는 것을 말합니다. '살'은 살피는 것, 즉 경계를 따라 내 마음이 어떻게 왜 요란해졌는지, 끌리는지 안 끌리는지 자기의 마음을[심지를] 자세히 살펴보는 것을 말합니다. '돌'은 내가 경계를 만나기 전의 요란하지 않았던 원래의 마음으로 돌이키는 것, 즉 온전한 마음을 회복하는 것을 말합니다.[146]

⑧ "몰라!" 단념법[147] : 이는 일체의 경계를 당하여 분별심이 일어날 때마다 그저 "몰라!" 하고 생각을 그치는 방법입니다. 내가

---

145) 이는 '새마음 새삶회'에서 인성교육을 지도할 때에 많이 사용하는 방법입니다.
146) 우산 최희공 종사님의 새삶회 설법 중에서 인용.
147) 이는 숭산대선사와 홍익학당의 윤홍식 선생께서 자주 사용하신 방법입니다.

누구인지, 여기가 어딘지, 몇 시인지, 기타 아무것도 모른다고 생각하고 그냥 "몰라!" 하고 일체의 생각과 감정을 내려놓고 "오직 모르는 상태"에 머물러 있는 것입니다. 아무것도 모르는 상태가 곧 한 생각도 일어나기 이전의 상태이기 때문입니다.

⑨ **일심법** : 일심이란 "이 일을 할 때에 저 일에 끌리지 아니하고 저 일을 할 때에 이 일에 끌리지 아니하며", 생각이 과거나 미래의 일과 다른 곳, 다른 일에 가 있지 않고 바로 지금 여기 이 일에만 집중, 몰입하여 다른 생각이 들어올 틈을 주지 않는 것을 말합니다. 일이 없을 때는 오직 단전에만 의식을 집중합니다. 일심법은 마음이 경계를 따라 요란해져서 흩어지는 것을 미리 예방할 뿐만 아니라 요란해진 마음을 멈추고 흩어진 마음을 한 지점으로 집중하는 동안 원래의 마음을 신속하게 회복하게 해줍니다. 이것이 평소에 선을 많이 해서 수양력을 길러야만 되는 이유 중의 하나입니다. 일단 모든 마음작용을 멈추어야만 한 지점으로 집중할 수 있는 것이므로 멈추는 공부가 잘 될수록 일심이 잘 되고, 일심이 잘 될수록 정신이 맑아져서 지혜도 밝아지므로 사리연구가 더 잘됩니다.[148] 예를 들어 시험 보러 들어갔으면 일심하고 있다가 시험 문제 푸는 데만 집중하면 되는데 "이번 시험에 떨어지면 어쩌지? 모르는

---

148) "그 일을 착수하기 전에 일단 그 마음을 멈추게 되면 우선 그 마음이 안정될 것이요, 그 일의 선후 본말을 생각하게 될 것이니, 안정된 마음으로 순서 있게 하는 것이 곧 그 일을 잘하는 것이요, 겸하여 그 일 가운데서 일심을 만드는 첩경이 될 것입니다. 그러므로 멈추는 공부를 잘하면 그 일 그 일에 일심이 된다고 하신 것입니다."《한글로 읽는 교전공부(수행편)》, 88쪽)

문제가 나오면 어쩌지?" 하며 걱정하고 불안해 하고 있으면 안 된다는 것입니다. 호흡과 마음을 가다듬고 아무 생각 없이 단전에 일심을 모으고 있다가 시험 문제가 나오면 그걸 푸는 데만 집중해야 시험 문제를 더 잘 풀 수 있기 때문입니다.

⑩ **환기법換氣法** : 이는 어린아이들이 운다든지 할 때에 장난감을 가져다준다거나 초콜릿을 준다든지 하여 분위기를 환기시키면 울음을 쉽게 뚝 그치듯이 분위기나 환경을 바꾸거나 그걸 연상함으로써 요란해진 마음을 진정시키는 방법입니다. 예를 들면 기분이 나빠지거나 화가 나려고 할 때 기분 좋았던 일을 생각한다든지, 툭 터진 산의 정상이나 바닷가를 연상한다든지, 신나는 음악을 듣는다든지, 재미있는 영화를 본다든지, 등산이나 운동을 한다든지 하는 등의 방법을 응용하는 것입니다. 이것은 기분이 우울하거나 해서 다른 방법으로 잘 전환이 되지 않을 때 사용하면 좋은 방법입니다.

⑪ **기도법** : 어려운 경계를 당하여 자력으로 해결하기 어려운 경우에는 각자가 믿는 신앙의 대상(예: 법신불사은님, 부처님, 하나님)을 향하여 간절히 기도를 올려 요란해진 마음을 진정시킴과 동시에 타력의 가피를 얻는 방법입니다.

이상의 어떠한 방법을 사용하든지 동정간에 멈추는 공부를 많이 하면 할수록 정력定力이 쌓여서 경계에 요란해지지 않는 부동심이 길러지며, 부동심이 길러지면 습관, 망념, 감정, 욕심에 따라 마음이 끌려가지 않게 되므로 자연히 자기 의지를 스스로 컨트롤하여 바르게 사용할 수 있는 정신의 자주력이 생겨서 마음의 자유를 얻게 됩니다.

(3) 사리를 연구하는 방법

온전함을 회복한 뒤에 생각을 궁굴려서 바른 판단은 어떻게 얻는가? 연구공부의 핵심은 순서를 알아서 순서 있게 하는 것입니다.[149] 먼저 공적영지[150]에 바탕해서 교법(가르침)에 따라 대소유무의 이치를 살피고 일의 정사正邪와 시비이해를 분석하여 바른 판단을 얻습니다. '大'란 우주만유의 본체 자리, 원래에 분별주착이 없는 우리의 성품자리, 단체·조직이나 일의 전체와 대의를 말하고, '小'란 형형색색으로 구별된 각각의 사물, 또는 전체를 구성하고 있는 각 개체의 특성, 전체 중 일부분의 상태 등을 말하며, '유무有無'란 인과에 따라 '大'와 '小'가 변화하는, 없다가 있어지고 있다가 없어지는 자리, 또는 변화해가는 방향, 일의 정황, 정세 등을 말합니다. 이때 좋은 생각이 떠오르지 않거나 바른 판단을 내리기 어려우면 일단 결론을 보류해 두고서 의두疑頭로 삼아 틈날 때마다 이리저리 궁굴려보고, 아울러 스승·동지 등 여러 사람의 말을 들어서 취

---

149) 《대종경》, 제3 수행편 9장: "이 일을 할 때 알음알이를 구하여 순서 있게 하고, 저 일을 할 때 알음알이를 구하여 순서 있게 하면 곧 이것이 연구 공부요."

150) 공적영지空寂靈智는 분별심이 쉬어버린 상태에서 솟아나는 자성광명의 지혜이니 곧 반야지입니다. 반야지般若智는 일원의 영명한 광명에서 나온 지혜로서 우리의 본성이 갖추고 있는 지혜입니다. 분별지分別智는 지식이나 사량으로 모아진 것으로 경우에 따라서는 무명無明이 될 수도 있습니다. 무루지無漏智는 새지 않는 지혜이니 반야지와 분별지가 한 데 어울리어 대성大成된 혜력으로 사리에 걸림없는 불지佛智를 말합니다.(각산, 《한글로 읽는 교전공부(수행편)》, 90쪽.)

합해 생각합니다. 계속 생각하면 오히려 좋은 생각이 잘 안 떠오릅니다. 묵혀 놓고 가끔씩 생각을 궁굴려보는 것이 더 좋습니다. 생각은 두고두고 궁굴릴수록 마탁이 됩니다. 그러므로 순간순간 떠오르는 생각, 우연히 떠오른 생각, 불쑥 올라온 생각, 순간적으로 떠오른 아이디어 등은 바로 말을 하거나 실행에 옮기지 말고 시간을 두고 궁굴려 본 뒤에 실행하는 것이 좋습니다.

> • 『동하고 정하는 두 사이에 연구력 얻는 빠른 방법은, 첫째는 인간 만사를 작용할 때에 그 일 그 일에 알음알이를 얻도록 힘쓸 것이요, 둘째는 스승이나 동지로 더불어 의견 교환하기를 힘쓸 것이요, 세째는 보고 듣고 생각하는 중에 의심나는 곳이 생기면 연구하는 순서를 따라 그 의심을 해결하도록 힘쓸 것이요, 네째는 우리의 경전 연습하기를 힘쓸 것이요, 다섯째는 우리의 경전 연습을 다 마친 뒤에는 과거 모든 도학가道學家의 경전을 참고하여 지견을 넓힐 것이니라.』(대종경》 제3 수행품 2장)

(4) 바르게 취사하기를 주의하는 공부

바른 판단이 나왔으면 결단력 있게 취사를 해야 하는데 나태심 또는 습관이나 업력에 끌려가게 되면 판단한 대로 취사가 잘 되지 않습니다. 예를 들어 담배를 피우는 것이 해롭다는 것을 알아도 중독이 되면 쉽게 끊을 수 없는 것과 같습니다. 그래서 바른 판단이 섰으면 취사의 결단을 내려 마땅히 해야 할 일이면 죽기로써 실행하고, 해서는 안 되는 일이면 죽기로써 하지 말라고 하셨습니다.

취사의 결과를 얻지 못하면 열매 없는 꽃과 같기 때문입니다. 그래서 "온전한 생각으로 취사하기를" 뒤에 "주의할 것"이라고 마무리 말씀을 하신 것입니다. "주의"는 유념의 핵심요소로서 '하기로 한 것은 반드시 하고 안 하기로 한 것은 반드시 안 하는 것'이니 자신과의 약속을 지키는 공부입니다.[151] 그래서 "온전한 생각으로 취사하기"를 잊지 않고 실천하는 것이 바로 유념 공부입니다. 유념공부를 잘할수록 자신에 대한 믿음이 높아지게 되므로 자연히 자긍심·자존감·자신감이 올라가게 됩니다.

그런데 일을 하다 보면 잘못하는 경우가 있습니다. 그러면 잘못을 반성하고 유념해서 고치면 됩니다. 그런데 반성하고 고친 뒤에도 계속해서 잘못했었다는 생각에 사로잡혀 후회를 거듭 반복하고 있는 것은 과거에 대한 집착이니 또한 어리석은 일입니다. 만약 반성하고 고칠 생각은 않고 계속해서 잘못하고 있다면 이는 더더욱 어리석은 것이니 멍청한 것입니다. 남이 천만 가지로 나를 비방한다 하더라도 내가 나를 버리지 않는 것 - 이것이 유념 공부의 첫째입니다. 인생을 살다 보면, 공부하다 보면 잘못할 수도 있는데 그렇다고 나를 버리면 안 됩니다. 대산종사께서는 일을 크게 그르쳐 교단을 곤란에 빠뜨린 사람에게 "다른 사람이 다 너를 버려도 너는 너를 버리지 말아라!"고 말씀하셨다고 합니다. 그렇다고 해서 옳지 않은 행동을 해도 좋다는 것이 아니고, 아무리 어려운 일이

---

151) 우산 최희공 종사님의 새삶회 설법 중에서 인용.

있을지라도 절망하지 말라는 것입니다.[152] 대종사께서는 "살·도·음 殺盜淫을 행한 악인이라도 마음만 한 번 돌리면 불보살이 될 수도 있지만은, 희망이 끊어진 사람은 그 마음이 살아나기 전에는 어찌 할 수 없다."[153]고 말씀하셨습니다.

(5) 유무념有無念 대조對照 공부

유무념 공부가 무엇이냐 하면 하자는 조목과 말자는 조목을 먼저 정하고, 그다음에 계획을 하고 실행을 하고 성찰을 해서, 반복적으로 상시응용주의사항 제②조➡제①조➡제⑥조의 순으로 공부를 해서, 저녁에 유무념으로 처리한 번수를 기록하는 것입니다.

유념공부는 공부의 깊이에 따라 단일성 유념과 복합성 유념으로 나눌 수 있습니다. 단일성 유념은 한 가지 일에만 유념하는 것이고, 복합성 유념은 두 가지 이상을 유념하는 것입니다. 복합성 유념은 대중하는 마음이 있어야 합니다. 대중을 잡는다는 것은 예를 들어 밥을 5인분을 한다고 하면 쌀은 얼마나 넣어야 하고 물은 얼마나 넣어야 하는지를 잘 가늠해보아야 하는데 이것을 대중 잡는다고 합니다.[154]

- 『유념·무념은 모든 일을 당하여 유념으로 처리한 것과 무념으로 처리

---

152) 우산 최희공 종사님의 새삶회 설법 중에서 인용.
153) 《대종경》, 제11 요훈품 12장.
154) 우산 최희공 종사님의 새삶회 설법 중에서 인용.

한 번수를 조사 기재하되, 하자는 조목과 말자는 조목에 취사하는 주의심을 가지고 한 것은 유념이라 하고, 취사하는 주의심이 없이 한 것은 무념이라 하나니, 처음에는 일이 잘 되었든지 못 되었든지 취사하는 주의심을 놓고 안 놓은 것으로 번수를 계산하나, 공부가 깊어 가면 일이 잘되고 못된 것으로 번수를 계산하는 것이요.』[155](《정전》, 상시일기법)

- 『(정산종사 말씀하시기를) "착심 없는 곳에 신령하게 알고 바르게 행함이 유념이니 이는 생각 없는 가운데 대중 있는 마음이요, 착심 있는 곳에 미혹되어 망녕되이 행함이 무념이니 이는 생각 있는 가운데 대중이 없는 마음이니라."(《정산종사법어》, 경의편 22장)

- 『유무념 공부는 모든 경계를 처리한 후 온전한 생각으로 취사하는 주의심을 가지고 했는가, 놓고 했는가를 대조 반성하는 마음공부인데, 첫째 처음 공부할 때는 이를 잘하고 못한 것을 가리지 않고 온전한 생각으로 취사 했으면 『유념』의 번수에 넣고, 설사 일은 잘 되었다 할지라도 온전한 생각으로 취사하는 마음을 놓고 했으면 『무념』의 번수에 넣어서 챙기는 마음을 주로 할 것이며, 둘째 조금 공부가 되어 가면 일의 잘되고 못된 것으로써 유념, 무념의 번수를 계산하되, 본교에서 하라는 삼학팔조, 사은사요, 솔성요론 등과 (범하지) 말라는 계문을 표준으로 하되 특히 잘된 것으로 표준할 것이며, 셋째 더 능숙해지면 경계수를 크게 잡아서 하루 네 때나 또는 하루를 한 경계로 잡고 마음이 끌리고 안 끌림을 표준 삼되, 특히 잘된 것을 대중잡을 것이며, 넷째 아주 능숙해

---

155) 《정전》, 제3 수행편, 제6장 일기법, 2.상시일기법

지면 하루와 한 달과 일년 간에 간단없이 일념이 계속이 되는 것을 표준 삼되 정靜한즉 도심道心이 나타나고, 동動한즉 덕행이 나타나서 불지佛地에 계합 자재契合自在하자는 공부이다.

다시 유무념 공부의 내역을 말하자면 유념 공부는 마음을 챙기는 공부인데 ①구방심求放心, 정심正心의 공부이며, ②계문을 잘 지키는 공부이며, ③은혜를 알아서 은혜를 갚자는 공부이며, ④육식六識이 육진六塵 중에 출입하되 섞이고 물들지 말자는 공부이며, ⑤마음 쓰는바가 중용中庸이 되고, 또는 평상심平常心을 갖자는 공부이며, ⑥구경究境에 들어가서는 여의 자재如意自在하고 만행萬行이 원만하자는 것이요,

무념 공부는 ①마음 가운데 사심 잡념을 없이 하자는 공부이며, ②염착심染着心과 망상妄想을 없이 하자는 공부이며, ③모든 상相을 없애자는 공부이며, ④구경에는 주住함이 없는 열반涅槃에 들자는 것이니, 요약하면 유념 공부는 동정간 일심을 모으자는 공부이며, 무념 공부는 망상을 버리자는 공부로서 유념 공부를 잘하면 무념 공부가 될 것이며, 무념 공부를 잘하면 따라서 유념 공부도 잘 될 것입니다.』[156]

- 『대산 종사 말씀하시기를 "유무념 대조 공부는 가까운 주변에서부터 대조 건수를 찾아야 하나니, 자기와 먼 공부 표준을 잡거나 무관한 일을 건수로 잡으면 실속 없는 공부가 되기 쉬우니라. 유무념 대조를 오래오래 계속하다 보면 마음의 큰 중심이 잡혀 공부 표준이 서고 감각 감상이 수없이 일어나 일기 기재할 것이 많아지며, 심신 작용 간 시비 이

---

156) 《대산종사법문집 제2집》, 제1부 교리教理, 삼학공부三學工夫, 5. 작업취사作業取捨 공부의 길, 1) 유무념 대조하는 공부

해에 밝고 바른 마음이 길들여져서 삼라만상이 나에게 법문을 설하는 부처님으로 보이게 되어 마음에 힘이 생기고 중심이 잡혀 경계와 내가 둘이 아닌 평안함과 고요함이 그대로 일관되느니라."』(《대산종사법어》, 적공편 57장)

• 『유념 공부에 대하여 말씀하시기를 "유념의 공부는 곧 일용 행사에 그 마음 대중을 놓지 않는 것이니, 이른바 보는 데에도 대중 있게 보고, 듣는 데에도 대중 있게 듣고, 말하는 데에도 대중 있게 말하고, 동할 때에도 대중 있게 동하고, 정할 때에도 대중 있게 정하여 비록 찰나간이라도 방심을 경계하고 정념正念을 가지자는 공부니라. 그러므로, 대종사께서 상시 훈련법으로 공부인의 정도를 따라 혹은 태조사를 하게 하시고, 혹은 유무념을 대조케 하시고, 혹은 일기를 대조케 하시니, 이것이 비록 명목은 다르나 모두 이 유념 하나를 공부케 하신 데 지나지 않나니라."』(《정산종사법어》, 경의편 23장)

• 『무념 공부에 대하여 말씀하시기를 "무념의 공부는 곧 일용 행사에 오직 염착染著하는 생각을 없게 하는 것이니, 이른 바 보는 데에도 착이 없이 보고, 듣는 데에도 착이 없이 듣고, 말하는 데에도 착이 없이 말하고, 동할 때에도 착이 없이 동하고, 정할 때에도 착이 없이 정하여, 항상 그 망상을 멸도케 하고 진여를 자득케하는 공부라 할 것이니라. 그러므로 대종사께서 공부의 진실처를 말씀하실 때 필경 이 무념으로써 최상 법문을 삼으시고, 부처님께서도 도덕의 본지를 해석하실 때에 다 이 무념으로써 표준하셨나니라."』(《정산종사법어》, 경의편 25장)

※ 상시응용주의사항 제1조와 《금강경》의 "응무소주이생기심" 과의 관계

"응무소주이생기심應無所住而生其心"이란 경계를 대할 때마다 주착한 바 없이 그 마음을 내라 함이니, 즉 경계를 대해서 마음을 낼 때 감정이나 욕심이나 습관이나 선입관이나 아집이나 기타 상식과 지식, 상相 등에 주착하여 마음을 내지 말고 오직 빈 마음에서 그 사물에 대하여 발현되는 영지의 작용으로 판단하여 취사하라는 것이다. 그러나 이와 같이 마음을 쓰기로 하면 경계를 당해서 일단 멈추어서 처음 그 한 생각을 잘 검인하여 오직 빈 마음에서 나온 생각만을 실행에 옮겨야 하는 것이니, 온전한 생각으로 취사하는 것과 그 구경의 결과는 같다 할 것이다. 여기서 한 가지 주의할 점은 초학자나 지견이 천단淺短한 사람은 처음 그 한 생각이 빈 마음에서 나온 것 같으나 실은 전생 이생의 습관과 평소의 전문 분야에 따라 자신도 모르게 한편에 치우칠 염려가 없지 않은 것이므로 법문에 이르시기를 반드시 그 생각을 궁굴려 원만하고 바른 판단을 얻어 실행에 옮기도록 하신 것이다.[157]

10.4.2 상시응용주의사항 제2조

> 『2. 응용하기 전에 응용의 형세를 보아 미리 연마하기를 주의할 것이요,』

---

157) 각산 신도형 저, 《한글로 읽는 교전공부(수행편)》, 92~93쪽.

상시응용주의사항 제2조는 제1조를 잘하기 위하여 미리 정신·육신·물질로 준비하는 공부입니다. 여기서 "응용하기 전"이란 '어떤 일이든 그 일을 당하기 전, 그 일이 닥치기 전, 육근을 작용하기 전'을 말합니다. "형세"라는 것은 '일이 되어가는 형편과 추세[158]'를 말합니다. "응용의 형세를 보아"란 '어떤 일이나 상황이 진행되고 변화하는 추세를 살피고 미래를 예측하여'란 말입니다. "미리 연마하기를 주의할 것"이란 '예상되는 미래를 대비해서 미리미리 철저히 준비해서 실제 일을 당했을 때 당황하여 실수하거나 아쉬움이 없도록 주의하라'는 말입니다.

　따라서 상시응용주의사항 제2조는 "응용하는 데에 온전한 생각으로 취사하기를 주의"하되(제1조) 이를 잘하기 위해서는 "응용의 형세를 보아 미리 연마하기를 주의하여"(제2조) 준비하라는 것입니다. 무슨 일이든 준비 없이 당해서 하려고 하면 당황해서 일의 순서를 알지 못하고 우왕좌왕하다가 일을 그르치기 십상이기 때문입니다.

　'미리 연마하는 공부'는 별말씀 아닌 것 같은데, 하느냐 안 하느냐에 따라 굉장한 차이가 납니다. 미리 연마하는 공부를 잘하는 사람과 안 하는 사람은 복과 혜를 장만하는 데 있어서 크게 차이나게 됩니다. 미리 연마하면 지혜도 밝아지려니와 여유도 생깁니다. 미리 연마하지 않고 일을 당하면 늘 불안합니다. 그래서 미리 연마하는 공부는 수양과 상즉相即 관계입니다. 따라서 미리 연마

---

158)　'형편'은 과거로부터 내려온 현재의 상황이고 '추세'는 변화하는 과정에서 일정한 방향성을 주도하는 힘, 또는 미래로 뻗쳐나가는 기상을 말합니다.

하는 공부는 지혜를 밝아지게도 하지만 수양에도 상당히 중요한 영향을 미칩니다.[159]

미리 준비가 없는 사람은 항상 아쉽고 근심과 고통을 면하기 어렵습니다. 그러니 닥쳐서 필요할 때 아쉬움이 없이 잘 쓸 수 있도록 어떤 일이나 상황이 닥치기 전에 미리미리 심리·정신적으로나 지식·기술적으로나 물질·경제적으로나 인간관계적으로나 모든 방면으로 실력을 갖추어 준비해 놓으라는 것입니다. 미래에 대한 준비는 사안의 중요성과 시일의 장단 등에 따라서 준비하는 기간과 정도가 크게 다를 것입니다. 몇 시간 준비할 것도 있고 몇 날 준비할 것도 있고 몇 달 또는 몇 년을 준비해야 할 것도 있으며, 평생 또는 몇 생을 준비해야 할 것도 있기 때문입니다. 그래서 지혜로운 사람은 살아생전뿐만 아니라 내생까지도 미리 준비해서 생사의 도를 연마해두는 것입니다. 늘 준비하는 사람이라야 영생이 헛되지 않을 것입니다.[160]

그러나 천성이 게으르거나 남한테 또는 복지에 기대어 살려고 하거나 요행수를 바라거나 현실에 안주하거나 무기력하거나 자포자기를 한 사람 등은 미리 준비하지 않습니다. 삶의 자세가 보다 긍정적이고 적극적이며, 자기주도적이고 창의적인 사람들이 미래를 준비합니다.

159) 법타원 김이현 종사와 함께하는 《정전 마음공부의 길》, 195쪽.
160) 대산종사, 《정전대의》, 49쪽.

• 『3. 노는 시간이 있고 보면 경전·법규 연습하기를 주의할 것이요,

　　4. 경전·법규 연습하기를 대강 마친 사람은 의두 연마하기를 주의할 것
　　　이요,

　　5. 석반 후 살림에 대한 일이 있으면 다 마치고 잠자기 전 남은 시간이
　　　나 또는 새벽에 정신을 수양하기 위하여 염불과 좌선하기를 주의할
　　　것이요』

　"노는 시간"이란 휴식 시간을 뺀 나머지의 여유 시간을 말합니다. "경전"이란 성자들의 말씀을 기록해놓은 책을 말하며, "법규"란 법률·규범[161]을 말합니다. "의두"란 간단히 말해서 '사리를 깨치게 하는 의심거리'를 말하므로, '의두 연마'란 대소유무의 이치나 시비이해의 일 또는 과거 불조의 화두 중에서 의심나는 제목을 선택하여 깊이 연구하는 것[162]을 말합니다.

　인생은 기껏해야 백 년인데 그중에 잠자는 시간, 밥 먹는 시간, 병 앓는 시간, 청소년기와 노년기, 직장 근무 시간, 이동 시간 등을

---

161)　여기서는 주로 원불교의 교단 법규, 즉 교헌, 교령, 교규 등을 말합니다.

162)　《정전》 '정기훈련법'에서 "의두는 대소유무의 이치와 시비이해의 일이며, 과거 불조의 화두 중에서 의심나는 제목을 연구하여 감정을 얻게 하는 것이니, 이는 연구의 깊은 경지를 밟는 공부인에게 사리 간 명확한 분석을 얻도록 함이요"라고 했습니다. 그러므로 수행인의 근기 따라 의두는 각각 다를 수가 있습니다. 《정전》에는 '의두요목' 20개가 선택 제시되어 있습니다. 의두는 불보살이 깨친 오묘 불가사의한 진리의 세계를 언설로써는 어떻게 표현해서 가르치기 어렵기 때문에 방편으로써 어떤 문제를 제기하여 그것을 계속 연마하고 궁구하여 마침내 진리를 체득하게 하는 방법입니다. (《원불교대사전》)

빼고 나면 실제로 남는 시간이 별로 없습니다. 게다가 세월이 너무나 빨라서 어영부영하다가 죽음에 이르고 보면 다시 사람 몸 받을 기약도 없습니다. 그러니 허송세월할 시간이 없습니다. 늙어 죽을 때 당해서 후회해 보았자 이미 돌이킬 수가 없는 것입니다. 그러니 조금이라도 여유 있는 시간이 있다면 어떻게든지 이미 진리를 깨치신 성자들의 가르침을 담고 있는 경전공부를 부지런히 해서 삶의 방향로를 알고 사리를 밝게 판단하는 지혜를 연마하여 실천하라는 것입니다. 법규 연습을 하라고 한 것은 단체 생활을 하는데 일의 효율성을 높이고 질서를 유지하기 위해 만들어진 것이 법규이므로, 이를 잘 알아서 잘 지켜야만 단체의 질서를 어지럽히지 않고 다른 사람들에게 피해를 주는 일이 줄어들기 때문입니다.

이상이 상시응용주의사항 제3조의 뜻이며, 제4조의 뜻은 경전 법규 연습하기를 대강 마친 사람은 더욱 깊은 연구의 경지에 들어가기 위해 의두를 연마해서 직접 진리를 깨치도록 하라는 것입니다. 남에게 들어서 안 것은 단지 지식에 불과할 뿐이고 자기가 직접 체득을 해서 안 것이라야 살아있는 지식, 산 지혜가 되기 때문입니다. 그러니 항상 사리 간에 의심건을 하나씩 걸어놓고 맑은 정신이 들 때마다 잠깐씩 알맞게 혜두 단련하는 공부를 하는 것이 좋습니다.[163]

그리고 이러한 연구공부를 잘하기 위해서는 또한 수양 공부가

---

163)   대산종사, 《정전대의》, 50쪽.

필요합니다. 망념(사심·잡념)과 욕심이 제거되어 마음의 때가 벗겨져야 밝은 지혜광명이 솟을 수 있기 때문입니다. 사실 우리 안에 아무리 값을 매길 수 없을 만큼 귀중한 보배, 무가지보無價之寶가 있다고 해도 수양을 안 하고 연구와 취사만 공부해서는 자기의 소유로 만들 수 없습니다.[164] 그러므로 저녁 먹은 뒤에 정신을 번거롭게 하는 살림에 대한 일이 아직 남아있으면 이를 원만히 마치고, 잠자기 전 남은 시간에, 또는 새벽에 일이 없을 때 복잡한 신경을 쉬고 마음을 텅 비우는 정신수양 공부를 위해 염불과 좌선을 빼먹지 말고 부지런히 하라는 것입니다. 이것이 제5조의 뜻입니다. 이 수양공부가 바탕이 되지 않은 공부는 모래성과 같습니다. 대종사께서는 "사심 없는 염불 한 번에 좁쌀만큼씩 영단靈丹이 커진다. 한 동네, 한 면, 한 나라, 전 세계를 다 비출 수 있는 영단을 길러라. 성현의 영단은 동서 고금과 삼세를 다 비추는 영단이다."[165]라고 말씀하셨습니다.

10.4.4 상시응용주의사항 제6조

- 『6. 모든 일을 처리한 뒤에 그 처리건을 생각하여 보되, 하자는 조목과 말자는 조목에 실행이 되었는가 못 되었는가 대조하기를 주의할 것이니라.』

---

164) 법타원 김이현 종사와 함께하는 《정전 마음공부의 길》, 197쪽.
165) 《대종경선외록》, 제20 원시반본장 23절. cf. 《대종경선외록》, 제8 일심적공장 5절: "알뜰한 염불 한 마디에 영단이 좁쌀 하나만큼씩은 뭉쳐질 것이다."

상시응용주의사항 제6조는 제1~5조를 실행한 뒤에 처리한 모든 일을 원래의 계획과 교법, 사리 등에 대조해서 살펴보고 취사를 잘한 일은 더욱 잘하도록 하고 잘못한 일은 반성해서 개선해나가자는 것입니다.

　　일을 지낼 때마다 반드시 반성하여 시비 감정하는 공부를 할 것이며, 취침 시에는 반드시 종합 반성하여 그날의 죄복을 결산해 보고 내일의 계획을 세운 후 본원을 다시 챙기고 청정일념에 의지하여 잠에 드는 공부를 할 것입니다.[166]

　　그런데 반성하는 마음이 지나치게 되면 그것이 도리어 망념이 되어 괴로운 경우가 있습니다. 철저히 반성하여 굳게 결심하는 것은 좋으나, 그 일의 내역과 시비를 감정하지 못하고 뉘우치는 생각에만 붙잡혀 있는 것은 분명 망념이요 수양에 큰 마군이 되는 것입니다. 그러므로 일을 지낸 뒤에 반성하는 것은 그 일의 순서와 시비를 감정하고 새로운 결심을 굳게 하여 마음의 고삐를 돌려놓은 뒤에는 깨끗이 잊어버리는 것이 좋습니다.[167]

166)　대산종사, 《정전대의》, 51쪽.
167)　각산 신도형 저, 《한글로 읽는 교전공부(수행편)》, 105쪽.

10.5 　　　　　　　　　　　 심신작용의 단계별 분석

　우리의 심신작용의 일반적인 진행 과정을 인과적으로 살펴보면 대체로 다음과 같습니다. 즉, 우리가 어떤 대상을 만나면 감각정보를 통해 이를 지각하고, 사량 분별심이 작동하여 감정·정서가 발동하며, 그로부터 어떤 욕구·욕망이 일어나고, 그것을 충족시키려는 의지가 발동하면 그것을 충족시킬 것으로 기대되는 행위를 하게 됩니다. 그래서 그 행위가 기대하는 결과를 가져오면 만족하고 기대하는 결과에 못 미치거나 기대와 전혀 다른 결과를 가져오면 불만족합니다. 만족한 결과라도 더 욕심이 일어나면 이를 반복하게 되며, 불만족한 결과라면 그 원인을 분석하여 다른 방법으로 다시 시도해보거나 포기합니다.다음은 심신작용 과정상의 일체유심조一切唯心造의 내역을 우리의 심신작용의 순서를 따라 분석해 본 것입니다.

　① 나: 마음 ➡ ② 대상(六境: 경계·자극) ➡ ③ 감각 ➡ ④ 지각 ➡ ⑤ 생각(분별사량) ➡ ⑥ 감정·정서 ➡ ⑦ 욕구·욕망 ➡ ⑧ 동기·의도 ➡ ⑨ 기대치 ➡ ⑩ 의지 ➡ ⑪ 행위 ➡ ⑫ 결과 ➡ ⑬ 대조·평가 ➡ ⑭ 만족도

- 여기서 ①에서 ⑬까지는 순차적인 인과관계로 진행되며, 그 밖의 조건들은 연緣이 되어 이 인과관계를 완성시켜주는 작용을 합니다.

- ①에서 ⑬까지의 인과관계 중 ⑪행위에 대한 ⑫결과의 인과관계는 자신의 ⑨기대치와 관계없이 인과법칙에 따라 연계되며, ①에서 ⑦까지는 심층의식 속에 저장되어있던 업의 종자가 어떤 자극이나 경계의 연緣를 만나면 발현되며, 이 ⑦욕구·욕망에서 ⑩의지를 발동시켜 ⑪행위로 옮기느냐 마느냐는 자신의 선택에 따라 이루어집니다. 그러므로 모든 행위와 결과에 대한 책임은 자기 자신에게 있다고 하는 것입니다. 단, 행위가 나의 의지와는 반대로 거부하기 어려운 다른 사람의 요구 또는 강제에 의해 이루어진 경우에는 구체적인 정황에 따라 그 책임의 정도가 달라지지만, 완전히 면책되기는 어려울 것입니다. 왜냐하면, 죽음도 불사한다면 충분히 거부할 수 있는 여지가 있기 때문입니다. 그러나 이러한 경우는 대부분 내가 과거 전생에 그 사람에게 빚을 진 것이 있어서 그러한 것이기 때문에 피해가기가 쉽지 않습니다.

- ① '나': 보통 사람들이 생각하는 "나"는 자기의 몸과 마음이 가지고 있는 일체 정보(기억·생각·신념·느낌·감정·욕구 등)[168]의 총체藏識를 대변하는 에고Ego입니다. 우리의 모든 ⑪행위(육근작용)의 이면에는 무의식적(본능적 또는 습관적)이든 의식적이든 반드시 어떤 ⑩의지(생각, 뜻)가 있으

---

168) 에고를 형성하고 있는 정보는 주로 다음의 4가지 정보로 구성되어 있습니다.
  ① 사건 또는 사실에 관한 정보(예: 누가 언제 태어났다, 콩을 심으면 콩이 난다 등)
  ② 정서 또는 감정에 관한 정보(예: 언제 있었던 어떤 일만 생각하면 지금도 화가 치밀어 오른다, 나는 무슨 음악만 들으면 기분이 좋아진다)
  ③ 신념에 관한 정보(예: 예수를 믿으면 천국에 가고 안 믿으면 지옥에 간다)
  ④ 직·간접적인 각종 경험 정보

며, 그 생각의 중심에는 반드시 ①나Ego가 있습니다.

• ② '경계'는 육근작용의 대상 중에 마음을 요란하게 하거나 어리석게 하거나 그르게 하는 모든 조건·상황을 가리키는 말이며, '자극'이란 육근에 작용하여 흥분이나 반응이 일어나도록 하는 것을 말합니다.

• ③ '감각'은 육근을 통하여 심신 내외의 자극을 접수하고 느끼는 것을 말합니다.

• ④ '지각知覺'은 육근을 통해서 심신 내외의 현상사물과 변화를 인식하는 작용을 말합니다.

• ⑤ '생각'은 사량 분별 주착심이니, 욕구·욕망을 어떻게 충족시킬 것인가? 충족시키거나 억제할 경우 그 과정이나 결과는 어떠할 것인가? 등등에 관하여 이렇게 저렇게 생각을 굴리는 것입니다. 이와 같이 지금 여기 이 일에서 벗어난 생각을 망념 또는 잡념이라고 합니다. 생각은 현재의 현상사물 또는 사건을 접촉할 때 대부분 기억 정보를 바탕으로 분별, 판단하는 데서 생기는데, 여기서 사심私心/邪心이 들어가면 집착하게 되고, 집착하는 데서 욕망이 발생하여 글러지게 됩니다. 또, 선입견, 편견이 들어가거나 한쪽으로 치우치게 되면 판단이 흐려져서 글러지게 됩니다. 의지는 실행하려는 생각이므로 생각이 글러지면 취사가 글러지게 됩니다. 따라서 선입견·편견과 사심·욕심을 버려야만 바르게 판단하고 바르게 취사할 수 있습니다. 다시 말해서 마음을 비우고空 공변되며公 치우침과 과불급이 없는 중도中를 취해야 바른 생각으로 바르게正 취사할 수 있습니다.

• ⑥ '감정feelings·정서emotion' 어떤 일이나 현상, 사물에 대하여 느끼거

나 생각할 때 나타나는 심정이나 기분을 말합니다. 희로애락의 감정 뒤에는 반드시 어떤 생각이 숨어 있습니다.

- ⑦ '욕구needs'는 무엇을 얻고 싶거나 하고 싶은 바람이며, '욕망desires'은 무엇을 가지거나 행하거나 이루고자 하는 간절한 바람을 말합니다. 우리 인간에게는 식욕, 수면욕, 배설욕, 성욕, 안전욕 등 본능적·생리적(육체적) 욕구·욕망과 재물욕, 권력욕, 명예욕, 지식욕, 성취욕 등 심리적 욕구·욕망이 있는데 이러한 욕구·욕망의 밑바탕에는 대부분 에고가 자리를 잡고 있습니다. 따라서 에고의 특성을 잘 이해하고 다스릴 수 있으면 욕구·욕망을 다스리기도 수월해집니다. 그중에서도 육체적인 욕구·욕망은 대부분 본능적이기 때문에 이를 극복하기가 매우 어렵습니다. 그러나 육체적인 욕구·욕망도 심리적인 영향을 많이 받기 때문에 심리적인 욕구·욕망을 잘 다스릴 수 있으면 육체적인 욕구·욕망도 다스리기가 훨씬 수월해집니다. 여러 가지의 욕구·욕망이 동시다발적으로 일어날 경우에는 그 각각의 욕구·욕망을 충족시키려는 의지 상호 간에 충돌이 일어나 갈등이 생길 수 있습니다. 이기적 소아적小我的 욕구가 아닌 공적公的 대아적大我的 욕구를 서원誓願이라고 하며, 굳센 서원에서 나오는 힘을 원력願力이라고 합니다.
- ⑧ '동기motive'는 "어떤 일이나 행동을 일으키게 하거나 마음을 먹게 하는 원인 또는 계기"를 말하고, '의도intention'는 "무엇을 이루려고 꾀하는 것"을 말합니다([Daum 사전]). 보통 어떤 욕구·욕망이 발동하면 이를 충족시키려고 할 때 생기는 마음입니다. 동기는 크게 접근동기와 회피동기로 나눌 수 있습니다. 접근동기는 무언가 좋은 결과를 얻기 위해 적

극적으로 능동적으로 접근하는 동기를 말하고, 회피동기는 무언가 좋지 않은 결과를 벗어나거나 회피하기 위하여 방어적으로 접근하는 동기를 말합니다.

- ⑨기대치는 행위로 인해 예상되는 또는 희망하는 결과를 말하고, 그 행위와 기대되는 결과 사이에 진리적인 인과관계가 있을 경우에는 기대하는 대로 이루어질 수 있지만, 그것이 인과법칙에 어긋날 경우에는 기대 또는 신념과 전혀 다른 결과를 가져올 수도 있습니다. 기대되는 결과는 오직 진리적으로 올바른 신념을 가지고 올바르게 행위를 한 경우에만 확실하게 얻을 수가 있는 것입니다.

- ⑩ '의지will'는 욕구·욕망을 충족시키고자, 또는 뜻을 실현시키고자 하는 모든 마음작용을 말합니다. [Daum 사전]에 의하면 의도는 "무엇을 이루려고 꾀하는 것", 의지는 "어떤 일을 이루고자 하는 적극적인 마음 작용"이므로 의도는 다소 소극적이며, 의지는 좀 더 적극적이라고 할 수 있습니다. 욕구가 본능적이거나 습관적인 것일 경우에는 그 강도에 따라 이를 충족시키려는 의지의 통제도 그만큼 힘들어집니다. 만약 이 본능적·습관적 욕구를 충족시키려 하지 않고 이겨내려 한다면 두 의지 간에 충돌과 갈등이 일어납니다. 이 욕구·욕망에 대해 순응적·반응적 의지가 발동할 경우 습관적·본능적 행위가 나오게 되고, 절제적·극기적 의지가 발동할 경우 금욕적·이성적 행위가 나오게 되고, 관조적·초월적 의지가 발동할 경우 평상적·지성적 행위가 나오게 될 것입니다.

- ⑪ '행위'는 심신작용 즉, 육근의 모든 작용을 말합니다. 자아에 욕구가 일어나면 이를 충족시키려는 의지가 일어나고, 이 의지에 따라 만족시

킬 결과를 가져다줄 것으로 기대되는 행위를 하게 됩니다. 이 기대에 대한 신념이 강할수록 의지와 행위의 강도도 강해집니다. 인과법칙상으로는 그 결과에 대한 기대를 갖기가 어렵다 하더라도, 혹시 행운으로라도 그 결과를 얻을 수 있다는 작은 기대, 또는 다른 사람의 강요 등에 의해서 어떤 행위가 이루어질 수도 있는데, 이 경우엔 그 결과가 일어나지 않더라도 감수하겠다거나, 강요를 거부하는 경우보다는 수용하는 편이 더 나으리라는 기대 또는 신념이 있기 때문입니다.

• ⑫ '결과'는 어떤 의도를 가지고 행해진 일체의 심신 작용 즉, 육근 작용의 결과를 말합니다. 심신작용의 결과는 본인의 의도·기대와는 관계없이 진리적인 인과관계에 의해서 주어진다고 볼 수 있습니다. 따라서 우리가 희망하고 기대하는 성과를 얻기 위해 어떤 행위를 할 경우에는, 먼저 그 행위와 기대하는 결과 사이의 사실적·진리적 인과관계를 잘 알아서 올바른 행위의 선택을 하지 않으면 안 됩니다. 이를 잘 모르고 할 경우에는 부산행 열차를 탄다는 것이 엉뚱하게 여수행이나 목포행 열차를 타는 것과 같습니다. 그러므로 우리가 무엇보다도 먼저 알아야 할 것은 바로 인과보응의 이치라고 할 수 있습니다.

• ⑬ '대조·평가'는 ⑨기대치와 ⑫결과 간의 대조, 비교를 통해 기대를 얼마나 충족시켰는지를 평가하는 것입니다.

• ⑭ '만족도'는 ⑫'결과'로 인해 욕구·욕망 또는 기대를 충족시킨 정도를 말합니다. 욕구는 결과에 의해 일시적으로 만족을 얻었다 하더라도 일정한 시간이 지나면 다시 일어나는 속성을 가지고 있어서, 이를 항구적으로 완전히 만족시키기는 대단히 어렵습니다. 욕구 또는 기대를 충족

시키지 못한 경우에는 기대하는 결과를 얻어 만족스럽게 될 때까지 방법을 바꿔서라도 행위를 계속하려 들 것입니다.

그런데 ⑫결과에 대한 원인 분석과 만족도는 상당 부분 본인의 생각하기에 따라 달라집니다. 결과가 자기의 기대에 어긋나면 그 원인을 자기가 아닌 다른 데에 돌리면서 원망하거나 탓하는 사람이 있는가 하면, 자기의 기대치에는 다소 못 미치더라도 긍정적으로 받아들이는 사람이 있습니다. 또 기대와 전혀 다른 결과라 해도 거기서 오히려 교훈을 얻으며 긍정적으로 생각하는 사람이 있습니다. 이와 같이 긍정적인 사람들은 대체로 잘못된 원인을 자기에게서 찾고 남에게 감사하는 태도를 지니는 성향이 있습니다. 따라서 어디를 가든 대체로 환영을 받으며 그만큼 행복과 성공을 불러오기가 쉽습니다. 그러나 원인을 자기에게 돌리면서 자책하며 자기비하를 하거나 자학하거나 비관하거나 좌절 또는 절망하는 사람들은 오히려 열등감이나 우울증이나 욕구불만에 빠져서 자기를 파멸시키는 방향으로 몰아가기 쉽습니다.

◎ 인간의 욕구·욕망의 발동 기전 ◎

인간의 가장 절실한 문제는 생존입니다. 어떠한 능력과 포부가 있더라도 죽으면 그만이기 때문입니다. 그러므로 인간은 본능적으로 생존 욕구가 가장 강합니다. 그다음에는 쾌락을 추구하는 욕구이고 그다음은 자아실현 욕구이며, 그 다음은 이 모든 욕구로부터 자유롭고자 하는 욕구입니다. 그래서 죽음과 고통의 위험에 빠지지 않으려는 안전에 대한 욕구가 가장 일차적인 욕구인 것입니다. 이를 충족시키기 위해서는 우선 의식주가 해결되어야 하므로 소유욕이 발동하고, 어떠한 일이든 자기가 주도적으로 하기 위해서는 다른 사람을 지배해야 하므로 권력욕이 발동하고, 이왕이면 자기의 존재가치를 다른 사람들에게 인정받고 싶고 또한 존경을 받고 싶으므로 명예욕이 발동하며, 누구보다도 자기에게 인정받아야 만족이 되므로 성취욕, 자아실현욕구가 발동하는 것이며, 개체의 생명은 유한하므로 종족의 번성을 통해 자기의 분신을 많이 만들고자 하므로 성욕이 발동하는 것입니다. 결국 이러한 모든 욕구의 중심에는 항상 에고가 있다는 것을 알 수 있습니다.

이상에서 살펴본 바와 같이 우리의 모든 심신작용은 에고의 욕구·욕망에서 비롯되고 그로 인한 모든 행위는 그 욕구·욕망을 충족시켜줄 것이라는 기대를 가지고 실행되며, 그 행위의 결과는 에고의 기대와는 전혀 관계없이 오직 지공무사한 인과보응의 법칙에 따릅니다. 일반적으로 행위의 결과가 기대를 만족시키면 우리는 만족·기쁨·행복 등을 느끼고, 기대에 어긋나면 실망·좌절·분노 등의 감정과 괴로움을 느끼며, 그 감정을 그대로 표출하거나 또는 억압하여 참으면서 괴로워하거나 그냥 포기하든지, 아니면 다른 방향으로 돌리든지 해서 이를 해결하려고 합니다.

그러나 어떻게 해서든지 에고의 욕구·욕망이 해소가 안 되면 실패의 원인 등을 분석하여 다른 방법으로 다시 시도해보거나, 아니면 분노·좌절 등에 빠져서 억압된 욕구가 다른 방향으로 왜곡되어 표출되거나 우울증에 걸리게 됩니다. 따라서 이러한 일련의 심신 작용 과정을 분해해서 단계별 또는 요소별로 마음공부 방법을 이해하여 적용하는 것이 효과적입니다. 그중에서도 모든 욕구·욕망, 의지, 행위의 중심에는 에고가 자리 잡고 있으므로, 마음공부를 잘하기 위해서는 먼저 에고와 에고의 특성을 잘 이해하고 경계에 대한 인식을 명확하게 할 필요가 있습니다.

- 『말씀하시기를 "나我가 죄의 근본도 되고 복의 근본도 되나니라. 옛 말에 "땅으로 인하여 거꾸러지고 땅으로 인하여 일어난다" 하였나니, 나로 인하여 죄도 짓고 나로 인하여 복도 짓나니라.』《정산종사법어》, 원리편 25장)
- 『그대들은 허공이 되라. 허공은 비었으므로 일체 만물을 소유하나니 우리도 대인이 되려면 그 마음이 허공 같이 되어야 하나니라. 자신을 다스리되 빈 마음으로써 하고, 가정을 다스리되 빈 마음으로써 하고, 나라를 다스리되 빈 마음으로써 하며, 모든 동지와 모든 동포를 대할 때에도 또한 빈 마음으로써 화하여, 매사에 상이 없고 원근이 없으며 증애가 끊어지면 불보살이니라.』《정산종사법어》, 원리편 23장)

어떤 사물 또는 사건은 스스로 아무런 판단 분별이 없습니다. 따라서 어떤 현상·사물에 대한 판단·분별이나 신념 역시 모두 자기 자신이 선택한 것입니다. 내가 문제로 보면 다 문제로 보이고, 내가 문제로 보지 않으면 다 문제로 보이지 않습니다. 비록 다른 사람에 의해 어떤 영향을 받았다 하더라도 최종적인 결정은 결국 자기 자신의 선택에 의한 것입니다. 따라서 어떤 현상·사물의 선악미추나 길흉화복은 모두 자기 자신의 생각에 그러할 뿐입니다.

그러므로 제삼자가 보기에 아무리 추하고 흉한 것일지라도 자신이 아름답고 길한 것이라고 여기면 그렇게 보이는 것입니다. 따라서 경계를 따라 요란해지는 것은 내 마음이 요란해지는 것이며, 그 원인은 나에게 있는 것이지 경계에 있는 것이 아닙니다. 경계를 당하여 그것을 긍정적으로 받아들이느냐 부정적으로 받아들이느냐 하는 것은 전적으로 나의 선택에 의해 결정되는 것이므로, 모든 길흉화복이 다 내가 정한 것입니다. 길흉화복은 어느 하나로 고정된 것이 아니고 끊임없이 전변하는 현상에 불과할 뿐인데, 우리 스스로가 일정 시점의 현상을 취하여 스스로 길吉이나 흉凶 또는 화禍나 복福으로 여기는 것뿐입니다. 마치 춘하추동으로 계절이 변화해 갈 뿐인데, 우리가 어느 한 계절이나 날씨를 취하여 좋다 나쁘다 분별하는 것과도 같습니다.

에고는 모든 것을 자기중심적으로 생각하고 자기 존재를 인정받고자 하므로[169], 자아상이 부정적일수록 콤플렉스를 갖게 되어 우쭐대고 교만하거나 자존심을 내세우거나(적극적인 자기방어) 자꾸 자기를 비하하려 듭니다(공격으로부터 회피하기 위한 소극적인 자기방어).

---

169) 우리 범부들의 시비이해의 판단 기준: ① 자기 利害 우선, ② 자기 정보 우선, ③ 선입 정보 우선, ④ 체험 정보 우선, ⑤ 확신 정보 우선, ⑥ 가치 우위 우선, ⑦ 본능 욕구 우선

대부분의 우리는 모두 진짜를 좋아하지만 정작 가장 중요한 '나'에 관해서는 진짜(참나)가 무엇인지도 모르고 오직 가짜(거짓나)인 '에고'를 위해서 환상을 좇아 평생을 바치다가 속절없이 최후를 맞이합니다.

에고의 특성과 수행자의 자세

• 『(정산종사 말씀하시기를) "사람의 육신은 지수화풍 네 가지 인연이 합했다 흩어졌다 하는 것이요, 사람의 마음은 희로애락 애오욕喜怒哀樂 愛惡欲의 일곱 가지 뜻이 일어났다 가라앉았다 하는 것이니, 이것은 모두 거짓된 몸 거짓된 마음이요, 그 가운데 오직 맑고 조촐하여 생멸과 거래가 없는 중에 영령하고 소소하여 능히 만법의 근본이 되는 참 몸, 참 마음이 있나니, 이것이 이른 바 자성 광명이라, ….".』(《정산종사법어》, 생사편 23장)

10.6.1 에고의 특성

앞에서 살펴본 바와 같이 우리 범부들의 모든 심신작용은 에고 Ego에서 출발하고 있습니다. 에고의 가장 본질적인 특성은 자기의 생존본능과 종족 보전保全 본능의 생물학적 특성을 기반으로 해서 모든 면에서 항상 자기가 가장 우선되어야 하고 최고가 되어야 한다는 무의식적 욕구를 가지고 있으며, 따라서 다음과 같은 특성이 있습니다.

첫째 항상 나와 나 아닌 것, 주관과 객관, 인식하는 자와 인식하는 대상으로 분리하고 어떻게든지 에고에게 유리하다고 생각되는 방향으로 행동합니다.

둘째 에고는 무한한 욕망을 갖습니다. 일시적으로 욕구·욕망이 충족된다고 해도 얼마 지나지 않아 다시 욕구·욕망이 일어나게 되는 것이 마치 밑 빠진 독에 물을 붓는 것과 같습니다.

셋째 에고는 모든 면에서 언제나 자기가 최고가 되기를 바랍니다. 사람에 따라 정도의 차이는 있으나 무의식적으로 자신의 쾌락·안락 및 육체적·정신적·지성적 역량과 경제적·정치적·사회적 역량과 권력·명예 등의 모든 면에서 자기가 최고가 되기를 희망합니다. 물론 대부분의 사람들은 현실적으로 최고가 되는 것을 꿈꾸진 않습니다. 그러나 그것은 스스로의 역량과 조건을 생각해볼 때 현실적으로 그것이 불가능해 보이거나 매우 어렵게 보이기 때문에 포기하고 있는 것일 뿐이지 무의식에서도 그런 마음이 없기 때문은 아닙니다. 대부분 크게 힘을 들이지 않고서도 최고가 될 수만 있다면 적어도 위에 열거한 것 중에 단 한 가지만이라도 최고가 되고 싶은 것이 인지상정인 것입니다. 그러나 설혹 최고가 된다고 하여도 모든 욕구·욕망이 완전히 충족되는 것은 아닙니다.

넷째 에고는 이러한 자신의 이상 또는 욕구·욕망과 실현시키기 어려운 현실과의 차이에서, 그리고 자신과 남의 비교를 통해서 끊임없이 경쟁하며 스트레스를 받습니다.

다섯째 에고는 잠시도 생각을 쉬지 못하고 머릿속에 끊임없이 사심·잡념·망념을 일으킵니다.

여섯째 에고는 상황이 자기 뜻대로 또는 자기가 기대한 대로 전개되지 않거나 상대가 자기의 뜻을 거스르거나 자기의 기대와 어긋나는 행동을 할 때 분노, 짜증, 실망, 좌절 등의 부정적인 감정이 발동합니다.

10.6.2 수행자의 자세

보통 사람들이 생사윤회의 고통을 벗어나지 못하는 것은 바로 이러한 에고를 자기 자신의 실체라고 착각하고 대상에 대해 집착하기 때문입니다. 그러나 앞에서 이미 자세히 살펴보았듯이 나의 몸은 수많은 물질들이 인연 따라 결집, 변화되어 형성된 것인데 그것들이 한순간도 쉬지 않고 변화하고 있으며, 나의 의식도 수많은 생을 살아오면서 심신 간에 직간접으로 겪은 느낌, 기분, 감정, 생각, 지식 등의 기억 정보가 총집합하여 얽히고설켜서 이루어진 것인데, 이 또한 새로운 정보가 계속 유입되고 축적되며 변화하고 있으므로 고정된 실체로서의 '나'는 몸과 마음 어디에서도 찾아볼 수가 없습니다.

보통 우리가 생각하는 '나'라는 것은 수많은 정보라는 건축 자재들로 이루어진 집과 같은 것입니다. 따라서 이러한 에고는 자기의 생각이 만들어낸 환상이나 이미지에 불과할 뿐 실체로서 있는 것이 아니므로 이를 철저히 인식하여 자꾸 에고에 속아 넘어가는 일이 없도록 항상 유념해야 합니다. 우리가 경계를 따라 자꾸 요란해지고 어리석어지고 글러지는 이유는 바로 이러한 에고를 참된 자기라고 착각하여 자기도 모르게 속아 넘어가기 때문입니다. 그런데도 대부분의 사람들은 그러한 사실조차도 모르고 삽니다. 모든 죄고의 뿌리가 되는 사심私心·사심邪心과 욕심이 다 이 에고에서 비롯된 것입니다. 그러므로 경계를 당하여 감정이 올라와 마음이 요란해질 때마다 "실체도 없는 에고에게 자칫 또 속아 넘어갈 뻔했구나!" 하고 경계를 만나기 이전, 한 생각도 일어나기 이전의 자성자리의 마음으로 되돌려 놓고 대소유무의 이치에 바탕 하여 일의 시비이해를 잘 분석해서 공정하고 중도에 맞도록 은혜가 생산되도록 잘 취사하기를 주의해야 합니다.

　쉬운 예로 보통 사람들은 자기의 사진이 예쁘게 나오면 좋아하고 밉게 나오면 싫어합니다. 그래서 포토샵까지 합니다. 그러나 그 사진은 지나간 한 장면에서 한순간의 '나'의 외모를 사진기로 캡처한 것일 뿐 실제의 '나'는 아니며, 더욱이 포토샵을 한 것은 실제 사진도 아닌 셈입니다. 더욱이 알고 보면 내 몸뚱이도 참나가 아닌데 그 몸뚱이의 한 장면에서의 사진을 '나'라고 생각하여 좋아하고 싫어하는 것은 허상에 두 번이나 거듭해서 속는 것입니다. 그러니 따지고 보면 얼마나 우스운 일이며 어리석은 일입니까? 이 말에 혹자는 사진이 이왕이면 잘 나오는 것이 좋은 것이지 누가 사진을 실제의 자기로 착각하느냐며 사진 하나 가지고 뭘 그렇게 심각하게 생각하느냐고 나무랄지도 모르겠습니다. 우리가 자기도 모르게 에고에 속아 넘어가는 것이 대개 이러한 식입니다. 그래서 평생을 거기에서 벗어나지 못하고 욕심에 가려 아웅다웅 살다가 죽을 때는 그 누구도 자기의 죽음을 대신하지 못하고, 평생 그토록 노력하여 만들어놓았던 재산이나 권력, 명예 그 어느 것도 가져가지 못하며, 오직 죄업의 보따리만 짊어지고 속절없이 어디로 가는지도 모르게 업력에 끌려가서 악도에 떨어져 무수한 고통을 받게 되는 것입니다.

그래서 제불제성께서 어리석은 중생들이 이러한 무명 아상 아집에서 벗어나 생사윤회를 해탈하여 자유를 누리며 낙원 세계에 살도록 인도하시기 위해 온갖 수행법과 가르침을 내놓으신 것입니다. 그러나 아무리 수행법을 잘 배우고 익혔다 하더라도 이를 실천하지 않으면 그림 속의 떡이나 마찬가지이며, 수행을 통해 자신의 운명을 바꿀 수 있는 기회는 오직 현재일 뿐이라는 것입니다. 더구나 그 현재가 나에게 언제까지 주어질지는 아무도 모르기 때문에 항상 지금 여기에서부터 수행을 시작하지 않으면 안 된다는 것입니다. 과거는 이미 지나간 것이라 기억 속에만 존재할 뿐 현재하지 않고, 미래는 아직 오지 않은 것이라 상상 속에만 존재할 뿐 현재하지 않습니다. 오직 찰나 찰나 지나가는 이 순간들을 어떻게 보내느냐가 쌓여서 우리의 인생이 만들어집니다.

그럼에도 불구하고 우리의 마음은 지금 이 순간은 도외시한 채 쓸데없이 과거의 기억이나 미래의 상상 속에 가 있는 경우가 허다합니다. 현재는 바로 미래에서 과거로 돌아가는 매우 짧은 순간이지만 오직 현재를 통해서만 우리의 미래를 바꾸어갈 수 있습니다. 그러므로 현재Present의 시간은 우리의 인생을 자기 뜻대로 아름답게 만들어갈 수 있는 유일한 기회로서 주어진 선물present이라는 것을 명심해야 합니다. 현재가 매우 짧은 순간에 불과하다는 이유로 자기도 모르게 매우 소홀하게 대하며 그냥 흘려보내는 일이 얼마나 많습니까! 그래서 주자朱子는 "일촌광음불가경(一寸光陰不可輕: 아주 짧은 시간이라도 가벼이 여겨서는 안 된다)"이라고 하셨습니다. 이것이 우리가 늘 깨어있어야만 하고 수행이 일상화, 생활화되어야만 하는 이유입니다.

10.7

경계에 대한 인식과
생각·감정(분노) 다스리기

- 『세상에는 좋은 것도 나쁜 것도 없고, 다만 생각이 그렇게 만들 뿐이다.』

  (셰익스피어)[170]

'경계境界'[171]란 육근작용의 대상, 즉 육경六境 중에서 우리의 마음을 요란하게 하거나 어리석게 하거나 그르게 하는 것을 말합니다. 경계는 다시 마음 안의 경계인 내경內境과 마음 밖의 경계인 외경外境으로 나눌 수 있습니다. 정산종사께서는 경계를 순역에 따라서 역경逆境과 순경順境 및 공경空境[172]으로 구분하셨습니다.

일체 현상사물의 변화와 사건의 발생은 인과법칙에 의한 것이므로 경계 자체는 스스로 아무런 허물이 없습니다. 다만 그 경계를 따라 요란해지고 어리석어지고 글러지는 우리의 마음이 문제인 것입니다. 각자가 만나는 경계는 인과보응의 법칙에 따라 과거에 자

---

170)　제니스 캐플린 지음, 김은경 옮김, 《감사하면 달라지는 것들》, 33쪽.

171)　경계는 보통 갑과 을의 토지를 구분 짓는 경우처럼 서로 맞닿아 있는 둘 이상의 사물을 구분 짓는 선을 말하는데, 우리가 접하게 되는 모든 경계는 바로 육근과 육경이 접하는 경계선에서 우리의 심신 작용에 따라 시비是非·선악의 분기점이 된다는 점에서 이와 비슷한 점이 있습니다.

172)　《정산종사법어》, 제7 권도편 41장: 『국방을 하는 데에도 육·해·공 삼방면의 방어가 필요한 것 같이 공부인에게도 삼방면의 항마가 필요하나니, 그는 곧 순경과 역경과 공경空境의 세 경계라, 순경은 내 마음을 유혹하는 경계요, 역경은 내 마음에 거슬리는 경계요, 공경은 내 마음이 게을러진 경계니, 법강항마할 때까지는 방어에 주로 주력하고 항마 후에는 이 모든 경계를 노복처럼 부려 쓰나니라.』

기가 지은 업에 대한 과보로서 주어진다고 할 수 있으므로, 우리는 경계를 대할 때마다 혹 그것이 자기의 마음에 안 드는 것일지라도 먼저 무조건적으로 수용하는 자세를 가져야 합니다. 왜냐하면 현상세계의 인과보응은 조금도 틀림이 없이 지공무사하게 이루어지는 진리의 작용이므로, 이를 그대로 믿고 받아들일 수밖에 없기 때문입니다.

범부는 경계를 당하면 보통 마음이 요란해집니다. 마음이 요란해지는 이유는 망념·잡념과 감정·욕망이 동하기 때문이며, 망념·잡념과 감정·욕망이 동하는 이유는 분별주착심이 작동하기 때문인데, 그 분별주착심의 중심에는 항상 에고가 자리 잡고 있습니다. 내가 죽은 사람처럼 아무 생각이 없다면 어떠한 경계를 당하든 마음이 요란해질 이유가 전혀 없는 것입니다. 따라서 마음공부의 주된 대상이 되는 것은 현상사물을 '감각'한 정보를 바탕으로 일어나는 '생각(분별주착심)'과 '감정'입니다. '감각'까지는 아무런 허물이 없습니다. 그것은 거울이 사물을 있는 그대로 비추어주는 것과 같기 때문입니다. 우리의 생각은 현재의 현상사물 또는 사건을 접촉할 때 대부분 기억 정보를 바탕으로 분별, 판단하는 데서 생기는데, 여기에 사심私心/邪心이 들어가면 집착하게 되고, 집착하는 데서 선입견·편견과 욕망·감정이 발생되어 요란해지고 어리석어지며 글러지게 됩니다. 의지는 실행하려는 생각이므로 생각이 글러지면 취사도 자연히 글러지게 됩니다. 따라서 사심·욕심을 버려서 마음을 비우고空 공변되며公 치우침과 과불급이 없는 중도中를 취해야 바른 생각으로 바르게 취사할 수 있습니다.

내가 좋아하는 것이면 욕심이 생기고 싫어하는 것이면 거부감이 생기며, 내가 사랑하는 사람이나 물건을 만나면 기쁘고, 헤어지면 슬프며, 내가 칭찬을 받으면 기쁘거나 우쭐해지고, 비난이나 질책을 들으면 화가 나거나 의기소침해지며, 나보다 잘하거나 잘 나가면 부러움이나 시기심·질투심이 생기고, 나보다 못하면 우쭐한 마음이나 교만심이 생기며, 나에게 무엇인가 불길해 보이거나 상황이 나쁘게 전개될 수도 있다고 생각되면 걱정되고 불안해지며, 나의 신변에 위험을 느끼면 불안과 두려움이 생깁니다. 그러나 어떠한 경계든 나와 전혀 관계없는 것들이라고 생각되면 마음이 별로 요란해지지 않습니다. 외국의 배가 침몰했다거나 비행기가 떨어졌다든지 일본에서 지진이 나거나 중국에서 홍수가 났다고 해도 걱정이나 관심이 별로 없는 경우가 많지만 자기 아들이 거기에 타고 있었을 것이라거나 그곳에 가 있다고 하면 마음이 몹시 걱정되고 요란해지는 법입니다.

그러므로 우리가 경계를 따라 마음이 요란해지는 것은 경계에 원인이 있는 것이 아니라 바로 나의 마음에 원인이 있다는 것을 알 수 있습니다. 즉, 나의 마음속에 있는 생각이 '인因'이 되고, 경계는 다만 그 '인'이 '과果'를 맺기 위한 조건인 '연緣'의 역할을 할 뿐입니다. 일체의 현상 사물은 스스로 분별이 없으며 무심한데 나의 마음이 그것들을 조건으로 반응하여 분별주착하기 때문에 요란해지는 것입니다.

- 『중생은 희·로·애·락에 끌려서 마음을 쓰므로 이로 인하여 자신이나 남

  이나 해를 많이 보고, 보살은 희·로·애·락에 초월하여 마음을 쓰므로 이

  로 인하여 자신이나 남이나 해를 보지 아니하며, 부처는 희·로·애·락을

  노복같이 부려 쓰므로 이로 인하여 자신이나 남이나 이익을 많이 보나

  니라.』(《대종경》, 불지품 8장)

마음이 요란해지는 원인 가운데 가장 으뜸가는 것이 화가 나는 경우이므로 이를 예로 들어 생각해보겠습니다. 보통 우리가 화를 내는 이유는 상대방의 행동이 자기의 기대에 어긋나거나 틀렸다고 보기 때문입니다. 그런데 정작 상대방은 자기에게 잘못이 없다고 항변하거나 오히려 내가 잘못했다고 주장하는 경우에 서로 충돌하여 싸움이 일어납니다.

예를 들면 필자가 아는 분의 아내는 항상 청결하고 정리 정돈된 것을 추구합니다. 아마 그것을 싫어할 사람은 별로 없을 것입니다. 그런데 문제는 남편이 보는 관점과 아내가 보는 관점의 차이에서 비롯됩니다. 남편이 보기에는 충분히 깨끗한데도 아내는 더 청결하기를 원하고, 남편이 보기에는 특별히 더 정리 정돈을 하지 않아도 괜찮은 것 같은데 아내는 반드시 더 완벽하게 정리 정돈을 해야만 직성이 풀리기 때문입니다. 한 가지 예를 들면 빨래를 널거나 거둘 때는 반드시 손을 깨끗이 씻어야만 하며, 빨래는 반드시 털어서 널어야 하고, 거두면 반듯하게 접어서 보관해야 하며, 속옷은 반드시 삶는 빨래를 해야만 합니다. 이것이 나쁜 것은 아닌데 매사

를 이와 같이 완벽하게 하려다 보니 항상 바쁠 수밖에 없고, 자연히 일이 많아지니 피곤해질 수밖에 없으며, 몸이 피곤하니 짜증이 많아질 수밖에 없는 것입니다. 그러므로 남편은 자기의 기준에서는 아무런 문제가 없지만, 아내의 기준에 맞추지 않으면 여러 가지의 잔소리를 듣거나 싸움이 일어나게 되므로, 마음이 내키지 않더라도 되도록 아내의 기준에 맞춰줄 수밖에 없습니다.

서로가 편하게 지내려면 청결 및 정리 정돈과 일 사이에서 적당한 조화점을 찾아야 하는데, 어느 한쪽으로 너무 치우치게 되면 이러한 문제가 발생하게 되는 것입니다. 이러한 경우 아내는 남편이 경계가 되고 남편은 아내가 경계가 됩니다. 이러한 사례는 우리 정치판에서 보는 여야의 대립이라든지 심야토론에서 양자가 대립하며 논쟁하는 것이라든지, 보수 쪽 언론과 진보 쪽 언론의 보도 내용만 보더라도 흔히 접할 수 있는데, 모든 갈등은 어떤 사안의 시비이해에 대한 각자의 관점과 신념의 차이, 즉 생각의 차이에서 비롯되는 것입니다. 이것이 심화, 확대될 때 사회 계층 간의 갈등이 되기도 하고, 국가 간의 전쟁이나 종교 간의 분쟁으로 번지기도 하는 것입니다.

그러나 경계 중에는 상대가 적극적으로 나를 괴롭히는 경우도 있지 않습니까? 특히 악연을 만난 경우에 더욱 그러한 경우가 있습니다. 이러한 경우는 대부분 인연으로 인한 경계인데 누구라도 마음을 온전히 지키기가 쉽지 않습니다. 그렇지만 이러한 경우에도 깊이 생각해보면 실제는 나의 마음과 태도의 문제인 경우가 많습니다. 왜냐하면 모든 분별이 상대적이기 때문입니다. 따라서 나의 생각과 감정을 내려놓고 먼저 상대가 왜 나를 괴롭히는지 그 원인부터 잘 살펴보아야만 합니다. 그 원인을 잘 따져보면 뜻밖에도 그 사람이 나를 괴롭히는 원인을 내가 제공한 경우도 많습니다. 심지어는 그 사람이 나를 괴롭히려고 한 것이 아니라 오히려 나를 가르치고 단련하여 성장시키고자 한 행위를, 내가 공연한 피해의식을 가지고 오해하여 나를 괴롭힌다고 생각할 수도 있는 것입니다.

그런데 아무리 나의 잘못을 찾아보아도 보이지 않고 제삼자의 관점에서 보더라도 나에게 잘못이 전혀 없는 경우라면 그것은 필시 전생사라고 보아야 합니다. 왜냐하면 전생에 내가 상대방에게 빚을 졌거나 죄를 지은 것이 있어서 그것을 지금 내가 갚고 있는 것이라고 보는 것이 인과법칙상 타당할 뿐만 아니라, 설혹 사실이 아니라고 해도 전생사로 보는 것이 마음을 돌리는 데 편리하기 때문입니다. 그러나 이보다 더 좋은 방법은 모든 경계를 나의 업장 업력을 소멸시킴과 동시에 나를 단련하여 성장시키기 위한 진리의 배려이고 은혜이며 나의 스승이라고 생각하는 것입니다. 왜냐하면 실제로 경계를 만나지 않고서, 역경을 만나지 않고서, 반복 훈련을 하지 않고서 나를 단련하고 진급시킬 수 있는 방법은 없기 때문입니다. 이것은 현실 세계에서 좋은 대학, 좋은 회사에 들어가기 위해서는 얼마나 많은 노력을 해야 하는지, 가수나 운동선수들이 자기의 기량을 높이기 위해서는 얼마나 많은 연습과 훈련을 필요로 하는지를 생각해보면 쉽게 알 수 있습니다.

본서의 4장에서 자세히 살펴본 바와 같이 인과보응의 이치에 의하면 우리가 겪는 모든 현상변화, 즉 그 시공간에서 일어난 사건들은 그 사건들이 그때 거기에서 그렇게 일어날 수밖에 없고, 현재 여기에서 내 눈앞에 전개되는 사건들 역시 현재 여기에서 이렇게 일어날 수밖에 없는 필연적인 이유(인연: 원인과 조건)가 있다는 것입니다. 따라서 내가 겪는 모든 것은 내가 알든 모르든, 또 내가 긍정하든 부정하든 관계없이 모두 소소영령한 진리의 작용, 인과보응의 이치에 따라 그렇게 일어난다는 겁니다. 한마디로 바꾸어 말하면 세상에 원인이 없이 일어나는 사건은 없다는 겁니다. 따라서 내가 빚을 졌든 죄를 지었든 그것은 모두 갚아야만 끝나는 것이기 때문에, 어차피 겪어내야만 하는 일이라면 나를 단련하여 진급시키기 위한 진급시험이라 생각하고 감사한 마음으로 달게 받는 것이 좋다는 겁니다.

보통 사람들에게는 매우 어려운 일이지만, 사실 원수는 은혜로 갚아야만 서로 돌아가면서 보복하는 인연의 고리를 끊어낼 수가 있기 때문에 예수님이 "원수를 사랑하라"고 하신 것입니다. 원수를 은혜로 갚으면 원한이 쉽게 풀릴 뿐만 아니라 상극의 악연도 상생의 선연으로 바뀔 수 있기 때문입니다. 이상은 삼세인과적인 관점에서 푸는 방법입니다. 그러나 내가 나도 모르게 무의식적으로 저질렀던 일들과 과거 오래전 또는 전생에 저지른 잘못들은 전혀 기억이 나지 않기 때문에 스스로 이를 인정하여 받아들이기가 쉽지 않습니다. 따라서 인과에 대한 완전한 믿음을 가지고 있는 사람이 아니면 쉽게 납득하여 실행하기가 어렵다는 단점이 있습니다.

그래서 이와 같이 삼세인과적 관점으로 해결이 잘 안 되는 경우에는 바라보는 관점과 시각을 바꾸어 볼 필요가 있습니다. 왜냐하면 어떤 행위의 시비·이해와 선악·가치는 보는 관점·시각에 따라서 얼마든지 다르게 볼 수도 있는데, 지나치게 아집이 강하여 자기의 관점만 옳다고 생각하다 보면, 실제는 자기의 잘못인데도 불구하고 이를 깨닫지 못하고 적반하장으로 상대방에게 화를 내는 경우도 많기 때문입니다.

그렇다면 관점과 시각을 어떻게 바꾸어 볼 것인가?

첫째 처지를 바꾸어서 내가 상대방이라면 어떠하겠는가를 살펴 생각해 봅니다.

둘째 상대방이나 내가 아닌 제삼자의 관점에서 보면 어떠한지를 살펴 생각해 봅니다.

셋째 '나'라는 개인의 관점이 아닌, 조직이나 기관 전체의 관점에서 살펴 생각해 봅니다.

넷째 앞으로 일정한 기간이 지난 뒤에는 어떠할지를 미래의 관점에서 살펴 생각해 봅니다.

다섯째 무상의 관점에서 살펴 생각해 봅니다. "이것도 곧 지나갈 것이다."라고 한 말씀에서처럼 세상의 그 어떤 것도 그대로 머물러 있는 것은 없으며, 얼마간의 시간이 지나면 자연히 변화되고 사라지기 때문입니다. 인생만사 새옹지마의 관점에서 보면 길흉화복이 고정되게 정해진 것이 없으며, 해로움에서도 은혜가 생기고 은혜에서도 해로움이 생기듯이 돌고 도는 것이므로 길흉화복과 순역고락을 초월하여 담담한 태도를 기르기에 노력하는 것입니다.

여섯째 무아의 관점에서, 즉 내가 현재 죽고 없다면 어떠한지를 살펴 생각해 봅니다.

일곱째 화를 내게 되면 먼저 나의 기분이 나빠지고 나의 건강이 나빠지며, 나의 인격이 손상되고 나의 판단 분별이 흐려지며, 그동안 쌓아온 나의 수행 공덕이 소멸되는데, 과연 화를 내는 것이 의미가 있는 일인가를 다시 한번 살펴 생각해 봅니다.

여덟째 그럼에도 불구하고 화를 낸다면 과연 그로 인해 그 일이 잘 해결될 수 있는가를 살펴 생각해 봅니다.

이상과 같이 다양한 관점에서 전후좌우와 과거 현재 미래의 삼세를 함께 고려해서 살펴 생각해 본다면 대부분은 충분히 이해가 되고, 화를 내면 자기만 손해볼 뿐 아니라 실제는 화를 낼 이유도 별로 없다는 것을 또한 알게 될 것입니다.

모든 경계는 인과보응의 법칙에 따라 나에게 주어진 조건일 뿐이며 그 조건에 대한 반응으로서의 나의 감정 역시 인과에 따른 발현이므로 여기까지는 무조건적인 신앙으로 받아들여야만 합니다. 그러나 그 발현된 감정에 따라 그대로 심신작용을 하는 것은 과거의 업장·업력에 끌려가는 것이므로, 수행자는 이 감정의 움직임을 얼른 알아차리고 직시하며 주시함[173]으로써 대상으로 향하는 감정

---

173) 자신의 모든 심신작용을 관찰자로서 주시하게 되면 행위자인 거짓나Ego와 관찰 주시자의 사이에 거리가 생기게 됨으로써 마침내 자아상의 집착과 속박으로부터 벗어날 수 있는 힘이 생깁니다.

에너지의 흐름을 자기 마음을 살피는 쪽으로 돌이켜서 멈춘 다음, 모든 분별주착심을 내려놓고 빈 마음에서 대소유무의 이치를 따라 일의 시비이해를 밝게 분석하여 원만구족하고 지공무사하게, 중도에 맞게, 바르게 취사해야만 업장·업력을 소멸시켜 운명을 바꿔 갈 수 있는 것입니다. 이때 나의 취사선택은 전적으로 나의 자유의지와 실천력에 달려 있으므로 그에 대한 모든 책임도 나에게 있는 것이며, 그 취사를 어떻게 하느냐에 따라 현재 이후의 나의 행·불행과 고락이 결정되는 것입니다. 그러므로 순경은 나를 추진시키고 역경은 나를 단련시키는 도구로 삼아서 순역 간에 항상 진급은 될지언정 강급은 되지 않도록 유념하고 주의하며 정진하라는 겁니다.

자성의 정定·혜慧·계戒를 세우는 6단계의 마음공부법

일상생활 중에 경계를 따라 자성의 정혜계를 세우는 6단계의 마음공부법을 상술하면 다음과 같습니다.

(1) 지금 여기에 일심하기(늘 일심을 챙겨 방심하지 않기 – 無時禪, 活禪)

과거는 이미 지나간 것이니 우리의 기억 속에 있을 뿐 실재하지 않을뿐더러 신이라도 이를 변화시키지 못합니다. 따라서 이에 집착하는 것은 꿈속의 일에 집착하는 것과 조금도 다르지 않은 어리석은 짓입니다.

또한, 미래는 아직 오지 않은 것이니 우리의 상상 속에만 있을 뿐 실재하지 않습니다. 따라서 우리의 과거와 미래는 모두 이 현재의 의식 속에서 관념으로 창조되는 것일 뿐 현재에 실재하는 것이 아닙니다.

그러므로 우리가 선택할 수 있는 것은 오직 현재일 뿐이며, 이 현재의 선택에 의해 미래가 좌우되는 것이니, 우리의 일생과 영생이 오직 "지금 여기"에서 결정된다고 볼 수 있습니다. 따라서 우리의 모든 수행도 "지금 여기"에서 행해져야만 하고, 우리의 모든 마음도 "지금 여기 이 일"에 집중되어야만 합니다. 그런데, 실제는 우리의 마음이 "지금 여기"에 있지 않고, 과거나 미래 또는 다른 곳에 가 있는 경우가 많습니다. 즉, 마음이 현실에 있지 않고 비현실에 가 있는 수가 많은 것입니다.

따라서 "지금 여기"에 있지 않은 마음을 "지금 여기"로 데려오는 것에서부터 수행이 시작됩니다. 그러기 위해서는 먼저 내 마음을 항상 주시하지 않으면 안 됩니다. 내 마음을 주시하며 출입할 때마다 검문 단속하는 것을 "마음을 챙긴다고" 합니다. 마음이 "지금 여기"를 떠나 있는 것을 방심放心이라 하고, 마음이 "지금 여기"에 전일專一한 것을 일심一心이라 합니다. 방심을 알아채어 일심을 이루는 것을 "일심을 챙긴다"고 합니다. 일심이 되지 않을 때 일어나는 잡된 생각을 잡념이라 하고, 온갖 생각이 종잡을 수 없이 어지럽게 일어나는 것을 난상亂想이라 하고, 때와 장소에 맞지 않는 생각을 망념妄念이라고 합니다. 일심도 아니고 잡념이나 망념도 아닌 멍한 상태를 무기공無記空이라 하고 비몽사몽非夢似夢으로 몽롱한 상태를 혼침昏沈이라고 합니다. 잡념, 난상, 망념 등이 일어나더라도 거기에 전혀 마음을 두지 말고, 무기공이나 혼침에도 빠지지 말고, 오직 일심을 챙겨서 마음이 고요하고 고요한 가운데에 의식만은 또랑또랑 초롱초롱하게 깨어 있는 상태를 이루는 것을 선禪이라고 합니다. 앉아서 하는 선을 좌선坐禪이라 하고, 누워서 하는 선을 와선臥禪이라 하고, 걸어가면서 하는 선을 행선行禪이라 하고, 일하거나 일상 생활하는 가운데 오직 그 일 그 일에 일심하여 하는 것을 활선活禪 또는 사상선事上禪이라고 합니다.

"지금 여기"에 늘 일심하기 위해서는 평소에 좌선을 매일 최소한 30분 이상 빠지지 말고 열심히 해야 하는 것이 기본이고, 상황 조건에 따라 와선, 행선, 사상선, 활선을 적절히 활용하여 때와 장소를 가리지 않고 늘 선으로 일관하는 무시선 무처선無時禪 無處禪이 되도록 해야 합니다. 무시선 무처선이 잘되면 잘될수록 경계를 따라 요란해지고 어리석어지고 글러지는 일이 줄어들어 마침내는 늘 평상심 속에 극락을 수용하며 살게 됩니다.

앞에서 살펴본 바와 같이 이 세상 모든 사람들의 빈부귀천, 선악미추善惡美醜, 체질강약, 지우智愚 등의 차이가 모두 자기의 심신작용(육근작용 즉, 작업)을 따라서 이루어진 것이고, 그 심신작용은 결국 마음이 들어서 한 것이므로, "지금 여기"에서 이 마음을 어떻게 쓰느냐가 그의 인생의 성패와 행불행幸不幸을 결정하는 핵심 관건이 된다고 할 수 있습니다. 따라서 마음 작용하는 법을 배우는 마음공부가 모든 공부와 사업의 가장 근본이 되는 것이며, 마음공부는 "지금 여기"에 일심을 챙기는 공부가 가장 근본이 되는 것입니다.

(2) 요란해진 마음을 알아차리고 충분히 느끼기(- 智慧)

마음이 요란해진다는 것은 생각이나 감정이 동하는 것을 말합니다. 다시 말하면 예쁘다 밉다, 크다 작다, 뚱뚱하다 날씬하다, 아무개다 아무것이다, 아무러하다 등등의 판단분별이 일어나고, 바로 이어서 거기에 주착심이 일어나 좋다 싫다는 감정憎愛心이 동하는 것을 말합니다. 따라서 경계를 따라 요란해진 마음을 알아차린다는 것은, 예컨대 화가 끓어오른다면 "지금 내 마음에 화가 끓어오르고 있구나!"하고 알아차리고, 짜증 나는 마음이 올라온다면 "지금 내 마음이 짜증 나고 있구나!"하고 알아차리고, 욕심이 일어나면 "지금 내 마음이 욕심을 내고 있구나!"하고 알아차리는 것입니다. 여기서 주의할 것은 요란해진 마음을 따라가며 억지로 이를 눌러 없애려고 해서는 안 된다는 겁니다. 그것은 오히려 요란함을 증폭시키거나 무의식 속으로 잠복시켜 변형 왜곡되게 함으로써 각종의 질병을 일으킴과 동시에 업력을 더욱 증장시키기 때문입니다. 따라서 요란해진 마음을 먼저 알아차리고, 그 마음, 그 감정을 그대로 직시하여 인정하고 받아들이면서 충분히 느끼고 어루만져주는 것이 중요합니다. 만약 가치 판단에 의해 이를 억누르거나 회피하게 되면 잠재의식 속으로 잠복되어 나중에 더 큰 문제를 일으키게 됩니다.

(3) 얼른 멈추고 자성 일원상에 반조하기
(얼른 멈추고 평화롭던 원래의 마음에 비추어 보기 - 修養)

경계를 따라 요란해진 마음을 알아차리고 그 감정을 충분히 느꼈으면 마음을 돌이켜서 일원상과 같이 원만구족하고 지공무사한 자성 자리 즉, 요란함과 어리석음과 그름이 없는 자리에 비추어보거나 평화롭던 원래의 마음에 대조해서 멈춰야 합니다. 여기서 멈추지 못하고 요란함이나 어리석음이나 그름이 있는 그대로 취사를 하게 되면 업력에 끌려간 것이니, 그 끌리어서 취사한 바가 그대로 새로운 업인이 되어 인과의 수레바퀴를 따라 계속 돌아가게 됩니다. 그러나 여기서 멈추면 인과를 자유로 선택할 수 있게 되므로, 시비이해를 바르게 판단하여 현명하게 취사하면 삼대력이 증장되고 심지 가운데에 잠복되어 있다가 경계를 따라 요란하게 했던 업인業因이 업력과 함께 소멸함과 동시에 복락의 길이 열리게 되는 것입니다.

(4) 요란해진 원인을 알아내고 시비이해를 바르게 분석 판단하기(- 硏究)

일단 요란해진 마음을 멈추었으면 상대방의 입장과 내 마음을 살피되, 상대방의 입장이 충분히 이해되고 내 마음 가운데에 잠복되어 있다가 요란함을 일으킨 원인이 무엇인지를 확실히 알 때까지 살펴봅니다. 여기서 요란해진 원인을 확실히 알지 못하고 상대방의 입장이 충분히 이해되지 않으면 원망심이 생기므로, 원만구족하고 지공무사하게 취사하기가 어렵게 됩니다. 그 요란해진 원인을 분명하게 알아냈으면 대소유무의 이치를 따라 시비이해를 바르게 분석, 판단하여 어떻게 취사하는 것이 가장 현명한가를 알아냅니다. 대개는 요란해진 마음을 멈추고 원만구족하고 지공무사한 자리에서 자성의 지혜로 요란해진 원인과 시비이해를 분석판단해 보면 자연히 현명하게 취사하는 길이 보이게 됩니다. 그러나 아직 연구력이 부족할 때에는 원인을 잘 알 수 없거나, 원인은 알았더라도 어떻게 해야 좋을지 잘 모를 경우가 있습니다. 이럴 때에는 그것을 의두疑頭로 삼아 알게 될 때까지 궁굴려 보거나 교무님 또는 법 동지나 선진자先進者에게 상담을 해보는 것이 좋습니다. 여기서 대소유무란 대大는 본체 자리, 하나의 자리, 전체의 자리를 말하고, 소小는 각각으로 나뉘어 있는 자리를 말하고, 유무有無는 변화의 자리, 인과의 자리를 말합니다.

(5) 바르게 취사하기(현명하게 실천하기 - 取捨)

현명하게 취사하는 길을 알았으면 그대로 실천에 옮기면 됩니다. 이때 억지로 마음을 내서 실천하면 그 서운하거나 억울한 마음이 다시 업인業因이 되므로 항상 감수불보(甘受不報: 달게 받고 되갚지 않음) 또는 감수종은(甘受種恩: 달게 받고 오히려 은혜를 심음)의 마음이 되어야 하고, 되도록이면 지은보은知恩報恩하되 어디에도 주착함이 없는 상相이 없는 마음을 내야 합니다. 즉, 내가 이렇게 저렇게 했다는 생각을 내지 말고 실천하라는 것입니다.

① 감수종은甘受種恩: 일체가 자업자득임을 알아서 달게 받되 되도록 은혜를 베풀어 상생으로 돌릴 수 있는 길을 택하라는 겁니다.

② 지은보은知恩報恩: 상극의 경계를 당하더라도 어떻게든 은혜를 발견하여 감사하고 보은하라는 겁니다. 왜냐하면, 경계가 아니면 삼대력을 단련할 수가 없고, 경계가 아니면 무의식 가운데에 잠복되어 있는 업의 종자를 밖으로 끌어내어 제거하기가 어려울 뿐만 아니라, 그 경계를 감수하지 않으면 과거 전생의 빚을 갚고 업력을 벗어나 자유를 얻기가 어렵기 때문입니다.

③ 응무소주이생기심應無所住而生其心: 어디에도 주착함이 없이
   마음을 내어 무심으로 행합니다.

(6) 반성하기(되돌아보아 깨우치고 새롭게 다짐하기 - 研究)

모든 일을 처리한 뒤에 그 심신작용 처리건을 생각하여 보되 경
계를 따라 요란해지고 어리석어지고 글러진 마음을 알아차리지 못
하고 그대로 취사를 했거나, 알아차렸더라도 자성에 반조하여 정·
혜·계를 세우지 못하고 요란해진 마음에 끌려가서 취사를 한 경우
에는 그 원인이 어디에 있는지를 살펴 참회, 반성하고, 다시 한번
마음을 챙기며 온전한 생각으로 취사할 것을 다짐합니다.

- 대개의 경우는 위 6단계를 다 거치지 않고 (2)단계나 (3)단계에서 해결
  되는 경우가 많습니다. (1)단계 공부가 잘되면 그다음 단계로 넘어갈 일
  이 없지만 (1)단계 공부가 전혀 안 되어 있으면 (2)~(5)단계를 거치지 않
  고 바로 (6)단계로 넘어가거나 공부할 일이 있었는지조차 알지 못하거
  나 한참 뒤에야 이를 깨닫고 (6)단계로 넘어가는 수도 있으니 늘 깨어
  있도록 주의해야 합니다.

10.9 기타 마음공부에 도움이 되는 법문들

• 『오늘은 그대들에게 마음 지키고 몸 두호하는 데에 가장 필요한 방법을 말하여 주리니 잘 들어서 모든 경계에 항상 공부하는 표어를 삼을지어다. 표어란 곧 경외심을 놓지 말라 함이니, 어느 때 어디서 어떠한 사람을 대하거나 어떠한 물건을 대하거나 오직 공경하고 두려워하는 마음을 가지고 대하라 함이니라. 사람이 공경하고 두려워하는 마음을 놓고 보면 … 대수롭지 않은 경계와 하찮은 물건에도 흔히 구속과 피해를 당하나니, 그것은 처지가 무간하고 경계가 가볍다 하여 마음 가운데 공경과 두려움을 놓아 버리고 함부로 행하는 연고라, 가령 어떤 사람이 어느 가게에서 성냥 한 갑을 훔치다가 주인에게 발각되었다면 그 주인이 하찮은 성냥 한 갑이라 하여 그 사람을 그저 돌려 보내겠는가. 극히 후한 사람이라야 꾸짖음에 그칠 것이요, 그렇지 아니하면 모욕을 가할 수도 있을 것이니, 이것은 곧 그 성냥 한 갑이 들어서 그 사람을 꾸짖고 모욕한 것이며, 다시 생각하면 성냥을 취하려는 욕심이 들어서 제가 저를 무시하고 욕보인 것이요, 그 욕심은 성냥 한 갑에 대한 경외심을 놓은 데서 난 것이니, 사람이 만일 경외심을 놓고 보면 그 감각 없고 하찮은 성냥 한 갑도 그만한 권위를 나타내거든, 하물며 그 이상의 물질이며 더구나 만능의 힘을 가진 사람이리요. 그러므로 우리는 항상 공경하고 두

려워하자 함이니, 우리가 무엇이나 공경하고 두려워하는 마음을 가지고 의義로써 살아간다면 위로 창창한 하늘을 우러러보나, 아래로 광막한 대지를 굽어보나, 온 우주에 건설되어 있는 모든 물건은 다 나의 이용물이요, 이 세상에 시행되는 모든 법은 다 나의 보호 기관이지마는, 만일 공경과 두려움을 놓아 버리고 함부로 동한다면 우주 안의 모든 물건은 도리어 나를 상해하려는 도구요, 이 세상 모든 법은 도리어 나를 구속하려는 포승이니, 어찌 두렵지 아니하리요. …」《대종경》, 인도품 33장)

• 『이정원李正圓이 여쭙기를 "어떻게 하여야 증애憎愛에 끌리지 아니하고 원만한 마음을 가질 수 있겠나이까?" 대종사 말씀하시기를 "증애에 끌리지 않는 방법은 매양 한 생각을 잘 돌리는 데에 있나니, 가령 저 사람이 나를 미워하거든 다만 생각 없이 같이 미워하지 말고, 먼저 그 원인을 생각하여 보아서 미움을 받을 만한 일이 나에게 있었거든 고치기에 힘쓸 것이요, 그러한 일이 없거든 전세의 밀린 업으로 알고 안심하고 받을 것이며, 한 편으로는 저 사람이 나를 미워할 때에 나의 마음이 잠시라도 좋지 못한 것을 미루어 나는 누구에게든지 미움을 주지 않으리라고 결심하라. 그리하면, 나를 미워하는 사람이 곧 나의 마음 쓰는 법을 가르치는 선생이 될 것이니, 그를 나의 선생으로 인정할 때에는 어찌 미운 생각이 나겠는가. 이것이 곧 미운 데에 끌리지 않게 하는 방법이니라. 또는, 저 사람이 나를 사랑하거든 다만 생각 없이 좋아만 할 것이 아니라, 또한 먼저 그 원인을 생각하여 보아서 그만한 사랑 받을 일이 있었거든 그 일을 영원히 변하지 않기로 명심하고, 만일 그만한 일이 없이 받는 사랑이거든 그것을 빚으로 알아야 할 것이며, 또한 사랑 가운데에

는 정당한 사랑과 부정당한 사랑이 있나니, 정당한 사랑이면이어니와 부정당한 사랑이면 그것을 끊을 줄도 알아야 할 것이며, 정당한 사랑일 지라도 거기에 집착하여 다른 일에 방해될 기미가 있거든, 반드시 용단 심을 일어내어 대체 행사에 그르침이 없도록 노력하라. 이것이 곧 애착에 끌리지 않는 방법이니라. 그대가 이 두 가지에 끌리지 않는 공부를 계속하면 곧 원만한 마음을 얻게 되리라.”』《대종경》, 인도품 18장)

• 『사람이 무슨 일을 시작하여 한 가지도 그르침이 없을 때에는 그 일을 잘 해보려는 성의가 계속되다가도 중간에 혹 한 두 번 실수를 하고 보면, 그만 본래 마음을 다 풀어 버리고 되는 대로 하는 수가 허다하나니, 이것은 마치 새 옷을 입은 사람이 처음에는 그 옷을 조심하여 입다가도 때가 묻고 구김이 지면 그 주의를 놓아 버리는 것과 같나니, 모든 일을 다 이와 같이 한다면 무슨 성공이 있으리요. 오직 철저한 생각과 큰 경륜을 가진 사람은 무슨 일을 하다가 혹 어떠한 실수를 할지라도, 그것을 전감 삼아 미래를 더욱 개척은 할지언정 거기에 뜻이 좌절되어 당초의 대중을 놓아 버리지는 아니하나니, 이러한 사람에게는 작은 실수가 도리어 큰 성공의 바탕이 되나니라.』《대종경》, 인도품 38장)

• 『사람이 세상에서 무슨 일을 하기로 하면 각각 그 일의 판국에 따라 그만한 고난과 파란이 다 있나니, 고금을 통하여 불보살 성현들이나 위인달사 치고 고난 없이 성공한 분이 거의 없었나니라. 과거 서가모니 불도 한 나라 태자의 모든 영화를 다 버리시고 성을 넘어 출가하사, 육년 동안 갖은 난행과 고행을 겪으셨으며, 회상을 펴신 후에도 여러 가지 고난이 많으신 가운데 외도들의 박해로 그 제자가 악살까지 당하였으나, 부

처님의 대도는 그 후 제자들의 계계 승승으로 오늘날 모든 생령의 한량 없는 존모를 받게 되었고, 공자께서는 춘추 대의를 바로잡기 위하여 천하를 철환 하실 때에 상가의 개 같다는 욕까지 들으셨으며, 진채의 난과 모든 박해를 입었으나 그 제자들의 꾸준한 노력으로 필경 인륜 강기를 바로잡아 오늘날 세계적 성인으로 존모를 받게 되었고, 예수께서도 갖은 박해와 모함 가운데 복음을 펴시다가 마침내 십자가에 형륙까지 당하였으나, 그 경륜은 사도들의 악전 고투로 오늘날 가위 전 세계에 그 공덕을 끼치지 아니하는가.』《대종경》, 교단품 27장)

• 『세상의 모든 사물이 작은 데로부터 커진 것 외에는 다른 도리가 없나니, 그러므로 이소성대以小成大는 천리天理의 원칙이니라. 이 세상에 크게 드러난 모든 종교의 역사를 보더라도 처음 창립할 때에는 그 힘이 심히 미약하였으나 오랜 시일을 지내는 동안에 그 세력이 점차 확장되어 오늘날 큰 종교들이 되었으며, 다른 모든 큰 사업들도 또한 작은 힘이 쌓이고 쌓인 결과 그렇게 커진 것에 불과하나니, (중략) 그대들은 공부나 사업이나 기타 무슨 일이든지 허영심과 욕속심欲速心에 끌리지 말고, 위에 말한 이소성대의 원칙에 따라 바라는 바 목적을 어김 없이 성취하기 바라노라.』《대종경》, 교단품 30장)

• 『모든 사업의 성공과 파괴의 원인이 그 사업의 주인들의 존심存心과 방심放心에 달려 있나니, 시종이 한결같이 꾸준한 정성심과 주의심을 놓지 않는 것이 존심이라 이것이 성공의 원인이요, 좀 고생이 된다하여 열의가 식거나 좀 오래 되었다하여 함부로 하는 것이 방심이라 이것이 파괴의 원인이니라.』《정산종사법어》, 공도편 8장)

• 『누구나 성공을 바라나 성공하는 사람은 적고 실패하는 사람이 많은 까닭은 탐·진·치와 오욕에 끌려서 조동躁動하고 경동輕動하고 망동妄動 하기 때문이니라. 조동은 때에 맞지 않게 성급히 움직이는 것이요, 경동 은 신중하지 않고 가볍게 움직이는 것이요, 망동은 거짓과 허식으로 움 직이는 것이니, 실패를 하지 않으려면 경계를 당해 멈추고 생각하고 취 사할 줄 알아서 천천히 순서 있게 참되고 바르게 움직여야 하느니라.』

《대산종사법어》, 운심편 39장)

11

일심공부,
명상

일심공부란 염불이나 주문, 화두, 호흡 또는 사경寫經, 독경, 작업 등 무엇이든지 어떤 대상에 집중하여 마음이 과거나 미래 또는 다른 곳으로 흩어지지 않도록 하는 마음공부를 말하는데, 명상과도 상통하는 말이라 하겠습니다.'명상'이란 말은 특히 최근 들어 일상적으로 쓰는 말이지만 그 개념이 무엇이라고 한마디로 정의하기는 매우 어려워, 그 방법과 명상가 또는 학자에 따라서 매우 다양하게 정의될 수 있겠습니다. 필자는 일단 "명상이란 어떠한 방법으로든지 일심을 통해 무심無心으로 들어가 진리와 합일合一하여 삼매三昧에 들거나, 생사·고락을 해탈하고 마음의 자유와 평화를 누리기 위한 일련의 수행 과정"이라고 정의하겠습니다. 명상(冥想, 瞑想, 暝想: meditation, meditatio)은 대체로 묵상默想[174), 관조觀照, 관상觀想&contemplation 등의 의미와 함께 다음과 같은 내용을 함축한다고 보겠습니다.

① 지금 여기 이 일에 집중한다. 그 일 그 일에 일심한다.

② 흩어진 마음을 하나로 모은다一心. 일심하기 위한 방편으로 단

---

174) 묵상默想은 사전적으로는 "고요히 생각을 깊이 하는 것"이라고 했지만, 사실은 "생각을 침묵시키는 것"이라고 하는 편이 명상의 의미에 가깝다.

전에 의식을 두고 호흡을 주시하거나, 염불 또는 만트라에 집중하여 암송하거나, "나는 누구인가?"하고 화두를 참구한다.

③ 동정간에 마음의 움직임(생각·감정)을 바라보거나 지켜본다(觀心, 觀照, 注視, 注意). 이때 주의할 것은 자기의 생각 감정에 대해 일체의 가치 판단이나 분별심을 내려놓고 있는 그대로 그냥 바라보라는 것이다. 흘러가는 물이나 구름을 무심히 바라보듯이. 모든 생각 감정은 만물과 마찬가지로 무상하기 때문에 아무 생각 없이 그냥 바라보다 보면 어느새 자기도 모르게 사라지게 됩니다.[175]

④ 동정 간에 몸과 마음의 움직임을 알아차린다知覺.

⑤ 모든 분별주착심과 가치 판단을 내려놓는다放下著. 모든 생각을 쉰다(空心, 淸心, 無心, 無念無想, 休休歇). ➡ "몰라!" "오직 모를 뿐!"[176]

⑥ 몸가짐을 단정히 하여 마음을 산란하지 않게 집중하고 항상 깨어있되 일심을 챙겨서 빈틈을 두지 않는다持敬[177].

⑦ 구방심求放心: 마음을 단속하여 방심하지 않도록 잘 챙긴다.

---

175) 가령 상대방에게 화가 났을 때 얼른 이를 알아차리고 그 화나는 마음을 그냥 바라보면 됩니다. 그러면 상대방에게로 향하던 화의 에너지가 자신의 화나는 마음으로 방향을 전환하고 무심히 바라보는 사이에 무상의 이치에 따라 그 화난 감정도 저절로 사라지게 되는 것입니다. 그러나 이때 빨리 화가 가라앉기를 바란다든지 기타의 생각을 품고 바라보게 되면 오히려 화가 사라지지 않습니다. 그 생각이 화를 붙잡고 있기 때문입니다.

176) 모든 생각과 분별집착심을 내려놓는 방법으로 "몰라!"라는 방법이 매우 좋습니다. 내가 누군지, 여기가 어딘지, 지금이 어느 때인지, 기타 무엇이든지 일체 "몰라!" 하고 내려놓는 것이다. 무슨 생각이 떠오르든지 그저 "몰라!" 하고 내려놓으면 됩니다.

177) 持敬: 整齊嚴肅, 主一無敵, 常惺惺, 其心收斂, 不容一物.

⑧ 거경궁리居敬窮理: 항상 몸과 마음을 삼가서 바르게 가지고 함부로 행동하지 않으며常不輕, 사리를 궁구한다.

⑨ 무관사 부동不動: 직접 관련 없는 일에 참견, 간섭하거나 신경 쓰지 않는다.

명상은 일반적으로 크게 통찰명상과 집중명상으로 나눌 수 있습니다.

통찰명상(正念: 위파싸나)은 깨어있는 의식으로 감각(느낌)과 생각·감정의 움직임을 판단 분별하지 않고 대상에 주의를 기울여 있는 그대로 알아차리는 방법으로, 무아無我·무상無常·고苦를 깨쳐서 집착심을 놓고 지혜를 밝히는 방법입니다.

집중명상禪定&三昧은 망념에 끌려가지 말고 지금, 여기, 이 일(단전주든, 호흡이든, 일반 작업이든 현재 하고 있는 일)에 집중, 몰입하여 일심을 양성하고 무념무상의 삼매에 들어가는 방법입니다. 생각은 보통 과거가 아니면 미래에 가 있으므로 생각을 따라가지 말고 현재의 일에 집중하는 겁니다. 집중명상은 일원의 체성 또는 진리에 합일하여 모든 집착심과 번뇌망상을 내려놓고 극락을 수용하는 공부법입니다.

11.1

염불

염불은 원래 부처님을 마음속으로 생각하는 것을 말하고, 칭명
稱名은 부처님의 명호를 소리 내 부르는 것을 말하는데, 선도善導
화상 이후로 염불과 칭명을 동일시하게 되었습니다. 그러나 염불
은 입으로 "(나무)아미타불"하고 외는 것만 가리키지 않으며, 다음
의 세 가지를 모두 포함합니다. 이 중 ①번과 ②번을 합쳐서 칭명
염불, 또는 지명持名 염불이라 부르고, ③번을 관상觀想&觀像 염불
이라고 합니다.

① 부처님 이름을 소리 내 부르는 것[178]

② 소리는 내지 않고 속으로만 부르는 것[179]

③ 부처님의 모습·지혜·공덕을 생각하거나 제법 실상의 도리를
참구參究하는 것.[180]

그렇지만 염불이라고 하면 대부분 "(나무)아미타불"을 반복해서

---

178) 칭명 염불은 주로 "(나무)아미타불"을 주로 하지만, 이밖에도 "(나무)석가모니불", "(나무)관세음
보살", "(나무)지장보살" 등 불보살의 명호라면 다 부를 수 있습니다.

179) 염불을 소리는 내지 않고 속으로만 부르는 것을 특히 묵송黙誦이라고 하는데, 인광대사는 잠자
리에 들었거나, 옷을 벗고 있거나, 목욕하거나, 대소변을 보고 있거나, 더럽고 지저분한 곳에 있
을 때에는 소리를 내는 것은 공경스럽지 않으므로 묵송만 하라고 하였습니다.(《염불수행대전》,
58쪽)

180) 이상의 총론 내용은 『주세규 회집, 《염불수행대전》, 58~59쪽.』에서 인용, 편집함. 《염불수행대
전》은 이름 그대로 역대의 염불수행에 관한 모든 것을 집대성한 책입니다.

소리 내 외우거나 마음속으로 묵송黙頌하는 것을 말합니다. 여기서 "나무"란 인도말로 "귀의歸依한다, 귀명歸命한다"는 뜻이며, "아미타불"은 서방 극락정토에 상주하시는 부처님의 명호인데, 약칭하여 "미타彌陀"라고도 부르며, "무량수각無量壽覺"과 "무량광불無量光佛"이라는 의미를 가지고 있습니다. 따라서 "나무아미타불"은 "아미타 부처님께 몸과 마음을 바쳐 의지하고 예배한다."는 뜻입니다. 여기서 정토淨土란 대승불교에서 불보살이 거주한다는 청정한 국토를 가리키며, 우리 범부 중생들이 사는 번뇌로 가득 찬 고해의 현실세계를 예토穢土라고 부르는 데 대한 상대어로서, 부처가 되기 전 대승보살의 본원력에 의해 형성된 자연환경이 좋고 물질이 풍부하며 개개인의 인격을 완성하는 데 도움이 되는 모든 환경과 조건을 갖추고 있는 이상향이라고 할 수 있습니다.

정토로는 약사여래의 동방유리 세계, 석가모니불의 영산회상, 미륵불의 용화회상, 관음보살의 보타락정토, 아미타불의 서방 극락정토 등이 있는데, 이중 가장 대표적인 것이 아미타불의 극락정토(서쪽으로 10만억 국토를 지난 곳에 있다고 하여 보통 서방정토라고도 부름)입니다. 따라서 신앙과 수행을 통해 이러한 정토에 태어나겠다는 것을 정토신앙이라고 하는데 일반적으로는 아미타불과 서방정토에 대한 신앙을 가리킵니다. "아미타불"은 성불하시기 전 법장法藏보살로 계실 때 48대원을 발하여 성불하셔서 서방정토에 상주하신다는 부처님이신데, 특히 그중 제18원[181]에 누구든지 아미타불의 이름을 듣고 지극한 마음으로 믿고 즐거워하며, 모든 선근善根을 일심으로 극락왕생에 회향하고, 서방정토에 태어나기를 원하면서 "아미타불"을 열 번만 불러도 극락에 왕생하지 못하면 부처가 되지 않겠다는 서원을 세워서 부처가 되신 분이기 때문에, 누구든지 아미타불을 진심으로 믿고 극락왕생을 서원하며 일심으로 "(나무)아미타불"을 염송하면, 모든 죄업을 소멸하고 서방 극락정토에 태어나 성불할 수 있다고 합니다. 이는 많은 경전들과 석가모니부처님을 비롯한 역대의 허다한 선지식들이 이구동성으로 찬탄하시고 권장하신 불가사의한 수행법이라고 합니다.

- 『그때 부처님께서 장로 수보리에게 이르시길, "여기에서 서쪽으로 십만 억 불국토를 지나가면 '극락'이라 이름 하는 세계가 있고, 그 세계에는 명호가 '아미타'인 부처님이 계시나니, 지금 그곳에서 안온히 주지하시면서 법을 설하고 계시느니라. 사리불아, 저 국토를 어떤 인연으로 '극락'이라 하는가? 저 국토의 중생들은 어떠한 괴로움도 없고 오직 온갖 즐거움만 누리나니, 이러한 인연으로 '극락'이라 하느니라. (중략) 저 부처님은 어떠한 인연으로 명호를 '아미타'라 하는가? 사리불아, 저 부처님께서는 무량한 광명을 시방세계 불국토에 두루 비추시어 장애가 없

---

181) 《무량수경(상)》 제18원: "시방의 중생들이 나의 명호를 듣고 나의 나라를 생각하며, 여러 가지 공덕의 뿌리를 심고 지극한 마음으로 회향하여 나의 나라에 왕생하기를 바라는데도 뜻하는 결과를 이루지 못한다면 정각을 취하지 않겠나이다."(도경道鏡·선도善道 저, 이태원 역저, 《(念佛鏡 역주) 염불, 정토에 왕생하는 길》, 운주사, 2017. 10~11쪽에서 재인용함.)

느니라. 이러한 인연으로 명호가 '아미타'이니라. 또한 사리불아, 저 부처님과 그 국토 사람들의 수명이 무량무변 아승지겁이니, 이러한 인연으로 '아미타'라 이름하느니라. 사리불아, 저 극락장엄을 들은 중생들은 마땅히 저 국토에 태어나길 발원해야 하느니라. 왜 그러한가? 그들은 저 국토에서 이와 같은 수많은 상선인上善人들과 한 곳에 모여 살 수 있기 때문이니라. 사리불아, 적은 선근·복덕 인연으로는 저 불국토에 태어날 수 없느니라. 사리불아, 선남자 선여인이 아미타 부처님에 대한 설법을 듣고, 그 명호를 집지하여, 하루나 이틀이나 사흘이나 나흘이나 닷새나 엿새나 이레 동안 일심에 이르러 산란하지 않는다면, 그 사람이 목숨을 마치려 할 때에 아미타부처님께서 수많은 성중聖衆들과 함께 그 앞에 나타나시느니라. 그래서 그 사람은 임종할 때 마음이 전도되지 아니하고 아미타 부처님의 극락국토에 즉시 왕생할 수 있느니라. 사리불아, 나는 이러한 진실한 이익을 보았기에 이러한 말을 하는 것이니, 이 말을 들은 중생들은 마땅히 저 국토에 태어나길 발원해야 하느니라. (중략) 사리불아, 선남자 선여인이 이 경을 수지하고 제불의 명호를 듣는다면, 이 모든 선남자 선여인은 모두 일체제불의 호념을 받아 아뇩다라삼먁삼보리에서 물러나지 않을 것이니라. 그러므로 사리불아, 너희들은 나의 말과 제불의 말씀을 믿고 받아 지닐지니라. 사리불아, 아미타불 국토에 태어나겠다고 이미 발원하였거나 당래에 발원하는 이들은 모두 아뇩다라삼먁삼보리에 물러나지 아니하여서 저 국토에 벌써 태어났거나 지금 태어나거나 당래에 태어날 것이니라. 그러므로, 사리불아, 모든 선남자 선여인이 믿음을 내었다면 응당 저 국토에 태어나길 발원할지니

라.』《불설아미타경》)[182]

- 정공법사: "부처님의 명호를 부르는 것은 부처님이 갖고 계신 공덕을 자신의 공덕으로 바꾸는 것입니다." "아미타불 명호를 한번 부르면 부처님께서 한 평생 설하신 모든 경전을 다 읽은 것과 같습니다." "'아미타불' 네 글자가 바로 일체 불법의 대총지(大總持: 다라니) 법문입니다. 불법이 최후에 이르면, 부처님의 한 평생 교화는 바로 아미타불 명호입니다. 그러므로 일심으로 이 명호를 붙잡으면, 부처님께서 49년간 설하신 일체 법문이 모두 이 한 마디 부처님 명호 안에 포함됩니다. 아미타불 명호는 여래의 깊은 법장法藏입니다."《염불수행대전》, 84~85쪽)

우리가 입 밖으로 내는 말은 우리가 미처 알지 못하는 힘을 가지고 있습니다. '고맙습니다' '잘될 거야'와 같은 좋은 말을 만 번 이상 하면, 그 말은 진언이 되어 알 수 없는 큰 힘이 생긴다고 합니다. 그런데 '아미타불'이란 이름은 모든 부처님들께서 한결같이 찬탄하신 이름이고, 또 수많은 성현들과 선지식들께서 아미타불의 이름을 친히 부르며 서방정토에 왕생하기를 발원하신 것은 물론이거니와 우리 중생들에게도 아미타불을 부를 것을 간절히 권하셨고, 또한 아미타불이라는 명호는 수천 년간 헤아릴 수 없이 많은 사람들이 공경심을 가지고 우러르며 불렀던 이름입니다. 그러하기에 아미타불은 사람의 이름과는 달리 무량한 공덕이 함축

---

182) 우익대사 요해, 원영대사 주석, 정공법사 강설, 허만항 편역, 《불설아미타경요해》, 10~19쪽.

되어 있다는 것입니다.[183]

역사적으로 볼 때 염불은 주로 정토삼부경(淨土三部經:《無量壽經》, 《觀無量壽經》,《阿彌陀經》)을 근거로 아미타불과 극락정토에 대한 신앙적인 측면에서 업장소멸, 성불과 극락왕생을 목적으로 해왔으나, 선종의 일부 선사들과 원불교의 《정전》에서는 자심미타自心彌陀를 발견하여 자성극락으로 돌아가고자 하는 수행적인 측면을 강조했습니다. 그러므로 여기서는 이 두 가지 측면을 차례로 모두 언급하고자 합니다.

염불이 지금처럼 중요한 수행법의 하나로 자리 잡게 된 것은 역시 정토신앙과 관련이 깊습니다. 정토신앙은 부처님의 본원에 의지하여 정토에 왕생하고자 하는 신앙으로, 정토 왕생의 방법으로 염불이 권장되었기 때문입니다. 정토 신앙은 기원후 1~2세기에 걸쳐 대승불교 운동과 함께 출가교단은 물론 재가자들 사이에서 일어나고 있었던 것으로 추정하고 있습니다. 이후 정토신앙은 인도에서 서역·중국을 거쳐 한국에 들어와 일본으로 전해졌습니다.

마명馬鳴보살의 《대승기신론大乘起信論》, 용수龍樹보살의 《십주비

---

183) 주세규 회집, 《염불수행대전》, 41~43쪽. 기독교의 성경에도 사도행전 2장 21절에 "누구든지 주의 이름을 부르는 자는 구원을 받으리라." 하였고, 요엘 2장 32절에 "누구든지 여호와의 이름을 부르는 자는 구원을 받으리라" 하였으며, 이슬람교의 성전인 《하디스》에는 "알라는 100에서 하나 부족한 99개의 이름을 가지고 있느니라. 마음을 다해 알라의 이름을 외운 사람은 낙원에 들어갈 것이니라."라는 구절이 있습니다. 그래서 무슬림은 99개의 묵주를 돌리면서 알라의 이름을 자주 부릅니다. 하디스는 알라의 이름을 부르는 것이 축복이라고 생각합니다. 예를 들면, 부부관계를 가질 때에, "오 알라시여! 당신이 우리에게 주시려는 것을 사단이 빼앗지 못하도록 우리를 지켜주소서!"라고 알라의 이름을 부르면, 그때 얻게 되는 아이는 사단이 결코 해치지 못할 것이라고 합니다. 이러한 사실들을 통해서 보면, 부처님을 비롯한 위대한 성자들의 이름을 부르는 것은 종교에 상관없이 보편적인 수행 방법임을 알 수 있습니다.(같은 책, 43쪽)

파사론十住毘婆沙論》과 《대지도론大智度論》, 세친世親보살의 《정토론淨土論》 등에 한결같이 염불은 부처님의 무량공덕과 근본 서원을 확신하는 수행이기 때문에 불보살과 쉽게 감응하고 불보살의 가피를 입어, 마치 순풍에 돛단배와 같이 수행하기 쉽고 성불하기 쉬운 불가사의한 수행법임을 선양하였습니다.

중국에서는 혜원慧遠, 담란曇鸞, 천태天台, 도작道綽, 선도善導, 자민慈愍, 영명永明, 주공袾宏, 철오徹悟, 덕청德淸, 우익藕益, 인광印光대사 등 불보살의 후신인 고승들이 연이어 나타나면서 정토종을 발전시켜왔고, 선종과 더불어 중국불교의 양대산맥으로 자리 잡았습니다.

우리나라에서는 신라시대부터 정토신앙이 대중 속에 뿌리내렸습니다. 우리나라는 확실하지는 않으나 원광법사가 처음으로 정토사상을 도입했다고 추정되고 있는데, 불세출의 고승인 원효성사元曉聖師, 율종을 청정하게 장엄한 자장율사慈藏律師, 화엄종의 종조宗祖인 의상대사義湘大師 등 신라의 대표적인 고승들은 물론이고, 의적義寂, 태현太賢, 경흥景興 등 수많은 고승들에 의해 정토삼부경에 대한 번역과 각종 주석서가 집필되어 정토 교학에 대한 연구가 매우 활발하였습니다. 신라 통일기에 계속되는 전쟁 속에서 죽음에 대한 두려움에 시달릴 때 아미타불은 그 두려움을 없애주었을 뿐만 아니라 죽은 자를 극락왕생시킨다는 믿음으로 민간에 널리 퍼져갔으며, 아울러 《삼국유사》에 전하는 많은 설화를 통해서 당시에 유행했던 아미타 신앙을 엿볼 수 있습니다. 고려시대에도 의천義天, 지눌知訥, 보우普愚, 나옹懶翁 선사 등과 선종을 위시하여 화엄종/법상종/천태종/밀종 등 각 종파에서 염불은 폭넓게 받아들여 졌습니다. 그러나 독자적인 종파로는 성립하지 못하였고, 조선시대에 함허涵虛, 서산西山, 사명四溟 대사 등이 선과 염불을 융합한 선정일치禪淨一致의 견지에서 염불을 내세우는 정도였습니다. 지금 한국의 불교에서 염불은 가장 대중적인 수행법의 하나로 자리 잡고 있습니다.[184]

11.1.1 염불만 일심으로 해도 극락왕생한다[185]

염불을 할 때 꼭 필요한 3가지가 있으니, 첫째는 믿음이며, 둘째는 발원이요, 셋째는 수행입니다. 부처님의 말씀을 굳게 믿고, 간절하게 서방정토에 태어나기를 발원한 후에는 진실하게 수행해야 합니다. 부처님을 마음속으로 생각하면서 부처님 명호를 소리 내서, 또는 마음속으로 불러야 합니다. 우리 인간은 하루 24시가 내내 쓸데없는 생각 또는 집착과 무명 속에서 온갖 죄를 짓는데, 선은 거의 행하지 않고 망상만 짓습니다. 마음에 오직 아미타 부처님 명호에 모으게 되면 자연히 바깥 경계를 생각하지 않게 되고 악업이 줄게 됩니다. 이것이 곧 번뇌를 뿌리부터 제거하는 유일한 방법입니다.

---

184) 주세규 회집, 《염불수행대전》, 51~52쪽에서 인용, 편집하였습니다.
185) 본절의 본문 내용은 대부분 『주세규 회집, 《염불수행대전》, 58~79쪽』에서 인용, 편집하고, 나머지 법문은 같은 책 49~129쪽의 여기저기에서 선택적으로 인용, 편집함.

266   운명을 바꾸는 마음공부 (하)

· 『염불이라는 한 법은 믿음·발원·수행이라는 세 가지에 주안점을 둡니다. 단지 염불만 하고 믿음·발원을 내지 않는다면, 설사 일심불란一心不亂을 얻더라도 반드시 왕생한다고는 말할 수 없지만, 참으로 진실한 믿음과 간절한 발원을 갖춘다면, 비록 일심불란에 이르지 못하더라도, 또한 부처님의 자비력에 의지하여 왕생할 수 있습니다.』186)(인광대사)

(1) 믿음信心

믿음이란 석가모니부처님이 하신 말씀을 믿는 것을 말합니다. 더 나아가 아미타부처님의 48대원을 믿고, 아미타부처님의 본원력本願力으로 서방 극락세계를 세우셨음을 믿으며, 지금도 극락세계에서 설법하고 계심을 믿는 것입니다. 《염불경念佛鏡》에 "믿음의 뜻을 경전에 의거하여 말하자면 이렇습니다. 염불하면 반드시 정토에 태어난다는 것을 믿어야 하고, 염불하면 반드시 모든 죄가 멸해진다는 것을 믿어야 하고, 염불하면 반드시 부처님의 지위를 증득한다는 것을 믿어야 하고, 염불하면 반드시 부처님이 보호하신다는 것을 믿어야 합니다. 또, 염불하면 임종 시에 부처님께서 친히 오셔서 맞이한다는 것을 믿어야 하고, 염불하면 어떤 중생이든지 묻지 않고 믿는 사람이면 똑같이 모두 왕생할 수 있다는 것을 믿어야 하고, 염불하여 정토에 왕생하면 반드시 32상을 얻는다는 것을 믿어야 하며, 염불하여 정토에 태어나면 반드시 불퇴전의 지위에

---

186) "念佛一法, 注重在信願行三法, 只知念而不生信發願, 縱得一心, 也未必得往生, 果具眞信切願, 雖未到一心不亂, 亦可仗慈佛力往生."(주세규 회집, 《염불수행대전》 125쪽)

머무른다는 것을 믿어야 하고, 염불하여 정토에 태어나면 반드시 자유자재한 쾌락장엄을 얻는다는 것을 믿어야 합니다. 염불하여 정토에 왕생하면 반드시 죽지 않는 지위를 얻는다는 것을 믿어야 하고, 염불하여 정토에 왕생하면 모든 보살들과 더불어 한결같이 반려자가 된다는 것을 믿어야 하며, 정토에 태어나면 다시는 부처님과 헤어지지 않는다는 것을 믿어야 하고, 정토에 태어나면 연화대에 화생한다는 것을 믿어야 합니다. 그리고 아미타불께서 현재 설법하고 계신다는 것을 믿어야 하고, 정토에 태어나면 삼도지옥에 떨어지지 않는다는 것을 믿어야 합니다. 그러한 까닭에 염불하게 하는 것입니다"[187]라고 하였으며, 대행화상이 "염불법문은 출·재가자와 남녀·귀천·빈부를 묻지 않고 오직 신심을 갖추는 것이 필요하다."고 말한 것 또한 믿음을 권한 것입니다.[188]

(2) 발원發願

발원이란 서원을 세우는 것입니다. 즉, 서원을 빌거나 말하거나 마음속에 강하게 품는 것을 말합니다. 불교에서는 부처와 같은 깨달음을 얻는 것이 가장 큰 발원인데, 이를 '발發 보리심'이라고 합니다. 고려의 나옹화상께서 "내 이름을 듣는 이마다 삼악도를 면하옵고, 내 얼굴을 보는 이마다 해탈하게 하옵소서"라고 하신 것이 발원의 예입니다. 가장 유명한 발원은 《무량수경》에 나오는 법장비

---

187)   도경·선도 저, 이태원 역저, 《(念佛鏡 역주) 염불, 정토에 왕생하는 길》, 30~31쪽.
188)   도경·선도 저, 이태원 역저, 《(念佛鏡 역주) 염불, 정토에 왕생하는 길》, 29쪽.

구(아미타부처님의 성불하시기 전의 이름)의 48대원입니다. 이밖에 보현보살의 10대 행원行願, 《천수경千手經》에 나오는 사홍서원四弘誓願도 많이 알려진 위대한 발원들입니다. 지장보살께서 "지옥이 텅 비지 않으면 성불하지 않겠다."라고 하신 발언은 너무나 거룩하고도 큰 발원이어서, 지장보살을 부를 때는 앞에 "대원본존大願本尊"을 붙여서 부르기도 합니다. 욕심과 발원의 근본적인 차이는, 욕심은 자기를 중심으로 삼는 이기적인 원을 말하며, 발원은 타인을 중심으로 삼는 이타적인 원을 말하니, 승화된 욕심이라 할 수 있습니다.

인광印光대사께서는 "염불 후에 발원은 반드시 해야 한다."고 하셨습니다. 《불설아미타경》에 "모든 선남자 선여인이 믿음을 내었다면 응당 저 국토에 태어나길 발원할지니라."라고 하셨으므로, 역대의 발원문들을 보면 많은 내용들이 들어가 있지만, 바쁘면 그냥 간단하게 "이 몸이 죽으면 아미타부처님의 영접을 받아 서방정토에 왕생하기를 간절히 원하옵니다."라고 간절히 발원하고 염불을 하면 될 것입니다.

> • 『세존이시여. 저는 시방세계가 다하도록 아미타불께 일심으로 귀의하옵고, 서방정토에 왕생하기를 원하옵나이다. 제가 이 논을 짓고 게송으로 설하옵니다. 원컨대, 아미타불을 뵙고 널리 모든 중생들과 함께 서방정토에 왕생하기를 바라옵나이다.』[189] (세친보살 《往生論》)

---

189) 世尊我一心, 歸命盡十方, 無礙光如來, 願生安樂國, 我作論說偈, 願見彌陀佛, 普共諸衆生, 往生安樂國.

(3) 수행

'나무아미타불'은 무량한 수명과 무량한 광명을 지니신 아미타 부처님께 귀의한다는 뜻입니다. 염불할 때는 '나무아미타불' 여섯 글자로 해도 되고, '아미타불' 네 글자만 염송해도 무방하지만, 처음에는 여섯 글자로 하고 점점 네 글자만 염송하는 것이 좋습니다. 왜냐하면 짧을수록 집중이 잘 되기 때문입니다. 인광대사는 "부처님 생각이 마음속에서 일어나, 소리가 입으로 나오고, 그 소리가 다시 귀로 들어가야 한다."고 하였습니다. 정공법사는 "경을 읽는 것은 진언을 외우는 것만 못하고, 진언을 외우는 것은 염불을 하는 것만 못하다. 왜냐하면 부처님의 명호는 단지 네 글자에 지나지 않아 매우 짧아서, 마음속으로 망상이 일어나기가 쉽지 않기 때문이다."고 하였습니다.

허운선사는 "염불하는 사람은 처음부터 끝까지 아주 면밀하게 한 자 한 자, 한 구절 한 구절 오롯이 염해 가야 합니다. 부처가 와도 이렇게 염하고, 마魔가 와도 이렇게 염하여, '바람이 불어도 들어오지 않고 비가 와도 젖지 않을 정도'여야 합니다. 이렇게 하면 성공할 날이 있습니다."라고 하였습니다.

일대의 종사이셨던 남회근 선생은 "'염念'은 어떤 일을 마음속에 항상 걸어놓고 잊지 않는 것입니다." 또 "'念'이란 잊지 않고 늘 기억하는 것입니다. 마치 자식이 어미를 그리워하는 것처럼 늘 마음속에 품고 있는 것입니다. 생각 생각마다 부지런해서 잠시도 잊지 않아야 합니다. 남녀 사이에 연애처럼 서로의 그리움이 영원히 맺혀 마음과 마음이 서로 맞으면서 영감이 서로 통하듯이 해야 합니다. 마음 마음마다 생각 생각마다 아미타불이 떠나지 않아야 합니다. … 마치 임종 직전에 보고 싶은 아들이 도착하지 않은 것을 생각하고, 넘어가는 숨을 참아가며 마음속에 그리운 마음이 걸려 있는 것처럼 하면 됩니다. 우리는 아들을 그리워하고, 애인을 그리워하는 이 한 생각의 대상을 부처님으로 바꾸기만 하면 됩니다. 안타깝게도 일생동안 염불을 해왔지만, 내내 이 도리를 알지 못했던 사람들이 많았습니다. … 진정한 염불로서의 '염'이란 사실 마음속으로 생각만 해도 곧 염한 것이 됩니다. 염불을 자기가 진심으로 사랑하는 자녀를 그리워하듯이, 아침저녁으로 생각하면서 시시각각으로 마음속에 간직한 채 해나간다면 염불 길에 오르기 쉽습니다."라고 하였습니다.

참고로 허운선사의 전법제자인 중국의 관정寬淨선사는 "우리의 육근 가운데 귀가 제일 영민합니다. 염불을 할 때는 천천히 하며 소리를 명랑하게 내야 합니다. 염불이 익숙해지면 귀가 스스로 염불하게 되거나 자기의 몸 안에서 저절로 염불하게 됩니다. 그때에 가서는 신체의 어느 부분이 저절로 염불을 하는가 귀담아들으며 소리를 내지 말아야 합니다. 그다음부터는 행주좌와를 막론하고 귀를 기울여 그 한마디의 성호를 명심해 들어가야 합니다. 그것을 자성 염불이라고 합니다. 이것은 참으로 오묘한 일입니다. 체내가 자동적으로 끊임없이 부처님의 명호를 외우게 되며 오래되면 점점 숙달되고, 자연히 만념을 일념에 귀착시키게 되며, 심령 속의 잡념·

망상을 흡수하고, 점령하고, 개조하고, 세척하고, 치료하고, 정화하고, 통일하게 됩니다."[190]

요컨대 염불은 "나무아미타불" 또는 "아미타불"이라고 소리를 내서 외우거나 묵송黙頌을 하면 되는데 요체는 일심으로 염불 소리에 집중해서 외워야 한다는 겁니다. 필자의 경험상으로는 꼭 앉아서 할 필요는 없고, 언제 어디서나 걸음을 걸을 때 한 발짝 뗄 때마다 한 글자씩 "아 미 타 불, 아 미 타 불" 하며 반복하는 것이 가장 효과적인 것 같습니다. 이것을 신앙적으로 할 때는 시작할 때나 끝낼 때 발원문을 한 번씩 외우는 것이 좋고, 수행적으로만 한다면 발원문은 생략하고 염불만 하셔도 무방하겠지만 이왕이면 역대의 조사·선지식들이 권장하신 대로 발원문까지 하시는 것이 더 바람직하다고 생각합니다.

- 『나무아미타불을 열 번만 부르면 부처님의 명호를 부른 공덕으로, 염불하는 동안에 80억겁 동안 태어나고 죽으면서 지은 중죄가 제거되느니라.』《관무량수경觀無量壽經》

- 『만약 선남자 선여인이 아미타불에 대한 선지식의 가르침을 듣고 아미타불 명호를 꽉 붙잡아 지니면서, 하루 내지 이레 동안 한결같은 마음으로 오직 아미타불의 명호만 부르거나 생각하면, 그 사람의 목숨이 다할 때 아미타불께서 성중聖衆과 함께 그 사람 앞에 나타나시리니, 이 사

---

190)   주세규 회집, 《염불수행대전》, 64쪽. 이하의 인용 법문도 《염불수행대전》의 273쪽, 278쪽, 31쪽, 49쪽, 64쪽, 83쪽, 85쪽, 88쪽, 90쪽, 91쪽, 128쪽, 138쪽 등에서 인용한 것임.

람은 목숨이 끊어질 때 마음이 뒤바뀌지 아니하면 극락정토에 바로 왕생하느니라.』《불설아미타경佛說阿彌陀經》)

- 『마음으로는 부처님의 세계를 생각하여 잊지 말고, 입으로는 부처님의 명호를 똑똑히 불러 산란하지 않아야 한다. 이와 같이 마음과 입이 합치되는 것이 염불이다.』,『아미타불 여섯 글자는 윤회를 반드시 벗어나게 하는 지름길이다.』(서산대사, 《선가귀감》)

- 『염불수행의 요체는 일심에 있다. 입으로 염하고 마음으로 염하여, 입과 마음이 하나가 되어야 한다. 만약 마음으로는 염하지 않고, 입으로만 염한다면 그 공덕을 이루기 어렵다.』(원영대사)

- 『염불법문은 설령 교리를 모르고 미혹과 업장을 다 끊지는 못했더라도, 단지 믿음과 발원으로 아미타불 명호만 지송하여 극락왕생을 구하면, 임종 때 틀림없이 부처님께서 친히 맞이해 서방정토에 왕생하게 된다.』 (인광대사) • 『믿음과 발원만 갖추면, 비록 아비지옥에 떨어질 극악무도한 죄인이라도 오히려 열 번의 지극하고 간절한 염불공덕에 의지하기 때문에 부처님의 자비로운 가피를 받아 극락에 왕생할 수 있다.』(인광대사)

- 『오직 아미타불 명호만 부르는 것이야말로 크게 신령스런 주문이며, 크게 밝은 주문이고 가장 높은 주문이며 무엇과도 견줄 수 없는 주문이다.』(연지蓮池대사)

- 『무량수불이라는 명호는 헤아릴 수도 없고 끝도 없으며 불가사의한 공덕이 담긴 명호이다.』《칭찬정토섭수경稱讚淨土攝受經》) • 『무엇을 일러 복 중의 복이라고 하는가. 아미타불의 명호는 만덕을 빠짐없이 갖추고 있다. 연지대사께서 말씀하신 것처럼, 아미타불의 명호를 부르는 것은 수

많은 공덕을 한꺼번에 갖추는 것이며, 아미타불의 명호만 부르는 것은 백가지 모든 수행법을 한꺼번에 갖추는 것이어서 한 수행법도 빠뜨리지 않는다. 즉, 일심으로 염불하면 백가지 수행법을 모두 닦는 것이니, 이것을 일러 복중의 복이요, 복이 많다고 하는 것이다.』(원영대사)

• 『염불삼매는 능히 모든 번뇌와 선세의 죄업을 없애준다.』(용수보살191),
  《대지도론》)

(4) 보리심과 회향

극락왕생에 곡 필요한 3요소는 아니지만, 그에 버금갈 정도로 중요한 것이 '보리심'과 '회향'입니다. 보리심은 '궁극의 진리를 깨닫겠다'는 마음, 또는 '위 없이 높고 바르고 평등한 깨달음' 또는 '부처가 되겠다는 마음'을 말합니다. 보리심을 내는 것을 발보리심이라고 합니다. 티베트의 정신적 스승인 달라이 라마는 "보리심이 생기면 그 순간부터 악업과 번뇌가 아무리 많고 근기가 낮은 중생이라 해도 보리심을 일으킨 덕에 삼악도를 여의고 천신들과 사람들이 예경한다."고 하였습니다. 발보리심은 대승불교의 근본정신으로서 무수한 번뇌를 끊고 무량한 선법을 닦아 무변한 중생을 구제하겠다는 서원하는 마음입니다. 우익대사는 "진심으로 발심하여 서방 극락세계에 태어나기를 원하는 것이 바로 발보리심이다."라고 하였습

---

191) 용수: 인도의 승려로 원래의 이름은 '나가르주나'이며, 대승불교의 교리를 체계화하는 데 크게 기여하여 대승8종의 종조宗祖로 불린다[Naver 백과 사전, 두산백과]. 보통 용수보살로 불림.
    (주세규 회집, 《염불수행대전》, 139쪽)

니다. 《화엄경》에서는 "보리심은 모든 불법의 공덕과 같다. 왜냐하면 보리심은 보살의 행을 낳게 하니, 과거·현재·미래의 여래가 모두 보리심에서 출현하기 때문이다. 그러므로 위없는 보리심을 내는 이는 이미 한량없는 공덕을 낸 것이다."라고 하여 보리심을 찬탄하였습니다.

회향이란 자기가 닦은 선근이나 공덕을 다른 중생에게 돌리는 것을 말하는데, 자기 자신에게 돌리는 것도 포함될 수 있습니다. 예를 들어 내가 가난한 사람을 돕겠다는 뜻에서 돈 백만 원을 기부할 경우, 그 복덕을 쌓은 것으로 언젠가는 좋은 과보를 받게 되는데, 만약 이 복덕으로 내가 출세하거나 건강해지기를 바란다면 이는 회향이라고 하지 않습니다. 반면에, 이 복덕이 내가 극락에 왕생하는데 보태어지기를 바라거나, 또는 이 복덕으로 인하여 이 세상이 평화로워지는 데 보태거나, 일체의 중생이 성불하도록 바라거나, 돌아가신 조상분들이 극락에 태어나시는 데에 보태어지기를 바란다면, 이것이 바로 회향인 것입니다. 돌아가신 부모님을 위해 자식이 불경을 인쇄하여 사람들한테 널리 보시하거나, 또는 방생을 하여 수많은 중생을 구해주고 나서, 그 공덕을 부모님에게 회향한다면 돌아가신 부모님이 복을 받게 되어 삼악도를 면하거나 천상에 태어나거나 극락에 왕생하게 됩니다.

기도를 하고 나서 그 공덕을 병든 사람에게 돌리면(회향하면) 병든 사람이 치유되는 놀라운 효험이 있습니다. 우리가 절에 가서 절을 하거나 독경을 하거나 각종 의식을 치룬 뒤에 맨 마지막에 회향을 하는데, 이때 외우는 게송이 있습니다. "원이차공덕願以此功德, 보급어일체普及於一切, 아등여중생我等與衆生, 당생극락국當生極樂國, 동견무량수同見無量壽"인데, 이는 "원컨대 내가 지은 이 공덕이 널리 일체에 미쳐, 나와 중생들이 마땅히 극락에 태어나, 다 함께 무량 수불을 친견하고 성불하여지이다."라는 의미입니다. 우리도 염불이 나 독경 또는 일체의 선행을 하고 나서는 반드시 이 게송을 꼭 염 송하여, 자신이 쌓은 공덕을 우주법계에 회향합시다. 그리하면 우 리가 받는 복의 과보도 커지고 극락왕생도 한층 쉬워질 것이며 품 계도 높아질 것입니다.

(5) 염불하여 얻는 이익[192]

《염불경》에, 선도대사에 의하면 총 23가지의 이익이 있고, 대행 화상에 의하면 총 10가지의 이익이 있으며, 다른 여러 경전에 의하 면, 염불 왕생에는 모두 다음과 같은 30가지의 이익이 있다고 하였 습니다. 모든 죄를 멸하고, 공덕이 무변하며, 모든 불법 가운데 수 승하고, 모든 부처님이 똑같이 증명하고 보호하시며, 시방의 모든 부처님이 같이 믿고 염불하기를 권하시고, 가지고 있는 질병이 제 거되며, 임종 시에 마음이 전도되지 않고, 염불 한 법이 많은 법을 포함하고 있으며, 목숨을 마칠 때 부처님이 스스로 오서서 맞이하 시고, 적은 공덕을 사용하여 속히 정토에 왕생하며, 연화대 가운

---

192) 도경·선도 저, 이태원 역저, 《(念佛鏡 역주) 염불, 정토에 왕생하는 길》, 54~63쪽 참조.

데 화생하고, 몸이 황금색이며, 몸에 광명이 있고, 수명이 장원長遠하고, 장생불사長生不死하며, 삼십이상을 갖추며 육신통을 얻고, 무생법인을 얻으며, 항상 모든 부처님을 친견하고, 모든 보살들과 함께 반려자가 되며, 향화와 음악으로 하루 여섯 때에 공양을 올리고, 옷과 음식이 자연히 생기는 것이 오랫동안 계속되어 다함이 없고, 자유로이 도에 나아가 바로 보리에 이르며, 항상 젊고 늙은 모습이 없고, 항상 건강하고 아플 때가 없으며, 다시는 삼악도에 떨어지지 않고, 태어남이 자유자재하며, 낮과 밤 여섯 때에 항상 묘한 법을 듣고, 불퇴전에 머무르는 등의 이익이 있다고 합니다.

11.1.2 염불은 자심미타를 발견하여 자성극락에 돌아가자 것이다[193]

(1) 염불의 요지念佛-要旨

· 『대범, 염불이라 함은 천만 가지로 흩어진 정신을 일념으로 만들기 위한 공부법이요, 순역順逆 경계에 흔들리는 마음을 안정시키는 공부법으로서 염불의 문구인 나무아미타불南無阿彌陀佛은 여기 말로 무량수각無量壽覺에 귀의한다는 뜻인 바, 과거에는 부처님의 신력에 의지하여 서방정토 극락極樂에 나기를 원하며 미타 성호를 염송하였으나 우리는 바로 자심自心미타를 발견하여 자성 극락에 돌아가기를 목적하나니, 우리의

---

193) 본 절은 원불교 《정전》의 내용을 그대로 인용하였으며, 자구 등에 대하여 지면 관계상 따로 해설을 더하지는 않았습니다.

마음은 원래 생멸이 없으므로 곧 무량수라 할 것이요, 그 가운데에도 또한 소소영령昭昭靈靈하여 매매하지 아니한 바가 있으니 곧 각覺이라 이것을 자심 미타라고 하는 것이며, 우리의 자성은 원래 청정하여 죄복이 돈공하고 고뇌가 영멸永滅하였나니, 이것이 곧 여여如如하여 변함이 없는 자성 극락이니라. 그러므로 염불하는 사람이 먼저 이 이치를 알아서 생멸이 없는 각자의 마음에 근본하고 거래가 없는 한 생각을 대중하여, 천만 가지로 흩어지는 정신을 오직 미타 일념에 그치며 순역 경계에 흔들리는 마음을 무위 안락의 지경에 돌아오게 하는 것이 곧 참다운 염불의 공부니라.』《정전》, 제2 교의편, 제3장)

(2) 염불의 방법

• 『염불의 방법은 극히 간단하고 편이하여 누구든지 가히 할 수 있나니,

① 염불을 할 때는 항상 자세를 바르게 하고 기운을 안정하며, 또는 몸을 흔들거나 경동하지 말라.

② 음성은 너무 크게도 말고 너무 작게도 말아서 오직 기운에 적당하게 하라.

③ 정신을 오로지 염불 일성에 집주하되, 염불 귀절을 따라 그 일념을 챙겨서194) 일념과 음성이 같이 연속하게 하라.

④ 염불을 할 때에는 천만 생각을 다 놓아 버리고 오직 한가한 마음과 무위의 심경을 가질 것이며, 또는 마음 가운데에 외불外佛을 구하여 미타색상을 상상하거나 극락 장엄을 그려내는 등 다른 생각은 하지 말라.

---

194) 챙기다: 여기서는 방심하지 않고 주의하는 것, 빠뜨리지 않고 잘 살피는 것, 유념하는 것, 알아차리는 것을 말합니다.

⑤ 마음을 붙잡는 데에는 염주를 세는 것도 좋고 목탁이나 북을 쳐서 그 운곡韻曲을 맞추는 것도 또한 필요하니라.

⑥ 무슨 일을 할 때에나 기타 행·주·좌·와 간에 다른 잡념이 마음을 괴롭게 하거든 염불로써 그 잡념을 대치對治함이 좋으나, 만일 염불이 도리어 일하는 정신에 통일이 되지 못할 때에는 이를 중지함이 좋으니라.

⑦ 염불은 항상 각자의 심성 원래를 반조返照하여 분한 일을 당하여도 염불로써 안정시키고, 탐심이 일어나도 염불로써 안정시키고, 순경順境에 끌릴 때에도 염불로써 안정시키고, 역경에 끌릴 때에도 염불로써 안정시킬지니, 염불의 진리를 아는 사람은 염불 일성이 능히 백천 사마를 항복받을 수 있으며, 또는 일념의 대중이 없이 입으로만 하면 별 효과가 없을지나 소리 없는 염불이라도 일념의 대중이 있고 보면 곧 삼매三昧를 증득證得하리라.』(《정전》, 제2 교의편, 제3장)

(3) 염불의 공덕

• 『염불을 오래하면 자연히 염불 삼매를 얻어 능히 목적하는 바 극락을 수용受用할 수 있나니 그 공덕의 조항은 좌선의 공덕과 서로 같나니라. 그러나 염불과 좌선이 한 가지 수양 과목으로 서로 표리가 되나니, 공부하는 사람이 만일 번뇌가 과중하면 먼저 염불로써 그 산란한 정신을 대치하고, 다음에 좌선으로써 그 원적의 진경에 들게 하는 것이며, 또한 시간에 있어서는 낮이든지 기타 외경이 가까운 시간에는 염불이 더 긴요하고, 밤이나 새벽이든지 기타 외경이 먼 시간에는 좌선이 더 긴요하나니, 공부하는 사람이 항상 당시의 환경을 관찰하고 각자의 심경을 대

조하여 염불과 좌선을 때에 맞게 잘 운용하면 그 공부가 서로 연속되어 쉽게 큰 정력定力을 얻게 되리라.』《정전》, 제2 교의편, 제3장)

• 『대종사 말씀하시었다. "사심 없는 염불 한 번에 좁쌀만큼씩 영단靈丹이 커진다. 한 동네, 한 면, 한 나라, 전 세계를 다 비출 수 있는 영단을 길러라. 성현의 영단은 동서고금과 삼세를 다 비추는 영단이다."』《대종경 선외록》, 20. 원시반본장 23절)

• 『염불이란 입으로 하면 송불이요, 마음으로 하면 염불이다. 입으로만 부르고 마음으로 생각하지 않으면 도를 닦는 데 아무 도움도 없다.』[195]

---

195) "念佛者 在口曰誦이요 在心曰念이니 徒誦失念하면 於道無益이니라."《대산종사법문집 제5집大山宗師法門集 第5輯》, 제3부 파수공행把手共行, 3. 참고경서參考經書, 2. 선가귀감仙家龜鑑 52절)

진언, 다라니, 만트라

진언眞言은 신주神呪, 비밀주, 총지總持, 다라니陀羅尼이라고도 합니다. 주문이라고도 하는 다라니 안에는, 모든 불보살이 사바세계 온 중생을 제도하겠다는 원력과 심오하고 비밀스러운 뜻이 숨어 있습니다. 그러므로 이 다라니의 참뜻은 아무나 함부로 알 수 있는 경계가 아닙니다. 다라니에 들어 있는 미묘한 뜻과 신비한 힘은 말로 다 설명할 수가 없고, 중생의 생각으로 헤아릴 수가 없다 하여 '신주神呪' 또는 '비밀주'라 하고, 또 온갖 이치가 다 갖추어져 있다는 뜻으로 '총지總持'라고도 하며, 참되고 거짓이 없는 말이라는 뜻으로 '진언眞言'이라 하기도 합니다. 진언 중에서 관세음보살 육자대명왕진언六字大明王眞言인 '옴마니반메훔om maṇi padme hūṃ'이나 능엄주楞嚴呪, 준제주準提呪 등이 유명합니다.[196]

밀교密敎&Tantric Buddhism에서는 여러 불·보살 또는 제천諸天에 호소해서 기도하거나 의식에 효력을 부여하기 위해서 외우는 주문, 또는 타자에게 은혜·축복을 주고, 자신의 몸을 보호하고 정신을 통일하고, 또는 깨달음의 지혜를 획득하기 위해서 외우는 신비

---

196) 주세규 회집, 《염불수행대전》, 97쪽.

적인 위력을 가진 언사를 진언이라고 합니다.[197] 밀교에서는 진언이 중요한 수행에 속합니다.

산스크리트어로 만트라mantra는 불교나 힌두교에서 기도 또는 명상 때 외우는 짧은 음절로 이루어진, 사물과 자연의 근본적인 진동으로 되어있다는 소리나 주문을 말합니다. 따라서 주문은 "옴 aum"과 같은 간단한 언어에서 다라니dhāraṇī와 같은 긴 내용으로 된 것도 있습니다. 진언은 인도 종교의식과 가정 예식에서 여전히 중요한 특징을 이룹니다.

만트라[만뜨라] 또는 진언은 진리를 상징하는, 또는 진리나 우주의 신비로운 힘에 다가가고 그 힘으로 자신의 마음을 확장할 수 있는 참된 말입니다. 따라서 주문 또는 만뜨라는 신비로운 소리의 힘을 빌려 자기변화의 수행을 목적으로 외우는 것입니다.[198]

자기암시법autosuggestion의 주창자인 프랑스의 에밀 쿠에(Émile Coué, 1857~1926)는 1920년대 미국에서 "모든 면에서 나는 나날이 점점 좋아지고 있다(Every day, in every way, I'm getting better and better)."라는 말을 유행시켰는데, 이를 반복하여 자기암시를 걸게 되면 일종의 주문과 같은 효과를 거둘 수 있을 것입니다.

원불교에서 자주 사용하는 주문으로는 다음의 3가지가 있습니다. 일반적으로 이러한 주문을 외울 때는 그 의미를 생각하기보다는 일심으로 주문을 외우면서 정신을 집중하는 것이 바른 송주誦呪

197) [네이버 지식백과] 진언眞言《종교학대사전》, 1998)
198) 《원불교대사전》, 만뜨라

의 방법입니다. 자세는 기본적으로 좌선의 자세와 같다고 볼 수 있겠으나 꼭 이에 구애될 필요는 없으며, 주어진 조건 내에서 주문을 외우기에 가장 편안한 자세를 취하면 되며, 걸어가면서 발걸음과 호흡에 맞추어 해도 무방하겠습니다. 다만, 모든 분별심을 내려놓고 주문의 글자 하나하나에 정신을 집중해서 얼마나 일심으로 하느냐가 가장 중요합니다.

(1) 영주靈呪

정산종사께서 내려주신 주문으로 주로 생존인의 소원성취를 위한 기도나 정신수양을 목적으로 많이 외우는 주문입니다.

『천지영기아심정天地靈氣我心定 만사여의아심통萬事如意我心通

천지여아동일체天地與我同一體 아여천지동심정我與天地同心正』

(2) 청정주淸淨呪

정산종사께서 내려주신 주문으로 주로 재액災厄이나 원진寃瞋의 소멸이나 사마악취邪魔惡趣를 물리치기 위해 기도한다든지, 또는 주변과 심신을 정화淨化하기 위하여 많이 외우는 주문입니다.

『법신청정본무애法身淸淨本無碍 아득회광역부여我得廻光亦復如

태화원기성일단太和元氣成一團 사마악취자소멸邪魔惡趣自消滅』

(3) 성주聖呪

소태산 대종사께서 내려주신 주문으로 주로 열반인을 위한 천도재를 지낼 때 많이 사용하는 주문입니다.

『영천영지영보장생永天永地永保長生 만세멸도상독로萬世滅度常獨露

거래각도무궁화去來覺道無窮花 보보일체대성경步步一切大聖經』

11.3 옴 명상

　'옴AUM' 또는 '옴Om'은 인도의 모든 종교의식과 명상수련의 시작
과 끝에 거의 빠지지 않을 정도로 중요한 진언입니다. '옴'은 자연과
조화를 이루는 모든 진언의 근본음인 태초의 소리로서, 힌두교와
밀교에서 모든 만트라 가운데 가장 오묘하고 위대하며 신성한 진
언으로, 브라흐만[199], 이슈와라(자재신)[200]의 이름으로[201], 또는 진
리, 깨달음의 상징으로 알려져 있습니다. 이 '옴Aum&Om'의 철학적
해석과 의미에 대해서는 베다 경전과, 힌두교와 불교의 입장에 따

---

199)　브라흐만Brahman: 힌두교 신화에 나오는 창조의 신으로, 우주의 근본적 실재 또는 원리를 가리킨
　　다. 아트만이 진정한 자아(참나)를 뜻하는 개별적·인격적 원리인 반면, 브라흐만은 우주적·중성적中
　　性的 원리이다. 후에 남성적인 인격신인 브라흐마(Brahma, 梵天, 범천)로 인격화되었다.(위키백과)

200)　　이슈와라Īśvara: 우파니샤드시대의 이슈와라는 절대적 창조주로서 궁극적 실재인 브라흐만과 동
　　일시되고 비인격신을 인격화하여 인격신으로 추앙받게 된다. 대다수의 힌두정통학파에서 이슈와
　　라는 세계를 창조하고, 유지하고, 파괴하는 창조주로서 자재신의 존재를 인정하지만, 요가학파에서
　　는 창조주로서 이슈와라를 인정하는 것이 아니라 실제적, 경험적 존재이면서 정신적 존재인 특
　　별한 푸루샤(puruṣa: 순수의식)로 이슈와라를 인정한다. 요가철학에서 이슈와라는 수행을 위한 방
　　편으로서, 정신적 존재의 필요성에 의해 상정되었다. 요가수트라에서는 이슈와라를 세 가지 특성
　　을 가진 존재로 규정한다. 첫째, 이슈와라는 번뇌, 행위, 행위의 결과, 그리고 의도에 의해 전혀 상
　　처받지 않는 특별한 푸루샤이다. 둘째, 전지의 씨앗sarvajña-bīja이다. 셋째, 시간에 단절되지 않는
　　선조들의 스승이다. 이처럼 이슈와라는 그 어떤 것에도 상처받지 않는 특별한 푸루샤로 모든 것을
　　다 아는 것의 씨앗이며, 시간과 공간에 의해 제약이 없는 스승 중에 스승이다.(장소연, 『요가철학에서
　　이슈와라Īśvara의 역할A Role of Īśvara in Yoga Philosophy』, 『종교연구』 제75집 1호, 한국종교학회, 2015.
　　208-209쪽)

201)　　황유원·정승석, 『요가수뜨라에서 옴Om의 의미와 자재신과의 관계』, 『인도철학 제47집(2016.8),
　　49쪽, 67쪽)

라 매우 다양한 해석들[202]이 있는데, 여기서는 수행적인 측면을 위주로 다루므로 이를 생략하고 초보적인 단계의 옴 명상법에 대해서만 소개하겠습니다.

최고의 절대적인 권위를 지닌 '옴' 만트라는 모음과 비음만으로 이루어진 순수한 진동음인 'A(아)·U(우)·M(음)'과 '침묵'으로 구성되어 있는데, 이 '아, 우, 음'은 혀가 없어도 낼 수 있는 가장 기본적인 소리입니다. 'A(아)'는 입을 벌리고 혀를 움직이지 않고 낼 수 있는 가장 기본음이며, 'M(음)'은 입을 다물고도 낼 수 있는 소리이니, 나머지의 모든 소리는 이 'A'와 'M'의 중간소리라고 할 수 있는데, 모두 이 기본음을 바탕으로 혀의 움직임과 위치에 따라 변화된 소리입니다. 그래서 '옴'을 우주의 태초의 소리, 자연의 소리, 신의 음성이라고 하는 것이며, '옴' 만트라가 우주 만물의 근원인 브라흐만 또는 '특별한 순수의식puruṣa-viśesa', 초월의식Turiya 또는 우리의 자성자리를 상징한다고 하는 것입니다.[203] 이것은 어린 아기가 처음 말을 익힐 때 "아~ 아~!"부터 시작해서 "우~ 우~!"하다가 "엄마mama"를 맨 처음 배우는 데서도 알 수 있듯이 자연의 소리이며, 이러한 아기의 모습이 인간의 가장 순수한 모습으로 신성神性을 나타낸다는 겁니다.

우주 만물은 모두 침묵 속에서도 진동을 하고 있으며, 이 진동

---

202) 'A·U·M'의 의미에 대해서는 힌두교의 '브라흐마(창조자), 비쉬누(수호자), 시바(파괴자)'와 연결시킨다거나, 깨어있는 상태, 꿈꾸는 상태, 깊은 수면 상태와 연결시킨다거나, 불교의 법신·보신·화신과 연결시킨다거나, 과거·현재·미래와 연결시킨다거나 기타 매우 다양한 철학적 해석들이 있습니다.
203) 기독교에서 기도 끝에 주로 사용하는 "아멘Amen"도 바로 이 "옴Aum"이 약간 변형된 것이라고 합니다.

을 통해 파동을 일으키며 생성소멸의 변화를 하고 있는데, '옴 A·U·M' 만트라는 이러한 원리를 그대로 반영하고 있습니다. '옴' 만트라가 'A'로 시작해서 'U'를 거쳐 'M'으로 끝나므로, 'A'는 '창조·생성'을, 'U'는 '유지·지속'을, 'M'은 '파괴·소멸'을 나타낸다고 하는데, '옴'은 이러한 생성·지속·소멸시키는 3가지 힘이 결합된 소리로서 옴찬팅Om chanting[204]을 통한 '옴' 소리의 생성·지속·소멸과 진동 속의 침묵을 통해서 우주 만물의 변화하는 모습, 무상함과 불변하는 근원적 원리를 깨닫게 해준다는 겁니다. 그것은 '옴'이 모든 소리의 기본음인 태초의 소리요 자연의 소리이기 때문에 '옴' 만트라의 진동을 통해 우리 몸의 7개의 챠크라[205]와 나디Nadi[206]가 일깨워져서 생명 에너지인 프라나가 활성화되며, '옴' 소리에 정신을 집중함에 따라 모든 망상잡념과 분별심이 사라져서 일체의 생각이 끊어진 침묵의 자성자리에 들어갈 수 있기 때문입니다.

이 '옴' 명상법의 가장 큰 장점은 명상을 전혀 접해보지 않은 초

---

204) 옴찬팅Om chanting: 이 "옴~!"을 소리 내어 반복하며 명상하는 것을 말함.

205) 챠크라Chakra: 산스크리트어로 '바퀴', '순환'이라는 뜻으로, 의식 상태이든 무의식 상태에서든 지속적으로 회전하는 공 모양의 차크라는 인간의 감각, 감정, 신체 기능을 지배하고 있는 에너지 센터로서 우리 몸에는 일곱 개의 차크라가 있다고 한다. 차크라가 담당하는 것은 인간이 지니고 있는 우주의 원천적인 생명력과 영적 에너지의 각성이다. 에너지를 받아 전달하고 진행시키는 에너지 체계는 정신적 힘과 신체 기능의 조절을 담당하고 영혼과 육체를 통합시켜 준다. 교감 신경계·부교감 신경계와 연관되어 있어 차크라가 막히면 심신이 불편하고 답답해져 여러 가지 질병을 유발하기도 한다. 하지만 차크라는 생리학적, 정신 의학적, 과학적 견지에서 정확하게 규명될 수는 없기 때문에 현실 세계에서는 이해하기 힘든 것이 사실이다. 깊은 명상과 꾸준한 요가의 경험으로 이 차크라는 깨어난다. 차크라가 깨어나면 자연치유력을 극대화시키고 물질의 속박으로부터 자유로운 '독립적인 자신'을 발견할 수 있다.(Daum 백과)

206) 나디Nadi는 요가에서 우리 몸의 생명 에너지인 프라나prana가 흐르고 있는 통로를 말하며, 우리 몸의 내부에는 72,000개의 나디가 교차하고 있다고 한다. 이 나디가 막히면 프라나의 흐름이 통제되고 특정 부위가 악화되거나 여러 가지 질병을 유발시킬 수 있다고 한다.(Daum 백과)

보자라도 누구나 쉽게 따라 할 수 있으며, 명상의 기본이 일심을 통해 무심으로 들어가는 것인데, 아무런 의미와 대상을 연상시키지 않는 '옴'이라는 단순한 소리에 정신을 집중시키기 때문에 일심을 이루기가 매우 쉬우며, 소리의 진동에 의해 우리 몸의 생명 에너지를 일깨워주기 때문에 심신을 안정시키고 에너지를 활성화하는 효과를 쉽게 체험할 수 있다는 점입니다. 그러므로 누구든지 본격적인 명상에 들어가기 전에 먼저 '옴' 명상을 한다면 좀 더 빠르게 깊은 명상의 세계에 들어갈 수 있을 것입니다.

11.3.1 '옴Aum' 명상의 방법

'옴' 명상을 할 때는 먼저 마음 자세를 그 어떤 욕망이나 행위의 결과에 집착하지 않는 오로지 해탈만을 바라는 순수한 마음가짐으로 옴 찬팅에 정신을 집중해서 하는 것이 가장 중요합니다. 다음으로 주의할 것은 "옴~" 하고 소리를 낼 때 반드시 목구멍이 아닌 아랫배 단전에서 소리를 내야 한다는 것입니다. 처음에는 잘 안될 수 있으나 의식을 단전에 두고 자꾸 연습하면 됩니다. 명상하기 전에 먼저 단전호흡부터 익히시면 더 도움이 되겠습니다. "옴~"하고 소리를 낼 때 그 소리에 집중하면서 몸의 진동을 느끼시면 됩니다. 처음에는 진동을 주로 복부와 성대 부위에서 미세하게 느끼지만 '옴' 명상이 진척됨에 따라 점점 몸 전체로 퍼지는 강한 진동을 느낄 수 있습니다. 그러나 '옴' 명상의 핵심은 처음에는 소리에 집중하지만 점차 소리의 진동 후의 침묵을 통해 좀 더 깊은 명상의 세계로 나아가는 것입니다. '옴' 명상을 오래 계속하다 보면 '옴' 만트라와 내가 일체가 되어 몸 안에서 '옴' 만트라가 들려오는 경우도 있다고 합니다.

'옴' 소리는 "옴마니반메훔!"에서처럼 단음절로 "옴!" 할 수도 있고, "오~ 음~" 또는 "아~ 음~"의 2음절로 할 수도 있는데, 일반적으로는 '오~ 음~'의 2음절로 하는 경우가 가장 많습니다만, 어원적으로 보면 '아~ 음~'으로 하는 것이 더 바람직하다고 볼 수 있겠습니다Sadhguru. 또, 자기가 직접 소리 내는 것이 힘들다든지 할 때는 유튜브에서 옴 명상 동영상이나 옴 찬팅Om chanting 동영상을 찾아 틀어놓고 그 소리에 집중해도 좋습니다.

① 편안한 자세로 앉아 척주와 고개를 바로 세우고, 양손의 손바닥이 위로 가게 해서 양 무릎 위에 올려놓거나 가슴 앞에서 합장하는 자세를 취합니다.

② 눈을 감고 복식호흡으로 숨을 깊이 들이쉬고 최대한 내쉬면서 호흡에 집중하기를 3번 정도 반복합니다.

③ 숨을 깊이 들이쉰 다음 내쉬면서 "아~ (우)~ 음~" 하고 소리를 내면 되는데, 입을 벌린 상태에서 "아~" 하고 점차 오므리면서 "음~" 하면 되며 중간의 "우~" 음을 일부러 내려고 할 필요는 없습니다. "오~ 음~"으로 하는 경우에도 마찬가지입니다. 구체적인 방법은 유튜브에 수많은 동영상이 있으니 직접 확인해

보시고 따라 하시면 되겠습니다. '아~ 음~' 하거나 '오~ 옴~' 하고 길게 숨을 다 내쉴 때까지 소리를 내고 침묵하면서 몸의 느낌을 관찰하고 진동의 여운을 느끼시면 되며, 숨을 들이쉬고 내쉬면서 옴 찬팅 하는 것을 일정한 시간 동안 계속해서 반복하시면 되겠습니다.

④ '옴' 소리를 할 때는 기본적으로는 단전에 의식을 두고 하시고, 익숙해지시면 일곱 차크라에 차례로 의식을 옮겨가면서 해도 되고, 또는 필요한 챠크라를 선택해서 해도 되겠습니다. 그리고 끝낼 때는 갑자기 몸을 움직이지 마시고 호흡을 관찰하거나 몸의 느낌을 관찰하면서 천천히 눈을 뜨시면 되겠습니다.

11.3.2 '옴' 명상의 효과

① 생명 에너지를 활성화하여 활력을 높여주고 면역력과 신체적 생리기능을 제고시켜줍니다.

② 집중력을 강화시켜 학습 능력과 업무 능력을 증강시켜줍니다.

③ 모든 번뇌 망상을 벗어나게 해주며, 정신적 스트레스로 인한 장애와 각종 정신과적인 질환에도 옴 찬팅을 계속하면 탁월한 효과가 있다고 합니다.

④ 삼매에 이르는 여러 가지의 장애들을 제거해주며, 가장 짧은 시간에 내면의 깊은 의식 속으로 인도하여 삼매에 들게 해줍니다.

⑤ 에고를 벗어나 자성을 깨닫게 해줍니다.

⑥ 이밖에도 사람에 따라 매우 다양한 신체적·심리적·영적 체험을 할 수 있습니다.

11.4

좌선법坐禪法

  '선禪'은 보통 불교의 전통적인 명상법을 가리킵니다. '선'은 원래 '정려(靜慮: 고요히 생각함)' 또는 '사유수(思惟修: 생각을 닦음)'로 번역되는, 빠알리어의 'jha-na', 산스크리트어의 'dhyana'를 음역한 '선나禪那'를 줄인 말입니다. 선은 외형상의 방법에 따라 앉아서 하는 좌선과, 누워서 하는 와선臥禪, 서서 하는 입선立禪[207], 걸으면서 하는 행선行禪, 일하면서 하는 사상선事上禪, 생활 속에 함께 하는 활선活禪, 언제 어디서나 때와 장소를 가리지 않고 선 생활로 일관하는 무시선無時禪 등으로 나눌 수 있으며, 그 내면적으로 일심하는 방법에 따라서 간화선看話禪과 묵조선黙照禪[208]으로 나눌 수 있습

---

[207] 입선立禪: "서서하는 선立禪은 두 다리를 적당히 벌리고 서서 긴찰곡도緊紮縠道를 하고 요골수립腰骨竪立 한 후 단전에 마음을 주하고 한손은 위로 쳐들어 하늘을 가리키고 한손은 아래로 내리어 땅을 가리키며 하였는데 나중에 어떤 동지가 부처님이 입선하시는 사진을 가져왔기에 보았더니 내가 하는 방법과 같았다."《대산종사법문집 제3집》, 제3편 수행修行, 74.자수自修하는 길)

[208] 간화선看話禪과 묵조선黙照禪: 『선에는 바로 자성극락으로 들어가는 두 길의 선법이 있는데, 하나는 간화선이라, 천칠백 공안 가운데 각자의 마음드는 대로 하나를 잡아들고 간看하는 것인데 사량으로써 연구하는 것이 아니라 마음을 다른 곳으로 못 가도록 공안의 말뚝에 잡아 매어두는 선법이요, 또 하나는 묵조선이라, 이는 적적성성한 진여체를 묵묵히 관조하고 있는 선법인 바 단전에 마음을 주하여 수승화강이 잘 되게 하고 마음의 거래를 대중잡는 단전주법이 대표적인 선법이니 이 두 선법이 결국 마음을 하나로 정정定靜시키는 것만은 동일한 것이다.』《대산종사법문집 제1집》, 진리는 하나, 1.불교佛敎)

니다. 또 경지의 깊이 따라 다시 의리선, 여래선, 조사선[209])으로 나누기도 합니다.

행선은 마음이 산란해지기 쉽고, 입선은 피로해지기 쉬우며, 와선은 잠들기 쉬우므로 선은 어디까지나 좌선을 가장 기본으로 하고, 나머지는 이를 기반으로 하여 형편·상황에 맞게 응용하는 것이라고 할 수 있으므로 여기서는 좌선을 중심으로 설명합니다.

방법이 어떠하든 "선은 원래에 분별 주착이 없는 각자의 성품을 오득悟得하여 마음의 자유를 얻는 공부로서 일이 없을 때에는 잡념을 제거하고 일심을 양성하며, 일이 있을 때에는 불의를 제거하고 정의를 양성하여 동정 간 끊임없이 법신불 일원상과 같이 원만구족하고 지공무사한 각자의 마음을 알고 기르고 사용하는 공부입니다."[210])

따라서 일반적으로 선이라고 하면 정신수양을 위주로 하는 좌선만을 생각하기 쉬우나 상황과 조건에 따라서 치중하는 부분이 다를 뿐 언제나 삼학공부를 아울러 함께 해나가야 하는 것이므로 모

---

209) 의리선·여래선·조사선: 진리는 언어와 문자에 있는 것은 아니지만, 언어 문자를 통해 표현하기 때문에, 과거 제불·제성의 교리나 게송 등에 의지해서 마음을 깨치려 하는 것을 '의리선義理禪'이라 하고, 우리의 성품이 원래 번뇌가 없고 원만구족하여 부처님과 조금도 다름이 없음을 문득 깨쳐서 이에 의지해서 닦는 선을 '여래선如來禪' 또는 '최상승선最上乘禪', 또는 '여래의 청정선如來淸靜禪'이라고도 하며, 이러한 언어와 문자를 초월하여不立文字, 경전의 가르침 밖에 별도로 전하여教外別傳, 마음에서 마음으로 전해오며以心傳心, 사람의 마음을 직접 가리켜直指人心, 자신의 성품을 깨달아 부처가 되게 하는見性成佛 방법이 조사선祖師禪이며, 또한 이 마음이 곧 부처요卽心是佛 평상의 마음이 곧 도平常心是道임을 그대로 실천하는 경지인 구경선究竟禪을 조사선이라고 하며, 이것이 모든 격식과 단계를 벗어난 수행의 이치인 격외도리格外道理를 전한다고 해서 격외선格外禪이라고도 부르고, 화두를 참구하여 이를 깨치게 함으로 간화선看話禪이라고도 부릅니다. 요약하면 진리를 언어문자로 이해하는 경지가 의리선이고, 진공의 소식을 깨달은 경지가 여래선이며, 진공묘유의 소식을 깨달아 평상심으로 사는 무시선의 경지가 조사선이라고 할 수 있겠습니다.(《원불교용어사전》 참조) 그러나 불교에서는 조사선을 여래청정선, 또는 최상승선이라고 부릅니다.(《조사선의 실천과 사상》 참조)

210) 《정전》, 제3 수행편, 제7장 무시선법. 대산종사, 원기 77년 대각개교절 경축사 "세계평화사대운동".

든 마음공부가 곧 선이라고 말할 수 있습니다. 예를 들어 좌선만 하더라도 기본적으로는 망념을 제거하고 일심을 챙겨 단전에 집중하는 것은 정신수양 공부이지만, 마음의 움직임(생각·감정)을 살펴 알아차리거나 의두 연구 또는 화두를 참구參究하는 것은 사리연구 공부에 속하며, 잘못된 자세를 바로잡고 몸과 마음의 괴로움을 참고 견디며 좌선의 자세를 지속해가는 것은 작업취사 공부에 속하는 것입니다. 또, 육근을 작용하여 어떤 일을 진행하며 상황에 적절히 대처해 가는 것은 기본적으로는 작업취사 공부이지만, 일하기 전이나 일하는 중에 일머리를 잘 살펴서 순서 있게 하는 것은 사리연구 공부에 속하고, 그 일 그 일에 집중하여 다른 잡생각을 하지 않는 것은 정신수양 공부에 속한다고 할 수 있습니다.

선禪의 궁극적 목적은 첫째 모든 번뇌망상의 괴로움과 공포에서 벗어나 안심을 얻으며, 둘째 모든 생사고락의 경계를 초월하고 해탈하여 마음의 평화와 자유를 누리자는 것이며, 셋째 사리에 통달하여 죄와 복을 임의로 하고, 생사거래를 자유로 하자는 것입니다. 한마디로 말한다면 우리 모두가 온전하고 영원한 행복을 누리자는 것입니다.

11.4.1 좌선의 요지要旨

좌선은 마음에 있어서는 망념을 쉬고 진성을 길러서 공적영지空寂靈智가 앞에 나타나게 하고[식망현진息妄顯眞], 몸에 있어서는 수승화강水升火降이 되어 수화가 골라지게 하는 것이 핵심인데 그에 가장 적합한 방법이 바로 단전주선丹田住禪입니다. 이는 "사람의 순연한 근본 정신을 양성하는 방법"으로 "기운을 바르게 하고 마음을 지키기 위하여 마음과 기운을 단전丹田[211]에 주住하되 한 생각이라는 주착도 없이 하여, 오직 원적 무별圓寂無別[212]한 진경에 그쳐 있도록"하는 것입니다.[213]

단전주선법은 우선 그 핵심만 간략히 말하자면 입을 다물고 편안하게 앉아서 허리와 머리를 곧게 세우되 전신의 기운을 단전에 툭 부리어[214] 상체의 힘을 모두 뺀 이완된 상태에서 호흡은 신경 쓰지 말고 몸에 맡겨서 자연호흡이 되게 하고, 정신을 차려 또랑또랑 초롱초롱하게 깨어 있되 나쁜 생각이든 좋은 생각이든 일체의 생각을 내지 말며, 오직 의식의 초점을 단전에 두고 망념이 일어날 때마다 얼른 알아차려 망념을 따라가거나 성가시게 여기지 말고 다만 정신을 차려 다시 의식의 초점을 단전에 두기를 반복하며 지속하는 선법입니다.

---

211) 단전丹田: 단전의 위치에 대해서는 학설이 분분하나 필자는 단전의 위치는 체표 상으로 손바닥을 하복부에 수평으로 대고 검지 쪽을 배꼽에 맞추었을 때 인체 전면의 정중앙선 상에서 배꼽 아래로 손가락 2개~4개 폭 사이의 안쪽 하복부 내에 위치한다고 생각합니다. 단전은 우리 몸의 무게 중심에 해당되는 곳으로 도가道家의 전통 수련가나 한의학에서는 단전을 "생기生氣의 근원이 되는 곳"으로 인식합니다.

212) 원적무별圓寂無別: 마음이 두렷하고 고요하여 일체의 분별이 끊어짐. 마음속에 번뇌 망상을 다 끊어버리고 청정무구한 열반의 세계에 들어가서 일체의 사량 분별이 사라진 상태. 선정禪定을 닦아 삼매에 들면 원적무별한 자성을 찾아서 진리와 합일된 경지에 들어가게 됩니다.

213) 《정전》, 제3 수행편, 제2장 정기훈련과 상시훈련, 제1절 정기훈련법

214) '툭 부린다'는 말은 시골에서 등에 메고 있던 짐이나 등의 지게에 실려 있는 짐을 단번에 툭 던져 내려놓을 때 쓰는 말입니다. 따라서 "전신의 힘을 단전에 툭 부린다"는 말은 목, 어깨, 가슴, 등, 허리 등에 들어가 있는 힘을 쭉 빼고 오직 무게 중심인 단전에만 기운이 들어가는 듯한 느낌으로 앉으라는 뜻입니다.

- 『좌선의 요지: 대범, 좌선이라 함은 마음에 있어 망념을 쉬고 진성眞性[215]을 나타내는 공부이며, 몸에 있어 화기를 내리게 하고 수기를 오르게 하는 방법이니, 망념이 쉰즉 수기가 오르고 수기가 오른즉 망념이 쉬어서 몸과 마음이 한결같으며 정신과 기운이 상쾌하리라. 그러나 만일 망념이 쉬지 아니한즉 불기운이 항상 위로 올라서 온몸의 수기를 태우고 정신의 광명을 덮을지니, 사람의 몸 운전하는 것이 마치 저 기계와 같아서 수화의 기운이 아니고는 도저히 한 손가락도 움직이지 못할 것인바, 사람의 육근 기관이 모두 머리에 있으므로 볼 때나 들을 때나 생각할 때에 그 육근을 운전해 쓰면 온몸의 화기가 자연히 머리로 집중되어 온몸의 수기를 조리고 태우는 것이 마치 저 등불을 켜면 기름이 닳는 것과 같나니라. 그러므로 우리가 노심초사를 하여 무엇을 오래 생각한다든지, 또는 안력을 써서 무엇을 세밀히 본다든지, 또는 소리를 높여 무슨 말을 힘써 한다든지 하면 반드시 얼굴이 붉어지고 입속에 침이 마르나니 이것이 곧 화기가 위로 오르는 현상이라, 부득이 당연한 일에 육근의 기관을 운용하는 것도 오히려 존절히[216] 하려든, 하물며 쓸데없는 망념을 끄리어 두뇌의 등불을 주야로 계속하리요. 그러므로 좌선은 이 모든 망념을 제거하고 진여眞如의 본성을 나타내며, 일체의 화기를 내리게 하고 청정한 수기를 불어내기 위한 공부니라.』《정전》, 수행편, 제4장 좌선법)

- 『선종禪宗의 많은 조사가 선禪에 대한 천만 방편과 천만 문로를 열어 놓

---

215) 진성眞性: 참다운 성품, 진리와 똑같은 본래의 성품.(각산, 《교전공부》)
216) 존절存節히 하다: 잘 보존하며 절도 있게 하다. 잘 보존하여 아껴 쓰다.(《교전공부》)

았으나, 한 말로 통합하여 말하자면 망념을 쉬고 진성을 길러서 오직 공적 영지空寂靈知가 앞에 나타나게 하자는 것이 선이니, 그러므로 "적적寂寂한 가운데 성성惺惺함은 옳고 적적한 가운데 무기無記는 그르며, 또는 성성한 가운데 적적함은 옳고 성성한 가운데 망상은 그르다." 하는 말씀이 선의 강령이 되나니라.』《대종경》, 수행품 12장)

• 『한 제자 수승화강水昇火降되는 이치를 묻자온데 대종사 말씀하시기를 "물의 성질은 아래로 내리는 동시에 그 기운이 서늘하고 맑으며, 불의 성질은 위로 오르는 동시에 그 기운이 덥고 탁하나니, 사람이 만일 번거한 생각을 일어내어 기운이 오르면 머리가 덥고 정신이 탁하여 진액津液이 마르는 것은 불기운이 오르고 물기운이 내리는 연고이요, 만일 생각이 잠자고 기운이 평순平順하면 머리가 서늘하고 정신이 명랑하여 맑은 침이 입속에 도나니 이는 물기운이 오르고 불기운이 내리는 연고이니라."』《대종경》, 수행품 15장)

11.4.2 좌선의 방법

좌선의 방법은 매우 간편하여 누구나 쉽게 행할 수 있으며, 매일 일정한 시간을 내어 빠뜨리지 않고 바르게 지속적으로 실천한다면 마침내 마음의 자유를 얻고 진정한 행복이 무엇인지를 맛볼 수 있습니다. 그러나 아무리 쉬운 것이라도 행하지 않고 얻어지는 것은 없으므로 실천하지 않으면 아무 소용이 없습니다. 따라서 무엇보다 중요한 것은 단 10분간이라도 빠뜨리지 말고 매일 같이 실천에 옮겨서 습관화하는 것입니다. 처음에는 수시로 3분간씩이라도 선을 반복해서 차차 습관을 들여가고 점점 익숙해짐에 따라 시간을 늘려가서 나중에는 하루에 1~2시간 이상씩 하는 것이 좋습니다. 3분간의 선을 만점짜리로 할 수 있다면 이를 점점 늘리어 가면 한두 시간의 좌선도 만점짜리로 능히 해낼 수 있습니다. 밥은 굶더라도 선을 굶어서는 안 된다고 하셨습니다. 육신의 양식은 한 끼 굶는다고 해서 죽거나 병이 나는 것이 아니지만, 정신의 양식은 영생을 통해 영향을 주기 때문입니다.

불교의 「좌선의坐禪儀」에서는 "(좌선을 통해) 반야의 지혜를 배우고자 하는 이는 먼저 마땅히 대자대비의 마음을 일으켜서 사홍서원四弘誓願을 발하고 삼매를 정밀하게 닦아 중생 제도를 서원하여 일신을 위한 해탈만을 구하지 말라."[217]고 하였습니다. 이러한 큰 서원이 있지 않으면 좌선을 지속해가기가 쉽지 않습니다.

좌선을 방해하는 주된 마장魔障으로는 졸음·잠과 불신·탐욕·게으름·어리석음 등이 있습니다. 따라서 좌선을 잘하기 위해서는 무엇보다도 좌선의 방법 및 결과에 대한 확고한 믿음과 좌선을 통해서 기필코 선정 삼매에 들고야 말겠다는 굳은 서원과 의지가 필요합니다. 그리고 좌선에 들어가기에 앞서서 평소 생활을 단순하고 건실하게 하며, 음식은 소식·채식을 위주로 하여 되도록 담박하게 하며, 과로하지 말고 잠을 일찍 자고 규칙적인 생활을 하는 것이 좋

---

217) "夫學般若菩薩, 先當起大悲心, 發弘誓願, 精修三昧, 誓度衆生, 不爲一身獨求解脫爾."(경허鏡虛 성우惺牛 선사 편집, 한길로법사 현토, 《懸吐 禪門撮要》, 도서출판 보련각. 439쪽)

습니다. 법률상의 죄를 짓거나 계문을 자주 범하거나 양심을 자주 속이거나 생활이 복잡하면 머릿속이 복잡해져서 망상이 떠나지 않고, 과식하면 속이 부대끼거나 호흡이 거칠어지며, 과로하거나 잠을 늦게 자면 선을 하는 중에 혼침에 빠지기가 쉽기 때문입니다. 꼭 해야 할 일이면 먼저 해결을 하고, 해서는 안 되는 일이면 하지 않는 것이 좌선을 잘하기 위한 생활상의 기본 조건입니다.

이상과 같이 몸가짐·행동과 마음가짐이 바르게 골라져야만 비로소 좌선도 잘되는 것이므로, 좌선을 단순히 자리에 앉아 있는 시간만 하는 것으로 생각해서는 안 되며 24시간 늘 좌선하는 마음으로 사는 것이 좋습니다. 이것이 바로 뒤에 언급하게 될 무시선으로 이어지는 것인데 무시선이 잘 되기 위해서는 먼저 일이 없을 때의 좌선을 잘해야 합니다.

좌선하는 시간은 특별히 가릴 것은 없으나 일이 없을 때 특히 새벽 시간이나 저녁 시간 잠자기 전에 하는 것이 좋습니다. 새벽에 자다 일어나서 바로 하기보다는 세수를 하고 스트레칭을 통해 밤새 굳어진 몸을 다소 풀어준 뒤에 하는 것이 좋습니다.

단전주선은 행주좌와 어묵동정 간에 언제 어디서나 단전에 의식을 집중하기만 하면 할 수 있지만, 초보자는 장례식장이나 공동묘지, 습지, 폭포수 옆, 물가, 절벽 밑, 바람이 많이 부는 골짜기 등은 되도록 피하는 것이 좋습니다. 자칫하면 오히려 건강을 해치기 쉽기 때문입니다.

좌선을 마치고 일어날 때에는 갑자기 일어나지 말고 천천히 몸을 움직여주되 두 손을 비벼서 눈 주위, 얼굴, 목, 어깨, 팔, 무릎, 발 등을 어루만져 풀어주고 일어나는 것이 좋습니다. 그러면 좌선할 때의 고요하고 평화로운 마음이 일상으로 이어가도록 하는 데에 도움이 됩니다.

이제 좌선의 방법을 《정전》의 내용을 기본으로 하여 구체적으로 하나씩 설명하면 다음과 같습니다.[218]

① 좌복[219]을 펴고 반좌盤坐[220]로 편안히 앉은 후에 머리와 허리를 곧게 하여 앉은 자세를 바르게 하라.

방석을 펴고 편안한 자세로 앉아 상체를 좌우로 흔들어 척추를 고르며 중심을 잡고 엉덩이를 살짝 뒤로 빼서 엉덩이와 양 무릎과 허벅지가 모두 바닥에 닿게 앉은 자세를 고른 뒤, 머리와 허리를 곧게 세워 코끝과 배꼽이 수직으로 일직선이 되게 하되, 허리·어깨와 목에서 힘을 빼고 턱을 약간 당겨서 시선이 코끝을 향하도록 하여 정면의 아래쪽에 고정되도록 합니다.

이때 방석은 엉덩이가 배기지 않게 좀 두툼한 것이 좋습니다. 좌

---

218) 《정전》, 제3 수행편, 제4장 좌선법을 기본으로 하여 좌산 상사님의 《정전 좌선의 방법》 등을 참고하여 설명을 더하였음.
219) 좌복坐服: 앉을 때나 좌선할 때 자리에 깔고 앉는 방석.
220) 반좌盤坐: ① 소반을 평탄한 곳에 놓은 것과 같이 반반하고 편안하게 앉는 것.(각산, 《교전공부》 140쪽) 반좌란 쟁반같이 반듯하고 편안하여 오래 앉을 수 있는 자세임.(길도훈, 《단전주선》 51쪽) ② 편하게 책상다리.(한쪽 다리를 오그리고 다른 쪽 다리를 그 위에 포개고 앉는 자세)를 하고 앉음(Daum 사전)

선하기 위해 앉는 자세는 결가부좌[221], 반가부좌[222], 평좌[223], 궤좌 [224] 등이 있고 또 의자에 앉는 방법도 있으나, 어떠한 방법이든 좌선을 오래도록 지속하기에 가장 편안한 방법을 취하자는 것이지 자세 자체가 근본 목적은 아니므로, 기본적으로 자기의 몸 상태에 가장 알맞게 가장 편안한 자세를 취하면 됩니다. 따라서 다쳤거나 질병 등으로 인해 정상적으로 앉아있기가 불편한 경우에는 다리를 뻗고 앉는다든지 의자에 앉는다든지 해서 융통성 있게 가장 편안한 자세를 취하면 되고, 앉을 수 없다면 누워서라도 단전에 집중하면 됩니다. 대체로 안정적으로 장시간 앉아있기에는 결가부좌가 가장 좋긴 하지만 몸이 굳어있거나 허벅지에 살이 많이 쪄서 잘되지 않는 분들은 억지로 결가부좌한다고 고통스러워할 필요까지는 없습니다. 그러나 장시간 안정적으로 좌선을 지속하기에는 결가부좌가 가장 효과적이므로 처음에 결가부좌가 편안하게 잘 되진 않더라도 어느 정도 되는 사람은 자꾸 반복, 연습하여 길들여가는

---

221) 결가부좌: 두 다리를 쭉 뻗은 상태에서 먼저 오른쪽 발을 왼쪽 넓적다리 위에 올려놓은 다음 다시 왼쪽 발을 오른쪽 넓적다리 위에 틀어 얹고 앉거나, 또는 이 반대의 순서로 왼발을 먼저 오른쪽 넓적다리 위에 올려놓고 다시 오른발을 왼쪽 넓적다리 위에 틀어 얹고 앉는 자세입니다. 실제 하는 방법은 인터넷 유튜브의 [가부좌] 동영상을 참조하시면 됩니다. 좌선을 할 때는 이 두 가지 방법을 교대로 사용하는 것이 골반이 틀어지는 것을 예방합니다. ➡ 반가부좌

222) 반가부좌: 명상하기 위해 앉는 방법의 하나로서, 오른쪽 발을 왼쪽 넓적다리 위에 올려놓고 바르게 앉거나, 왼쪽 발을 오른쪽 넓적다리 위에 올려놓고 바르게 앉는 것을 말합니다. 좌선을 할 때는 이 두 가지 자세를 교대로 사용하는 것이 골반이 틀어지는 것을 예방합니다. 결가부좌와 반가부좌를 통칭해서 '가부좌'라고 부릅니다.

223) 평좌平坐: 한쪽 다리를 몸 중심의 안쪽으로 당길 수 있는 데까지 바짝 당기고 다른 발을 그 발 앞에 두어 두 발이 바닥에 닿게 합니다.(길도훈 저, 《단전주선》, 51쪽)

224) 궤좌跪坐: 두 무릎을 꿇고 마주 댄 채로 척추를 세워 가지런히 앉는 자세로, 주로 어른들 앞이나 신불神佛 전前에 기도를 드리거나 명상할 때 앉는 자세입니다. 처음에는 발이 저리고 오래 지속하기는 쉽지 않지만, 익숙해지면 오히려 좌우의 자세가 틀어질 염려가 없이 균형이 잡히고 척추가 바르게 펴져서 단전에 집중하기가 쉽다는 점에서 유리한 점도 있습니다.

것이 좋습니다. 결가부좌든 궤좌든 처음에는 불편하기 마련이지만 자꾸 반복해서 익숙해지면 나중에는 편안하게 할 수 있습니다. 결가부좌나 반가부좌를 할 경우에는 왼발과 오른발의 위치를 번갈아 가며 바꾸어 앉아야만 골반이 틀어지는 것을 방지할 수 있습니다. 궤좌는 평소 습관이 되지 않은 분들은 힘이 들지만 편안하게 할 수만 있다면 골반이 틀어지지 않고 바른 자세를 유지하며 단전주를 하기에 유리한 점이 있습니다.

머리와 허리를 곧게 세워 자세를 바르게 하되 거기에 힘이 들어가면 안 됩니다. 힘이 들어간 곳은 어디든지 근육이 긴장되어 경직되고 기혈의 흐름이 막혀서 통증이 오게 되므로, 상체를 완전히 이완시켜 힘이 들어가지 않도록 주의해야 합니다. 좌선은 자세도 물론 중요하긴 하지만 무엇보다도 중요한 것은 단전에 얼마나 의식을 집중하느냐입니다.

턱이 들리면 기운이 단전으로 잘 내려가지 않고 위로 뜨게 되므로 약간 당기는 듯이 하여 코끝이 배꼽과 수직이 되게 하고, 눈동자의 시선도 마찬가지로 위를 향하면 기운이 뜨게 되므로 코끝을 향하여[225] 정면의 아래쪽에 고정되도록 합니다.

양손의 위치에 대해서는 설이 구구하나 크게 중요한 것 같지는 않습니다. 필자는 엄지와 검지를 지문이 서로 맞닿도록 붙이고 손바닥이 위로 향하게 해서 양 무릎 위에 편안하게 올려놓습니다.

---

225)　눈의 시선이 코끝을 향하게 하면 처음에는 코끝이 눈에 아른거리게 됩니다.

원래 전통·불교에서는 결가부좌한 상태에서 발의 복숭아씨 위에 먼저 오른손을 손바닥이 위로 가게 해서 올려놓고, 그 위에 왼손을 포개놓은 다음 양손의 엄지손가락 끝을 살짝 붙여 놓는데 이를 선정인禪定印이라고 합니다. 선정인을 할 경우 좌선 중에 졸거나 망상·잡념에 빠지거나 하면 선정인의 모습이 흐트러지기 때문에 그 사람이 좌선을 제대로 하고 있는지 어떤지를 대번에 알 수 있습니다. 그러므로 전통 불교에서는 두 손으로 선정인을 하도록 지도합니다.

② 전신의 힘을 단전에 툭 부리어 일념의 주착도 없이 다만 단전에 기운 주住해 있는 것만 대중 잡되[226], 방심이 되면 그 기운이 풀어지나니 곧 다시 챙겨서 기운 주하기를 잊지 말라.

전신의 힘을 단전에 툭 부리어 아무 생각도 하지 말고 오직 의식의 초점을 단전에 두어 기운 주해 있는 느낌만 대중 잡되, 방심이 되면 그 기운이 풀어지므로 얼른 정신을 차리고 다시 챙겨서 단전주[227] 하기를 잊지 말아야 합니다. 이것이 단전주 좌선법의 가장 핵심 조문입니다.

---

226) '대중 잡는다'는 말은 '(무엇을) 어림으로 헤아려 짐작한다는 뜻입니다.(Daum 사전)
227) 훈산 전도연 교무님은 "단전주란 마치 모기가 우리 몸에 앉았을 때 모기를 잡기 위해서 정신을 온통 거기에 집중하듯이 의식의 초점을 단전에 두어 집중하는 것이다."라고 하셨고, 길도훈 교무님은 "단전주란 마음이 단전을 떠나지 않고 항상 머무는 것을 일컫는다. 즉, 마음과 기운과 전신의 힘을 단전에 두어 내가 곧 단전이 되는 것을 말한다."(길도훈 저, 《단전주선》 70쪽)고 하셨습니다. 단전주는 무엇보다도 단전에 의식을 집중하는 것이 관건인데, 처음에는 단전이 어디인지 의식이 잘 안되는 경우가 많으므로, 단전 부위에 손가락을 댄다든지 자석을 붙인다든지 해서 가늠하는 것도 한 방법입니다.

'일념의 주착도 없이'란 한 생각이라도 어디에 머물거나 집착하지 말라는 말입니다. 우리의 마음은 어디든 무엇이든 주착이 있는 데로 끌려나가기 때문입니다. 좌선할 때는 좋은 생각이든 나쁜 생각이든 그것이 어떠한 생각이든 모두 망념일 따름입니다. 누구나 처음 좌선할 때는 온갖 망상·망념이 다 일어납니다. 망상·망념은 평소 또는 과거에 마음에 주착한 것이 있던 데서 일어납니다. 그 주착이 강할수록 망념도 강하게 일어납니다. 그러므로 평소 어디에도 주착하지 말고 담담한 마음으로 살도록 유념해야 합니다. 주착하면, 좋아하든 싫어하든, 슬퍼하든 즐거워하든, 걱정하든 두려워하든, 감정이 동하여 주착하는 만큼 거기에 붙들려있게 되기 때문입니다.

망념이 일어나면 얼른 이를 알아차려서 자기도 모르게 망념을 따라가 거기에 빠지지도 말고, 망념이 일어난다는 것은 마음이 살아 있다는 증거이니 계속 일어나는 망념을 성가시게 여기지도 말며, 다만 망념이 일어난 줄만 얼른 알아차리되 거기에 전혀 관심 두지 말고, 오직 정신을 차려서 다시 의식의 초점을 단전으로 가져와 계속 집중하도록 해야 합니다. 그러기 위해서는 항상 정신 차려서 마음을 잘 살피고 있어야 하며, 단전에 의식을 두어 기운 주하기를 잊지 않도록 늘 유념해야만 합니다.

"단전에 기운 주해 있는 것만 대중 잡으라"는 말씀은 단전에 마음·의식을 두어 집중하라는 말씀입니다. 마음·의식이 가는 데에 기운도 따라가므로 마음·의식을 단전에 집중하고 있으면 자연히 기운도 거기로 모여 쌓이게 되며, 단전에 기운이 쌓이면 뭔가 따뜻한 기운 같은 것이 어려서 뭉쳐있는 듯한 묵직한 느낌이 들면서 중심이 잡히게 됩니다. 그러나 이것도 사람에 따라서 다양한 차이가 있습니다.

③ 호흡을 고르게 하되 들이쉬는 숨은 조금 길고 강하게 하며, 내쉬는 숨은 조금 짧고 약하게 하라.

이 조문의 핵심은 "호흡을 고르게 하라"는 것입니다. 숨을 고르게 한다는 것은 들숨과 날숨의 강약과 길이를 균형 있게 조화를 이루게 하라는 뜻입니다. 이것이 생리적인 음양의 이치에도 맞습니다. 그런데 그 뒤에 "들이쉬는 숨은 조금 길고 강하게 하며, 내쉬는 숨은 조금 짧고 약하게 하라."고 한 것은 앞에서 "호흡을 고르게 하라"고 한 말씀과 약간 모순되는 점이 있어서 혼란을 일으켜 좌선을 하기 어렵게 하는 부분이 있습니다.

예로부터 모든 수련법과 수행법에는 호흡법이 빠지지 않고 중시되고 있는데, 그 방법이 매우 다양하고 각자 주장하는 바도 서로 달라서, 후래 수행자들이 과연 어느 것을 따라야 할지 판단하기가 매우 어렵고 혼란스러운 부분이 있기 때문에 더욱 그렇습니다. 호흡법에 대해서는 『1.2.4. 단전호흡을 익히는 방법』에서 자세히 논술하므로, 참조하시면 어느 정도 의혹이 풀리시고 혼란이 정리되실 겁니다.

먼저 이 조문의 원조라고 생각되는 《월말통신》 제21호에 실린 대종사님의 법설『좌선의 방법과 그 필요에 대하여』를 보면, "좌선의 방법으로 말하면 극極히 간단하고 수월하여 아무라도 능能히 행行할 수 있는 것이다. 제일 첫째, 반좌로 단정히 앉은 뒤에 허리와 머리를 곧게 하고 전신의 힘을 툭 부리어 아랫배(단전丹田)를 약간 불린 듯이 하고, 상부의 기운을 순순히 아랫배로 내리며 마음으로는 아랫배 기운 주住해 있는 것만 대중 잡고 있으면, 자연히 들이쉬는 숨은 길고 강할 것이요 내 쉬는 숨은 짧고 미微하게 되며, 이와 같이 오래 행行한 즉則 아랫배가 점점 단단해지며 수승화강이 되어 맑고 윤활한 침이 혀 줄기 밑과 양협兩頰 아제牙際[228]로부터 계속하여 날 것이니, 그 침을 입에 가득 모아 삼키고 삼키면 몸이 윤택하고 정신이 청쾌晴快하여 자연히 밝은 혜광을 얻으리라."라고 되어 있습니다. 이 법설에 의하면 "마음으로 아랫배 단전에 기운 주해 있는 것만 대중 잡고 있으면"[229] "자연히" "들이쉬는 숨은 길고 강할 것이요 내 쉬는 숨은 짧고 미微하게 되며"라고 했으므로, 마음을 아랫배 단전에 주하고만 있으면 호흡은 "자연히" 이루어지는 것임을 분명하게 알 수 있습니다.

목산 육관웅 교무님은 이 《월말통신》의『법설』에 근거해서 단전

주선법을 스스로 체득하고, 많은 분들을 "이렇게 호흡은 전혀 신경 쓰지 말고 오직 단전에 의식을 집중하라는 단전주선법으로 선을 지도해 본 결과 매우 간단하여 누구라도 쉽게 따라 할 수 있고 선정에도 빨리 깊이 들어갈 수 있으며, 아무런 부작용[230]이 없을 뿐만 아니라 오히려 저절로 자세가 바로잡히고 몸이 더 건강해진다는 것을 계속 확인하고 있으며, 식사 직후에 하더라도 위하수 같은 탈이 생기지 않는 방법이다."라고 말씀하셨습니다.

실제 생리적인 호흡은 우리가 평상시 아무런 의식을 하지 않아도 몸이 상황조건에 맞게 스스로 알아서 강약과 길이를 자동적으로 조절하여 자연스럽게 이루어집니다. 따라서 원문에 '조금'이란 말이 들어가 있다는 점을 감안하면 실제는 호흡을 염두에 두지 말고 생리적인 자연호흡에 맡겨서 편안하게 호흡하며 오직 마음·의식을 단전에만 집중하는 것이 좋습니다. 기운은 의식을 따라가므로 의식을 단전에만 집중하고 있으면 호흡이 자연히 골라지면서 기운이 단전에 모이게 되고, 단전에 기운이 충분히 쌓이면 기운이 막힌 곳을 뚫고 흘러가는 길을 스스로 열어감에 따라 자연히 수승화강이 이루어지면서 건강이 증진되고 몸의 병고도 사라지게 되기 때문입니다.

만약 '고르게'라는 말과 '조금'이라는 말을 무시하고 억지로 "들이쉬는 숨은 길고 강하게 하며, 내쉬는 숨은 짧고 약하게" 하려고 하거나

---

230) 혹 심신이 정화되고 좋아지는 과정에서 몸에 종기가 생긴다든지 기타 병증 비슷한 호전반응들이 나타날 수도 있는데, 이러한 것들은 대부분 수일 내로 저절로 사라지므로 따로 치료할 필요가 없습니다. 그러나 1주일이 넘도록 사라지지 않고 더 심해진다면 호전반응이 아닌 병증일 수 있으므로 병원의 진단을 받아볼 필요가 있습니다.

자연스런 순차를 따르지 않고 욕심으로 빨리 이루려고 여타의 부자
연스러운 호흡법을 쓰다 보면, 오히려 무리가 와서 숨이 가빠지거나
가슴이 답답해지거나 기氣의 울체, 상기上氣, 두통, 복부의 적積 등
각종의 부작용을 불러오기 쉬우므로 각별히 주의해야 합니다.[231]

그러므로 호흡은 의식한다고 해도 단전에 콧구멍이 있어서 단전
으로 들이쉬고 내쉰다는 생각으로 다만 단전에 의식을 두고 호흡
을 바라보는 것만으로 충분하며, 그 이상의 인위적인 노력을 가하
는 것은 별로 바람직하지 않다고 생각합니다. 호흡은 단전주가 익
숙해져서 단전이 자리를 잡아감에 따라 몸이 스스로 알아서 자기
몸에 가장 알맞은 상태의 호흡으로 맞추어가기 때문입니다.

④ 눈은 항상 뜨는 것이 수마睡魔를 제거하는 데 필요하나 정신
기운이 상쾌하여 눈을 감아도 수마의 침노를 받을 염려가 없
는 때에는 혹 감고도 하여 보라.

좌선할 때는 눈은 항상 뜨고 하는 것이 원칙입니다. 그러나 눈
을 뜨고 앞을 바라보라는 것이 아니고, 다만 시선을 코끝을 바라
보는 방향으로 해서 1m쯤 전방의 아래쪽에 시선을 고정할 뿐, 마
음의 눈으로는 단전을 바라본다는 생각으로 의식을 단전에 집중하
라는 것입니다.

---

231)   이른바 선병禪病이라고 칭하는데 이에 대해서는 좌산종사님의 《정전 좌선의 방법 해설》 39~44
        쪽, 길도훈 교무님의 《단전주선》 42~44쪽에서도 자세히 언급하고 있거니와, 각산종사님도 "단전
        에다 마음을 주하고만 있으면 호흡은 자연히 골라지나니 명심할 것이다."라고 하였습니다.(신도형
        저, 《한글로 읽는 교전공부(수행편)》, 142쪽)

좌선은 초보자의 경우 망념과 졸음과의 싸움이라고 해도 과언이 아닙니다. 그래서 졸리고 잠이 오는 것을 '졸음 마귀'라는 뜻의 '수마睡魔'라고까지 이름 붙인 것입니다. 흔히 눈을 반만 뜨거나 감고서 좌선을 하는 경우가 많은데 십중팔구는 졸면서 혼침에 빠지게 되지만 정작 본인은 졸은 줄도 잘 모릅니다. 그러므로 눈을 감고 좌선하는 것은 좌선에 힘을 얻어 "정신 기운이 상쾌하여 눈을 감아도 수마의 침노를 받을 염려가 없는" 경우에 한하여 혹 해봐도 좋다는 것이지, 평소 그렇게 해도 좋다는 말씀이 아닙니다. 따라서 좌선은 반드시 눈을 뜨고 하지 않으면 안 됩니다. 그렇다고 눈을 부릅뜨고 하라는 것은 아니며 평상의 눈으로 뜨라는 것입니다. 처음에는 눈을 감고 하는 것이 밖으로부터 들어오는 시각정보를 차단시킬 수 있어서 마음을 고요히 하는 데 도움이 되는 것 같지만, 이것이 습관이 되면 눈을 뜨고서는 마음을 고요하게 하기가 어려워질 뿐 아니라, 단전에 힘을 얻기 전에 눈을 감고 있으면 십중팔구는 졸음에 빠져들기 때문입니다. 좌선의 핵심은 마음이 고요하되 정신이 맑아져서 또랑또랑해지는 것[적적성성]인데, 눈을 감고 선을 하다 졸면 "적적성성"이 되지 않고 "적적혼침寂寂昏沈"이 되어 좌선하는 의미가 없어지는 것입니다. 눈을 부릅뜨면 기운이 뜨고 정신이 산란해지며, 눈을 반쯤 뜨고 해도 결국에는 눈이 감기어 졸게 되므로, 눈은 평상으로 뜨고 하는 것이 가장 바람직합니다. 그러나 단전에 힘을 얻어 졸음에 빠질 염려가 없거나 알아차리는 힘이 확립되어 졸 염려가 없는 사람은 눈을 감고 해도 무방합니다.

⑤ 입은 항상 다물지며 공부를 오래하여 수승화강水昇火降[232)
이 잘 되면 맑고 윤활한 침이 혀 줄기와 이 사이로부터 계속
하여 나올지니, 그 침을 입에 가득히 모아 가끔 삼켜 내리라.

방심하거나 혼침에 빠지면 입이 벌어지기 쉬우며 혀끝을 위로 말
아서 입천장에 대고 있어야 독맥과 임맥[233)이 연결되어 상하로 기
의 유통이 잘 됩니다. 좌선이 익숙해져서 수승화강이 잘 되면 혀
밑의 침샘(옥지玉池)에서 맑고 윤활한 단침이 계속 나오게 되는 경
우가 많은데, 이를 감로수甘露水라고 부르며 입안 가득히 모았다가
숨을 들이쉴 때 들숨과 함께 단전까지 내려보낸다는 생각으로 조
용히 삼키면 몸을 크게 보익한다고 합니다.

⑥ 정신은 항상 적적한 가운데 성성함을 가지고 성성한 가운데
적적함을 가질지니, 만일 혼침에 기울어지거든 새로운 정신
을 차리고 망상에 흐르거든 정념으로 돌이켜서 무위자연의

---

232) 수승화강水昇火降: 한의학에서는 오장을 목木·화火·토土·금金·수水의 오행에 배속하여 심장은 火에
    속하고 신장은 水에 속하는 것으로 생각합니다. 자연계에서의 물水은 위에서 아래로 흐르고 불火
    은 아래에서 위로 타오르는데, 우리 몸에서는 이와 반대로 불에 속하는 심장이 위에 있고 물에 속
    하는 신장이 아래에 있으므로, 신장의 수기는 위로 올라가 심장의 화기가 항진되어 뜨거워지는 것
    을 방지하고, 심장의 화기는 아래로 내려와 신장이 차가워지는 것을 방지해야만 기혈순환이 계속
    해서 원활하게 돌아가게 된다고 보는데 이것을 수승화강이라고 합니다. 단전주선은 이러한 인체의
    수승화강이 잘 되도록 도와주는 역할을 하는 것입니다.
233)   독맥督脈·임맥任脈: 한의학에서 기운이 흐르는 주된 노선을 경맥經脈이라고 부르며, 12개의 장부
    에 각각 1개씩 연결되어 있어서 전신을 순환하며 생리기능을 돕게 되는데, 5장에 연결된 음陰 경맥
    을 총괄하는 경맥이 임맥이고, 6부에 연결된 양陽 경맥을 총감독하는 경맥이 독맥입니다. 임맥은
    우리 인체의 전면의 정중앙을 흐르고 독맥은 인체 후면의 정중앙을 흐르는데, 전통적으로 도가에
    서는 단전에 기운이 충분히 쌓여야만 이 임맥과 독맥이 원활하게 유통되는 것으로 보고 있으며,
    이를 '임독맥 유통', 또는 '소주천小周天'이라고 부릅니다.

본래면목 자리[234)]에 그쳐 있으라.

좌선 중에는 정신이 항상 적적성성하고 성성적적한 것을 표준으로 삼습니다. '적적寂寂'이란 마음에 아무런 생각도 일어나지 않아 고요한 것을 말하며, '성성惺惺'이란 의식이 명료하여 초롱초롱 또랑또랑 또렷또렷하게 깨어있는 것을 말합니다. 대개의 경우 초보자는 의식이 또렷하면 망념을 하게 되고, 망념이 없으면 혼침에 빠지게 됩니다. 좌선할 때는 나쁜 생각이든 착한 생각이든, 잡된 생각이든 논리적인 생각이든, 사업계획이든 공부계획이든 생각의 종류에 관계 없이 모두 망념입니다. **좌선 중에는 오직 정신을 차려 알아차리고 대중하는 마음, 단전에 일심을 집중하는 마음만 정념이며, 이외의 마음은 모두 망념이고 번뇌망상입니다.**[235)]

따라서 좌선 중에는 의식이 또랑또랑 초롱초롱하게 깨어있되 아무 생각이 없이 다만 단전주에만 집중하며, 혹 망상에 흐르거나 혼침에 기울어지거든 얼른 알아차리고 정신을 차려 의식의 초점을 다시 단전에 갖다 두고 집중하기를 계속 반복하는 것입니다. 그러다 보면 마음에 한 생각도 일어나지 않고 지극히 고요하되 의식은 고도로 깨어있어 정신이 명료하고 깨끗한 무위자연의 본래면목자리 즉, 성품자리인 참나 자리에 들어가게 됩니다. 이것이 곧 입정삼매입니다. 이 입정삼매에 들면 시간과 처소를 잊고 자타와 물아의

---

234) 무위자연無爲自然의 본래면목本來面目자리: '무위자연'이란 일체의 인위적인 노력이나 조작이 없는 자연 그대로의 상태를 말합니다. '본래면목자리'는 일체의 분별주착이 쉬어버린, 한 생각도 일어나지 않은 본연청정한 성품자리, 참나자리를 말합니다.

235) 이광정 지음,《정전 무시선법 해설》, 71쪽 참조.

구분을 잊고 온 우주만물과 내가 하나인 자리에 들어 모든 업장과 업력을 녹여내게 되며, 순역경계와 생사고락을 초월한 극락의 열반락을 누리게 되는 것입니다.

좌선하는데 의식이 또렷하지 않고 몽롱하니 멍청하게 앉아있는 것을 '무기공無記空'이라고 하고, 잡생각이 어지럽게 일어나는 것을 '난상亂想'이라 하며, 졸음에 빠져서 의식이 분명하지 않은 것을 '혼침昏沈'이라고 합니다. 좌선의 진경에 들어가기 전에는 누구나 망념·난상·혼침·무기공 등이 번갈아 가며 나타날 수 있으므로 항상 정신을 똑바로 차리고 있어야 합니다. 이미 망상이나 혼침에 빠져버린 경우에는 그런 줄도 모르게 되기 쉽기 때문에 빠져나오기가 그만큼 힘들어집니다. 그래서 혼침에 기울어지거나 망념에 흐르려고 할 때 얼른 알아차려야 합니다. 망념·난상·혼침·무기공 중에서도 무기공은 마음이 살아있지 않고 죽은 마음이 되는 것이라 삼독의 해보다 더 크며[236], 좌선하면서 조는 것 역시 마음이 죽은 것이라 사심邪心 끄리는 것보다도 못하므로[237] 무기공이나 혼침에 빠지지 않도록 특히 조심해야 합니다.

⑦ 처음으로 좌선을 하는 사람은 흔히 다리가 아프고 망상이 침노하는 데에 괴로워하나니, 다리가 아프면 잠깐 바꾸어 놓는 것도 좋으며, 망념이 침노하면 다만 망념인 줄만 알아두

---

236) 《대산종사법문집 제2집》, 제1부 교리, 6. 삼학공부 중 대기사大忌事
237) 《대산종사법문집 제1집》, 수신강요修身綱要1, 21. 『네가지 선법禪法』

면 망념이 스스로 없어지나니 절대로 그것을 성가시게 여기
지 말며 낙망하지 말라.

　처음에는 대부분 다리가 저리거나 아프기 마련인데 점차 자세가
잡히면서 익숙해지면 저절로 사라지게 되어 있으므로, 참을만한 것
은 되도록 참고 견뎌내는 것이 좋습니다. 조금 아프다고 해서 자꾸
다리를 바꾸다 보면 항상 그 시간쯤 되면 통증이 반복되게 되기 때
문입니다. 이때 통증을 아프다고 거부하려 들지 말고 무조건적으로
그대로 수용하면서 통증 자체를 그대로 느끼는 데에 집중하여 통
증과 하나가 되면 훨씬 쉽게 다스릴 수 있습니다. 그러나 심한 통증
까지 억지로 참을 필요는 없습니다. 이러한 경우에는 자세를 잠깐
바꾸어 놓는다든지 해서 적절히 대치하면 됩니다. 좌선의 목적이
통증을 참는 인내력을 기르자는 데에 있는 것이 아니고, 번뇌망상
에서 벗어나 마음의 자유를 얻자는 데 있기 때문입니다.

　망념은 제거하려고 하면 할수록 오히려 망념이 더 치성해지므
로, 망념을 다스리는 최선의 방법은 망념이 일어난 것을 알아차리
는 즉시 거기에 관심을 두지 말고 정신을 차려서 다시 단전주하기
에 집중하는 것입니다. 다리가 저리고 아픈 것이나 망념·난상·혼침
등은 모두 좌선이 익숙해짐에 따라 점차 저절로 없어지고, 번뇌가
사라져감에 따라 마음이 한없이 평안하며 행복과 지혜가 샘솟게
되므로 처음부터 잘 안된다고 낙망할 필요가 없습니다. 처음부터
잘 되는 사람은 거의 없으며, 또 오래되었다고 다 잘 되는 것도 아
니며, 오직 좌선에 올바른 방법대로 얼마나 정성을 들이고 일심을

이루느냐에 달려 있기 때문입니다.

⑧ 처음으로 좌선을 하면 얼굴과 몸이 개미 기어다니는 것과 같이 가려워지는 수가 혹 있으나, 이것은 혈맥이 관통되는 증거이므로 되도록 긁거나 만지지 말라.

단전에 기운이 많이 쌓여서 혈맥이 통해지고 심신이 정화될 때에는 얼굴이나 피부에 스물스물 벌레가 기어 다니는 것 같다든지 다른 여러 가지의 증상[238]들이 나타날 수 있으며, 특히 독맥·임맥이 원활하게 유통되려고 하거나 다른 경맥들이 크게 통해질 때에는 막힌 부분에 통증을 느끼는 경우도 있는데 이는 병증이 아니니 걱정할 것이 없습니다. 막힌 것이 뚫림에 따라 통증이 저절로 해소되며 몸이 가뿐해지거나 기운이 상쾌해지므로 오히려 기뻐할 일이며, 이밖에도 여러 가지 신체상의 변화가 나타날 수 있으므로 궁금한 것은 매양 선배·선진자에게 묻는 것이 좋습니다.

⑨ 좌선을 하는 가운데 절대로 이상한 기틀과 신기한 자취를 구하지 말며, 혹 그러한 경계가 나타난다 할지라도 그것을 다 요망한 일로 생각하여 조금도 마음에 걸지 말고 심상히 간과하라.

좌선을 오래 하여 영식靈識이 맑아지다 보면 허령虛靈이 열려서

---

238) 각 사람의 체질이나 심신의 상태, 업장·업력의 종류 등에 따라 가려움, 통증, 두통, 시리고 추움, 따뜻해지거나 열이 남, 몸이 어느 한쪽으로 쏠림 등등 서로 다른 증상들이 매우 다양하게 나타나는데 대부분 몇일 안으로 사라지게 되므로 크게 걱정할 일은 없으나 1주일 이상 계속되면 진짜 병증일 수도 있으므로 전문가에게 진단을 받아보는 것이 좋습니다.

날씨라든가 사람이 오고 갈 것을 미리 안다든지, 앞일을 미리 내다 보거나 천 리 밖의 일을 안다든지, 비몽사몽간에 불보살을 만나거나 천상에 다녀왔다든지, 방안이 훤히 밝아 보이거나 서기가 보인 다든지, 치병하는 기술이 생기는 등의 여러 가지 신기한 현상[239]들이 혹 나타날 수도 있는데, 자칫 거기에 현혹되어 추구하다 보면 삿된 길로 빠지게 되어 영생을 망치기 쉬우므로 대수롭지 않게 보아 넘기도록 주의해야 합니다. 이러한 현상들은 대부분 본인의 무의식에 있던 것이 발로되어 나타나는 것이지 별것이 아닙니다. 다만 식이 맑아지고 있다는 징조로만 알고 있으면 됩니다. 만약 여기에 마음이 쏠리어 추구하게 되면 무당 비슷하게 되거나 탐진치 삼독심이 조장되어 혹세무민하게 되기 십상이므로 각별히 주의하고 또 주의해야 합니다.

이상과 같이, 좌선을 오래오래 계속하면 필경 물아物我의 구분을 잊고 시간과 처소를 잊고 오직 원적무별圓寂無別한 진경에 그쳐서 다시없는 심락心樂을 누리게 됩니다.[240]

그러나 좌선의 과정 중에 매양 좋은 일만 있는 것은 아니며, 업장·업력이 녹아나고 독소가 배출되며 심신이 정화되어가는 과정에서 그 정도와 각 사람의 체질에 따라, 비록 잠시 동안이긴 하지만,

---

239) 이러한 신기한 현상들은 각 사람에 따라서 매우 다양하게 나타나며, 거의 나타나지 않는 분들도 있고, 도가 잘 닦인다고 해서 잘 나타나는 것도 아니니, 이러한 일에 너무 신경을 쓸 필요는 없습니다.
240) 《정전》, 제3 수행편, 제4장 좌선법

심한 통증을 비롯한 여러 가지 고통도 함께 겪을 수 있다는 것을
또한 알아야 합니다.[241]

11.4.3 좌선의 공덕

좌선을 오래 하여 그 힘을 얻고 보면 아래와 같은 열 가지 이익
이 있습니다.[242]

① 경거망동하는 일이 차차 없어집니다. 좌선을 많이 하는 사람
은 마음에 자주력을 얻어 항상 그 마음을 지켜서 사심은 제거
하고 정심을 양성하므로 자연히 정중한 태도가 표면에까지 나
타나서 경거망동하는 일이 감소됩니다.[243] 행동이 진중해지면
서 자비와 위엄을 갖추게 됩니다.

② 육근 동작에 순서를 얻습니다. 좌선을 많이 하여 사심을 제
거하고 정심을 양성하여 온전한 정신이 회복되어감에 따라 차
차 욕망이나 감정에 끌려가는 것이 줄어들고 육근 동작에 순
서를 얻어 일 처리를 잘하고 매사에 자신감을 갖게 됩니다.

---

241) 사람에 따라 정도의 차이는 있지만 대개 심신이 정화되고 좋아지는 과정에서 몸에 종기가 생긴다
든지 기타 가려움증, 통증 등의 병증 비슷한 호전반응들이 나타납니다. 이 밖에도 심신이 정화되는
과정에서 몸에서 썩은내, 시궁창 냄새, 약 냄새, 짠내, 참기름 냄새 등 여러 가지 냄새가 나게 되는
데, 처음에는 심한 악취가 나다가 수행이 깊어지고 심신이 정화되어 감에 따라 점차 없어지며, 나
중에는 민트 향, 장미 향, 자스민 향, 꽃향기와 같은 향내가 나기도 한다고 합니다(목산교무님 말씀).
제가 체험자들의 말을 들어본 바에 의하면 이밖에도 무지개처럼 여러 가지 색깔의 빛이 나타난다
든지, 불보살이나 사람이나 동물 등의 여러 가지 형상이 나타난다든지, 몸에 여러 가지 기감이 나
타난다든지 사람에 따라서 별의별 현상들이 다 나타날 수 있습니다.

242) 《정전》, 제3 수행편, 제4장 좌선법에 나온 10가지의 공덕을 이공주 종사님의 수필법문(대종사님 법
문), 「회보 44호」 시창23년 5월)을 참고하여 약간 첨삭, 해설하였습니다.

243) 이공주 수필(대종사님 법문), 「회보 44호」 시창23년 5월.

③ 병고가 감소되고 얼굴색이 윤활해집니다. 좌선을 많이 하여 수승화강이 되고 보면 자연히 혈맥이 골라지고 기혈순환이 잘 되어 모든 병고가 감소되고 의약으로 고치지 못하던 난치병도 혹 낫는 수가 있게 됩니다. 또한 수양력이 길러지면 욕망에 끌려가거나 감정이 쉽게 요동치지 않고 스트레스를 잘 받지 않으며, 수승화강이 됨에 따라 맑은 기운이 위로 떠올라서 얼굴색도 차차 윤활해지게 됩니다. 이 밖에 자세가 바로잡히는 경우도 많은데 이러한 것들은 모두 단전주선으로 왕성해진 기의 여러 가지 생리적 작용[244]에 의한 것입니다. 그러나 좌선이 잘 된다고 해서 육신의 건강도 무조건 좋아지는 것은 아닙니다. 좌선은 정신건강에 주로 영향을 미치고, 육신의 건강은 먹는 음식과 운동의 영향을 더 많이 받습니다. 왜냐하면 우리의 몸은 먹는 음식에 의해서 구성되고 운동에 의해서 근육이 발달하기 때문입니다. 그러므로 영육쌍전이 되도록 음식과 운동, 좌선이 서로 조화를 이루도록 잘 조절해야 한다는 점을 또한 명심해야 합니다. 기 수련으로 소주천小周天·대주천大周天 이상의 경지까지 성취했다고 해도 영양공급이 제대로 이루어지지

---

244) 한의학에서 기는 우리 몸의 각 장부 조직 기관의 생리기능을 추진·촉진하는 추동推動 작용, 각종 물질을 생성·변화시키는 기화氣化 작용, 따뜻하게 열에너지를 생성시키는 온후溫煦 작용, 정精·혈血·진액津液 등의 유실을 방지하는 고섭固攝 작용, 질병의 사기邪氣로부터 정기正氣를 보호하는 방어防禦 작용, 원래의 건강 상태로 회복시키는 복원復原&復元 작용 등이 있습니다. 단전주선을 많이 하면 이러한 기의 생리기능이 강화되어 여러 가지 질병에 대한 자연치유 작용과 과거에 질병을 앓았던 부위나 다치거나 수술을 한 부위 등에 대한 복원 작용이 함께 일어나는데, 그 과정에서 대부분 그 부위에 일시적인 가려움증, 통증 등이 수반되는 경우가 많으며 경우에 따라서는 극심한 통증을 수반하기도 하는데 곧 사라지게 되므로 전혀 이상하게 생각하거나 염려할 것은 없습니다.

않으면 반드시 한계에 봉착하게 되기 때문입니다. 또한 항우장

사라 해도 노화를 완전히 이겨낼 수는 없습니다.

④ 기억력이 좋아집니다. 좌선을 많이 하면 사심잡념에 마음 빼

앗기는 일이 줄어들고 무엇이든 일심으로 하게 되므로 자연히

기억력과 학습 능력이 좋아집니다.

⑤ 인내력이 좋아집니다. 보통 사람들은 부당한 일이라도 참지

못하고 자기 마음에 하고 싶은 대로 하고, 정당한 일이라도 하

기 싫으면 하기 싫은 그대로 참지 못하는 행동을 많이 하므로

인내력이 없지만, 좌선을 많이 하여 욕심경계와 다리 아픈 것

도 참고 한자리에 오래 앉아 사심잡념을 제거하며 일심 챙기

기에 몰두하다 보면 자연히 정심이 양성되어 인내력이 길러지

기 때문입니다.

⑥ 착심이 없어집니다. 좌선을 통해 항상 분별집착을 내려놓고

담담한 마음으로 일심을 양성하는데 집중하기 때문입니다. 따

라서 좌선을 많이 해서 수양력을 얻으면 항상 깨끗하고 진실

한 마음으로 살아가며, 원근친소에 끌리지 않고 희로애락을

초월하며 자기가 무엇을 했다는 상이 없어집니다.

⑦ 사심邪心이 정심正心으로 변하고 사심私心이 공심公心으로 변

합니다. 좌선을 많이 하면 사심잡념과 번뇌망상이 사라지고

탐진치 삼독심의 업장이 녹아내려 아상이 점점 사라지기 때

문입니다.

⑧ 자성의 혜광慧光이 나타나서 사리에 밝아집니다. 좌선을 많이

하면 망념이 쉬고 마음이 고요해짐에 따라 공적영지가 더욱
밝아지기 때문입니다.

⑨ 극락을 수용합니다. 좌선을 많이 해서 선정삼매를 체험하며
수양력이 길러질수록 길흉화복과 고락을 초월하여 순역 경계
에 끌리지 않고 모든 불안·공포심에서 벗어나 현세에 직접 극
락을 수용하여 늘 행복한 마음으로 살게 됩니다.

⑩ 생사에 자유를 얻습니다. 좌선을 많이 하고 보면 마음의 자
유를 얻어 생사를 초월함과 동시에 육도 윤회를 벗어나서 생
사에 자유를 얻게 됩니다.

이상의 열 가지 외에도 좌선을 많이 하면 호연지기가 길러져서 마
음의 국량이 커지고, 공감 능력과 자비심이 증장되며, 겸손해지고
부드러워져서 원만한 인격을 형성되는 등 수많은 이익이 있습니다.

11.4.4 단전주丹田住의 필요

* 『대범, 좌선이라 함은 마음을 일경一境245)에 주하여 모든 생각을 제거
  함이 예로부터의 통례이니, 그러므로 각각 그 주장과 방편을 따라 그
  주하는 법이 실로 많으나, 마음을 머리나 외경에 주한즉 생각이 동하고

---

245) 일경一境: 한 경계. 하나의 현상 사물이나 사건. 여기서는 주로 우리 몸의 한 지점(예: 코끝, 배꼽, 단
전, 인당, 회음, 백회 등)을 가리키며, 기타 태양이나 달, 촛불과 같은 바깥 경계의 어떤 사물이나 심상
에 그려진 사물을 가리킴.

기운이 올라 안정이 잘 되지 아니하고, 마음을 단전에 주한즉 생각이 잘 동하지 아니하고 기운도 잘 내리게 되어 안정을 쉽게 얻나니라. 또한, 이 단전주는 좌선에만 긴요할 뿐 아니라 위생상으로도 극히 긴요한 법이라, 마음을 단전에 주하고 옥지玉池에서 나는 물을 많이 삼켜 내리면 수화가 잘 조화되어 몸에 병고가 감소되고 얼굴이 윤활해지며 원기가 충실해지고 심단心丹이 되어 능히 수명을 안보하나니, 이 법은 선정禪定상으로나 위생상으로나 실로 일거양득하는 법이니라.

간화선看話禪을 주장하는 측에서는 혹 이 단전주법을 무기無記의 사선死禪에 빠진다 하여 비난을 하기도 하나 간화선은 사람을 따라 임시의 방편은 될지언정 일반적으로 시키기는 어려운 일이니, 만일 화두話頭만 오래 계속하면 기운이 올라 병을 얻기가 쉽고 또한 화두에 근본적으로 의심이 걸리지 않는 사람은 선에 취미를 잘 얻지 못하나니라. 그러므로 우리는 좌선하는 시간과 의두 연마하는 시간을 각각 정하고, 선을 할 때에는 선을 하고 연구를 할 때에는 연구를 하여 정과 혜를 쌍전시키나니, 이와 같이 하면 공적空寂에 빠지지도 아니하고 분별에 떨어지지도 아니하여 능히 동정 없는 진여성眞如性을 체득할 수 있나니라.」(《정전》, 수행편, 제4장 좌선법)

우리가 좌선이나 기타의 명상법이 심신의 건강이나 행복을 증진시키는 데에 매우 좋다는 것은 잘 알아도 현실적으로 이를 잘 실천에 옮기지 못하는 경우가 많습니다. 그것은 주거 또는 생활 조건 때문에 어찌할 수 없는 경우도 있으나 대부분은 좌선의 구체적인 방법을 잘 모르거나 알아도 실천하기가 어렵고, 혹 실천을 해보아도 효과 체험이 잘 안되어 재미도 없으므로, 특별한 근기가 아닌 한 동기 유발이 잘 되지 않기 때문입니다. 그러나 단전주 좌선법은 앞에서 살펴본 바와 같이 가장 핵심 내용이 호흡은 생각지 말고 일체의 생각을 놓아버리고 오직 단전에만 의식을 집중하라는 것이므로, 매우 간단해서 남녀노소와 유무식을 막론하고 누구나 쉽게 따라 할 수 있으며, 효과도 빠른 편이므로 명상에 관심 있는 분들께 적극 추천해봅니다.

11.4.5 수선자修禪者의 자세

좌선을 단순히 마음의 안정을 얻고 스트레스를 해소 또는 예방하기 위해서 하는 경우에는 특별한 뜻이 없더라도 가볍게 접근할 수 있지만, 좌선을 잘하여 궁극적인 목적을 성취하기 위해서는 반드시 먼저 굳은 서원을 세워 정신자세와 생활자세부터 확립하도록 해야 합니다.

정신자세로는 첫째 마음의 자유와 생사의 자유를 얻어 윤회를 해탈하고 영원한 행복을 성취하겠다는 굳은 원력이 있어야 합니다. 성불제중의 사홍서원이면 더욱 좋습니다. 원력은 강한 추진력을 발동시키고 영생을 통해 길을 안내하는 등불과 같기 때문입니다. 둘째 누구나 법대로만 선을 꾸준히 한다면 선의 진경을 맛볼 수 있고, 구경에는 윤회해탈과 생사자유를 얻고 극락을 수용할 수 있다는 것을 굳게 믿는 신심, 즉 좌선법 및 좌선의 공덕에 대한 믿음과 자신도 충분히 할 수 있다는 굳은 신심이 있어야 합니다. 신심이 있어야 실천에 옮길 수 있기 때문입니다. 셋째 나도 기필코 이러한 서원을 성취하고야 말겠다는 굳은 결의를 가지고 어떠한 어려움이 있어도 잘 참고 이겨내며 한눈팔지 않고 오직 이 공부에 매진하겠다는 대 분발심이 있어야 합니다. 분발심이 강할수록 강한 추동력을 가지고 용감하게 실천에 옮길 수 있기 때문입니다. 넷째 나는 누구이고 진리는 무엇인가에 대한 간절히 해결하고 싶은 큰 의문심을 가져야 하며, 또한 수시로 수행길을 점검하는 의문심이 있어야 합니다. 이러한 의문심이 있어야 그릇된 길로 빠지지 않고, 또 큰 의문심이 있어야만 진리도 크게 깨칠 수 있기 때문입니다. 다섯째 공부 길을 잡았으면 게으름 피우지 말고 어미닭이 알을 품듯이 한결같이 꾸준히 정진하는 정성을 들이대야 하며, 그러기 위해서는 종일 굶은 사람이 먹을 것을 찾듯이 간절한 마음이 있어야 합니다. 의문을 풀고자 하는 마음, 진리를 깨치려는 마음이 지극히 간절하면 자연히 지극한 정성을 들이게 되고 정성이 지극하여 한결같으면 자연히 깨치게 되기 때문입니다.

생활자세로는 앞에서 이미 언급한 바와 같이 평소 생활을 규칙적으로 하고 일찍 자고 일찍 일어나되 과로하지 않으며, 되도록 소식·채식을 위주로 하고, 단순하고 건실하게 살며, 아무리 어렵고 욕된 일이라도 잘 참고, 법률상의 죄를 짓거나 계문을 자주 범하거나 양심을 속이는 행동은 하지 말아야 합니다.

11.5

무시선법無時禪法
– 언제 어디서나 자기 마음 바라보며
일심을 챙기는 것이 무시선이다 –

• 『대범, 선禪이라 함은 원래에 분별 주착이 없는 각자의 성품을 오득하
여 마음의 자유를 얻게 하는 공부인 바, 예로부터 큰 도에 뜻을 둔 사람
으로서 선을 닦지 아니한 일이 없나니라.

사람이 만일 참다운 선을 닦고자 할진대 먼저 마땅히 진공眞空으로 체
를 삼고 묘유妙有로 용을 삼아 밖으로 천만 경계를 대하되 부동함은 태
산과 같이 하고, 안으로 마음을 지키되 청정함은 허공과 같이 하여 동하
여도 동하는 바가 없고 정하여도 정하는 바가 없이 그 마음을 작용하
라. 이같이 한즉, 모든 분별이 항상 정을 여의지 아니하여 육근을 작용
하는 바가 다 공적 영지의 자성에 부합이 될 것이니, 이것이 이른바 대
승선大乘禪[246]이요 삼학을 병진하는 공부법이니라.

그러므로, 경經에 이르시되 "응하여도 주한 바 없이 그 마음을 내라!" 하
시었나니, 이는 곧 천만 경계 중에서 동하지 않는 행을 닦는 대법이라,
이 법이 심히 어려운 것 같으나 닦는 법만 자상히 알고 보면 괭이를 든

---

246)　대승선大乘禪: ① 대승불교에서 닦는 선법, ② 큰 서원을 세우고 대도에 발심하여 때와 곳과 경계
에 구애 없이 진공으로 체를 삼고 묘유로 용을 삼아 수행에 정진하는 것. ③ 구세도중救世度衆의 큰
서원을 세우고 동정과 처소에 구애 없이 공부하는 길.(覺山 신도형 저, 《한글로 읽는 교전공부》, 208쪽)

농부도 선을 할 수 있고[247], 마치를 든 공장工匠도 선을 할 수 있으며, 주판을 든 점원도 선을 할 수 있고, 정사를 잡은 관리도 선을 할 수 있으며, 내왕하면서도 선을 할 수 있고, 집에서도 선을 할 수 있나니 어찌 구차히 처소를 택하며 동정을 말하리요.

그러나, 처음으로 선을 닦는 사람은 마음이 마음대로 잘 되지 아니하여 마치 저 소 길들이기와 흡사하나니 잠깐이라도 마음의 고삐[248]를 놓고 보면 곧 도심[249]을 상하게 되나니라. 그러므로 아무리 욕심나는 경계를 대할지라도 끝까지 싸우는 정신을 놓지 아니하고 힘써 행한즉 마음이 차차 조숙調熟되어 마음을 마음대로 하는 지경에 이르나니, 경계를 대할 때마다 공부할 때가 돌아온 것을 염두에 잊지 말고 항상 끌리고 안 끌리는 대중만 잡아갈지니라. 그리하여, 마음을 마음대로 하는 건수가 차차 늘어가는 거동이 있은즉 시시로 평소에 심히 좋아하고 싫어하는 경계에 놓아 맡겨 보되 만일 마음이 여전히 동하면 이는 도심이 미숙한 것이요, 동하지 아니하면 이는 도심이 익어가는 증거인 줄로 알라. 그러나 마음이 동하지 아니한다 하여 즉시에 방심은 하지 말라. 이는 심력을

247) "괭이를 든 농부도 선을 할 수 있고": 농부가 괭이를 들고 하는 선이란 "괭이를 들고 일할 때는 오직 그 일에만 전일하는 것이니, ① 괭이 잡는 법, 찍는 법을 잘 배우고 생각하는 것은 연구요, ② 그 일 이외의 다른 생각을 하지 않고 오직 온전한 마음으로 그 일에만 전일한 것은 수양이며, ③ 그 일을 하는 가운데 여러 가지 판단을 얻어 실수함이 없도록 잘 실행하는 것은 취사이다. 이와 같이 계속하면 이것이 삼학병진이요 선인 것이다. 이상은 동할 때를 기준한 것이고, 24시간 괭이를 들고만 있는 것은 아니니 괭이를 놓고 쉴 때는 충분한 휴양과 염불, 좌선 등으로 허심을 기르기도 하고 기틀을 보아 미리 연마도 하는 것이다. 이상은 정할 때의 공부이니, 이와 같이 상황에 맞춰 동할 때와 정할 때의 공부를 쉬지 않고 계속하면 끊임없는 무시선이 되어 삼대력이 증진되는 것이다.(覺山 신도형 저, 《한글로 읽는 교전공부》, 218쪽)
248) 마음의 고삐: ① 챙기는 마음, ② 공부심, ③ 마음의 표준.(覺山 신도형 저, 《한글로 읽는 교전공부》, 208쪽)
249) 도심道心: ① 도덕적인 마음, ② 불심佛心, ③ 도에 어긋나지 않는 마음, ④ 불도를 닦아 불과佛果를 이루고자 하는 마음. 공부심.(《한글로 읽는 교전공부》, 209쪽)

써서 동하지 아니한 것이요, 자연히 동하지 않은 것이 아니니, 놓아도 동하지 아니하여야 길이 잘 든 것이니라.

사람이 만일 오래오래 선을 계속하여 모든 번뇌를 끊고 마음의 자유를 얻은즉, 철주의 중심이 되고 석벽의 외면이 되어 부귀 영화도 능히 그 마음을 달래어 가지 못하고 무기와 권세로도 능히 그 마음을 굽히지 못하며, 일체 법을 행하되 걸리고 막히는 바가 없고, 진세塵世[250]에 처하되 항상 백천 삼매[251]를 얻을지라, 이 지경에 이른즉 진대지盡大地[252]가 일진 법계一眞法界[253]로 화하여 시비 선악과 염정제법染淨諸法[254]이 다 제호醍醐의 일미一味[255]를 이루리니 이것이 이른바 불이문不二門[256]이라 생사 자유와 윤회 해탈과 정토 극락이 다 이 문으로부터 나오나니라.

근래에 선을 닦는 무리가 선을 대단히 어렵게 생각하여 처자가 있어도 못할 것이요, 직업을 가져도 못할 것이라 하여, 산중에 들어가 조용히 앉아야만 선을 할 수 있다는 주견을 가진 사람이 많나니, 이것은 제법이 둘 아닌 대법을 모르는 연고라, 만일 앉아야만 선을 하는 것일진대 서는 때는 선을 못 하게 될 것이니, 앉아서만 하고 서서 못하는 선은 병

---

250) 진세塵世: 티끌 세상, 즉 오욕이 충만한 범부들의 세속 세계.
251) 백천삼매百千三昧: ① 백천 가지 행사 즉 온갖 행위가 모두 정定을 여의지 않는 것을 표현한 말. 즉, 자성을 떠나지 않는 생활을 말함. ② 일상삼매, 일행삼매가 되어 일체처 일체시에 일체행이 정을 여의지 않는 상태.《한글로 읽는 교전공부》, 209쪽)
252) 진대지盡大地: 온 천지, 온 세상.
253) 일진 법계一眞法界: ① 청정 법계. 한 가지 참다운 법계.覺山 ② 참으로 가득 찬 진리의 세계.
254) 염정 제법染淨諸法: 더럽고 깨끗한 모든 법(현상).覺山
255) 제호醍醐의 일미一味: 우유를 정제하여 만든 것으로 가장 맛있는 것을 제호라고 부름. 따라서 '제호의 일미'란 오직 공부심으로 일관될 때 스스로 느낄 수 있는 법열의 진경을 나타낸 말임.覺山
256) 불이문不二門: 일체의 상대와 차별이 끊어진 절대적인 하나의 진리의 세계로 들어가는 문. 대도는 원융하여 생生·사死, 고苦·락樂, 선善·악惡, 염染·정淨, 미迷·오悟, 자自·타他를 모두 초월하고 포함하여 둘이 아닌 자리이므로 진리의 문을 불이문이라고 칭함.

든 선이라 어찌 중생을 건지는 대법이 되리요. 뿐만 아니라, 성품의 자체가 한갓 공적에만 그친 것이 아니니, 만일 무정물과 같은 선을 닦을진대 이것은 성품을 단련하는 선공부가 아니요 무용한 병신을 만드는 일이니라. 그러므로 시끄러운 데 처해도 마음이 요란하지 아니하고 욕심 경계를 대하여도 마음이 동하지 아니하여야 이것이 참 선이요 참 정이니, 다시 이 무시선의 강령을 들어 말하면 아래와 같나니라.

"육근六根이 무사無事하면 잡념을 제거하고 일심을 양성하며, 육근이 유사하면 불의를 제거하고 정의를 양성하라."』(《정전》 제3 수행편 제7장 무시선법)

11.5.1 무시선의 정의

무시선이란 시간과 장소를 가리지 않고 언제 어디서나 자기 마음 바라보며 일심을 챙기는 선을 말합니다. 따라서 새벽에 잠자리에서 일어나 저녁에 다시 잠자리에 들 때까지 상황·조건에 따라 좌선, 와선, 입선, 행선, 활선, 사상선, 염불, 주송 등을 적절히 응용하며 항상 온전한 생각으로 취사하기를 주의하여 잠시도 방심할 틈을 주지 않고 일심을 챙겨서[257] 삼학수행을 병진해가는 것이라고 말할 수 있습니다. 그래서 "공부와 일을 둘로 보지 아니하고 공부를 잘하면 일이 잘되고 일을 잘하면 곧 공부를 잘했다고 하여

---

257) "일심을 챙긴다"는 말은 항상 내 마음이 과거나 미래로 망념을 따라 가지 않고 "지금 여기, 이 일"을 떠나지 않도록 주의하고, "외부의 정보가 내 마음 속으로 함부로 들어오지 못하도록" 주의를 기울여 살피고 막는다는 말입니다.

동정 두 사이에 계속적으로 삼대력 얻는 법이라"[258] 동정일여 영육
쌍전의 공부법이 되는 것입니다.

무시선은 원래 좌선을 포함하는 개념이지만 좌선은 정할 때의
공부만을 특정해서 말하는 것이므로, 이를 빼고 보면 무시선은 주
로 동할 때의 공부를 가리킵니다. 이러한 관점에서 좌선과 무시선
의 관계를 활쏘기에 비유한다면, 좌선은 활터에서 일정한 거리에
과녁을 놓고 활을 쏘는 연습을 하는 것이라면 무시선은 사냥터나
전쟁터에서 활을 쏘며 직접 사냥하는 것과 같습니다. 활터에서의
활쏘기 연습은 자세를 바르게 하고 오직 과녁만 보고 일심으로 활
만 쏘면 되지만, 사냥터에서는 활 쏘는 데만 일심하면 안 되고, 돌
부리 등에 걸려 넘어지거나 말에서 떨어지거나, 구덩이나 낭떠러지
같은 데에 떨어지지 않도록 주의하며, 맹수의 공격도 잘 피하면서
사냥감도 놓치지 말고 잘 잡아야 하는 것입니다. 그러므로 무시선
을 잘 하려면 반드시 평소에 단전주 좌선으로 기초를 확실하게 다

---

258) 《대종경》, 제3 수행품 3장: 『재래 모든 도가의 공부하는 법을 보면 정할 때 공부에만 편중하여 일
을 하자면 공부를 못한다 하여 혹자는 부모 처자를 이별하고 산중에 들어가 일생을 지내며 혹자는
비가 와서 보리 멍석이 떠내려가도 모르고 독서만 하여 그로써 유일의 공부법을 삼았나니, 이 어
찌 원만한 공부법이라 하리오. 우리는 공부와 일을 둘로 보지 아니하고 공부를 잘하면 일이 잘되
고 일을 잘하면 곧 공부를 잘했다고 하여 동정 두 사이에 계속적으로 삼대력 얻는 법을 말하였나
니 제군은 영육쌍전하고 동정에 간단이 없는 무상대도에 힘쓸 지어다.』 이것이 곧 생활 가운데서
선을 하는 무시선이요 활선입니다.

저야 할 뿐만 아니라 항상 주의력을 가지고 복합 일심[259]이 되도록 유념해야 하며, 일상수행의 요법과 상시응용주의사항[260]을 잘 실천해야만 합니다.

- 『무시선이라 함은 아침부터 저녁에 이르기까지 행주좌와 24시간에 항상 선의 심경을 가지고 매매每每사사事事를 원만히 처리하는 것이니, 기침起寢 시에는 기침하는 데 일심이 되고, 식사 시에는 식사하는 데 일심이 되며, 담화 시에는 담화하는 데 일심이 되고, 행보하는 때에는 행보하는데 일심이 되며, 살림하는 때에는 살림하는 데 일심, 사무를 볼 때에는 사무 보는 데 일심, 놀 때에는 노는 데 일심, 야단을 칠 때에는 야단치는 데 일심, 잠을 잘 때에는 잠 자는 데 일심 등 일체 만사를 작하

---

259) 복합 일심: 두 가지 이상의 일을 책임지고 있을 때는 어느 하나에만 일심을 챙기면 안 되고 그 책임을 맡고 있는 모든 일에 어그러짐이 없도록 전체적으로 일심을 챙겨야 하는데 이를 '복합 일심'이라고 부릅니다. 《대종경》 제3 수행품 17장에 밝혀주신 말씀이 바로 이것입니다.
  - 『양 도신梁道信이 여쭙기를 "대종사께옵서 평시에 말씀하시기를, 이 일을 할 때 저 일에 끌리지 아니하며, 저 일을 할 때 이 일에 끌리지 아니하고, 언제든지 하는 그 일에 마음이 편안하고 온전해야 된다 하시므로 저희들도 그와 같이 하기로 노력하옵던 바, 제가 이즈음에 바느질을 하면서 약을 달이게 되었사온데 온 정신을 바느질 하는 데 두었삽다가 약을 태워버린 일이 있사오니, 바느질을 하면서 약을 살피기로 하오면 이 일을 하면서 저 일에 끌리는 바가 될 것이옵고, 바느질만 하고 약을 불고하오면 약을 또 버리게 될 것이오니, 이런 경우에 어떻게 하는 것이 공부의 옳은 길이 되나이까?" 대종사 말씀하시기를 "네가 그때 약을 달이고 바느질을 하게 되었으면 그 두 가지 일이 그 때의 네 책임이니 성심 성의를 다하여 그 책임을 잘 지키는 것이 완전한 일심이요 참다운 공부니, 그 한 가지에만 정신이 뽑혀서 실수가 있었다면 그것은 두렷한 일심이 아니라 조각의 마음이며 부주의한 일이라, 그러므로 열 가지 일을 살피나 스무 가지 일을 살피나 자기의 책임 범위에서만 할 것 같으면 그것은 방심이 아니고 온전한 마음이며, 동할 때 공부의 요긴한 방법이니라. 다만, 내가 아니 생각하여도 될 일을 공연히 생각하고, 내가 안 들어도 좋을 일을 공연히 들으려 하고, 내가 안 보아도 좋을 일을 공연히 보려 하고, 내가 안 간섭하여도 좋을 일을 공연히 간섭하여, 이 일을 할 때에는 정신이 저 일로 가고 저 일을 할 때에는 정신이 이 일로 와서 부질없는 망상이 조금도 쉴 사이 없는 것이 비로소 공부인의 크게 꺼릴 바이라, 자기의 책임만 가지고 이 일을 살피고 저 일을 살피는 것은 비록 하루에 백천만 건件을 아울러 나간다 할지라도 일심 공부하는 데에는 하등의 방해가 없나니라."』
260) 『일상수행의 요법』과 『상시 응용 주의 사항』은 본서의 『10.3. 날마다 아홉 가지로 마음을 살피는 공부』와 『10.4. 언제나 행복과 성공을 불러오는 생활습관』에서 자세히 설명합니다.

여 나아갈 때에 한 때라도 원만무결한 선의 심경을 놓지 않는 생활을 하는 것이 곧 무시선·무처선이니라. 사람은 반드시 일심불란一心不亂의 부동심과 부동행이 있어야 하며, 철주의 중심과 부동여태산不動如泰山의 선적禪的 생활이 아니면 도저히 고귀한 인격과 완전한 그릇을 이루지 못할지라, … 우리 보통 사람들은 참으로 선할 경계를 당하면 선을 하지 않고 도리어 고苦를 짓고 공부를 아니하며, 그 선 공부할 기회를 잃어버리고 있나니, 우리는 그렇게 하지 말고 일체 경계와 일체 난경과 일체 역경, 일체 순경이 선 공부를 촉진시키는 기회로 알아서 공부의 기회를 잃지 말고 용맹정진할지니라.』(출처 불명)

11.5.2 무시선의 목적

무시선의 주된 목적은 "원래에 분별 주착이 없는 각자의 성품을 깨달아 마음의 자유를 얻자"는 것입니다. 여기서 '분별'이란 시비, 이해, 선악, 미추, 호오, 증애, 원근, 친소, 은원恩怨 등으로 상대지어 구분하고 차별하는 것을 말하며, '주착'이란 분별한 거기에 마음을 두고 집착하는 것 즉, 좋아하고 사랑하여 소유하고 싶거나, 싫어하고 미워하여 배척하고 싶거나, 기타 감정에 묶여있는 것을 말합니다. 분별주착하게 되는 이유는 마음 밑바탕에 에고를 기반으로 한 탐진치 삼독심이 있기 때문이며, 주착의 강도에 비례해서 거기에 마음이 묶이게 되므로 그만큼 어두워지고 좁아지고 부자유하게 되는 것입니다.

그런데 앞에서 이미 자세히 살펴본 바와 같이 에고란 본래 실체가 없는 것으로 어리석은 중생의 욕구·욕망과 기억 정보를 기반으로 허망한 집착에 의해 생겨난 환상과 이미지에 불과한 것이며, 분별집착의 대상 역시 인연 따라 임시 생겨났다가 사라지는 것이고, 분별주착하는 마음 또한 상황에 따라서 변화하는 무상한 것으로서 일체가 본래 공한 것입니다. 따라서 이와 같이 일체가 텅 비어서 비었다는 생각조차 비어버린 성품자리에서는 원래 분별주착이 있을 수가 없고 분별주착이 없으므로 어디에도 매일 것이 없어서 자유로운 것이므로, 이 자리를 확실히 깨닫고 회복해서 마음의 자유를 얻자는 것입니다. 본래 원만구족하여 부족할 것도 없고 생사윤회의 괴로움도 없는 각자의 성품 자리를 모르거나 버려두고, 허망하기 그지없는 에고에 집착하여 분별망상을 일으키며 채우지도 못할 욕심을 좇다가 육도를 윤회하는 괴로움을 자초하는 어리석음은 더 이상 범하지 말자는 것입니다.

11.5.3　무시선의 방법

무시선의 주된 방법은 "경계를 대할 때마다 공부할 때가 돌아온 것을 염두에 잊지 말고", "진공眞空으로 체를 삼고 묘유妙有로 용을 삼아", "천만 경계를 대하되 부동함은 태산과 같이하고, 안으로 마음을 지키되 청정함은 허공과 같이하여 동하여도 동하는 바가 없고 정하여도 정하는 바가 없이 그 마음을 작용하라."는 것이며, 다시 말하면 "항상 끌리고 안 끌리는 대중만 잡아가며", "응하여도 주한 바 없이 그 마음을 내라!"는 것입니다.

"경계"란 우리가 육근을 통해 접하는 일체의 대상인데 그중에서도 특히 우리의 마음을 요란하게 하거나 어리석게 하거나 그르게 하는 것을 말하며 인과의 이치에 따라 만나게 됩니다. 이는 크게 우리의 마음에 즐겁거나 거슬리지 않는 순경과 우리의 마음을 거슬리며 괴롭게 하는 역경이 있습니다. 본래 경계 자체에는 순역이 없습니다. 다만 그것을 받아들이는 사람의 태도와 내공 역량에 따라서 순경도 될 수 있고 역경이 될 수도 있으며, 그 처리 결과에 따라 복락을 장만하며 진급이 될 수도 있고, 죄업을 지으며 강급이 될 수도 있는 것입니다. 따라서 순경이든 역경이든 모든 경계는 우리가 정신만 확실하게 차리고 있으면 우리의 업장을 소멸하고 마음을 단련할 수 있는 삼학공부의 기회가 됨과 동시에 묵은 빚을 청산하고 복을 장만할 수 있는 절호의 기회가 됩니다. 그러므로 "경계를 대할 때마다 공부할 때가 돌아온 것을 염두에 잊지 말라"고 하신 것입니다.

"진공眞空으로 체를 삼고"라는 말씀은 원근친소와 희로애락의 감정 및 일체의 사심私心·사심邪心·망념·잡념에 끌리지 말고 '허공같이 텅 빈 마음에 바탕해서', 즉 '일체의 분별집착이 끊어진 성품자리에서' 마음을 작용하라는 것이며, "묘유妙有로 용을 삼아"라는 말씀은 그 텅 빈 마음에 바탕 해서 그 일 그 일에 일심하며, 또는 원만구족하고 지공무사하게 중도에 맞게 공정하게 마음을 작용하라는 것입니다.

"천만 경계를 대하되 부동함은 태산과 같이하고, 안으로 마음을 지키되 청정함은 허공과 같이하여 동하여도 동하는 바가 없고 정하여도 정하는 바가 없이 그 마음을 작용하라."[261]는 말씀은, 동한다는 것은 육근을 작용한다는 것이고, 정한다는 것은 육근을 작용하지 않는 때를 가리키므로, 천만 경계[262]를 만나 육근을 작용할 때에는 거기에 주착하여 끌려가거나 당황하지 말고 정신을 차려 태산과 같은 부동심으로 고요한 성품자리를 바탕으로 마음을 작용하라는 것이며, 일이 없을 때나 혼자 있을 때에는 거기에 주착하여 챙기는 마음을 다 놓아버리고 아무 가늠 없이 나태하거나 사심·잡념 속에 시간을 헛되이 보내지 말고, 염불·좌선 등의 정신수양 공부에 힘써서 허공과 같이 청정한 마음을 지키며 정신의 힘을 함양하라는 것입니다. 결국 동정에 집착하거나 구애됨이 없이 한결같이 자성을 여의지 않는 선공부로 일관하라는 말씀입니다.

"항상 끌리고 안 끌리는 대중만 잡아가라"는 말씀은 항상 그 경계인 대상에 주착심이 생겨서 끌리는지 안 끌리는지 자기 마음을

---

261)   이 말씀은 《정전》, 제17장 법위등급에서 "대각여래위는 … 동하여도 분별에 착이 없고 정하여도 분별이 절도에 맞는 사람의 위니라."고 하신 말씀과 상통하는 말씀인데, "동하여도 분별에 착이 없다"는 말은 일체 경계를 당하여 물들거나 섞이지 않고 온전한 생각으로 취사하는 것을 뜻하며, "정하여도 분별이 절도에 맞는다"는 말은 일이 없을 때 사심邪心, 잡념이나 무기에 떨어지지 않고 청정 무위의 본래심을 지키며 일 있을 때를 대비하여 늘 준비하는 것을 뜻합니다.(최미숙, 《원불교마음공부 프로그램》 119쪽과 《대산종사법어》, 제5 법위편 36장 참조)

262)   천만 경계: 선악·순역順逆·팔풍八風의 온갖 경계를 말함. '팔풍'이란 ①이(利: 이로운 것), ②쇠(衰: 사업이나 일이 잘 안되고 실패함), ③예(譽: 찬사와 명예를 얻음), ④훼(毁: 헐뜯고 비방함), ⑤칭(稱: 칭찬), ⑥기(譏: 나무라고 꾸짖음), ⑦고(苦: 괴로움), ⑧락(樂: 즐거움)을 말함.

잘 살펴서 끌려가지 않도록 잘 챙기라는 뜻입니다. 처음에는 이것이 마음대로 잘되지 않아서 경계에 부딪히면 생각 없이 자기도 모르게 조건반사적으로 반응하거나, 끌려가면 안 되는 줄 뻔히 알면서도 삼독심이나 습관에 의한 업력 때문에 그대로 끌려가는 경우가 많은데 거기에 절대 낙심하거나 포기하지 말고, 항상 서원·목적·자성과 스승의 가르침 등을 돌이켜보며 정신을 차려서 그 단속하며 챙기는 마음만 놓지 말고 계속 반복해가다 보면, 차차 마음이 골라지고 마음공부의 힘이 쌓여감에 따라 경계에 끌려가는 횟수도 점차 줄어들게 되어 마침내 백전백승하는 경지까지 도달하게 되는데, 그렇다고 해서 바로 방심하면 안 되고, 단속하며 챙기지 아니하여도 저절로 끌려가지 않을 정도가 될 때까지 계속해서 챙기고 또 챙기라는 것입니다.

"응하여도 주한 바 없이 그 마음을 내라!"는 말씀은, 이상의 말씀을 한마디로 표현한다면 밖의 경계든 마음 안의 경계든, 순경이든 역경이든 어떠한 경계를 당하든지 거기에 조금도 주착하지 말고 항상 텅 빈 마음으로 깨끗한 마음으로 마음을 작용하라는 것입니다. 다시 말하면 경계를 대하되 오욕과 칠정에 주착한 바 없이 그 마음을 내서 쓰는 것이니 즉, "경계를 대하여 한 생각을 낼 때에 선입관념, 감정, 욕심, 습관, 상식, 지식, 취미, 상相 등에 주착하지 말고 오직 청정하고 텅 빈 마음에서 가림 없이 그 생각을 내라는 것입니다."263) 그것이 설사 '선善'이라 하여도 마찬가지입니다. 그래서 부처님께서는 《금강경》에 "법상法相에도 주착하지 말라"고 하신 것입니다. 이를 다시 바꾸어 말하면 바로 "온전한 생각으로 취사하라"는 말씀입니다.

이상과 같이 하면 "모든 분별이 항상 정을 여의지 아니하여 육근을 작용하는 바가 다 공적 영지의 자성에 부합이 될 것이니, 이것이 이른바 대승선大乘禪이요 삼학을 병진하는 공부법이라"는 것입니다. 즉, 어떠한 경계를 당하든 거기에 끌려가지 아니하여 마음이 조금도 요란해지지 아니하면 자성의 지혜가 그대로 발현되어 어리석어지지도 아니할 것이니, 모든 취사가 중도에 맞아 원만구족하고 공정무사하게 이루어질 수 있을 것이므로 삼학을 함께 아울러 나가는 대승선법이라고 하신 것입니다.

• 『보통 사람들은 항상 조용히 앉아서 좌선하고 염불하고 경전이나 읽는 것만 공부로 알고 실지 생활에 단련하는 공부가 있는 것은 알지 못하나니, 어찌 내정정內定靜 외정정外定靜의 큰 공부법을 알았다 하리요. 무릇, 큰 공부는 먼저 자성自性의 원리를 연구하여 원래 착着이 없는 그 자리를 알고 실생활에 나아가서는 착이 없는 행行을 하는 것이니, 이 길을 잡은 사람은 가히 날을 기약하고 큰 실력을 얻으리라. 공부하는 사람이 처지 처지를 따라 이 일을 할 때 저 일에 끌리지 아니하고, 저 일을 할 때 이

263) 각산 신도형 지음, 《한글로 읽는 교전공부(수행편)》, 217쪽.

일에 끌리지 아니하면 곧 이것이 일심 공부요, 이 일을 할 때 알음알이를 구하여 순서 있게 하고, 저 일을 할 때 알음알이를 구하여 순서 있게 하면 곧 이것이 연구 공부요, 이 일을 할 때 불의에 끌리는 바가 없고, 저 일을 할 때 불의에 끌리는 바가 없게 되면 곧 이것이 취사 공부며, 한가한 때에는 염불과 좌선으로 일심에 전공도 하고 경전 연습으로 연구에 전공도 하여, 일이 있는 때나 일이 없는 때를 오직 간단없이 공부로 계속한다면 저절로 정신에는 수양력이 쌓이고 사리에는 연구력이 얻어지고 작업에는 취사력이 생겨나리니, (중략) 동정일여의 무시선 공부에 더욱 정진하여 원하는 삼대력을 충분히 얻을지어다.」《대종경》 수행품 9장)

11.5.4 무시선의 결과

무시선의 결과는 "모든 번뇌를 끊고 마음의 자유를 얻어" 일체 경계를 대하되 마음에 조금도 흔들림이 없으며[264], "일체 법을 행하되 걸리고 막히는 바가 없고[265], 진세塵世에 처하되 항상 백천 삼매를 얻어서[266]", "진대지盡大地가 일진 법계一眞法界로 화하여[267]" 시

---

264) "일체 경계를 대하되 마음에 조금도 흔들림이 없으며": "천만 경계를 대하되 부동함이 태산과 같아서" "철주의 중심이 되고 석벽의 외면이 되어 부귀영화도 능히 그 마음을 달래어 가지 못하고 무기와 권세로도 능히 그 마음을 굽히지 못하는" 즉, 순역 간의 어떤 경계를 당하더라도 마음이 흔들리지 않는 가장 안정된 마음 상태가 된다는 것입니다.
265) "일체 법을 행하되 걸리고 막히는 바가 없고": 해서는 안 되는 금기의 법이든 마땅히 행해야 할 당위의 법이든 어떤 법이라도 걸리고 막히는 바가 없이 실천에 옮길 수 있으며,
266) "진세塵世에 처하되 항상 백천 삼매를 얻어서": 티끌 세상인 속세에서 순경에 처하든 역경에 처하든 항상 자성을 여의지 아니하고 그 일 그 일에 일심하여.
267) "진대지盡大地가 일진 법계一眞法界로 화하여": 온 세상이 참으로만 이루어진 진리의 세계로 변하여. 온 천지가 한 가지로 참다운 공부도량이 되고 낙원으로 화하여.(覺山, 221쪽)

비·선악과 염정染淨 제법諸法이 다 제호醍醐의 일미一味를 이루는"[268) "불이문不二門[269)에 들어가서", 생사를 자유로 하여 윤회를 해탈하며 항상 정토극락을 수용하게 됩니다. 한마디로 마음의 자유를 얻어 모든 번뇌망상과 생사윤회의 고통에서 벗어나 한없는 행복을 누리게 된다는 것입니다. 여기서 "진세塵世에 처하되 항상 백천 삼매를 얻는다"는 것은 어느 세계에 가더라도 거기에 물들지 않을 뿐만 아니라 자성을 여의지 않고 그 일 그 일에 전일할 수 있는 심력을 갖추어, 오욕이 충만한 오탁한 세상에 처하되 불의 부당한 욕심이 동하지 않으며, 온전하고 편안한 마음으로 자기 책임에 충실할 뿐 아니라 일체행이 일원의 진리에 어긋남이 없는 경지를 말합니다. [270)

11.5.5 무시선의 강령

무시선의 강령은 "육근六根이 무사無事하면 잡념을 제거하고 일심을 양성하며, 육근이 유사하면 불의를 제거하고 정의를 양성하라."는 것입니다.

---

268) "시비·선악과 염정 제법染淨諸法이 다 제호醍醐의 일미一味를 이루는": 시비·선악·염정·순역·고락의 모든 상대적인 차별 세계를 초월하고 번뇌망상을 벗어나 언제나 제호의 맛을 이루는. '제호醍醐'란 '우유를 잘 정제해서 만들어낸 제일 좋은 맛'을 뜻함.

269) 불이문不二門: 일체의 상대와 차별이 끊어진 절대적인 하나의 진리의 세계로 들어가는 문. 대도는 원융하여 생生·사死, 고苦·락樂, 선善·악惡, 염染·정淨, 미迷·오悟, 자自·타他를 모두 초월하고 포함하여 둘이 아닌 자리이므로 진리의 문을 불이문이라고 칭함.

270) 각산 신도형 지음,《한글로 읽는 교전공부(수행편)》, 221쪽.

'육근이 무사하다'는 것은 '적극적인 육근의 작용을 하고 있는 일이 없다' 즉, '육근의 작용을 쉬고 있다'는 말이니, 잠자는 시간 말고 하던 일을 마쳤거나 한가하여 일이 없을 때, 특별히 하는 일 없이 그냥 시간을 보내고 있을 때, 혼자 심심하게 있을 때 등을 가리킵니다. 이와 같이 일이 없을 때는 그냥 허송세월하며 시간을 낭비하지 말고 염불·좌선·심고·기도·주송 등으로 사심邪心·사심私心·잡념·망념 등을 제거하고 항상 일심을 잘 챙겨서 분별주착이 없는 깨끗한 한마음 청정일념을 양성하여 정신의 힘을 기르라는 것입니다. 사심邪心은 바르지 못한 마음이요, 사심私心은 자기 욕심에 가린 마음이요, 잡념은 쓸데없는 이런저런 잡생각이요, 망념은 그 일, 그때, 그 자리에 맞지 않는 마음이며, '일심을 잘 챙겨서'라는 말은 항상 내 마음이 과거나 미래로 가거나 망념을 따라가지 말고 '지금 여기, 이 일'을 떠나지 않도록 주의하고, '망념이 일어나거나 외부의 정보가 내 마음속으로 함부로 들어오지 못하도록' 주의를 기울여 살피고 막으라는 말입니다.

'육근이 유사하다'는 것은 '육근을 적극적으로 작용하고 있는 일이 있다'는 말이니, 혼자서 또는 누군가와 함께 어떤 일을 하고 있을 때나 외경에 대치하고 있을 때를 가리킵니다. 이와 같이 일이 있을 때는 '불의를 제거하고 정의를 양성하라'[271]는 것입니다.

---

271) '불의를 제거하고 정의를 양성하라': "일을 할 때는 불의만 제거하면 곧 정의행이 되는 것이니 따로이 정의를 구하지 말 것이다. 솔성요론, 계문, 사은사요, 삼학팔조 및 스승님의 법문에 맞게 실행하라. 그러기로 하면 경계를 대할 때마다 온전한 생각으로 취사하는 것이다."(각산 신도형저, 《한글로 읽는 교전공부》, 223쪽)

그렇다면 무엇이 '정의'이고 무엇이 불의인가?

일반적인 도덕규범에서 말하는 '정의正義'와 '불의不義'의 개념 정의에 대해서는 철학적으로도 학설이 분분하여 구분하기가 쉽지 않습니다. 그러나 여기서의 '정의'와 '불의'는 그런 개념이 아니고 육근이 유사할 때의 무시선의 방법을 포괄하는 강령의 기준으로 세워주신 것입니다. 앞에서 설명한 무시선의 방법의 핵심 내용은 바로 "진공眞空으로 체를 삼고 묘유妙有로 용을 삼아" "응하여도 주한 바 없이 그 마음을 내라!"는 것입니다. 이는 우리의 성품자리에 바탕에서 분별주착하지 말고 성품 그대로 마음을 작용하라는 뜻입니다. 그래서 대종사께서 "(내정정·외정정의) 큰 공부는 먼저 자성自性의 원리를 연구하여 원래 착着이 없는 그 자리를 알고 실생활에 나아가서는 착이 없는 행行을 하는 것이니, (중략) 동정일여動靜一如의 무시선 공부에 더욱 정진하여 원하는 삼대력을 충분히 얻을지어다."《대종경》수행품 9장)라고 다시 한번 분명하게 밝혀주셨으며, 정산종사께서도 "일심이 동하면 정의가 되고, 잡념이 동하면 불의가 된다."[272]고 거듭 밝혀주셨던 것입니다. 여기서 '일심'이란 분별주착이 없는 청정 일념을 뜻하며, '잡념'이란 사심邪心·사심私心·잡념·망념 등 '일심' 이외의 모든 분별주착심을 포괄하는 말입니다. 그러므로 한마디로 말하자면 어디에도 착이 없이 온전한 생각으로 취사

---

272) 『양 원국梁元局이 묻기를 "무시선의 강령 중 일심과 정의의 관계는 어떠하오며 잡념과 불의의 관계는 어떠하나이까?" (정산종사) 답하시기를 "일심이 동하면 정의가 되고, 잡념이 동하면 불의가 되나니라."(《정산종사법어》, 경의편 30장)

하면 '정의'가 되고, 사심邪心·사심私心·잡념·망념 등에 끌려서 취사하면 '불의'가 되는 것입니다.

좌산 종사님은 일심과 잡념 및 정의와 불의의 기준을 다음과 같이 밝혀주셨습니다.[273] 먼저 잡념과 일심에 대해 "단전주 이외의 모든 생각은 다 잡념이다. 자기 마음이 머물고자 하는 곳에 머물러 있는 마음은 정념이요, 그 이외의 모든 마음은 다 잡념이다. 설령 옳은 생각이라 하여도 이때만큼은 모두 잡념이다."라고 밝혀주시고, 일심과 잡념의 구체적인 예를 다음과 같이 도표로 나타내셨습니다.

일심 一心	대중 잡는 마음, 일심 집중하는 마음, 표준에 머무는 마음, 마음 고삐를 쥐고 있는 마음, 주체가 깨어 있는 마음, 일관되게 하는 마음, 일직심一直心, 챙기는 마음
잡념 雜念	대중없는 마음, 산산이 흩어진 마음, 마음 고삐를 놓친 마음, 주체가 흐려 있는 마음, 중단되는 마음, 사곡邪曲의 마음, 방치하는 마음

그리고 정의와 불의에 대해서는 "'육신에 근거하여 나오는 본능 마음'인 인심人心에 뿌리를 두고 있는 것이 불의이고, '성품에 근거하여 나오는 마음'인 도심道心에 뿌리를 두고 있는 것이 정의이다."라고 밝혀주시고, 정의와 불의의 구체적인 예를 다음과 같이 도표로 나타내주셨습니다.

---

273) 좌산 이광정 지음, 《정전 무시선법 해설》, 65~79쪽.

정의	자타 간에 은혜가 되는 일, 합리적인 일, 사실에 바탕한 일, 권장 규범이 되는 일, 보은하는 일, 준법하는 일, 지계持戒하는 일, 시중時中이 되는 일, 예에 맞는 일, 중정을 행하는 일, 그 일 그 일의 특성 따라 당연한 일
불의	자타 간에 피해가 되는 일, 불합리한 일, 사실에 어긋나는 일, 금기 규범이 되는 일, 배은하는 일, 범법하는 일, 파계破戒하는 일, 때와 절도에 맞지 않는 일, 예에 어긋나는 일, 편착을 행하는 일, 그 일 그 일의 특성 따라 부당한 일

　　이상의 기준에 바탕해서 일반적인 도덕규범의 측면에서 말한다면 대체로 선을 구현하는 것이 정의이며, 악을 구현하는 것이 불의라고 말할 수 있을 것입니다. 이러한 선악의 기준에 대해서는 본서 『6.2. 착한 일을 많이 하며 널리 은덕을 베풀어라! (1) 중선봉행』에서 이미 자세히 다루었으므로 여기서는 생략합니다.

- 『대범 '좌선'이라 하는 것은 모름지기 지선의 자리에 사무쳐서 마땅히 스스로 성성하게 함이니, 온갖 생각을 끊되 혼침에 떨어지지 않음을 일러 '좌坐'라 하고, 욕심 경계에 있되 욕심이 없고 티끌 세상에 살되 티끌에서 벗어남을 일러 '선禪'이라 하며, 바깥 경계가 안으로 들어오지도 아니하고 안 마음이 바깥 경계로 나가지도 아니함을 일러 '좌'라 하고, 주착함도 없고 의지함도 없어서 떳떳한 광명이 앞에 나타남을 일러 '선'이라 하며, 외경이 흔들어도 움직이지 아니하고 중심이 고요하여 흔들리지 아니함을 일러 '좌'라 하고, 지혜의 빛을 돌이켜 비추어 법의 근원에 통철洞徹, 通徹함을 일러 '선'이라 하며, 순역의 경계에도 괴로워함이 없

고 소리와 색의 경계에도 끌려감이 없음을 일러 '좌'라 하고, 어두운 데를 비침에 밝음이 일월보다 낫고 만물을 화육함에 덕이 건곤乾坤보다 나음을 일러 '선'이라 하며, 차별 있는 경계에서 차별 없는 정定에 들어감을 일러 '좌'라 하고, 차별 없는 경계에서 차별 있는 지혜를 나타냄을 일러 '선'이라 하나니, 종합하여 말한다면, 천만 경계에 치연燾然히[274] 작용하나 본심은 한결같음을 일러 '좌'라 하고, 종횡으로나 묘용妙用을 얻어서 매사에 걸림이 없음을 일러 '선'이라 하나니, 대략 말하면 이와 같으나 자세히 예를 들기로 하면 지묵으로 능히 다 할 바가 아니라, 나가那伽=龍의 대정大定은 고요함도 없고 움직임도 없으며, 진여의 묘한 몸은 생하지도 않고 멸하지도 아니하며, 보아도 보이지 않고 들어도 들리지 아니하며, 비었으되 비지도 아니하고 있으나 있음도 아니라, 크기로는 바깥 없는 데까지 포함하고 가늘기로는 안이 없는 데까지 들어가며, 신통과 지혜와 광명과 수량과 대기와 대용이 다함이 없나니, 뜻 있는 수도인은 마땅히 잘 참구하여 크게 깨치기를 한정하고 공부하면 홀연히 깨치는 한 소리에 허다한 영묘함이 다 스스로 구족할 것이니, 어찌 저 사마 외도의 전수하는 것으로써 스승과 도우미로 여기며 또는 얻은 바 있는 것으로써 구경처를 삼는 것과 같으랴!』(『休休庵坐禪文』)

---

274) 치연히: 불이 활활 타오르듯이 명렬하게

간화선看話禪

간화선이란 화두話頭를 참구하여 자기의 본래 성품 자리를 깨치게 하는 선 수행법입니다. 이는 혼자서 공부하기는 어렵고 반드시 이미 화두를 타파하신 눈 밝은 스승을 만나 직접 지도를 받아야만 합니다. 따라서 여기서는 《친절한 간화선》에 나오는 핵심 내용을 중심으로 간략하게 소개하는 정도에서 그칠 것입니다.

화두란 공안公案과 동일하게 쓰이기도 하지만 엄밀히 말하면 다릅니다. 공안이란 본래 공문서를 가리키는 말로서 눈 밝은 조사들이 부처님과 조사들의 깨달은 기연에 대한 이야기를 모아 하나의 공정한 법칙으로 만들어 놓은 글을 말합니다. 즉, 공안이란 개인적인 주관을 개입시키지 않고 세상 사람 누구나 부처님이나 조사와 동일한 깨달음에 이를 수 있도록 안내하는 바른 방법을 기록한 글을 뜻합니다. 이 공안 가운데 핵심이 되는 일구一句 또는 일자一字를 선택하여 의심을 하게 되는데, 그 의심의 대상이 되는 말이 곧 화두이며, 화두에 대한 의심을 통해 그 해답[깨달음]을 찾아가는 과정을 '참구參究'라고 합니다.

・『말은 마음에서 일어나므로 마음은 말의 머리요, 생각도 마음에서 일

어나므로 마음은 생각의 머리이다. 만법이 모두 마음으로부터 생기므로 마음은 만법의 머리인 것이다. 기실 화두는 바로 생각의 머리이며, 생각 이전의 머리는 바로 마음이다. 바로 말하면 한 생각 일어나기 전이 바로 화두(말의 머리)인 것이다.」(허운화상, 《참선요지參禪要旨》)

허운스님의 말씀은 화두가 가리키고 있는 것이 생각 이전의 마음자리心地란 뜻이니, 화두를 참구한다는 것은 생각으로 분별한다는 뜻이 아니고, 생각 이전 자리인 '오직 모를 뿐'인 무분별로써의 참구를 한다는 것입니다. 한 생각 이전이기 때문에 생각이 미치지 못하므로 언어의 길이 끊어지고言語道斷, 마음의 길이 소멸했다心行處滅라고 하는 것입니다. (중략) 그러므로 공안을 시설하여 화두를 참구하게 한 목적은 전적으로 화두에 대한 의심으로 타성일편打成一片을 이루어 일체 망념을 제거하고 본연本然의 자성自性이 드러나게 하기 위함인 것입니다.[275]

오직 화두에 대한 의심으로 한 덩어리가 된打成一片 의심덩어리를 의단疑團이라고 하는데, 이러한 의단이 되려면 화두가 수행 당사자에게 '들려고 하지 않아도 저절로 들려지고 내려놓으려 해도 내려놓을 수 없는' 활구 의심이 되어야 합니다. 이러한 의정疑情의 단계에서 마침내 의심이 안팎으로 온몸에 꽉 차게 되는 의단이 이루어지면 일체의 사량분별의 작동이 멈추게 되며, 어떤 인연 계기

275) 월암月庵스님 지음, 《친절한 간화선》, 담앤북스, 2012, 313~315쪽 참조.

를 만나 의단이 타파되면, 분별망상의 뿌리가 뽑히고 불이법不二法
의 진리가 드러나게 됩니다.[276]

경허선사께서 이르시기를, "사대가 본래 거짓으로 이루어져서 법
을 설하지도 못하고 듣지도 못하며, 허공도 또한 법을 설하지도 못
하고 듣지도 못하느니라. 다만 눈앞에 두렷이 밝은 한 물건이 있어
서 능히 법을 설하고 듣나니, 고명孤明한 이 한 물건이 무엇인고?"
하시더니 재차 다그쳐 물으셨습니다. "알겠느냐? 대체 어느 한 물건
이 법을 설하고 법을 듣느냐? 형상 없되 두렷이 밝은 그 한 물건을
일러라!" 혜월스님은 앞이 캄캄하여 이 순간부터 오로지 이 화두
일념에 몰두했습니다. 앉으나 서나 일할 때나 잠잘 때까지도 '도대
체 이 한 물건은 무엇인가?' 하는 일념을 놓지 않았던 것입니다.[277]

이와 같이 화두에 대한 간절한 의심으로 일심을 이루어 일체의
생각이 사라지게 될 때 이를 '활구活句 참구'라고 하며, 그렇지 못하
고 의심이 들지 않거나 사량분별심으로 참구하는 것을 '사구死句
참구'라고 합니다.

이상의 경허선사께서 제시하신 화두를 성철스님께서는 "마조선
사가 '마음도 아니요, 부처도 아니요, 물건도 아니다不是心, 不是佛,
不是物'라고 했는데, 그러면 이것이 무엇인가是甚麼?"라고 의심하라
고 가르쳤습니다. 이것이 바로 "이 뭣고是甚麼?" 화두입니다.

선문禪門, 禪家에서는 공안의 종류에 대해 일반적으로 "1700 공

---

276) 수불스님 지음, 《간화심결看話心訣》, 김영사, 2019, 18~19쪽 참조.
277) 월암月庵 지음, 《친절한 간화선》, 담앤북스, 2012, 324쪽.

안"이라고 말하는데, 이 말은 《전등록傳燈錄》[278]에 이름을 올린 조사가 1,701분인 데서 기인한 것입니다. 현재까지 전해지는 공안과 화두는 그 종류가 대단히 많습니다. 그 어떤 화두라 하더라도 자신의 절체절명의 문제의식으로 참구될 때만이 활구 참선이 되는 것입니다. 수행자가 혼자서 화두를 들 때 활구 의심으로 나아가지 못하는 가장 큰 이유는, 답을 찾지 않고 '문제만 외우고 있기 때문'입니다. 화두를 되풀이해서 외우고 앉아 있으면 사구死句인 '송화두頌話頭'가 됩니다.[279]

일구의 화두를 간택하였으면 오로지 일심으로 참구해야 합니다. 화두가 순일하게 참구되지 않는다고 해서 진정성 없이 이 화두 저 화두로 바꾸어가면서 참구를 느슨하게 한다면 미륵이 하생하더라도 일념 화두의 경지에 들기 어렵습니다. 혹 화두에 의정疑情이 일어나지 않아서 본참 화두를 바꾸어야 할 때에는 스승의 지도를 받아서 실행해야 합니다. 오로지 순일하게 화두를 참구할 뿐이니, 마음에 아무 잡념 없이純一無雜 온 정신을 다해 화두를 들어 밤낮으로 지속하여 분별망념이 끊어져야 합니다.[280]

간화선은 이렇게 화두에 집중케 함으로써, 온갖 혼침·산란과 역·순 경계에 끄달리지 않고 시절 인연 따라 본래면목을 밝힐 수 있도

---

278) 《전등록傳燈錄》: 중국 송나라 진종 경덕景德 원년(1004)에 고승 도원道原이 쓴 불서. 석가모니 이래의 역대의 법맥法脈과 그 법어法語를 수록한 것으로, 조선 시대 승과 과목에 들어 있었음.[Naver 사전 30권. 과거 7불로부터 5가家 52세世에 이르기까지 전등傳燈한 법계法系의 차례를 기록하고 있으며, 1,701명의 조사어록과 함께 모든 공안公案 자료를 수록하고 있음.

279) 수불 지음, 《간화심결看話心訣》, 김영사, 2019, 17쪽.

280) 월암(月庵) 지음, 《친절한 간화선》, 담앤북스, 2012, 330쪽.

록 한 최상승 수행법입니다. 선지식에 의해 돈발된 활구 의심을 통해 학인의 번뇌망상을 다스릴 뿐 아니라, 결국에는 생각이 끊어진 자리에서 근원적 본심을 깨닫는 수행법입니다.[281]

- 간화선: 수불스님께서 말씀하시기를 "손가락을 튕겨보십시오. 무엇이 손가락을 튕기게 하는가? 내가 하는 것도 아니고 손가락이 하는 것도 아닙니다. 그렇다고 안 하는 것도 아니고 분명히 하기는 하는 건데, 그게 무엇일까요? 무엇이 손가락을 튕기게 하는가? '나'나 '마음'이 아니라는 것은, 내가 모르는 그 무엇을 그냥 '나'나 '마음'이라고 이름한 것일 뿐이기 때문입니다. 손가락이 하는 것이 아닌 것은 이 손가락이 했다면 내가 죽어도 이 손가락은 여기 있으니 할 수 있어야 할 텐데, 그게 아니기 때문입니다. 그럼 무엇이 이렇게 한 것이요? 누가 하는지를 모르니까 답답합니다. 모른다는 말이 가장 친절한 말입니다. 그게 화두입니다. 화두를 들되, 질문은 내가 던졌으니 답만 찾으려고 하십시오. 그것이 화두를 든다는 것입니다. 문제를 외우고 있지 말고 답만 찾으세요. 답을 모르니 답답합니다. 그 답답함을 가득 채우십시오. … '마음'이라고 하지만, 그건 누가 그러는지 모르는 채 그냥 이름을 말하는 것뿐입니다. 마음을 머리로 생각하는 것이 아니라, 직접 그 마음을 보아야 합니다. 죽어라 매달려야 합니다. 생각이 아니라 답답함이 커져 그 답답함을 뚫고 지나가야 합니다. … 연어가 죽을 힘을 다해 폭포를 거슬러 올라가듯이 목숨을 걸고 해야 성과가 있습니다. … 생각을 하거나 말거나 상관하지

---

281) 수불 지음, 《간화심결看話心訣》, 김영사, 2019, 60쪽.

말고 그냥 화두만 드십시오."(18~19쪽) 미산스님께서 부연설명하시기를 "여기서 해야 하는 것은 화두에 대해 생각하는 것이 아니에요. 의심을 위한 의심, 문제만 되풀이하는 것이 아닙니다. 해야 할 것은 답을 찾는 의심입니다. 답을 몰라서 답답함이 온몸으로 번져나가는 것이 의정疑情 이예요. 그리고 그 답답함으로 인해 온몸이 의심덩어리가 되는 것이 의 단疑團입니다. 의심이 의정이 되어 답답함이 가득하면, 그때 변화가 옵 니다. 그게 가장 중요한 팁입니다."(22쪽) 혜민스님 부연 설명하시기를 "답답함이란 신체 감각을 느끼는 것도 아니고, 일부러 감정을 만들어내 어 느낀다는 것도 아닙니다. 답을 몰라 답답하게 느껴질 때, 그때 일어 나는 감정, 아무 답도 찾아지지 않는 그 순수한 감정을 계속 유지하는 것입니다."(55쪽) "생각을 끊는 것은 불가능합니다. 계속 화두만 잡고 있 는 것은 질문을 하는 것이 아니라 답을 찾는 겁니다. 답을 찾는 것은 적 극적으로 생각하는 것이 아니라 계속 궁금해 하는 것, 마치 누군가의 이름을 기억하려고 애쓰는 것과 같습니다."(134쪽) "상에 매달리지 말고 화두를 들어 생각나는 궁금증, 그 궁금한 마음에만 집중해서 그 궁금 증의 폭을 점점 더 크게 확장해 나가십시오."(208쪽)[282]

---

282) 한자경 지음, 《화두》, 도피안사, 1913, 18~19쪽, 22쪽, 55쪽, 134쪽, 208쪽.

11.7 의두·성리

의두疑頭란 "진리를 깨치기 위해 연마하는 의심머리"라는 뜻으로, 화두話頭나 공안公案 등을 일컫는 말로써[283], 원불교에서 이를 20개로 간추려 정리해 놓은 것을 의두요목[284]이라고 부릅니다.

---

283) 그러나 의두의 역사를 살펴볼 때 의두란 대소유무의 이치와 시비이해의 일이며 일체 인간사에 의심나는 건을 모두 포괄하는 개념이라고 할 수 있습니다.(《원불교대사전》의 "의두요목"과 허광영 지음, 《원불교 정전 해석서, 개교백년의 정전공부》, 391~392쪽 참조.)

284) 《정전》, 제3 수행편, 제5장 의두요목.(※ 참고로 의두공부에 관심있는 분들께 우세관 교무님의 《감생이 두마리》, 도서출판 씨알, 2017.을 추천합니다.)제1조 세존이 도솔천을 떠나지 아니하시고 왕궁가에 내리시며, 모태 중에서 중생제도하기를 마치셨다 하니 그것이 무슨 뜻인가.
제2조 세존이 탄생하사 천상천하에 유아독존唯我獨尊이라 하셨다 하니 그것이 무슨 뜻인가.
제3조 세존이 영산회상에서 꽃을 들어 대중에게 보이시니 대중이 다 묵연하되 오직 가섭존자만이 얼굴에 미소를 띠거늘, 세존이 이르시되 내게 있는 정법안장正法眼藏을 마하가섭에게 부치노라 하셨다 하니 그것이 무슨 뜻인가.
제4조 세존이 열반에 드실 때에 내가 녹야원으로부터 발제하에 이르기까지 이 중간에 일찍이 한 법도 설한바가 없노라 하셨다 하니 그것이 무슨 뜻인가.
제5조 만법이 하나에 돌아갔다 하니 하나 그것은 어디로 돌아갈 것인가.
제6조 만법으로 더불어 짝하지 않은 것이 그 무엇인가.
제7조 만법을 통하여다가 한마음을 밝히라 했으니 그것이 무슨 뜻인가.
제8조 옛 부처님이 나시기 전에 응연凝然히 한 상이 둥글었다 하니 그것이 무슨 뜻인가.
제9조 부모에게 몸을 받기 전 몸은 그 어떠한 몸인가.
제10조 사람이 깊이 잠들어 꿈도 없는 때에는 그 아는 영지가 어느 곳에 있는가.
제11조 일체가 다 마음의 짓는 바라 했으니 그것이 무슨 뜻인가.
제12조 마음이 곧 부처라 했으니 그것이 무슨 뜻인가.
제13조 중생의 윤회되는 것과 모든 부처님의 해탈하는 것은 그 원인이 어디에 있는가.
제14조 잘 수행하는 사람은 자성을 떠나지 않는다 하니 어떠한 것이 자성을 떠나지 않는 공부인가.
제15조 마음과 성품과 이치와 기운의 동일한 점은 어떠하며 구분된 내역은 또한 어떠한가.
제16조 우주만물이 비롯이 있고 끝이 있는가, 비롯이 없고 끝이 없는가.
제17조 만물의 인과보복 되는 것이 현생일은 서로 알고 실행되려니와 후생일은 숙명宿命이 이미 매해서 피차가 서로 알지 못하거니 어떻게 보복이 되는가.
제18조 천지는 앎이 없으되 안다하니 그것이 무슨 뜻인가.
제19조 열반을 얻은 사람은 그 영지가 이미 법신에 합했는데, 어찌하여 다시 개령個靈으로 나누어지며, 전신前身 후신後身의 표준이 있게 되는가.
제20조 나에게 한 권의 경전이 있으니 지묵으로 된 것이 아니라, 한 글자도 없으나 항상 광명을 나툰다 했으니 그것이 무슨 뜻인가.

《정전》에 "의두는 대소유무의 이치와 시비이해의 일이며 과거 불조佛祖의 화두 중에서 의심나는 제목을 연구하여 감정을 얻게 하는 것이니, 이는 연구의 깊은 경지를 밟는 공부인에게 사리 간 명확한 분석을 얻도록 함이요, 성리는 우주 만유의 본래 이치와 우리의 자성 원리를 해결하여 알자 함이요"[285]라고 정의하고 있습니다.

대종사님은 "종교의 문에 성리를 밝힌 바가 없으면 이는 원만한 도가 아니니, 성리는 모든 법의 조종祖宗이 되고 모든 이치의 바탕이 되는 까닭이니라"(성리품 9장)라고 강조하시고, "근래에 왕왕이 성리를 다루는 사람들이 말 없는 것으로만 해결을 지으려고 하는 수가 많으나 그것이 큰 병이라, 참으로 아는 사람은 그 자리가 원래 두미頭尾가 없는 자리지마는 두미를 분명하게 갈라낼 줄도 알고, 언어도言語道가 끊어진 자리지마는 능히 언어로 형언할 줄도 아나니, 참으로 아는 사람은 아무렇게 하더라도 아는 것이 나오고, 모르는 사람은 아무렇게 하여도 모르는 것이 나오나니라. 그러나, 또한 말 있는 것만으로 능사能事를 삼을 것도 아니니 불조佛祖들의 천경 만론은 마치 저 달을 가리키는 손가락과 같나니라."(성리품 25장)라고 하셨으며, "대大를 나누어 삼라 만상 형형 색색의 소

---

285) 《정전》, 제3 수행편, 제2장 정기 훈련과 상시 훈련, 제1절 정기 훈련법.
    《원불교대사전》에 "의두는 불보살이 깨친 오묘 불가사의한 진리의 세계를 언설로써는 어떻게 표현해서 가르치기 어렵기 때문에 방편으로써 어떤 문제를 제기하여 그것을 계속 연마하고 궁구하여 마침내 진리를 체득하게 하는 방법이다.('의두요목' 條)"라고 설명하고, 성리란 "우주만유의 본래 이치와 인간의 자성원리를 궁구하는 공부법으로 사리연구의 한 과목이다. 성리란 성리학의 성性과 이理에서 나온 말로, 성즉리性卽理라고 한다. 인성과 천리를 하나로 보아 마음의 성性과 심心, 우주의 이理와 기氣를 논한다. 불교에는 마음의 근본을 불성 또는 자성自性이라 하는데, 이를 선종에서는 화두를 간看하여 견성을 구하는 간화선, 자성을 고요히 신령스럽게 비추어 보아 적조寂照 적적성성寂寂惺惺한 경지에 이르게 하는 묵조선黙照禪이 발달했다. 원불교의 성리는 성리학과 선종의 가르침을 다 포함한다."라고 설명하고 있습니다.

小를 만들 줄도 알고, 형형 색색으로 벌여 있는 소小를 한덩어리로 뭉쳐서 대大를 만들 줄도 아는 것이 성리의 체體를 완전히 아는 것이요, 또는 유를 무로 만들 줄도 알고 무를 유로 만들 줄도 알아서 천하의 모든 이치가 변하여도 변하지 않고 변하지 않는 중에 변하는 진리를 아는 것이 성리의 용用을 완전히 아는 것이라, 성리를 알았다는 사람으로서 대와 무는 대략 짐작하면서도 소와 유의 이치를 해득하지 못한 사람이 적지 아니하나니 어찌 완전한 성리를 깨쳤다 하리요."(성리품 27장)라고 말씀하셨으며, 대산종사께서는 "대각大覺의 열쇠인 의두疑頭를 늘 연마해야 큰 지혜가 솟을 것입니다. 천만사리千萬事理에 대한 의문을 가지고 이를 갈고 궁구하되 천 번, 만 번, 억만 번 탁마琢磨하는 공功을 쌓아야 천각千覺, 만각萬覺, 억만각億萬覺으로 결국 사리간事理間에 걸림이 없는 혜문慧門이 열리게 되는 것입니다."[286]라고 하셨습니다.

성리는 "우주 만유의 본래 이치와 우리의 자성 원리를 해결하여 알자 함이요", 의두는 "대소유무의 이치와 시비이해의 일이며 과거 불조佛祖의 화두 중에서 의심나는 제목을 연구하여 감정을 얻게 하는 것"이니, 의두의 입장에서 보면 성리도 결국 의심건이므로 이에 포함되며, 성리의 입장에서 보면 의두 하나하나가 다 성리에 근원하지 않음이 없으므로 모두가 성리에 포함된다고 할 수 있으니, 의두와 성리는 본질에 있어서는 큰 차이가 없다고 할 수 있습니다.

---

286) 《대산종사법문집 제2집》, 제4부 신년법문, 진리의 눈을 뜨자

다만, 연마하는 방법 상에서 의두는 들어가는 범위가 넓고 성리는 들어가는 경지가 깊으며, 의두는 지엽用으로부터 본체까지 연마하나 성리는 체자리를 주로 연마하여 지엽까지 통달하며, 의두는 의리선으로 언설이 필요하나 성리는 여래선, 조사선으로 언설이 별로 필요 없으며, 의두는 궁글리고 분석하나 성리는 직관 점두하며, 의두는 바른길을 가도록 감정하고, 성리는 어디까지 깊어졌는지 인가를 내린다는 점에서 차이가 있습니다.[287]

또한 원불교의 의두연마와 선불교의 화두참구 역시 본질적으로는 큰 차이가 없다고 할 수 있겠으나, 소태산 대종사께서 "근래에 선종 각파에서 선의 방법을 가지고 서로 시비를 말하고 있으나, 나는 그 가운데 단전주법을 취하여 수양하는 시간에는 온전히 수양만 하고 화두연마는 적당한 기회에 가끔 한 번씩 하라 하노니, 의두 깨치는 방법이 침울한 생각으로 오래 생각하는 데에만 있는 것이 아니요, 명랑한 정신으로 기틀을 따라 연마하는 것이 그 힘이 도리어 더 우월한 까닭이니라"(《대종경》 수행품 14장)라고 말씀하신 점을[288] 보면 그 접근 방법상에서 다소간 차이가 있음을 알 수 있습니다.

---

287) 허광영 지음, 《원불교 정전 해석서, 개교백년의 정전공부》, 원불교출판사, 2017, 391~392쪽. 허광영교무님은 이어서 의두공부와 성리공부의 구체적인 방법과 효과, 특징 등에 대해서 자세히 설명하고 있습니다. 아울러 《원불교대사전》의 '의두요목' 條 참조.

288) 각산종사께서는 의두를 연마하는 순서와 방법에 대해서 "첫째, 맑은 정신으로 잠깐잠깐 들어보되, 오직 간절한 마음으로 끝까지 계속하라. 둘째, 가까운 데서, 쉬운 데서, 마음에서, 생활 속에서 찾으라. 셋째 근본적인 것부터 추리 분석析空觀, 직관 점두體空觀, 실천 증득中道觀의 방법으로 통달하라."라고 하셨습니다.(신도형 지음, 《한글로 읽는 교전공부(수행편)》, 157~158쪽.)

- 『대산 종사, '성리 공부 표준'에 대해 말씀하시기를 "마음의 고향을 늘 사모하며 찾아가는 공부요, 재색 명리와 시기 질투가 없는 자리를 반조해 삼독심을 녹이는 공부요, 깨끗하고 더럽고 더하고 덜함도 없는 자리를 비춰 보는 공부요, 지극히 크고 넓고 밝고 공변되고 원만한 자리를 닮는 공부요, 상 없는 자리를 보다가 상 없는 마음을 쓰는 공부요, 지극하고 절대적이고 무등등한 자리를 표준으로 삼는 공부요, 생멸 없는 도를 보아서 생로병사에 해탈하는 공부니라."』(《대산종사법어》, 제2 교리편, 25장)

- 『철은 용광로를 거쳐야 정철이 되고 법은 성리에 근거해야 대도 정법이 되며 도인은 성리를 단련해야 큰 도인이 되느니라. 도가에 견성하는 공부 길이 없으면 그것은 정도가 아니니, 이는 성리를 단련하지 않고는 참 도를 얻을 수 없고 참 법을 전할 수도 없는 까닭이니라. 그러므로 성리는 빌려서라도 보아야 하는 것인바 공부하는 사람이 성품 자리를 보지 못하고 법에 구속되면 천진天眞을 잃고 허식에 걸려 제도받기 어렵고 큰 공부도 못하나니, 우리는 소리 없는 큰 소리無聲之大聲, 빛 없는 큰 빛無光之大光, 공덕 없는 큰 공덕無功之大功, 이름 없는 큰 이름無名之大名, 그 자리를 터득해야 하느니라.』(《대산종사법》, 제2 교리편, 66장)

- 『생함도 없고 멸함도 없는 자리에서 생과 멸이 있는 것이 변·불변變不變의 진리요 성리인바, 이 성리를 바탕으로 공부해야 정신이 맑고 밝고 바르게 커져서 탐·진·치가 일어나더라도 곧바로 비추어 녹여버리나니, 그러지 못한 사람은 처음에는 큰 공부를 하는 것 같으나 갈수록 보잘것없게 되므로 견성 후에도 꾸준히 그 자리를 회복시켜 합일해 가야 하느니라.』(《대산종사법어》, 제4 적공편 46장)

• 『성리를 모르는 사람은 국량이 트이지 않아 화분 속의 나무와 같이 크게 자라지 못하고, 성리를 아는 사람은 국량이 트여 대지에 뿌리박은 나무와 같이 크게 자랄 수 있느니라. 성인은 이 광활한 천지에 뿌리를 내리고 있으므로 항상 평안하고 걸림이 없나니, 성인에게 천지를 부릴 수 있는 권리를 누가 부여해 준 것이 아니라 스스로 성리를 깨치고 천지에 합일하였으므로 그 권리를 잡아다 쓰는 것이니라.』(《대산종사법어》, 제4 적공편 47장)

• 『성리를 오래오래 연마하면 어느 순간 마음이 환히 열리는 것을 견성이라고 하는데, 보통 수도자들은 조금만 열리면 다 된 듯 넘치고 조금만 막히면 퇴굴심을 내서 걱정이니라. 성리에 토가 떨어져야 그때부터 성리에 바탕한 진정한 공부가 시작되는 것이니, 견성이란 우리가 저 산봉우리를 본 것에 불과함을 알아서 정상을 향해 오르되 거기에 머물지 말고 다시 내려와 사람들과 더불어 흔적 없이 살 줄 알아야 하느니라.』(《대산종사법어》, 제4 적공편 47장)

• 『천여래 만보살의 대열에 들어가기 위해서는 성리에 토가 떨어져, 와도 온 바가 없고 가도 간 바가 없는 그 자리에 들어가야 하느니라. 보통 사람은 선善을 행하면 선에 집착하여 악도에 떨어지고, 죄를 지으면 죄에 집착하여 죄에서 벗어나지 못하는바, 한 마음 안정하여 선도 찾아볼 수 없고 죄도 찾아볼 수 없는 그 마음에 들어가 선에도 묶이지 않고 죄에도 묶이지 않는 마음을 가져야 하느니라.』(《대산종사법어》, 제5 법위편 40장)

11.8   사경, 독경

    경전의 말씀을 일심으로 옮겨 쓰는 것을 사경寫經이라 하고, 경전의 말씀을 일심으로 독송하는 것을 독경讀經이라고 합니다. 사경과 독경은 경전의 말씀을 되새기면서 일심을 모을 수 있기 때문에 이것도 좋은 명상법이 됩니다. 그러나 독경은 자칫하면 눈이나 입으로만 경전을 읽을 뿐 마음은 딴 생각을 하기가 쉬우므로 수행상으로는 독경보다는 사경이 더 좋아 보입니다. 사경은 특히 글자 한 자 한 자를 정성들여 쓰다 보면 저절로 일심을 이룰 수 있기 때문입니다. 그러나 별 정성을 들이지 않고 막 옮겨 쓰는 것은 큰 효과가 없습니다. 독경 역시 일심으로 읽어야 효과가 크므로 염불할 때처럼 소리 내어 읽으면서 그 한 단어 한 단어의 소리와 의미에 정신을 집중하면서 일심으로 읽으시면 되겠습니다. 그리고 독경할 때에는 건성으로 읽어서는 안 되고 반드시 그 뜻을 명심하여야 할 것이며, 뜻을 명심할 때에는 반드시 모든 경계에 반성과 실천이 있어야 할 것이니, 독경의 공덕이 그 실천을 지낸 후에야 비로소 완전한 효과를 보게 될 것입니다.[289]

---

289) 《한울안한이치》, 제2편 평상심, 4.독경해액으로 삼가 새해를 축하함)(시창 21년 《회보》 21호) 참조.

• 『묘법 스님께서 말씀하시기를 "경을 독송할 때에 많이 하고 빨리하는 것을 탐하지 말아야 하며, 독경시 마음과 입과 눈이 서로 관조될 수 있도록 해야 하며 절대로 혼침에 빠져서는 안 된다. 이와 같이 일자일구를 독송하면, 천자 천구를 독송하는 것과 같으며, 한 부의 경을 독송하는 것이 만 부의 경을 독송하는 것과 같아 법계 중생 모두 이익을 볼 수 있다."』[290]

---

290) 《오대산 노스님의 인과 이야기》, 묘법스님 원저, 과경스님 엮음, 각산 정원규 옮김, 불광출판사, 2018, 229쪽.

좋은 인간관계가
건강과 행복을 불러온다

사람은 사회적 동물이므로 나면서부터 죽을 때까지 인간관계를 떠나서 살 수는 없습니다. 그러므로 인생의 모든 괴로움 중에서도 육체적 괴로움을 제외하면 인간관계에서 오는 괴로움이 가장 크다고 할 수 있습니다. 그러나 인생의 행복 역시 인간관계에서 얻는 것이 매우 크며, 인생의 성패 역시 인간관계에 좌우되는 경우가 대부분입니다. 그러므로 어떻게든지 좋은 인간관계를 맺으면서 살아가야만 하는데 그것이 말처럼 쉽지 않습니다. 그러나 그 핵심을 말한다면 스스로 자긍심, 자존감, 자신감, 겸손함을 가지고 신의를 지키며 진실하고 항상 긍정 감사하는 마음으로 정신·육신·물질 간에 무엇이든 어떻게든 조금이라도 남에게 이로운 일, 덕을 입히는 일을 두루 행하되 자기가 뭔가를 해주었다거나 베풀었다는 상을 내려놓고, 육체적으로나 정신적으로나 경제적으로나 자력을 양성하여 되도록 남에게 빚지지 말며, 척짓지 말고 피해 주지 말고 남 싫어할 일 하지 말며, 상대방과 처지를 바꾸어서 이해하기에 힘쓰며 상대방을 존중해주고 높여주면, 상극의 인연은 점점 없어지고 상생의 선연이 많아져서 인간관계가 오히려 기쁘고 즐겁고 덕이 되어 행복의 자산이 됩니다. 좋은 인간관계는 행복과 성공을 불러올

뿐만 아니라 건강한 노년을 보내는 데 가장 중요한 요소이기도 합니다. 그래서 상생의 선연을 많이 만들기 위해서 유념해야 할 10여 가지를 각 절로 나누어 설명드리고자 합니다.

- 『인연에는 좋은 인연과 낮은 인연이 있나니, 좋은 인연은 나의 전로를 열어주고 향상심과 각성을 주는 인연이요, 낮은 인연은 나의 전로를 막고 나태심과 타락심을 조장하며 선연을 이간하는 인연이니라.』《정산종사법어》, 원리편 55장)

- 『복 중에는 인연 복이 제일이요 인연 중에는 불연이 제일이니라. 오복의 뿌리는 인연 복이니 부지런히 선근자와 친근하라.』《정산종사법어》, 원리편 39장)

- 『가장 가까운 사이에 큰 원수를 짓기 쉽나니, 가까운 사이일수록 조심할지니라.』《정산종사법어》, 응기편 16장)

- 『어떠한 일이 대의에 크게 어긋나거나 큰 손해 날 일이 아니거든 지나치게 상대적으로 처사하지 말라. 작은 일에 불화하여 상대가 되면 큰일에 큰 손해를 보는 수가 있나니라. 져서 큰 손해 없을 터이니, 대의를 좇아 2, 3할만 이기라. 대인은 이길 능력이 있으면서도 져주고, 소인은 이길 능력이 없으면서도 이기려 드나니라.』《정산종사법어》, 무본편 39장)

- 『대산 종사, '승부의 도'에 대해 말씀하시기를 "① 남을 이기는 것이 참으로 이기는 것이 아니라 나를 이기는 것이 참으로 이기는 것이다. ② 이기지 아니할 자리에 이기면 반드시 지는 날이 있고 져 주어야 할 자리에 지면 반드시 이기는 날이 있다. ③ 최상의 승리는 실력에 있고 실

력은 곧 진실한 노력에 있다. ④ 가장 큰 양보는 가장 큰 전진이 된다. ⑤ 무쟁 삼매無諍三昧의 진경은 승부심을 초월할 때이다. ⑥ 참은 반드시 이기고 거짓은 반드시 진다. ⑦ 성현의 마음은 상대가 끊어진 절대의 일원에 늘 합해 있고, 중생의 마음은 상대 있는 사량 계교로 늘 다투고 있다. ⑧ 성현의 마음 가운데에는 적이 없나니 적이 있으면 성현의 마음이 아니다. ⑨ 중생은 적을 이김으로써 승리를 삼으려 하나 성현은 마음 가운데 적의 그림자까지 두지 아니함으로써 승리를 삼는다. ⑩ 남의 앞길을 막기 좋아하는 사람은 영원한 세상에 열리는 일이 적을 것이요, 남의 앞길을 열어 주기를 좋아하는 사람은 영원한 세상에 막히는 일이 적을 것이다. ⑪ 허위와 불의와 투쟁보다 오직 진실과 정의와 평화의 주인공이 되기에 힘쓰라. 온 세상 사람이 이기기는 좋아하고 지기는 싫어하나니 그것은 이와 같은 승부의 도를 모르거나 안다 할지라도 실행이 없는 까닭이라, 그러므로 천하의 모든 사람들이 상대심과 경쟁심을 돌려 감화와 감복으로 참된 진화의 도를 실현하여야 개인이나 세계가 다 같이 영원한 평화와 참다운 번영을 가져올 수 있느니라.”』(《대산종사법어》, 운심편 41장)

자긍심·자존감·자신감을 가지고 교만심·자존심·열등감[291]을 내려놓자

행복의 첫 번째 조건은 자기 긍정의 자아 존중감self-esteem입니다. 즉, 자긍심 또는 자존감이 행복한 삶을 열어가는 첫 번째 키워드입니다. 왜냐하면 자긍심이 있다는 것은 지금의 자기가 있기까지의 모든 조건을 긍정한다는 의미가 내포되어 있기 때문입니다. 모든 현상변화는 인과법칙에 의한 것이니, 그동안 나에게 일어났던 모든 사건의 총체적 결과로서 나타난 것이 바로 지금의 나라고 할 수 있으므로, 현재의 나를 긍정하면 나의 과거와 현재를 모두 긍정하는 것이 되며, 현재의 나를 긍정적으로 평가할 때에 비로소 행복한 마음도 싹틀 수 있기 때문입니다. 반대로 현재의 나를 부정적으로 인식하여 불평불만을 갖게 되면, 지금까지 있었던 나의 과거가 송두리째 부정되는 셈이므로 행복한 마음을 갖기가 어렵습니다. 자긍심이나 자존감이 낮은 사람들은 대개 영유아기 또는 청소년기

---

291) 자긍심, 자존감, 자신감과 열등감, 자존심, 교만심
　　① 자긍심: 스스로를 긍정하는 마음.
　　② 열등감: 스스로를 남보다 못하다고 부정적으로 여기는 마음.
　　③ 자존감: 자기의 존재가치를 스스로 인정하고 존중하는 마음.
　　④ 자존심: 자기의 존재가치를 스스로 인정하지 못하고 남에게 인정받고자하는 마음이 강한 나머지 자존감이 있는 것처럼 위장하여 열등감을 감추려는 마음.
　　⑤ 자신감: 자신이 주어진 일을 충분히 감당하거나 해결할 수 있다고 믿는 마음.
　　⑥ 교만심: 자신감이 왜곡되어 남보다 스스로가 더 우월하다고 생각하여 우쭐대거나 남이 더 열등하다고 생각하여 무시하는 마음.

에 부모의 사랑을 충분히 느끼지 못한, 애정 결핍증에서 비롯한 경우가 대부분입니다. 영유아기나 성장기에 부모의 사랑이 결핍되거나 그것을 충분히 느끼지 못하면, 이를 보상받고자 어떻게든 남들에게 인정받고 싶어서 남의 이목을 지나치게 의식하며 척하는 삶을 살다 보니 자괴감과 자기공허감에 빠지기 쉽기 때문에 자긍심과 자존감이 낮아지는 것입니다. 그러므로 자식이 행복하기를 바란다면 영유아기에 무엇보다도 무조건적인 충분한 사랑을 많이 베풀어주고 칭찬과 격려하고 지지하는 말을 많이 해줘서 자녀로 하여금 부모의 사랑을 충분히 느끼고 자신감을 갖도록 해주어야 합니다. 영유아기에 야단과 비판과 질책과 간섭을 많이 받을수록 자긍심과 자존감이 떨어지고 독립심이 부족하며 비뚤어지는 문제아가 되기 쉽습니다. 또 자기와의 약속을 잘 지키지 않거나 양심을 속이고 스스로 불성실한 삶을 산다고 생각하면 자기 자신을 믿지 못하기 때문에 자긍심과 자존감이 낮아질 수밖에 없습니다.

자긍심은 자기의 존재가치를 스스로 긍정하는 것이며, 자존감은 자기의 존재가치를 스스로 높게 가지는 것입니다. 자긍심과 자존감은 남과 비교하지 않고 남의 기준에 맞추지 않고 오직 자기 자신의 기준에 근거한다는 점에서 자만심이나 자존심과 다릅니다. 자만심과 자존심은 에고를 내세우려는 마음에서 비롯됩니다. 에고는 남과 자기를 구분하여 자기를 앞에 내세우려는 특성이 있습니다. 그래서 남과 비교하여 자기가 좀 더 낫다거나 우월하다는 생각에 우쭐하는 마음이 들어 상대방을 낮추어보거나 무시하는 마음이 발동하여 나타나는 것이 자만심·교만심입니다.

반대로 자기가 오히려 남보다 못하다는 마음이 들어 열등감에 사로잡히거나 비굴해져서 상대를 시기 질투하게 되고 어떻게든 헐 뜯어서라도 자기보다 아래로 내려놓고 싶어 하는 마음이 열등의식이며, 이러한 열등의식을 감추고 싶어 하는 마음, 자신의 약점을 숨기고 싶어 하는 마음이 발동하여 방어기제로 나타나는 것이 바로 자존심입니다. 그러므로 자존심은 자기가 무시된다는 느낌이 들 때, 자기가 다른 사람보다 더 우월하고 싶은 욕망이 강한데 사실은 그렇지 못하다고 생각될 때 발동하며, 자기가 무시 받는다는 느낌이 강할수록, 자기의 열등감을 감추고 싶은 마음이 강할수록, 특히 자기의 약점이라고 생각되는 어떤 것이 트라우마로 작용할수록 더 강력하게 발동합니다.

열등감은 대체로 남과 비교하여 자신이 더 뛰어나기를 바라는 욕심이 있는데 실제는 그러지 못하다고 생각하는 데에서 나오며, 그것이 방어기제로 발동하면 자존심을 내세우게 되고 공격적으로 나오면 시기 질투심으로 발동되어 점점 더 자기를 못난 사람으로 만들게 됩니다. 자존감이 높은 사람은 남과 비교하지 않고 지금 이대로 스스로에 만족하거나 그대로 수용해서 외부의 평가에 크게 신경을 쓰지 않습니다. 그러나 자존심이 센 사람일수록 사실은 끊임없이 남과 비교하며, 오히려 열등감을 심하게 느끼고 있는데 자기도 모르게 이를 감추기 위한 방어기제로 자존심이 센 것처럼 행동하는 경우가 많은 것입니다. 따라서 자만심·교만심·자존심과 열등감은 동전의 앞뒷면처럼 같은 뿌리에서 나온 상반된 감정입니다. 그러므로 열등의식이 있는 사람이나 트라우마가 있는 사람은 그것을 건드리지 않도록 각별히 조심해야 하며, 그를 위해 어떠한 충고라도 직접적으로 하면 안 됩니다. 친구 간의 충고라도 달게 받아들이지 않고 자기를 무시한다고 생각하여 오히려 발끈하며 화를 내는 경우가 많기 때문입니다. 그런데 이러한 열등의식이나 트라우마는 사실 에고를 바탕으로 하므로 실체가 전혀 없는 것인데 스스로 그것을 자기와 동일시하기 때문에 생깁니다.

우리는 이미 앞에서 자세히 살펴본 바와 같이 연기적으로 모든 존재와 서로 의존관계로 연결되어 있어서 다른 존재와 분리될 수 없을 뿐만 아니라, 나를 포함한 모든 존재가 무상하여 고정된 실체라고 할 만한 것이 따로 없고, 본바탕이 모두 공하여 하나이므로 굳이 남과 비교하여 나를 내세울 것이 전혀 없는데, 에고에 집착한 나머지 열등감이나 트라우마와 동일시하는 어리석은 마음에 스스로 속아 넘어가는 것입니다.

우리가 이러한 거짓나에 속지 않는 참나의 관점에서 본다면 자기 자신이 바로 우주이며, 본질적으로 부처님과도 전혀 차별이 없는 천상천하에 오직 홀로 존재하는 존귀한 존재입니다. 그러므로 우리는 하루빨리 이러한 에고의 관점에서 벗어나야만 하는데 당장 벗어나지는 못한다고 해도 에고에 속아서 거기에 무조건 끌려다니면 안 되는 것입니다. 그래서 스스로 열등감이나 우월감 또는 교만심에 빠지지 않기 위해서는 에고의 허망함과 무아의 이치를 철저히 이해하고 이를 체득하기 위한 노력을 다함과 동시에 남과 비교하거나 남의 이목에 맞추어 척하는 삶을 살지 말고, 평소 자기 인생의 주인이 되어 스스로 양심을 속이지 말고 진실하게 살며, 자기의 삶에 충실함으로써 스스로 당당하여 부끄럽지 않고 남에게 수치스럽지 않도록 노력하여야 합니다. 그리고 자기에게 주어지는 외적인 조건은 그것이 무엇이든 알고 보면 모두 자기가 초래한 것이므로 달게 받으며, 거기에서 어떠한 점이든 긍정하고 감사할 일을 발견하여 적극적인 태도로 앞으로 나아갈 수 있는 발판을 삼도록 하여야 합니다.

요컨대 먼저 자신을 있는 그대로 인정하고 수용하며 스스로를 믿고 사랑하는 것이 행복과 성공으로 가는 첫 번째 키워드입니다. 이러기 위해서는 자기와의 약속을 잘 지키고 자기를 속이지 말아야 합니다. 자신을 속이지 않으면 자기를 믿게 되고 자기를 믿게 되면 남 앞에 떳떳하고 자신감이 생기게 됩니다. 혹 잘못한 것이 있으면 반성하고 바로 고치면 되는데, 고치지는 않고 계속 잘못했다고만 하거나 반성하지도 않는다면 매우 어리석은 것이며, 결국은 자기 불신만 늘어가는 겁니다. 그러므로 모든 일을 할 때 온전한 생각으로 취사하기를 주의하여 유념하면 자기 자신을 믿을 수 있게 되고, 자기 자신을 믿게 되면 무슨 일이든지 해낼 수 있는 것입니다. 그러므로 제일 어리석은 일이 자기 자신을 불신하는 겁니다. 설혹 자기가 못났더라도 자신을 불신하면 안 되며, 다른 사람들이 다 버려도 자기만은 자기를 버려서는 안 되는 것입니다. 자기가 자기 인생의 주인공이며 아무도 자기를 대신해 줄 수 없기 때문입니다.

12.2   한번 신뢰를 잃으면 회복하기 어렵다

　평소 작은 일이라도 신뢰를 잃지 말고 자기가 하는 일에 정성을
바치는 것이 중요합니다. 모든 사회생활의 기본이 인간관계이고 지
속적인 인간관계에서 가장 중요한 것이 신뢰 관계이기 때문입니다.
믿을 수 없는 사람과는 아무도 함께하려 하지 않습니다. 한 번 신뢰
가 깨지면 회복하기가 매우 어렵습니다. 특히 가까운 사이일수록 더
신의를 지키는 것이 중요합니다. 누구든지 성실, 근면하며 검약, 저
축하면 생활해 갈 수 있는 최소한의 경제력은 갖출 수 있습니다.

- 『지혜 있는 사람은 지위의 고하를 가리지 않고 거짓 없이 그 일에만 충
  실하므로, 시일이 갈수록 그 일과 공덕이 찬란하게 드러나고, 어리석은
  사람은 그 일에는 충실하지 아니하면서 이름과 공만을 구하므로, 결국
  이름과 공이 헛되이 없어지고 마나니라.』《대종경》, 요훈품 22장)
- 『돌아오는 세상에는 실력이 충실하여야 서게 되는 바, 실력의 조건은
  지식이나 수완보다 첫째 진실함이요, 둘째 공심 있음이요, 세째 덕 있
  음이니라.』《정산종사법어》, 무본편 17장)

- 신의를 지키는 법292)

① 무슨 일이나 정당히 약속한 것은 반드시 실행할 것이며, 만일 부득이한 일로 실행하지 못할 경우에는 그 사유를 알려서 상대편의 양해를 얻을 것이요

② 무슨 물건이나 남의 것을 빌려 온 때에는 약속한 기일 안에 반드시 돌려줄 것이며, 빌려 온 물건은 자기 물건 이상으로 조심히 사용할 것이요

③ 무슨 일이나 남의 부탁을 승락하였을 때에는, 성의껏 그 일에 힘써 줄 것이요

④ 무슨 물건이나 남의 것을 맡게 된 경우에는 주인에게 전할 때까지 성의껏 보관할 것이며, 만일 함부로 하여 손실이 생긴 때에는 그 손실을 자진하여 변상할 것이요

⑤ 공사公私를 막론하고 무슨 회계할 경우가 있을 때에는, 그 회계를 매양 신속 또는 분명히 할 것이요

⑥ 사람의 환경을 따라 옛 정의情誼를 변하지 말 것이며, 나의 환경을 따라 근본 마음을 고치지 말 것이요

⑦ 이해의 경우를 따라 의리를 저버리지 말 것이며, 후일에 섭섭한 것으로 전일의 은혜를 잊지 말 것이요

⑧ 사회나 단체에 있어서 선진과 후진 사이에 서로 공경하고 사랑하는 예도를 잃지 말 것이며, 사람의 외관外觀만으로 예를 행하지 말 것이요

⑨ 사람의 한 가지 잘못으로 다른 잘한 것까지 말살하지 말 것이요

---

292) 원불교 《예전》, 통례편 18장(신의를 지키는 법)

⑩ 대의大義를 확실히 발견한 때에는, 어떠한 난관을 당할지라도 죽기로써 실천할 것이요

⑪ 진리에 근본한 서원은 영세永世를 일관—貫할 것이니라.』

• 『신용은 교단과 개인의 생명이니 이를 지키기 위해서는 첫째 하늘을 속이지 않고 사람을 속이지 않고 마음을 속이지 않을 것이요, 둘째 공중이나 개인이나 큰 일이나 작은 일이나 신용을 생명과 같이 알 것이요, 셋째 재색 명리에 청렴하여 누구에게나 확실한 믿음을 받을 수 있는 사람과 단체가 되어야 할 것이니라.』《대산종사법어》, 회상편 10장)

• 『양심을 굽혀 형세에 따르는 이는 혹 일시의 보신은 된듯하나 도리어 만년의 치욕을 면하지 못하나니라." 또 말씀하시기를 "밖으로 공을 두대하고 안으로 사私를 도모하는 이는 일체 말이 다 거짓말이 되고 일체 행이 다 거짓 행이 되나니라."』《정산종사법어》, 국운편 19장)

12.3 자기에게 감사하는 사람 싫어하는 이 없다

- 『감사 생활만 하는 이는 늘 사은의 도움을 받게 되고, 원망 생활만 하는 이는 늘 미물에게서도 해독을 받으리라.』《정산종사법어》, 법훈편 59장)

- 『세상에서 제일 잘 사는 길은 은혜를 발견하여 감사 생활을 하는 것이요, 세상에서 제일 잘못 사는 길은 해독을 발견하여 원망 생활을 하는 것이니라.』《대산종사법어》, 교리편 40장)

무엇이든 긍정적으로 보면 감사와 기쁨이 나오므로 나는 물론 상대와 주위 사람의 기분도 좋게 하지만, 부정적으로 보면 상대에 대한 원망과 자책이 나오므로 내 마음이 괴로울 뿐만 아니라 상대의 기분도 나쁘게 합니다. 세상에 그 누구도 자기를 원망하는 이 좋아하는 사람 없고 자기에게 고마워하는 사람 싫어하는 이 없습니다. 무엇이 어떠하든 감사하는 마음 위에 은혜가 내리고 길이 열립니다. 원망하는 사람에게는 더 이상 잘해주고 싶지 않지만 감사하는 사람에게는 자꾸 더 잘 해주고 싶은 것이 인지상정이기 때문입니다. 그러므로 항상 이만하기 다행이라 생각하고 현재의 소유와 존재에 감사해야 합니다. 어차피 인생은 빈손으로 왔다가 빈손으로 갑니다空手來, 空手去.

12.4
세상에는 공짜가 없으며
내가 지은 대로 받는다

세상에 남에게 해를 끼치는 사람 좋아하는 이 없고, 자기에게 잘해주는 사람, 은혜로운 사람 싫어하는 이 없습니다. 그러므로 좋은 인간관계를 위해서는 무엇보다도 남 괴롭히거나 해 끼치거나 척 짓는 일 하지 말고, 정신·육신·물질 간에 무엇이든지 어떻게든지 남 좋은 일을 많이 해서 덕을 쌓는 것이 좋습니다. 그러면 하늘의 창고에 복이 쌓이기 때문에 도둑맞는 일도 없으며, 때가 되면 언젠가 다시 돌아오게 되어 있습니다. 반대로 남에게 괴로움이나 해를 끼쳐도 언젠가 때가 되면 되받게 되어 있습니다. 길흉화복 간에 세상에는 공짜가 없고 모두 자기가 지은 대로 받는 것이 인과법칙이기 때문입니다. 그러므로 남을 이롭게 하는 것이 결국은 자기를 이롭게 하는 것이 되고, 남을 해롭게 하는 것이 곧 자기를 해롭게 하는 것인 줄을 분명하게 알아야 합니다. 그래서 영업을 잘하는 분들이 공통적으로 하는 말씀이 "진심으로 고객을 위하기만 하면 판매실적은 저절로 올라간다."는 것입니다.

• 『항상 심고할 때에 세상을 좋게 하며, 동지들을 좋게 하며, 천하의 모든

　사람들을 다 좋게 하기로 심고하라. 천하와 동지의 고락을 자신의 고락

으로 알고 나아가야 윤기가 바로 닿고 맥맥이 상통하여 큰 성공을 보나

니라.』《정산종사법어》, 공도편 40장)

• 『원은 큰 데에 두고, 공은 작은 데부터 쌓으며, 대우에는 괘념치 말고

공덕 짓기에만 힘을 쓰면 큰 공과 큰 대우가 돌아 오나니라.』《정산종사

법어》, 무본편 65장)

12.5 예의 바르며 자기를 존중해주는 사람 싫어하는 이 없다

　사람은 누구나 자기의 존재가치를 인정받고 싶고 사랑받고 존중받고 싶어 합니다. 따라서 자기를 폄훼하거나 무시하는 사람 좋아하는 이 없고, 자기를 존중하고 귀하게 대하는 사람 싫어하는 이 없습니다. 겸손하고 예의 바를수록 인정받고, 교만하고 무례할수록 욕하고 배척합니다. 상하관계든 수평관계든 마찬가지입니다. 수운선생께서는 "사람을 하늘처럼 모시라事人如天"라고 하셨는데, 우리의 본성 자리에서는 누구나 진리부처님과 다름이 없어서이기도 하지만, 누구든지 하늘처럼 모신다면 감동하지 않을 사람이 없으며, 상극의 인연이라 할지라도 다 상생의 선연으로 바뀔 수 있기 때문입니다.

　사회적 인간관계에 있어서 인사만 잘해도 훌륭한 인덕을 쌓을 수 있습니다. 자기에게 인사 잘하는 사람 싫어하는 이 없기 때문입니다. 서로 아는 사이인데 만나도 인사가 없으면 자기를 무시한다고 느끼기 쉽습니다. 그러므로 인사는 상대방이 먼저 하기를 기다리지 말고, 위 사람이든 아래 사람이든 먼저 본 내가 한다는 생각으로 인사를 건네고, 또 조금 전에 만났더라도 다시 만나면 눈인사라도 하는 것이 좋습니다. 그러면 상대방에게 참 예의 바른 좋은 사람이라는 이미지를 심어주게 되는 것입니다. 《운을 읽는 변호사》를 쓴 니시사카 쓰토무 선생은 개운하는 인사법으로『① 안녕하세요(밝은 마음). ② "네"라는 솔직하고 시원한 대답. ③ 죄송합니다(반성의 마음). ④ 제가 하겠습니다(적극적인 마음). ⑤ 감사합니다. ⑥ 덕분입니다(겸손한 마음).』의 여섯 가지를 소개하고 있습니다.293) 이 여섯 가지 인사법만 적절히 잘 구사해도 어디 가서 무슨 일을 하든 환영받을 것이며, 자연히 만나는 사람들에게 좋은 이미지를 심어주게 될 것이므로 자연히 운이 열릴 수밖에 없을 것입니다.

- 『예의 근본이란 무엇인가. 첫째는 널리 공경함이니 천만 사물을 대할 때에 항상 공경 일념을 잃지 않는 것이요, 둘째는 매양 겸양함이니 천만 사물을 대할 때에 항상 나를 낮추고 상대편을 높이는 정신을 잃지 않는 것이요, 세째는 계교하지 않음이니 천만 예법을 행할 때에 항상 내가 실례함이 없는가 살피고 상대편의 실례에 계교하지 않는 정신을 가지는 것이니라.』(원불교 《예전》 총서편)

- 『상대방의 호감을 사는 방법은 첫째로 상대방의 이름을 기억해주고, 둘째 상대방의 관심사항에 관심을 가져주는 것입니다. 셋째 늘 겸손한 태도를 보이며 상대방을 인정해 주고 칭찬을 많이 해주는 것입니다. 넷째 상대방에 대한 비판을 삼가며 좋은 평판을 만들어 주고, 다섯째 자기가 잘못했을 때는 빨리 사과하고 상대방이 자기를 비난하기 전에 스

---

293) 니시사카 쓰토무 지음, 최서희 옮김, 《운을 읽는 변호사》, 168쪽.

스로 먼저 자기가 잘못한 점을 고백하고 자기를 비판하는 것입니다.』(카

네기의 《인간관계론》)

　대부분의 사람들은 자기가 될 수만 있다면 무엇이든 최고가 되고 싶어합니다. 최소한 자기가 이 세상에 무언가 의미 있는 존재가 되고 싶어합니다. 따라서 누군가에 의해서 자기의 의견이나 행동이 틀렸다는 것을 증명받고 싶어 하지는 않습니다. 그러므로 다른 사람을 비판하거나 충고하기보다는 상대방의 장점을 칭찬, 격려하고 잘한 일이 있으면 널리 알려서 좋은 평판을 만들어 주는 것이 좋습니다. 따라서 자기에 대한 충고는 겸허하게 받아들이되 남에 대한 비판이나 충고는 물론 자기 자랑도 되도록 안 하는 것이 좋습니다. 자기가 아닌 남이 잘나거나 잘된 것을 진심으로 기뻐하는 사람은 많지 않기 때문입니다.

12.6   입장을 바꿔 생각해 보면
쉽게 알 수 있다

　내 마음을 미루어 남의 마음을 살피는 것을 '추기급인追己及人'이라 하고, 상대방의 입장이 되어서 생각해 보는 것을 '역지사지易地思之'라고 합니다. 이를 '혈구지도絜矩之道[294]'라고 하는데 '내 마음을 잣대 삼아 남의 마음을 재고 내 처지를 생각해서 남의 입장을 헤아린다'는 뜻입니다. 그래서 공자께서는 "내가 원하지 않는 것을 남에게 베풀지 말라!"[295]고 하셨고, 예수께서는 "남에게 대접을 받고자 하는 대로 너희도 남을 대접하라!"[296]고 하셨습니다. 사람의 본성 마음은 한마음이기 때문에 내 마음을 잘 미루어 헤아려 보면 상대방에게 어떻게 대해야 하는지를 쉽게 알 수 있습니다.

　관심과 사랑받고 인정받고 존중받고 싶은 것이 인간의 가장 근

---

294) 《大學章句》 10장 : 『윗사람에게서 싫었던 바로써 아랫사람을 부리지 말며, 아랫사람에게 싫었던 바로써 윗사람을 섬기지 말며, 앞사람에게서 싫었던 바로써 뒷사람에게 앞서서 하지 말며, 뒷사람에게 싫었던 바로써 앞사람에게 그대로 좇아서 하지 말며, 오른쪽에게서 싫었던 바로써 왼쪽에게 사귀지 말며, 왼쪽에게서 싫었던 바로써 오른쪽에 사귀지 마는 것, 이를 일러 혈구의 도라고 합니다.』 여기서 '絜'은 '헤아린다, 잰다'는 뜻이고 '矩'는 방형을 그리는데 쓰는 곱자를 말하니 '법도, 규범'의 뜻입니다.)

295) 《論語》, 衛靈公 23장 : 『子貢問曰: "有一言而可以終身行之者乎?" 子曰: "其恕乎! 己所不欲, 勿施於人."』(번역: 자공이 여쭙기를 "한 말씀으로써 종신토록 행활만한 것이 있습니까?" 공자께서 말씀하시기를 "아마 서(恕)일 것이다. 자기가 원하지 않는 것을 남에게 베풀지 마라!") "서(恕)"란 주자와 정자께서 말씀하시기를 "자기 마음을 미루어서 남에게 미치는 것"이라고 하셨으니 추기급인이나 역지사지나 혈구지도가 모두 恕의 범주에 드는 것이라고 할 수 있습니다.

296) 《성경》, 마태복음 7:12. 누가복음 6: 31. 이를 황금률이라고 부릅니다.

원적인 욕구입니다. 그러므로 상대방이 자기를 존중해주고 배려해준다는 생각이 들 때 사람들은 감동을 받고 상대방을 신뢰하게 됩니다. 그래서 무식하고 성질이 난폭한 고객이라도 "아무개 선생님!" 하고 불러주고 깍듯하게 대하면서 그분의 이야기를 잘 들어준 다음, 그분의 입장을 이해하고 배려해주는 태도를 보이면 대부분 모두 온순해지면서 서로 소통하는 데 별문제가 없게 됩니다. 아무리 흉악한 범죄자라도 알고 보면 다 나름대로의 까닭과 사연이 있기 때문입니다. 그러나 반대로 상대방이 잘못되었다거나 틀렸다는 것을 논리적으로 입증하려 들거나 상대방이 나쁜 사람이라는 쪽으로 몰아가다 보면, 설혹 그 말이 객관적으로는 옳더라도 상대방은 이를 수긍하기보다는 오히려 화를 더 내면서 생트집이라도 잡으려 들기 쉽습니다. 보통 사람들은 모두 자기가 나쁜 놈이라거나 무식하다거나 틀렸다는 것을 인정하고 싶지 않은 자존심과 방어본능이 있기 때문입니다. 따라서 상대방과 좋은 인간관계를 만들어가고자 한다면 항상 자기를 먼저 낮추고 상대방을 존중해주며 먼저 배려해주는 태도가 필요합니다. 이것이 상대방과의 갈등을 최소화하면서 오히려 내 편으로 만들 수도 있는 비결이라 하겠습니다.

> • 『내가 못 당할 일은 남도 못 당하는 것이요, 내게 좋은 일은 남도 좋아하나니, 내 마음에 섭섭하거든 나는 남에게 그리 말고, 내 마음에 만족하거든 나도 남에게 그리하라. 이것은 곧 내 마음을 미루어 남의 마음을 생각하는 법이니, 이와 같이 오래오래 공부하면 자타의 간격이 없이

서로 감화를 얻으리라.』《대종경》, 인도품 12장)

• 『남을 해하면 해가 나에게 돌아오나니 곧 자기가 자기를 해하는 것이
되며, 남을 공경하고 높이면 이것이 또한 나에게 돌아오나니, 곧 자기가
자기를 공경하고 높임이 되나니라."』《정산종사법어》, 원리편 49장)

• 『서로 사귀는데 그 좋은 인연이 오래 가지 못하는 것은 대개 유념할 자
리에 유념하지 못하고 무념할 자리에 무념하지 못하는 연고이니, 유념
할 자리에 유념하지 못한다는 것은 자기가 무슨 방면으로든지 남에게
은혜를 입고도 그 은혜를 잊어버리며 그에 따라 혹 은혜 준 처지에서
나에게 섭섭함을 줄 때에는 의리義理없이 상대하는 것 등이요, 무념할
자리에 무념하지 못한다는 것은 자기가 무슨 방면으로든지 남에게 은
혜를 준 후에 보답을 바라는 마음이 있으며, 저 은혜 입은 사람이 혹 나
에게 잘못할 때에는 전일에 은혜 입혔다는 생각으로 더 미워하는 마음
을 일어내는 것이라, 그러므로 그 좋은 인연이 오래 가지 못하고 도리어
원진怨瞋으로 변하여지는 것이니, 그대들은 이 이치를 잘 알아서 유념
할 자리에는 반드시 유념하고 무념할 자리에는 반드시 무념하여 서로
사귀는 사이에 그 좋은 인연이 오래 가게 할지언정 그 인연이 낮은 인연
으로 변하지 않도록 주의할지어다.』《대종경》, 인도품 16장)

• 『대종사 말씀하시기를 "낮은 인연일수록 가까운 데서 생겨나나니 가령
부자 형제 사이나 부부 사이나 친우 사이 같은 가까운 사이에는 그 가
까움으로써 혹 예禮를 차리지 아니하며 조심하는 생각을 두지 아니하
여, … 필경에는 아무 관계없는 외부 사람만도 못하게 되는 수가 허다하
나니라." 한 제자 여쭙기를 "그러하오면 어떻게 하여야 가까운 사이에

낮은 일이 생기지 아니하고 영원히 좋은 인연으로 지내겠나이까?" 대종

사 말씀하시기를 "남의 원 없는 일을 과도히 권하지 말며, 내가 스스로

높은 체하여 남을 이기려고만 하지 말며, 남의 시비를 알아서 나의 시비

는 깨칠지언정 그 허물을 말하지 말며, 스승의 사랑을 자기만 받으려

하지 말며, 친해 갈수록 더욱 공경하여 모든 일에 예를 잃지 아니하면,

낮은 인연이 생기지 아니하고 길이 이 즐거움이 변하지 아니하리라."』

《대종경》, 교단품 3장)

• 『진급하는 사람은 인자하고 겸손하고 근실하며 공한 마음으로 굴기하

  심하고 경외지심으로 남을 공경하며 덕화로써 상하를 두루 포용하고

  공부와 사업을 쉬지 않는 사람이며, 강급하는 사람은 성질이 거칠고 공

  경심이 없으며 시기하고 질투하며 자기의 욕심만 채우려 하고 학식, 재

  산, 권세, 기술 등 한 가지 능함이라도 있으면 상을 내고 자만자족하는

  사람이니라.』(《정산종사법어》, 원리편 39장)

• 『우리는 고혈마膏血魔가 되지 말아야 할지니, 자기의 지위나 권세를 이

  용하고 간교奸巧한 수단을 부리어 자기만 못한 사람들의 피땀으로 모인

  재산을 정당한 대가 없이 취하여 먹으며, 또는 친척이나 친우라 하여 정

  당하지 못한 의뢰심으로 이유 없는 의식을 구하여, 자기만 편히 살기를

  도모한다면 이러한 무리를 일러 고혈마라고 하나니라. 그런즉, 우리도

  우리의 생활을 항시 반성하여 보되 매일 여러 사람을 위하여 얼마나 한

  이익을 주고, 이와 같은 의식 생활을 하는가 대조하여 만일 그만한 노력

  이 있었다면 이는 스스로 안심하려니와, 그만한 노력이 없이 다만 공중

  을 빙자하여 자기의 의식이나 안일만을 도모한다면 이는 한없는 세상

에 큰 빚을 지는 것이며, 따라서 고혈마임을 면하지 못하나니 그대들은 이에 크게 각성할지어다.』《대종경》, 교단품 10장)

• 『다른 사람을 바루고자 하거든 먼저 나를 바루고, 다른 사람을 가르치고자 하거든 먼저 내가 배우고, 다른 사람의 은혜를 받고자 하거든 먼저 내가 은혜를 베풀라. 그러하면, 나의 구하는 바를 다 이루는 동시에 자타가 고루 화함을 얻으리라.』《대종경》, 요훈품 14장)

• 염치를 지키는 법[297]

① 내 물건이 아닌 바에는 어떠한 물건이라도 의義 아닌 욕심을 내지 말 것이요

② 정당치 못한 부귀에는 마음을 빼앗기지 말 것이요

③ 정당한 연고 없이 남에게 의뢰하지 말 것이요

④ 남의 은혜를 받았거든 반드시 보은할 생각을 가질 것이요.

⑤ 남이 대우를 하거든 반드시 겸양하며, 더 과분한 대우를 요구하지 말 것이요

⑥ 남의 잘못을 찾는 마음으로 나의 잘못을 먼저 찾을 것이요

⑦ 공사公私를 막론하고 남에게 손해를 끼쳤거든 비록 고의가 아닐지라도 미안한 마음을 잊지 말 것이며, 무슨 방법으로든지 그에 대한 보상을 강구할 것이요

⑧ 비록 땅에 흘린 것이라도 남의 것을 사사로 취하지 말 것이요

⑨ 모든 말이나 행동을 거짓으로 꾸미지 말 것이요

---

297) 원불교 《예전》, 통례편 18장(염치 가지는 법)

⑩ 주위 사람의 생활이 궁핍한 가운데에서 혼자 호화한 생활을 자랑하지

　　말 것이요

⑪ 대중의 경제가 위험한 기회를 이용하여 혼자 과도한 이익을 도모하지

　　말 것이요

⑫ 대중을 지도하는 책임자로서 권리를 남용하여 사리私利를 도모하지 말

　　것이요

⑬ 대중이나 이웃이 어떠한 재난을 당한 때에는 비록 책임자가 아닐지라

　　도 무관심 하지 말 것이며, 무슨 방법으로든지 그 도울 바를 연구하며,

　　개인의 유흥 같은 것은 삼갈 것이요

⑭ 일생을 통하여 자신의 공중에 대한 공헌을 자주 반성하여, 그 실적이

　　부족하거든 늘 새로운 정신으로 전진하여야 할 것이니라.

　사람들은 근본적으로 자기를 가장 사랑합니다. 그러므로 대부분 이기적일 수밖에 없으며, 그것이 경쟁에서 살아남기 위한 생존 본능입니다. 설혹 이타행을 한다고 해도 그는 그것이 자기의 사회적 평판을 좋게 해주기 때문에 당장은 손해가 될지 몰라도 결국에는 자기에게 이롭다고 생각하기 때문입니다. 따라서 이타행 역시 일종의 자기 나름의 생존 전략이라고 할 수 있습니다.

　인간은 누구보다 자기의 경험을 가장 신뢰합니다. 자기가 직접 체험을 통해 얻은 지식만큼 확실한 것은 없기 때문입니다. 그러므로 자기의 체험에 바탕한 신념은 누구도 바꾸기가 어렵습니다. 자기의 경험은 항상 그 체험으로부터 얻은 신념과 지식을 강화하는

방향으로 가는 경우가 많기 때문입니다. 그러므로 다른 사람의 신념을 자기의 신념으로 바꾸려 들면 갈등과 투쟁이 일어날 수밖에 없습니다. 세상 사람들의 생각은 모두가 서로 다를 수밖에 없다는 것을 이해하고 상대방의 입장에서 헤아려보는 지혜가 필요합니다.

- 『이 세상 모든 사람을 접응하여 보면 대개 그 특성特性이 각각 다르나니, 특성이라 하는 것은 이 세상 허다한 법 가운데 자기가 특별히 이해하는 법이라든지, 오랫동안 견문에 익은 것이라든지, 혹은 자기의 의견으로 세워 놓은 법에 대한 특별한 관념이라든지, 또는 각각 선천적으로 가지고 있는 특별한 습성 등을 이르는 것이라, 사람 사람이 각각 자기의 성질만 내세우고 저 사람의 특성을 이해하지 못하면 다정한 동지 사이에도 촉(觸)이 되고 충돌이 생기기 쉽나니, 어찌하여 그런고 하면, 사람 사람이 그 익히고 아는 바가 달라서, 나의 아는 바를 저 사람이 혹 모르거나, 지방의 풍속이 다르거나, 신·구의 지견이 같지 아니하거나, 또는 무엇으로든지 전생과 차생에 익힌 바 좋아하고 싫어하는 성질이 다르고 보면, 나의 아는 바로써 저 사람의 아는 바를 부인하거나 무시하며, 심하면 미운 마음까지 내게 되나니, 이는 그 특성을 너른 견지에서 서로 이해하지 못하는 까닭이니라. 그러므로 사람이 꼭 허물이 있어서만 남에게 흉을 잡히는 것이 아니니, 외도들이 부처님의 흉을 팔만 사천가지로 보았다 하나 사실은 부처님에게 잘못이 있어서 그러한 것이 아니요, 그 지견과 익힌 바가 같지 아니하므로 부처님의 참된 뜻을 알지 못한 연고니라.』《대종경》, 교단품 3장)

12.7　　화火를 내서 얻는 이익은 거의 없다

　인간관계를 하다 보면 화가 올라오는 일이 자주 있습니다. 우리
가 화를 내는 원인을 살펴보면 대략 다음과 같은 것들이 있습니다.
　첫째, 상대방의 생각이나 행동이 나의 생각(뜻, 신념, 정서, 감정, 기
대 등)과 다를 때 나의 생각이나 입장에 집착한 나머지 상대방의
생각이나 입장을 이해하지 못하기 때문입니다.
　둘째, 상대방이 나를 무시하거나 기분 나쁘게 하는 말에 동일시
하기 때문입니다. 그러나 말은 말일 뿐, 황금을 똥이라고 한다고
똥이 되는 것은 아닙니다. 사실은 평소 자기에 대한 부정적인 신념
이 자기의 무의식 가운데에 미리 자리 잡고 있었기 때문인 경우가
많습니다. 즉, 일종의 콤플렉스에서 비롯된 것입니다.
　셋째, 나의 건강 상태가 안 좋을 때는 심신이 괴롭거나 불편하기
때문에 저절로 짜증이 잘 올라오기 쉬운데 이러한 때 누군가 심기
를 건드리면 화가 잘 납니다.
　따라서 화를 나게 한 근본 원인이 내가 부딪히는 모든 대상이라
고 할 수 있는 밖의 경계가 아니라 사실은 나의 생각에 있다는 것
을 알 수 있습니다. 어디까지나 나의 생각이 인因이 되고 경계는
연緣이 되는 것에 불과하기 때문입니다. 똑같은 상황에서도 화를

내는 사람과 안 내는 사람이 있기 마련인데, 만약 경계가 화를 내게 하는 근본 원인이라면 그 경계를 당하는 사람은 모두가 화를 내야만 할 것입니다. 에고가 없다면 화를 낼 이유가 없습니다. 에고를 기반으로 한 자존심, 자만심, 열등감, 성급함, 참지 못함, 심신의 불편함 등이 있기 때문에 화가 나는 것입니다.

그럼에도 불구하고 화를 내면 나에게 이로운 점이 있느냐 하면 사실은 이로울 게 거의 없습니다. 굳이 이로움이라고 한다면 상대방이 나를 무서워할 경우 단기적으로는 싫든 좋든 내 말을 잘 들을 것이며 상대방의 동작이 민첩해질 것입니다. 그러나 장기적으로 보면 반드시 보복이 따를 것입니다.

화를 내면 무엇이 나쁜가? 첫째, 화가 끓어오르면 온전한 정신을 잃게 되므로 실수를 많이 하게 됩니다. 둘째, 화 잘 내는 사람 좋아하는 이 없으므로 인간관계를 해쳐 주위 인연들과 불화하게 되고 멀어지게 됩니다. 셋째, 몸에 나쁜 영향을 주게 되어 건강을 해치고 심한 경우에는 중풍으로 장애인이 되거나 죽을 수도 있습니다. 넷째, 화를 냄으로 인해 자신의 명예와 위신을 크게 떨어뜨리고 재산상의 손해를 볼 수도 있습니다. 다만, 불의를 보고 의분을 일으키는 경우에는 그렇지 않습니다.

화를 내면 이와 같이 아무런 실익이 없음에도 불구하고 우리는 자기 뜻대로 되지 않으면 화를 곧잘 냅니다. 그러므로 화를 다스리기 위해서는 평소에 건강관리와 정신수양 공부가 필요합니다. 그러나 정신수양 공부가 하루 이틀에 되는 것이 아니므로 화가 날 때는 하나, 둘, 셋, … 하고 숫자를 차례로 세면서 복식 호흡으로 숨을 크게 코로 들이쉬었다가 입으로 길게 내 쉬기를 반복한다든지, 염불이나 만트라를 큰 소리로 암송한다든지 하다 보면 저절로 가라앉게 됩니다.

또는 화나는 마음을 직시하되 아무런 판단 분별없이 그냥 바라보기만 하면 됩니다. 아무 생각 없이 올라오는 화 그 자체를 그냥 바라보기만 하는 것입니다. 그러면 화를 나게 한 대상으로 향하던 에너지가 화나는 마음 그 자체로 향하면서 화가 저절로 잦아들게 됩니다. 모든 생각과 감정도 무상하기 때문입니다. 단, 주의할 것은 모든 판단 분별, 생각을 내려놓고 화나는 마음 그 자체를 그냥 바라보기만 해야 한다는 것입니다. 왜냐하면 화가 올라오는 이유가 자기가 무시당했다거나, 피해를 보았다거나, 자기의 뜻에 어긋났다는 생각 때문에 화가 올라온 것이므로 판단, 분별이나 생각을 하게 되면 오히려 화가 더 올라올 수 있기 때문입니다.

심신이 건강해야 무슨 일이든 잘할 수 있습니다. 심신이 피곤하거나 병들면 만사가 귀찮아지고 짜증 나기 십상입니다. 그러므로 영적인 생활과 육체적 생활이 모두 온전해야 합니다. 평소 섭생·양생과 운동법을 잘 익혀 꾸준히 실천하고, 정신적인 스트레스는 대우주 속에 날려버리고 적절한 오락을 즐기며 수시로 휴식을 취하여 자기 에너지를 충전할 필요가 있습니다.

그리고 나의 생각에 대한 집착을 내려놓고 상대방의 생각과 의식 수준을 살펴서 바로 이해하는 것이 좋습니다. 제1장에서 살펴본 바와 같이 이 세상에는 변화하지 않고 고정되어 있는 것이 아무것도 없기 때문입니다. 길흉화복도 본래 정해진 바가 없는 것입니다. 다음으로 거짓나(Ego, 자아상)를 버리고 참나를 찾아야 합니다. 우리는 무엇이든지 진짜를 좋아하면서도 자기 자신에 대해서는 거짓나만 위할 뿐 참나는 알지도 못하고 찾으려 하지도 않습니다. 참나는 영원하며 원만구족(완전)하고 지공무사합니다. 참나는 부족한 것이 없이 늘 행복합니다. 참나를 찾기 위해서는 늘 자기 마음을 알아차리고 일심을 챙겨서 구경엔 생각이 없는 자리에 들어가야 합니다. 참나를 온전히 믿고 그 공空 자리에 모든 생각, 감정을 내려놓아야 합니다.(➡『10.7. 경계에 대한 인식과 생각·감정(분노) 다스리기』를 함께 참조하시기 바랍니다.)

12.8 칭찬은 고래도 춤추게 한다

　세상에 진심에서 우러나온 칭찬을 싫어할 사람은 한 사람도 없을 것입니다. "칭찬은 고래도 춤추게 한다"는 말이 한 때 세상을 풍미하기도 했는데 칭찬의 위력을 단적으로 표현한 말이라 생각됩니다. 인간은 누구나 다른 사람에게 인정받고 사랑받고 싶어 하기 때문에 칭찬에 약합니다. 누군가에게, 특히 윗사람에게 격려해주는 말만 들어도 밝아지고 용기가 나는데, 칭찬을 듣게 되면 더욱 자신감과 용기를 갖게 되며 적극적인 사람으로 변하게 됩니다. 칭찬에도 여러 가지 종류가 있는데 상대방과 상황에 맞게 적절히 구사해야 효과가 있으며, 특히 타이밍을 놓치지 말아야 합니다. 타이밍을 놓친 칭찬은 마치 식은 밥을 먹는 것과 같아서 그 효과가 반감되기 때문입니다. 첫째 "유능하다, 재주가 좋다, 일을 잘한다" 등과 같이 재능이나 능력을 칭찬하는 말이 있고, 둘째 "예쁘다, 아름답다, 잘생겼다, 키가 크다, 스타일이 좋다" 등과 같이 외모를 칭찬하는 말이 있으며, 셋째 "상냥하다, 친절하다, 정직하다, 믿을 수 있다, 성실하다" 등과 같이 인간성을 칭찬하는 말이 있습니다.[298]

---

298)　니시사카 쓰토무 지음, 최서희 옮김, 《운을 읽는 변호사》, 130~131쪽.

어떠한 칭찬이든 타이밍만 잘 맞춘다면 상대방으로 하여금 기분 좋게 하고 자신감과 용기를 북돋우며, 업무와 관련된 경우 성취감까지 느끼게 해주면서 사기를 높여주게 됩니다. 그러나 타이밍을 놓치게 되면 열심히 일을 했는데도 아무런 인정을 못 받았다는 느낌이 들면서 사기가 떨어지고 위축되기 때문에 뒤늦게 칭찬을 해도 기분이 잘 살아나지 않습니다. 그러므로 칭찬을 잘하는 사람은 운이 점점 좋아져서 사업에도 성공할 가능성이 높아지지만, 칭찬에 인색한 사람은 다투기 쉽고 불운을 불러들일 가능성이 높아지는 것입니다. 이솝 우화에서도 나그네의 외투를 벗기는 것은 바람이 아니라 따뜻한 햇볕이라는 것을 잘 그리고 있듯이 비난이나 질책보다는 칭찬을 많이 해주는 것이 개인 간의 인간관계는 물론이고 조직에 활력을 불어넣어 업무 효율과 생산성을 높이는 데 있어서도 훨씬 효과적입니다. 그러므로 상대방에 대한 비판이나 비난은 되도록 삼가는 것이 좋습니다. 카네기에 의하면 미국의 유명한 조폭 두목조차도 도대체 자기가 잘못한 것이 무엇이냐고 항변할 정도로 인간은 자기의 잘못을 인정하기가 매우 어렵다고 합니다. 상대방에 대한 비난이나 비판은 긍정적인 효과보다는 부정적인 결과를 가져오기가 쉽다는 것입니다. 그러므로 상대방에 대한 충고 역시 매우 믿을 만한 절친이 아닌 한 대부분은 사이만 멀어지게 하기 쉽습니다. 또 상대방이 누군가를 비난하거나 비판할 때 그 누구를 위해 변호하거나 비호해도 반감만 더 키우기 쉬우므로, 그런 때는 공감할 상황이 아니라면 그냥 가만히 듣기만 하는 것이 가장 무난합니다.

12.9 상대방의 말을 잘 들어주기만 해도 소통이 된다

우리 인간은 사회적 동물이기 때문에 고독을 싫어하며 누군가와 자기의 생각·감정을 소통하고 공유하기를 원합니다. 자기에게 좋은 일이 있으면 자랑하고 싶고, 슬프거나 나쁜 일이 있으면 위로받고 싶고, 짜증 나고 화나는 일이 있으면 하소연하고 싶은 것이 인지상정인 것입니다. 그러므로 이럴 때 그냥 들어주기만 해도 상대방은 마음이 훨씬 편안해지는 걸 느낍니다. 따라서 전문적인 상담 기법이나 식견이 없어도 됩니다. 그냥 상대방의 이야기를 잘 들어주기만 해도 50% 이상 해결되고, 가끔 공감까지 해준다면 70% 이상 해결되는 것입니다.

커뮤니케이션의 요체는 첫째로 상대방의 눈을 바라보면서 이야기를 중간에서 끊지 말고 조용히 경청하는 것이며, 둘째 그의 말을 있는 그대로 인정하고 받아들이는 것이고, 셋째 상대방의 말에 호응하며 공감까지 해준다면 금상첨화인 것입니다. 그러면 커뮤니케이션도 원활해지고 선순환이 이루어집니다. 특히 현대는 모두가 바쁜 나머지 전화나 문자나 카톡으로 소통하기 때문에 편지나 손편지로 소통하는 경우가 흔치 않습니다. 그래서 편지나 엽서를 활용하면 자기의 의사를 실수나 군더더기 없이 잘 전달할 수 있을 뿐

만 아니라 상대방에게 위로 또는 기쁨이나 감동을 주는 내용이라
면 훨씬 더 효과적이어서 상대방이 잊질 못할 것입니다.

12.10 　　　　　말 한마디로 천 냥 빚도 갚는다

　필자는 인간의 창조물 중에 가장 위대한 것 3가지를 든다면 언어와 문자, 그리고 음악이며, 그중에서도 가장 중요한 것이 언어라고 생각합니다. 언어는 우리 인간이 의사를 소통하는 가장 중요한 도구이기 때문에 그것을 어떻게 사용하느냐에 따라 개인 간의 인간관계는 물론, 단체 간의 협상이나 정치와 국가 간의 외교 등에 미치는 영향이 매우 큽니다. 따라서 말 한마디로 천 냥 빚을 갚기만 하는 것이 아니고, 심한 경우에는 개인의 생사와 국가의 존망을 결정하기도 하는 것입니다. 그러므로 말의 중요성은 아무리 강조해도 지나치지 않습니다. 서점에 가면 말이나 대화법 등에 대해 전문적으로 다룬 책들이 아주 많은데 필자는, 그중에서도 이정숙 선생이 쓰신

《돌아서서 후회하지 않는 유쾌한 대화법 78》[299]이라는 책을 일독해 보실 것을 적극 추천드립니다. 이 책의 목차만 보아도 우리가 어떤 말을 어떻게 해야 하는지 대강은 짐작할 수 있기 때문입니다.

특히 처음 접하는 사람에 대한 평가는 그 사람의 옷차림이나 태도와 그 사람이 하는 말에 의해 결정되므로, 처음 대면하는 사람들을 만나러 갈 때나 회의 또는 공식 석상에 나아갈 때는 반드시 그 주제나 분위기 등을 생각하여 미리 충분히 연마하고 준비해서

---

299) 이정숙 지음, 《돌아서서 후회하지 않는 유쾌한 대화법 78(개정판)》, 나무생각, 2012.
- 01. 따져서 이길 수는 없다/ 02. 사랑이라는 이름으로도 잔소리는 용서가 안 된다/ 03. 좋은 말만 한다고 해서 좋은 사람이라고 평가받는 것은 아니다/ 04. 말에는 자기 최면 효과가 있다/ 08. 상대편은 내가 아니므로 나처럼 되라고 말하지 말라/ 09. 설명이 부족한 것 같을 때쯤 해서 말을 멈춰라/ 10. 앞에서 할 수 없는 말은 뒤에서도 하지 말라/ 11. 농담이라고 다 용서되는 것은 아니다/ 13. 적당할 때 말을 끊으면 다 잃지는 않는다/ 15. 말은 하기 쉽게 하지 말고 알아듣기 쉽게 해라/ 16. 립 서비스의 가치는 대단히 크다/ 17. 내가 이 말을 듣는다고 미리 생각해 보고 말해라/ 18. 지루함을 참고 들어 주면 감동을 얻는다/ 19. 당당하게 말해야 믿는다/ 20. 흥분한 목소리보다 낮은 목소리가 위력 있다/ 21. 한쪽 말만 듣고 말을 옮기면 바보 되기 쉽다/ 22. 눈으로 말하면 사랑을 얻는다/ 23. 덕담은 많이 할수록 좋다/ 24. 자존심을 내세워 말하면 자존심을 상하게 된다/ 25. 공치사하면 누구나 억겨워한다/ 26. 남의 명예를 깎아내리면 내 명예는 땅으로 곤두박질쳐진다/ 27. 잘못을 진심으로 뉘우치면 진실성을 인정받는다/ 28. 잘난 척하면 적만 많이 생긴다/ 29. 모르는 것은 모른다고 말해야 인정 받는다/ 30. 말의 내용과 행동을 통일시켜라/ 31. 두고두고 괘씸한 느낌이 드는 말은 위험하다/ 32. 상대에 따라 다른 언어를 구사해라/ 36. 자기 자신을 제물로 사용해야 웃길 수 있다/ 37. 대화의 시작은 호칭부터다/ 38. 대화의 질서는 새치기 때문에 깨진다/ 39. 말을 독점하면 적이 많아진다/ 40. 무시당하는 말은 바보도 알아듣는다/ 41. 작은 실수는 덮어 주고 큰 실수는 단호하게 꾸짖어라/ 42. 지나친 아첨은 누구에게나 역겨움을 준다/ 43. 무덤까지 가져가기로 한 비밀을 털어놓는 것은 무덤을 파는 일이다/ 45. 쓴소리는 단맛으로 포장해라/ 46. 말은 입을 떠나면 책임이라는 추가 달린다./ 47. 침묵이 대화보다 강한 메시지를 전한다/ 49. 다양한 문화를 인정하면 대화는 저절로 잘 된다/ 50. 낯선 사람도 내가 먼저 말을 걸면 십년지기가 된다/ 51. 목적부터 드러내면 대화가 막힌다/ 52. 보이는 것만으로 판단해서 말하면 큰 낭패를 당하기 쉽다/ 53. 말을 잘한다고 대화가 유쾌한 것은 아니다/ 54. 내 마음이 고약하면 남의 말이 고약하게 들린다/ 55. 타협이란 완승, 완패가 아니라 승&승입니다/ 56. 험담에는 발이 달렸다/ 58. 진짜 비밀은 차라리 개에게 털어놓아라/ 59. 지적은 간단하게 칭찬은 길게 해라/ 61. 정성껏 들으면 마음의 소리가 들린다/ 62. 비난하기 전에 원인부터 알아내라/ 63. 내 말 한 마디에 누군가의 인생이 바뀌기도 한다/ 65. 불평하는 것보다 부탁하는 것이 실용적이다/ 67. 허세에는 한 번 속지 두 번은 속지 않는다/ 68. 내가 먼저 털어놓아야 남도 털어놓는다/ 70. 약점은 농담으로라도 들추어서는 안 된다/ 74. 넘겨 짚으면 듣는 사람 마음의 빗장이 잠긴다/ 75. 말투는 내용을 담는 그릇이다/ 76. 때로는 알면서도 속아 주어라/ 77. 남에게 책임을 전가하지 말라/ 78. 정성껏 들어 주면 돌부처도 돌아보신다

가는 것이 좋습니다. 준비한 만큼 실수하는 일도 적고 적은 말로
도 큰 반향을 일으킬 수 있기 때문입니다.

- 『바른 말의 조건: "바른 말은 반드시 다섯 가지를 갖추어야 한다. 첫째
  는 반드시 사실이어야 하고, 둘째는 말할 때를 알아야 하고, 셋째는 이
  치에 합당해야 하고, 넷째는 부드럽게 말해야 하고, 다섯째는 자비심으
  로 말해야 한다."』(《잡아함경》 거죄경擧罪經)[300]
- 『말 한 마디에 죄와 복이 왕래하나니, 한 마디 말이라도 함부로 말라.』
  (〈정산종사법어〉, 법훈편 40장)
- 『은혜와 원한은 흔히 한 마디 말 때문에 생기고, 화와 복은 한 글자로
  야기된다. 명철한 선비라면 반드시 마음에 새겨야 할 것이다.』"(정약용, 〈
  여유당전서〉)[301] • 『"아무 소용 없다"라는 말은 그 사업과 그 물건에 인
  연을 끊는 말이니 쓰지 말라.』(《정산종사법어》, 법훈편 63장)
- 『말은 마음의 소리요 행동은 마음의 자취니 말을 좋게 하면 그것이 나
  에게 복이 되어 돌아오고, 말을 나쁘게 하면 그것이 재앙이 되어 나에게
  돌아오느니라. 그러므로 혹여 터무니없는 욕됨을 당할지라도 남을 원망
  하지 말고 스스로 몸을 살피는 데 힘쓰라.』(《대산종사법어》, 운심편 13장)
- 『사람이 말 한 번 하고 글 한 줄 써 가지고도 남에게 희망과 안정을 주기
  도 하고, 낙망과 불안을 주기도 하나니, 그러므로 사람이 근본적으로 악
  해서만 죄를 짓는 것이 아니라, 죄 되고 복 되는 이치를 알지 못하여 자신

---

300) 김월운 옮김, 《잡아함경》 4권, 거죄경擧罪經 119쪽.
301) 월간원광사 편, 〈원광〉, 원광사, 2020 vol. 553, 78쪽에서 재인용

도 모르는 가운데 죄를 짓는 수가 허다 하나니라.』《대종경》, 요훈품 36장)

- 대산 종사께서는 밝혀주신 『입으로 짓는 복: 남에게 희망을 주는 말, 남의 선행善行을 드러내는 말, 여진이 있는 말, 서로 화하게 하는 말, 공부심이 나게 하는 말, 신심이 나게 하는 말, 바른 말, 모가 없는 말, 남에게 선善을 하게 하는 말, 남을 공경하게 하는 말, 남의 잘못을 숨겨 주는 말, 유순한 말, 참된 말, 정중한 말, 감사를 느끼는 말, 겸손한 말, 자비스런 말, 공심이 있는 말.』《대산종사법문집 제2집 / 《원광》 제16호)

12.11
공정하고 원만한 사람에게
대중의 마음이 모인다

    공적인 일을 처리할 때는 항상 사심·욕심이나 증애심에 끌리지 말고 공심을 가지고 공정하고 투명하게 처리해야 합니다. 그래야 대중의 신뢰를 살 수 있습니다. 사람들은 자기의 잘못은 잘 몰라도 상대방의 잘못은 잘 살피며, 지도자가 공심으로 일하는지 사심으로 일하는지는 귀신같이 잘 알기 때문입니다. 그리고 그것이 무엇이든 무슨 일이든 너무 집착하여 욕심을 부리지 말고 매사를 자연의 이치에 맞게 양심대로 정도를 좇아 순리적으로 하는 것이 좋습니다. 지성이면 감천이라고 무슨 일이든 정당한 일이라면 한결같은 정성을 바치면 시일의 장단은 있을지언정 이루어지지 않는 일은 없다고 하셨습니다. 그러니 진인사대천명盡人事待天命이라고 순역·고락과 성패·득실을 초월하여 오직 현재 하는 일에 정성을 다할 뿐 결과는 진리에 맡기면 됩니다. 세상사 자기 뜻대로 되는 것이 아니고 인과보응의 이치대로 시절의 인연 따라 되는 것이기 때문입니다.

    인심은 항상 덕이 있고 지혜 있는 사람에게 몰리기 마련이므로 자신의 행실에 대해서는 엄격하게 절제하며 모범을 보이되 다른 사람에 대해서는 항상 청탁을 아울러 받아들이는 자세로 마음을 너그럽게 쓰고 꼴을 잘 보아주어야 하며, 늘 사리를 연마하여 지혜를 갖추도록 해야 합니다.

- 『또 묻기를 "돌아 오는 세상에는 어떠한 사람이 제일 귀한 사람이 되겠나이까." 말씀하시기를 "참되고 공심 많은 사람이 제일 귀한 사람이 되리니, 과거 시대에는 영웅과 호걸들이 권모 술수로 인심을 농락하여 자기의 욕망을 채워 왔었고, 지금도 사람들이 모략과 수단으로 지위를 얻는 수가 더러 있으나, 앞으로는 인지가 고루 밝아짐을 따라 그 모략 그 수단을 서로 알게 되므로, 속이는 이와 속이 이가 따로 없고 오직 참되고 거짓 없는 사람을 환영할 것이며, 또는 과거 시대에는 사회의 생활이 국한이 많고 사람의 견문이 너무나 고루하므로, 이기주의와 가족주의의 유가 인심을 지배해 왔으나, 앞으로는 천하일가의 도운이 열리게 되므로, 이기주의와 가족주의로는 사회에 출세하기가 어렵고, 오직 큰 공심을 가진 사람이라야 대중의 환영을 받으며, 널리 세상에 드러나게 되는 까닭이니라."』(《정산종사법어》, 도운편 8장)
- 『지도자의 처사에 네 가지 요령이 있나니, 첫째는 법규에 탈선됨이 없고 친소에 편착함이 없이 공평 정직하게 처사함이요, 둘째는 소아小我를 놓고 전체를 살피며 근近에 얽매이지 않고 원遠을 관찰하여 대국적으로 처사함이요, 셋째는 인정과 의리에 바탕하여 화기롭고 유여하게 처사함이요, 네째는 회계가 분명하고 시종이 한결같이 명백하게 처사함이니라.』(《정산종사법어》, 공도편 62)
- 『세계에서 가장 큰 산도 흙과 돌이 쌓인 것이요, 4대 성인도 적공을 통하

여 대공심大空心과 대공심大公心을 이룬 것이니, 시방을 다 담고도 남는 마음이 크게 텅 빈 마음이요, 시방을 다 좋게 해 주고도 남는 마음이 크게 공변된 마음이니라. 크게 텅 빈 마음에서 도력道力이 나오고 크게 공변된 마음에서 덕력德力이 나오나니, 도력은 삼대력이 뭉쳐서 된 힘이요 덕력은 자비와 희사가 뭉쳐서 된 힘이니라.』《대산종사법어》, 적공편 52장)

• 『공중 일을 할 때 제일 조심해야 할 일은 단독 처리를 하는 것이니, 살생이나 도둑질이나 간음은 그 영향이 개인에게 미치지만 공사를 단독 처리하는 것은 그 해독이 대중에게 미치는 까닭이니라. 아무리 훌륭하고 좋은 일이라도 공의를 거치지 않으면 개인적인 일이 되고, 개인의 일이라도 공의를 거치게 되면 공중의 일이 되느니라. 교단 초창기에 한 선진께서 논 값이 싸다고 공사公事도 없이 절반 값에 샀을 때 사람들이 다 좋다고 하였으나 대종사께서는 이를 당장 물리라 하셨나니, 우리의 몸도 마음도 하는 일도 다 공중의 것이므로 우리는 매사를 공사로 처리해야 하느니라.』《대산종사법어》, 공심편 30장)

12.12 진급할수록 좋은 인연이 많이 모이니 끊임없이 자기 발전을 위해 노력하자

자기가 가장 하고 싶은 일을 하되 먼저 분명한 목표를 세우고 가능한 일부터 희망을 꿈꾸며 열정을 바치는 자에게 기쁨이 있습니다. 사람은 꿈과 희망이 있으면 인생이 즐겁고 자기가 하고 싶은 일을 할 때 가장 신명이 납니다. 언제까지나 불확실한 미래를 위해 확실한 현재를 희생하는 것은 현명하지 못합니다.

항상 견문·독서와 체험·체득을 통해 지식과 지혜를 넓혀 향상, 발전하며 미래를 준비하는 자에게 기회도 있습니다. 좋은 책에는 저자의 인생(경험·지식)과 지혜가 고도로 응축·집적되어 있습니다. 그러므로 성공하는 사람치고 책을 멀리하는 사람이 드뭅니다. 그러나 자기가 직접 체험하여 체득하지 않은 지식은 죽은 지식이기 되기 쉬우므로 항상 체험·체득을 통해 산지식으로 만들도록 주의해야 합니다.

날마다 자기가 한 일에 대해 반성해보고 잘못된 점이 있으면 바로 고쳐서 두 번 다시 같은 잘못을 범하지 않도록 주의해야 합니다. 항상 그 일 그 일에 일심하여 온전하게 취사하기를 주의하고, 무관한 일에 참견하지 말며, 일이 없을 때는 어떻게든지 일심을 양성하는 데에 주력한다면, 어떠한 일이든 실패하는 일이 적고 현명하게 대처할 수 있을 것입니다.

죽음을 준비하는 것도
잘사는 것 못지않게 중요하다

죽음은 모든 것들과의 이별이며 모든 활동의 정지입니다. 그러므로 대부분의 사람들에게 죽음은 슬픔이며 두려움이며 고통입니다. 그러나 영생을 통해서 본다면 죽음은 새로운 만남과의 준비이기도 하므로 축복이 되기도 하고 희망이 되기도 합니다. 일생을 자기 욕심을 좇아서 산 사람들에게는 죽음이 커다란 두려움과 고통으로 다가오겠지만, 마음공부를 하며 남들에게 무언가 유익을 많이 주면서 산 사람들에게는 새로운 희망이 되고 축복이 될 수도 있습니다.

모든 생명체는 본능적으로 죽음을 두려워하며 싫어합니다. 만물의 영장인 우리 인간은 더 심합니다. 아무리 잘나고 권력이 하늘을 찌르며 재산이 천하를 다 소유한다고 해도 죽음 앞에서는 아무런 소용이 없으며, 아무리 뛰어난 역량과 큰 포부가 있어도 죽으면 그만이요 펼칠 수가 없기 때문입니다. 그러니 어찌 죽음이 두렵지 않겠습니까! 더구나 죽음은 늙은이에게만 찾아오는 것도 아니요 병자에게만 찾아오는 것도 아니며, 허약하다고 해서 꼭 일찍 죽는 것도 아니고 남녀노소에 관계 없이 언제나 불시에 찾아오니, 누구도 예측하기 어렵고 죽으면 어디로 가는지도 알 수 없는데다 대부분 고통을 느끼며 죽어가기 때문에 더욱 두려워하지 않을 수 없습니다. 아마 죽음의 고통과 두려움이 없었다면 종교도 생겨나지 않았을 것입니다.

그러나 죽음은 누구도 피해 갈 수가 없습니다. 수명을 연장하여 잠시 피해갈 수 있을지는 모르겠지만 결국에는 누구나 죽기 마련입니다. 죽는다는 사실만큼은 만인에게 평등합니다. 다만 언제 어디서 어떻게 죽느냐의 차이만 있을 뿐 모든 인간은, 아니 모든 생명체는 결국엔 죽게 되어 있습니다. 더구나 우리는 누구나 빈손으로 왔다가 빈손으로 갑니다. 그러므로 따지고 보면 사실 남을 해치면서 남을 괴롭히면서까지 아등바등 살아갈 이유가 거의 없습니다. 아무리 재산을 많이 모으고 처자식을 많이 거느리며 천하를 호령하는 권력을 손에 쥔다고 해도, 결국은 아무것도 가져갈 수 있는 것이 없고 아무도 자신의 죽음을 대신해 줄 사람도 없는데, 서로 도우며 더불어 즐겁게 살아가기에도 인생이 너무나 짧은데, 왜 이렇게 사람들은 서로를 해치면서까지 자기를 혹사시키면서까지 한없는 욕심을 채우려고 난리법석들일까요? 가만히 생각해 보면 참으로 어리석은 일이 아닐 수 없습니다.

그러므로 우리는 죽음에 대해 두려워만 할 것이 아니라 냉정하게 다시 한번 생각해 볼 필요가 있습니다. 최근 들어서는 안락사 문제를 비롯해서 질병으로 수명이 얼마 남지 않은 상황에서 어떻게 해야 본인에게 있어서나 유족들에게 있어서나 편안하게 죽음을 맞이할 수 있는지, 즉 웰다잉에 대한 관심이 점점 높아지고 있으며 죽음학이 새롭게 대두되고 있습니다.

만약 죽음이 없었다면 우리의 지구는 이미 사람이 넘치고 동물이 넘쳐서 발 디딜 틈도 없을 것입니다. 늙어서 죽지도 않고 병고를 계속 견뎌야만 한다면 이 또한 얼마나 고통스럽겠습니까? 그러므로 죽음은 무엇보다도 두렵고 싫겠지만 다른 한편으로 보면 또한 커다란 축복이 아닐 수 없습니다. 죽음이 없다면 삶의 소중함도 느끼지 못할 것이며, 인간이 한없이 교만해질 것입니다. 누구나 종국에는 죽음을 대면할 수밖에 없고 그것이 언제일지는 아무도 모르기 때문에 살아있는 이 순간순간이 매우 소중해지고 의미가 있게 되는 것이며, 그래서 인생을 함부로 살며 낭비해서는 안 된다는 것을 깨달을 수 있는 것입니다.

부처님께서는 태어남이 있기에 죽음이 있듯이 죽음이 있기에 또한 태어남이 있다고 하셨습니다. 우리가 죽는 것은 영원히 죽어서 없어지는 것이 아니고, 마치 나무들이 가을에 낙엽이 졌다가 새봄에 새싹으로 갈아입듯이, 우리가 헌 옷을 새 옷으로 갈아입듯이, 늙거나 병들어서 기능이 퇴화한 몸을 생생한 새 몸으로 바꾸어 태어나기 위한 것이라고 말씀하셨습니다. 이렇게 보면 늙고 죽는 것이 괴로움이 아니라 또 다른 새로운 인생을 꿈꾸며 살아갈 수 있는 희망이 될 수도 있는 것입니다. 물론 젊어서 죽는 사람들도 많은데 그것은 새 옷을 입어보니 자기와 잘 맞지 않을 때 다시 새로운 옷으로 갈아입는 것과 같다고 할 수 있을 것입니다.

진리를 깨치신 성자들은 하나같이 죽음이 그것으로 끝나는 것이 아니고 다만 새로운 삶의 시작일 뿐이라고 말씀하셨습니다. 그래서 잘 죽는 것이 잘 태어날 수 있는 조건이 된다는 것이며, 잘 태어나야 잘 살 수 있고 잘 살아야 잘 죽을 수 있다는 것입니다. 그러므로 잘 죽기 위해서는 평소에 죽음에 대한 준비를 꾸준히 하지 않으면 안 됩니다.

우리는 보통 하루 동안 소풍을 가더라도 미리 준비를 합니다. 그러니 입시나 고시를 앞둔 수험생이나 취업준비생은 더 말할 나위도 없습니다. 특히 요즘은 불확실성의 시대라서 그런지 많은 사람들이 언젠가 혹시라도 병에 걸리거나 재난당할 때를 대비해서, 또는 노후를 위해서 보험을 든다든지, 연금 저축을 한다든지 하는 등의 방법으로 미리미리 준비들을 합니다. 그런데 정작 가장 중요한 자신의 죽음에 대한 준비는 매우 소홀히 합니다. 기껏해야 생명보험을 드는 정도인데 생명보험은 사실 유족에게나 도움이 되는 것이지 정작 자기 자신에게는 거의 도움이 되지 않습니다. 다만 유족들에게 조금이나마 경제적인 도움을 줌으로써 자기가 다소간 마음 편히 죽을 수 있다는 것뿐입니다. 물론 유족들이 그 보험료를 타서 자기 자신을 위해 천도재를 지내준다든지 복을 지어준다든지 한다면야 도움이 되겠지만 그런 사람은 별로 없습니다. 그러므로 영생을 생각해본다면 취업 준비나 노후를 준비하는 것보다 죽음을 준비하는 것이 훨씬 더 중요합니다. 다음 생을 어디서 어떻게 태어나느냐에 따라서 다음 생의 일생뿐만 아니라 영생길이 크게 달라지기 때문입니다. 마치 어느 나라 어느 부모 밑에 태어나느냐에 따라서, 또는 어느 대학 어떤 학과에 들어가느냐에 따라서, 또는 누구와 결혼하느냐에 따라서 자신의 인생이 크게 달라지는 것처럼!

　더구나 죽음은 병자나 늙은이에게만 찾아오는 것이 아니며, 어리거나 젊고 건강한 사람한테도 찾아오는 경우가 많습니다. 늙거나 질병으로 자연사하는 죽음만 있는 것이 아니고 각종 사고로 죽는 경우도 매우 많습니다. 그러니 대부분 자기가 언제 어떻게 죽을지를 아무도 모릅니다. 그러므로 항상 잠자리에 들 때면 오늘 밤에 죽을 수도 있다는 생각으로 하루를 온전히 정리하고 잠자리에 드는 것이 좋습니다. 욕심이 동하여 악업을 짓거나 무리한 일을 하고 싶을 때마다 항상 오늘 밤 죽을 수도 있다는 생각을 하면서 그래도 그 일을 할 것인지 마음을 다시 한번 점검해 본다면 죄업을 짓는 일을 좀 더 줄일 수 있을 것입니다.

　특히 죽을 때 어떠한 마음으로 죽느냐가 다음 생에 어떻게 태어나느냐를 결정하는 중요한 요소가 된다는 점을 생각한다면 평소에 미리 죽음을 준비하는 것이 얼마나 중요한지를 아무리 강조해도 지나치지 않습니다. 그러나 죽을 때 어떻게 죽어야겠다는 생각을 잘 한다고 해도 평소에 마음공부를 해놓지 않으면 자기 마음을 자기 마음대로 통제할 수가 없는 데다 죽음의 공포까지 엄습하기 때문에 보통 사람이 평정심을 가지고 일심을 잘 챙겨서 평안하고 온전한 죽음을 맞이하기란 대단히 어려운 것입니다. 따라서 마음공부는 살아있는 동안 행복하게 잘 살기 위해서도 꼭 필요하지만 죽음을 편안히 맞이하고 행복한 다음 생을 잘 맞이하기 위해서도 반드시 필요한 것이며, 또한 죽음을 어떻게 준비하고 어떻게 맞이해야

하는지도 잘 알아야만 되는 것입니다.[302]

- 『중생과 불보살의 생사에는 큰 차이가 있나니, 중생은 진리를 모르고 살므로 현실에만 쫓겨 좋은 의식주를 얻기 위한 희망과 재미로 살며, 복과 죄가 어느 곳으로부터 오는지 원인을 모르고 살며, 나와 너의 국한과 한 가정의 범위를 벗어나지 못하고 살며, 죽을 때에도 무명의 업력에 끌려 착심에서 벗어나지 못한 채 죽으며, 전도 몽상으로 헤매다 부자유와 속박에서 헤어나지 못한 채 죽게 되느니라. 그러나 불보살은 일심을 모으고 일원에 계합하는 재미로 살며, 진리를 하나하나 알아가고 사리 간에 걸림 없이 아는 재미로 살며, 아는 것을 실행하고 하고 싶은 대로 해도 법도에 어긋나지 않는 재미로 살며, 죄와 복이 다 자기가 짓고 받는 이치를 알고 살며, 천하를 한 집안 삼고 육도사생을 한 권속 삼아 무슨 방면으로든지 혜복의 문로를 열어 주고 진급은 시키되 강급이 되지 않게 하는 재미로 사느니라. 또한 죽을 때에도 지혜의 등불을 밝혀 청정 일념으로 길을 떠나며, 정견을 얻어 헤매지 않고 바르게 떠나며, 탐·진·치를 항복받아 시방 삼계를 자유로 가고 오느니라.』(《대산종사법어》, 거래편 6장)

---

302) 죽음에 대한 초기불교적 관점에서의 자세한 설명은 《일묵스님이 들려주는 초기불교 윤회이야기》의 제3장 죽음 직전의 모습과 재생연결(93~134쪽)을 참고하시고, 현대적인 연구에 대해서는 유튜브의 정현채 교수님과 최준식 교수님 강의를 참고하시면 좋겠습니다.

13.1 죽음이란 무엇인가?

정산종사 말씀하시기를 "우주만유가 영靈과 기氣와 질質로써 구성이 되어 있나니, 영은 만유의 본체로서 영원불멸한 성품이며, 기는 만유의 생기로서 그 개체를 생동케 하는 힘이며, 질은 만유의 바탕으로서 그 형체를 이름이니라."(《정산종사법어》, 원리편 14장)라고 하셨습니다. 우리 인간을 이에 근거해서 보면 우리 몸의 세포조직은 질이요, 생명 활동의 에너지는 기이며, 생명 활동의 주재자는 영이라고 할 수 있습니다. 그래서 우리가 죽는다고 하는 것은 바로 이 세포조직으로 구성되고 에너지로 작동되는 육신이 죽는 것일 뿐 영은 죽지 않고 새로운 몸을 받아 다시 태어난다는 것입니다. 마치 헌 옷을 새 옷으로 갈아입는 것처럼, 죽는다는 것은 지금까지 살던 헌 집을 버리고 새집으로 이사 가는 것과 같다는 것입니다. 그래서 생사는 가고 오는 것이니, 눈을 감았다가 뜨는 것과도 같고 한잠 자고 일어나는 것과도 같으므로 죽음의 공포에서 벗어나는, 생사를 해탈하는 공부를 부지런히 하라는 것입니다.

그런데 좋은 집에 살다가도 경제적인 형편이 나빠지면 더 못한 집으로 이사를 가고, 경제적인 형편이 나아지면 더 좋은 집으로 이사를 가듯이, 금생에 사는 동안 남들에게 해를 많이 끼치면서 자기 욕심대로 살았으면 다음 생에는 금생보다 더 나쁜 몸을 받아 더 나쁜 곳에 태어날 수 있고, 남들에게 유익을 많이 주면서 착하게 살았으면 금생보다 더 좋은 몸을 받아 더 좋은 곳에 태어날 수 있다는 것입니다. 그래서 이사 가기 전이나 이사 간 뒤나 집의 형태와 주소만 바뀔 뿐 내내 그 사람이듯이, 죽으나 사나 영은 내내 그 영이니 실제로는 영이 죽는 것이 아니요, 다만 육신이 새 몸으로 바뀌어, 살아가는 시공간적 위치만 바뀌는 것뿐이라는 것입니다. 그래서 우리 보통 사람들은 자기의 육신을 자기로 알고 살기 때문에 죽는다고 생각하지만, 진리를 깨친 사람들은 자기의 영을 자기로 알고 살기 때문에 죽으면 새 몸을 받아 다른 곳에 다시 태어나는 것일 뿐, 자기의 영이 없어지는 것이 아니라는 것을 잘 알므로 죽음을 두려워하지 않는다는 겁니다.

그러나 낭비를 하거나 사업을 잘못해서 부도가 난다든지 하면 아무리 싫더라도 현재보다 훨씬 나쁜 환경의 나쁜 집으로 이사 갈 수밖에 없듯이, 살아있는 동안 악업을 많이 지은 사람들은 영은 그대로라고 해도 죽어서 새로 태어날 때 더 나쁜 몸을 받아 더 나쁜 곳에 태어나게 될 것이므로 또한 두려워하지 않을 수가 없을 것입니다. 그래서 이러한 진리를 깨달았거나 믿는 사람들은 평소 살아있을 때 자기 욕심만 차리며 남들에게 해를 끼치면서 살지 않고, 마음공부를 하면서 되도록 남들에게 유익을 많이 주며 착하게 살려고 노력하는 것입니다. 그러면 그 마음공부를 한 정도와 착하게 산 정도에 따라서 다르긴 하지만 다음 생에는 금생보다 더 좋은 곳에 더 좋은 몸을 받아 태어날 수 있으므로, 죽음이 두렵지 않고 오히려 희망을 안고 기쁘게 죽을 수도 있는 것입니다.

그런데 또 한 가지 명심할 것은 비록 아주 착하게 잘 살았다 할지라도 죽는 순간에 어떤 마음으로 죽느냐에 따라서 다음 생에 악도에 떨어질 수도 있다는 것입니다. 비유하면 대학 입시를 치르는 수험생이 평소 실력이 상당히 좋은 사람이라고 하더라도 컨디션 조절을 잘 못했다거나 시험 칠 때 전날 또는 당일에 일어난 어떤 사건 등으로 인하여 몸이 몹시 피곤하다든지, 정신이 산란하다든지, 잔뜩 긴장한다든지 하면, 자기의 실력을 충분히 발휘하지 못하고 시험을 망치게 되어 평소보다 훨씬 나쁜 성적을 거둠으로써 부득이 자기가 원하지 않던 대학에 진학할 수밖에 없는 경우가 있는 것과 같습니다. 따라서 시험을 치를 때는 매양 본인과 가족들이 함께 주의를 기울여야 하는 것처럼 죽음을 앞두고 있는 사람과 그 가족 친지들도 죽음의 도를 잘 알아서 잘 실천해야만 죽는 사람이 악도를 면하고 좋은 곳에 잘 태어날 수 있다는 것입니다.

• 『범상한 사람들은 현세現世에 사는 것만 큰 일로 알지마는, 지각이 열린 사람들은 죽는 일도 크게 아나니, 그는 다름이 아니라 잘 죽는 사람이라야 잘 나서 잘 살 수 있으며, 잘 나서 잘 사는 사람이라야 잘 죽을 수 있다는 내역과, 생은 사의 근본이요 사는 생의 근본이라는 이치를 알기 때문이니라. 그러므로 이 문제를 해결하는 데에는 조만무晩이 따로 없지마는 나이가 사십이 넘으면 죽어 가는 보따리를 챙기기 시작하

여야 죽어 갈 때에 바쁜 걸음을 치지 아니하리라.』《대종경》, 천도품 1장)

• 『사람의 생사는 비하건대 눈을 떴다 감았다 하는 것과도 같고, 숨을 들이 쉬었다 내쉬었다 하는 것과도 같고, 잠이 들었다 깼다 하는 것과도 같나니, 그 조만의 차이는 있을지언정 이치는 같은 바로서 생사가 원래 둘이 아니요 생멸이 원래 없는지라, 깨친 사람은 이를 변화로 알고 깨치지 못한 사람은 이를 생사라 하나니라.』《대종경》, 천도품 8장)

• 『저 해가 오늘 비록 서천에 진다할지라도 내일 다시 동천에 솟아오르는 것과 같이, 만물이 이 생에 비록 죽어 간다 할지라도 죽을 때에 떠나는 그 영식이 다시 이 세상에 새 몸을 받아 나타나게 되나니라.』《대종경》, 천도품 9장)

• 『어제가 별 날이 아니고 오늘이 별 날이 아니건마는, 어제까지를 일러 거년이라 하고 오늘부터를 일러 금년이라 하는 것 같이, 우리가 죽어도 그 영혼이요 살아도 그 영혼이건마는 죽으면 저승이라 하고 살았을 때에는 이승이라 하나니, 지·수·화·풍 사대四大로 된 육체는 비록 죽었다 살았다 하여 이 세상 저 세상이 있으나 영혼은 영원 불멸하여 길이 생사가 없나니, 그러므로 아는 사람에 있어서는 인생의 생·로·병·사가 마치 춘·하·추·동 사시 바뀌는 것과 같고 저 생(生)과 이 생이 마치 거년과 금년 되는 것 같나니라.』《대종경》, 천도품 16장)

• 『우리가 항상 말하기를 생사 고락에 해탈을 하자고 하지마는 생사의 원리를 알지 못하면 해탈이 잘되지 않을 것이니, 만일 사람이 한 번 죽으면 다시 회복되는 이치가 없다고 생각할진대 죽음의 경우를 당하여 그 섭섭함과 슬픔이 얼마나 더하리요. 이것은 마치 화재 보험에 들지 못한

사람이 졸지에 화재를 당하여 모든 재산을 일시에 다 소실한 것과 같다 하리라. 그러나 그 원리를 아는 사람은 이 육신이 한 번 나고 죽는 것은 옷 한 벌 갈아입는 것에 조금도 다름이 없을 것이니, 변함에 따르는 육신은 이제 죽어진다 하여도 변함이 없는 소소昭昭한 영식靈識은 영원히 사라지지 아니하고, 또 다시 다른 육신을 받게 되므로 그 일 점의 영식은 곧 저 화재 보험 증서 한 장이 다시 새 건물을 이뤄내는 능력이 있는 것 같이 또한 사람의 영생을 보증하고 있나니라. 그러므로 이 이치를 아는 사람은 생사에 편안할 것이요, 모르는 사람은 초조 경동할 것이며, 또는 모든 고락에 있어서도 그 원리를 아는 사람은 정당한 고락으로 무궁한 낙을 준비할 것이나, 그렇지 못한 사람은 그러한 희망이 없고 준비가 없는지라 아득한 고해에서 벗어날 기약이 없나니, 생각이 있는 이로 이런 일을 볼 때에 어찌 걱정스럽지 아니하며 가련하지 아니하리요.』

《대종경》, 천도품 6장)

13.2

죽음의 도

   죽을 때에 가장 중요한 것은 첫째 청정일념이요, 둘째 굳은 서원과 신심이요, 셋째 선업을 쌓은 공덕이요, 넷째 참회 반성입니다.

   청정일념이란 착심과 욕심, 진심, 치심 등을 모두 비운 깨끗한 한 마음, 한 생각을 말합니다. 착심이란 무엇인가에 묶여있거나 붙들려있거나 매여 있어서 자유롭지 못한 구속된 마음을 가리키며, 주착심 또는 집착심이라고도 부릅니다. 착심은 주착·집착된 내용에 따라 다시 애착愛着, 탐착貪着, 원착怨着, 증착憎着, 견착見着, 편착偏着 등으로 나눌 수 있습니다. 애착은 어떤 사람이나 사물에 대하여 사랑하는 마음, 좋아하는 마음, 아끼는 마음에 붙들려있는 것을 말합니다. 보통 사람들은 자기의 가족이나 친지, 또는 재물이나 권력, 명예 등에 집착하여 마음이 자유롭지 못합니다.

   탐착은 재물이나 권력, 명예 등을 탐내는 마음으로 욕심이 강하여 거기에 묶여있는 것을 말합니다.

   원착은 상대방을 원망하는 마음에, 증착은 상대방을 시기·질투하거나 미워하거나 싫어하는 마음에 묶여있는 것을 말합니다.

   견착見着은 이념주의자들처럼 자기의 소견과 신념만이 옳다고 강하게 집착하는 것을 말합니다. 편착은 공정하거나 원만하지 못하고 어느 한 편으로 치우쳐 있는 생각이나 신념에 묶여있는 것을 말합니다. 이러한 집착의 공통된 특징은 사람의 마음을 그 집착의 대상에 묶어놓는다는 것입니다. 그러므로 그 집착의 정도에 비례해서 마음의 자유를 잃고 거기에 속박되어 사리를 밝게 판단하지 못하고 취사를 바르고 원만하게 하지 못하는 것입니다. 따라서 사람이 죽어갈 때에 이러한 착심에 매여 있거나 묶여 있으면 마치 새의 발에 돌을 매달아 놓은 것과 같이 영혼이 훌훌 훨훨 떠나지 못하게 되어, 사람의 몸을 받지 못하고 그 언저리에서 아무 몸이나 받아 악도에 떨어지기 쉽다는 겁니다. 이러한 착심과 욕심이 많을수록 영혼이 탁해져서 아래로 가라앉게 되기 때문에 짐승으로 태어난다든지, 땅 위에 기어 다니거나 땅속에 사는 동물 등으로 태어나기가 쉽다는 겁니다.

더욱이 금생의 최후 일념이 내생의 최초 일념이 되기 때문에 우리가 죽어갈 때에는 무엇보다도 청정일념을 잘 챙기는 것이 가장 중요하다는 것입니다. 그러기 위해서는 모든 착심을 내려놓고 일체의 망념·사심·잡념에 끌려가지 말고, 염불이나 주문을 외운다든지, 단전주를 한다든지 해서 오직 일심하기에 집중하고 선정에 들기를 주의하라는 것입니다. 그래서 마음을 깨끗이 텅 비워 청정히 하면 영이 높이 떠서 다시 사람으로 태어나거나 천상에 태어날 수 있다는 겁니다. 그러나 평소에는 수양하지 않다가 막상 죽음에 임박해서 청정일념을 챙기려고 하면, 육신의 고통과 불안·공포심과 집착심 때문에 마음먹은 대로 잘 안되기 때문에 평소에 늘 일심 챙기기를 주의하여 정신의 수양력을 기르라는 것입니다. 이것은 운동 선수들이 좋은 성적을 내려면 평소에 연습을 많이 해놓아야 되는 것이지, 그냥 연습도 하지 않고 있다가 경기에 임하면 아무리 좋은 성적을 내려고 해도 뜻대로 잘 안되는 것과 같은 이치입니다. 아무 리 평소 실력이 좋은 사람이라 해도 꾸준히 연습하지 않으면 본인 의 기량을 충분히 발휘할 수 없는 법인데, 기본 실력도 없는 사람 이라면 두말할 것도 없는 것처럼 정신의 수양력 또한 마찬가지인 것입니다. 그러니 늙어서 기력이 쇠해지기 전에 젊어서부터 미리미 리 정신수양 공부를 부지런히 해놓아야만 죽음에 이르러 때늦은 후회를 하지 않고 편안하게 가며 선도에 태어날 수 있는 것입니다.

신심이란 불·법·승 삼보를 굳게 믿고 의지하며, 또한 자기의 본성 과 부처님의 성품과 법신불이 본래 둘이 아니라는 것을 굳게 믿고 수행 정진하며 죽음의 도를 잘 지키는 것입니다. 신심이 없는 사람 에게는 아무리 좋은 법문을 가르쳐줘도 믿고 따르려 하지 않기 때 문에 죽은 나무에 물을 주는 것과 같다고 하셨습니다. 신심이 철저 할수록 가르침을 따르며 실천하는 힘도 그만큼 커지고, 법신불사은 님의 위력도 얻을 수 있으며 스승의 도道도 건넬 수 있는 것입니다.

서원이란 자기의 사사로운 욕심이 아닌 공중 또는 대중을 위한 바르고 큰 원을 말합니다. 그중에서도 부처가 되어 일체의 중생을 제도하겠다는 성불제중의 서원이 가장 으뜸입니다[303].

---

303) 《정산종사법어》, 제11 법훈편 24장: 『세상을 떠나는 이의 가장 중요한 일은 최후의 일념을 청정히 챙김이요, 세상에 나서는 이의 가장 중요한 일은 최초의 발원을 크게 세움이니, 성불 제중의 원이 모든 발원 가운데 으뜸이니라.』

서원이 굳건하면 죽어갈 때에 그 서원이 횃불과 같이 앞길을 밝히며 인생길을 바르게 인도한다[304]는 것입니다. 인간은 누구를 막론하고 최종적인 목표는 모두와 더불어 온전한 자유를 획득하여 온전한 행복을 누리는 것인데 그것이 바로 성불제중하는 것이니, 이왕 가야 할 길이라면 적극적인 의지를 가지고 성불제중의 서원을 굳게 다지는 것이 지혜로운 일이며, 바람직하고 권장할 만한 일이며, 또한 불보살님들의 한결같은 뜻이라고 할 수 있을 것입니다.

　이 세상에서 축적한 재산이 아무리 많고 지위와 권력이 아무리 높더라도 죽을 때는 다 놓고 가며, 오직 자기가 지어놓은 선업과 악업의 업보따리와 수행을 통해 다져놓은 수양력·연구력·취사력 또는 영력·정신력·도력의 삼대력만 가져가게 됩니다. 자기가 선악 간 지은 업은 천만년이 지난다 해도 없어지지 않고 때가 되면 그 과보를 모두 받게 된다는 것입니다. 그래서 악업은 악도로 인도하고 선업은 선도로 인도하게 되며, 삼대력은 다음 생으로 고스란히 가져가게 되므로, 살아있을 때 어떻게든 악업은 되도록 짓지 말고 선업을 많이 지으며 삼대력을 부지런히 쌓으라는 겁니다. 가령 선도인 사람의 몸을 받더라도 선업이 많을수록 더 좋은 곳에 태어나 더 평탄하고 행복한 인생을 살 수 있게 되기 때문입니다. 반대로 상극의 악업이 많고 선업이 부족하면 요행히 악도를 면하고 사람의 몸을 받는다 해도, 너무 가난하거나 심신 간에 고통이 많게 태

---

304)　《대종경선외록》, 생사인과장 제 3절: 「사람이 살아서 단단히 세운 바른 서원 일념은 죽어 갈 때 횃불이 되어서 어둡고 삿된 데로 흐르지 못하도록 밝게 비추어 주는 것이다.」

어나서 인생길에 매양 장애가 많을 뿐만 아니라, 수도문에 다시 들어 수행하기도 어려워서 점점 악도로 강급해 가기 쉽다는 것입니다. 그러므로 평소에 계문과 법률을 잘 지켜서 악업은 짓지 말며, 정신·육신·물질 간에 어떻게든지 보시하며 선업을 짓고 덕을 쌓기를 두루두루 쉬지 말고 하라는 것이며, 늘 수행적공하여 삼대력의 공덕탑을 쌓기에 게으름을 피우지 말라는 것입니다.

죽어서 영혼이 저승길을 갈 때에도 악업이 중한 사람은 독사가 우글우글하다든지 험난한 가시밭길에 채찍을 맞으며 간다든지 하여 그 공포와 고통이 이루 말할 수 없다고 하며, 선업을 많이 짓고 공덕탑을 높이 쌓은 사람은 선관 선녀의 호위를 받아가며 풍악 소리 들으며 편안하게 꽃길을 가듯이 간다는 것입니다.[305]

끝으로 참회 반성이니, 아무리 중죄를 지은 사람이라도 이를 깊이 뉘우치고 반성하며 깨끗한 새 마음으로 거듭나면, 우리의 성품상에서는 선악이 돈공하여 죄업이 본래 없기 때문에 무거운 죄업도 가벼워져서 악도를 면할 수가 있다는 것입니다. 그러므로 죽음을 앞두고 있는 사람들은 과거의 잘못을 하나하나 깊이 뉘우치고 반성한 뒤에 마음속에서 이를 깨끗이 비우고 새로운 희망과 서원으로 거듭나라는 겁니다. 그리고 한 번 깊이 참회하고 새 마음으로 거듭났으면 더 이상 죄의식이나 죄책감을 갖지 말고 이를 완전히 잊어버리고 오직 새 마음 새 생활로 바르게 살며 수행 적공하라는 것입니다.

---

305) 다산 김근수종사님의 법문 중에서 인용함.

• 『사람의 영식이 이 육신을 떠날 때에 처음에는 그 착심을 좇아가게 되고, 후에는 그 업을 따라 받게 되어 한없는 세상에 길이 윤회하나니, 윤회를 자유하는 방법은 오직 착심을 여의고 업을 초월하는 데에 있나니라.』《대종경》, 천도품 11장)

• 『사람이 평생에 비록 많은 전곡을 벌어 놓았다 하더라도 죽을 때에는 하나도 가져가지 못하나니, 하나도 가져가지 못하는 것을 어찌 영원한 내 것이라 하리요. 영원히 나의 소유를 만들기로 하면, 생전에 어느 방면으로든지 남을 위하여 노력과 보시를 많이 하되 상相에 주함이 없는 보시로써 무루無漏의 복덕을 쌓아야 할 것이요, 참으로 영원한 나의 소유는 정법에 대한 서원과 그것을 수행한 마음의 힘이니, 서원과 마음 공부에 끊임 없는 공을 쌓아야 한 없는 세상에 혜복의 주인공이 되나니라.』《대종경》, 천도품 17장)

• 『그대들은 염라국과 명부사자를 아는가. 염라국이 다른 데가 아니라 곧 자기 집 울타리 안이며 명부 사자가 다른 이가 아니라 곧 자기의 권속이니, 어찌하여 그런고 하면 보통 사람은 이생에 얽힌 권속의 정애情愛로 인하여 몸이 죽는 날에 영이 멀리 뜨지 못하고 도로 자기 집 울안에 떨어져서 인도 수생의 기회가 없으면, 혹은 그 집의 가축도 되며 혹은 그 집 안에 곤충류의 몸을 받기도 하나니, 그러므로 예로부터 제불 조사가 다 착 없이 가며 착 없이 행하라고 권장하신 것은 그리하여야 능히 악도에 떨어지는 것을 면할 수 있기 때문이니라.』《대종경》, 천도품 18장)

• 『사람이 평소에 착 없는 공부를 많이 익히고 닦을지니 재·색·명리와 처자와 권속이며, 의·식·주 등에 착심이 많은 사람은 그것이 자기 앞에서

없어지면 그 괴로움과 근심이 보통에 비하여 훨씬 더 할 것이라, 곧 현실의 지옥 생활이며 죽어갈 때에도 또한 그 착심에 끌리어 자유를 얻지 못하고 죄업의 바다에 빠지게 되나니 어찌 조심할 바 아니리요.」《대종경》, 천도품 19장)

- 『또 여쭙기를 "사람이 죽은 후에는 유명幽明이 서로 다르온데 영식만은 생전과 다름 없이 임의로 거래할 수 있나이까?" 대종사 말씀하시기를 "그 식심識心만은 생전 사후가 다름이 없으나 오직 탐·진·치에 끌린 영과 탐·진·치를 조복 받은 영이 그 거래에는 다름이 있나니, 탐·진·치에 끌린 영은 죽어 갈 때에 착심에 묶인 바가 되어 거래에 자유가 없고, 무명의 업력에 가리워서 착심 있는 곳만 밝으므로 그곳으로 끌려가게 되며, 몸을 받을 때에도 보는 바가 모두 전도되어, 축생과 곤충 등이 아름답게도 보여서 색정色情으로 탁태하되 꿈꾸는 것과 같이 저도 모르게 입태하며, 인도 수생의 부모를 정할 때에도 색정으로 상대하여 탁태하게 되며, 혹 무슨 결정보決定報의 원을 세웠으나 사람 몸을 받지 못할 때에는 축생이나 곤충계에서 그에 비슷한 보를 받게도 되어, 이와 같이 생사에 자유가 없고 육도 윤회에 쉴 날이 없이 무수한 고를 받으며, 십이 인연에 끌려 다니나니라. 그러나 탐·진·치를 조복 받은 영은 죽어 갈 때에 이 착심에 묶인 바가 없으므로 그 거래가 자유로우며, 바르게 보고 바르게 생각하여 정당한 곳과 부정당한 곳을 구분해서 업에 끌리지 않으며, 몸을 받을 때에도 태연자약하여 정당하게 몸을 받고, 태중에 들어갈 때에도 그 부모를 은의로 상대하여 탁태되며, 원을 세운 대로 대소사간에 결정보를 받게 되어, 오직 생사에 자유하고 육도 윤회에 끌리는 바가 없이 십이 인

연을 임의로 궁글리고 다니나니라.”』《대종경》, 천도품 36장)

• 『사람이 욕심이 많을수록 그 기운이 탁해져서 높이 뜨지 못하나니, 그러한 사람이 명을 마치면 다시 사람의 몸을 받지 못하고 축생이나 곤충의 무리가 되기도 하며, 또는 욕심은 그다지 없으나 안으로 수양과 밖으로 인연 작복을 무시하고 아는 데에만 치우친 사람은 그 기운이 가벼이 뜨기는 하나 무게가 없으므로 수라修羅나 새의 무리가 되나니라. 그러므로 수도인이 마음을 깨쳐 알고, 안 뒤에는 맑게 키우고 사邪와 정正을 구분하여 행을 바르게 하면, 마침내 영단을 이루어 육도의 수레바퀴에 휩쓸리지 아니하고 몸 받는 것을 마음대로 하며, 색신을 벗어나서 영단만으로 허공 법계에 주유周遊하면서 수양에만 전공하는 능력도 갖추나니라.』《대종경》, 천도품 26장)

• 『또 여쭙기를 “《열반경涅槃經》에 이르시기를 '전생 일을 알고자 할진대 금생에 받은 바가 그것이요, 내생 일을 알고자 할진대 금생에 지은 바가 그것이라'고 하였사온데, 금생에 죄 받고 복 받는 것을 보오면 그 마음 작용하는 바는 죄를 받아야 마땅할 사람이 도리어 부귀가에서 향락 생활을 하는 수가 있삽고, 또는 그 마음이 착하여 당연히 복을 받아야 할 사람이 도리어 빈천한 가정에서 비참한 고통을 받는 수가 있사오니, 인과의 진리가 적확하다 할 수 있사오리까?” 대종사 말씀하시기를 “그러므로 모든 불조들이 최후 일념을 청정하게 가지라고 경계 하셨나니, 이 생에서 그 마음은 악하나 부귀를 누리는 사람은 전생에 초년에는 선행을 하여 복을 지었으나 말년에는 선 지을 것이 없다고 타락하여 악한 일념으로 명을 마친 사람이며, 이 생에 마음은 선하나 일생에 비참한

생활을 하는 사람은 전생에 초년에는 부지중 악을 지었으나 말년에는 참회 개과하여 회향回向을 잘 한 사람이니, 이와 같이 이 생의 최후 일념은 내생의 최초 일념이 되나니라.”」(《대종경》, 천도품 35장)

- 『사람이 명을 마칠 때 최후 일념이 내생의 제일 종자가 되어서 그대로 움이 트고 나오는 것이다. 그러므로 사람의 일생 복 가운데 최후의 일념을 잘 챙겨 가지고 가는 것이 제일 큰 복이 되는 것이다.』(《대종경선외록》, 생사인과장 1절)

- 『사람의 마음이 한번 기울어지면 죽어도 그 곳을 떠나지 못하여 삼천 년까지는 옮기지 못한다. 가옥이 변하여 황무지가 되고 마을이 변하여 바다가 되어도 그 영혼은 그 자리에서 몸을 받게 되는 것이다. 그러므로 과거 부처님께서도 착심이 많으면 제도를 못 받는다고 하시었나니, 그대들은 매일매일 자기 마음을 대중하여 애착 탐착으로 흐르는 것을 막아야 할 것이다.』(《대종경선외록》, 생사인과장 4절)

- 『욕심과 착심이 많을수록 그 영식靈識이 높이 솟지 못하고 악도에 떨어지게 되나니, 마치 탁하고 무거운 것은 아래로 가라앉는 것 같고, 욕심과 착심이 없을수록 그 정신이 높이 솟아서 선도에 수생하게 되나니, 마치 맑고 가벼운 것이 높이 오르는 것 같나니라.』(《정산종사법어》, 생사편 4장)

- 『생사 거래에 세 가지 근기의 차가 있나니, 하나는 애착 탐착에 끌려서 거래하는 근기라, 가고 오는 길에 정견을 하지 못하고 항상 전도가 되어 닥치는 대로 수생하여 취생몽사하며 또는 원한이나 증오에 끌려 악도에 타락함이요, 둘은 굳은 원력을 세우고 거래하는 근기니, 정법 회상에 철저한 신념과 발원을 가지고 평소에 수행을 하며 최후의 일념을 청정

히 하면 오나 가나 부처님 회상에 찾아 드는 것이 마치 자석에 쇠가 따르는 것 같이 됨이요, 셋은 마음의 능력으로써 생사를 자유하는 근기니, 이는 철저한 수행의 결과 삼대력을 원만히 얻은 불보살 성현들이 육도 거래를 임의로 하심이니라.』《정산종사법어》, 생사편 2장)

• 『박제권朴濟權이 묻기를 "무엇이 천도의 가장 큰 요건이 되나이까?" 답하시기를 "서원 일심과 청정 일념이니라." 또 묻기를 "어떠한 것이 서원이며, 어떻게 하여야 청정해 지나이까?" 답하시기를 "욕심을 떠나 마음을 발함이 서원이요, 밉고 사랑스러운 데 끌리지 아니하면 청정해 지나니라.離慾發心曰誓願 不着憎愛曰淸淨"』《정산종사법어》, 생사편 8장)

• 『열반을 앞 두고 갖추어야 할 보물 세 가지가 있나니, 하나는 공덕이요, 둘은 상생의 선연이요, 셋은 청정한 일념인 바, 그 중 가장 중요한 것이 청정 일념이니라. 아무리 공덕을 쌓고 선연을 맺었다 하더라도 평소에 공부 없는 사람은 이것이 다 아상이나 착심의 자료로 화하기 쉽나니, 공수래 공수거의 원리를 철저히 깨달아 최후 일념을 청정하게 하는 것이 제일 큰 보배가 아니고 무엇이리요.』《정산종사법어》, 생사편 9장)

• 『사람이 서로 진심으로 후세를 약조하면 그대로 되는 수가 흔히 있으나, 인연을 특별히 지정치 않고 대중을 두루 친화하다가 그 영이 사심 없이 뜨고 보면 모두 친절한지라 아무에게라도 적당한 인연 기회 있는 대로 수생을 하게 되지마는, 편착으로 특별히 지정한 인연은 거기에서 기회가 어긋나면 그 착을 따라 그 인연의 주위에서 좋지 못한 수생을 하기 쉽나니라.』《정산종사법어》, 생사편 31장)

• 『영혼이 거래하는 데에는 착着에 의하여 먼저 가고, 업業에 의하여 받

게 된다. 그러므로, 착은 뼈와 같은 것이고 업은 살과 같은 것이다. 사람이 생전에 무덤의 장소를 정해 놓고 '내가 죽으면 거기에 묻히겠구나!' 하고 마음에 착을 두면 영혼이 뜨면서 바로 그 곳으로 쏜살같이 찾아간다. 그리하여, 그 주위에 인도 수생할 기회가 있으면 사람 몸을 받을 수 있으나 그러한 기회가 없으면 축생계라든가 그 밖에 아무데서나 바로 수생하게 된다. 물은 언제나 아래로 흐르는 성질이 있는 것처럼 영혼은 육신에서 벗어나면 새 몸을 받고자 하는 기질이 있기 때문이다. 그런데, 이 생에 선업을 많이 지은 사람은 소가 되어도 부잣집 소로 태어나고 쥐가 되더라도 있는 집 창고에서 먹고 사는 것이다. 그러므로 우리가 선업을 짓는 것도 중요하지만 그것을 인도에 태어나 잘 수용하려면 착을 떼고 생사에 자유하는 힘을 얻어야 할 것이다.』《한울안 한이치에》, 제1편 법문과 일화, 2.심은대로거둠 28절)

• 『대산 종사, '생사 연마의 도'에 대해 말씀하시기를 "첫째 착심 없는 마음을 길들여 세상 욕심에 묶여 살지 말 것이요, 둘째 생사를 거래로 알아 죽음의 공포에서 벗어나는 해탈 공부를 부지런히 할 것이요, 셋째 마음에 정력定力을 쌓아 자유자재하는 공부를 끊임없이 할 것이요, 넷째 평소에 큰 원력을 세워 크고 거룩한 서원의 종자를 심을 것이니라."』《대산종사법어》, 거래편 3장)

13.3 죽음을 준비하는 도

• 『사람이 세상에 나면 누구를 막론하고 열반의 시기가 없지 아니한지라, 내 오늘은 그대들을 위하여 사람이 열반에 들 즈음에 그 친근자로서 영혼을 보내는 방법과 영혼이 떠나는 사람으로서 스스로 취할 방법을 말하여 주리니 이 법을 자상히 들으라. 만일, 사람이 급한 병이나 무슨 사고로 불시에 열반하게 된다든지, 또는 워낙 신심이 없어서 지도하는 바를 듣지 아니할 때에는 모든 법을 다 베풀기가 어려울 것이나, 불시의 열반이 아니고 또는 조금이라도 신심이 있는 사람에게는 이 법을 행하고 보면 최후의 마음을 더욱 굳게 하여 영혼 구제에 큰 도움이 되리라.

열반이 가까운 병자에 대하여 그 친근자로서는,

첫째, 병실에 가끔 향을 불사르고 실내를 깨끗이 하라.

만일 실내가 깨끗하지 못하면 병자의 정신이 깨끗하지 못하리라.

둘째, 병자가 있는 곳에는 항상 그 장내를 조용히 하라.

만일 장내가 조용하지 못하면 병자의 정신이 전일하지 못하리라.

세째, 병자의 앞에서는 선한 사람의 역사를 많이 말하며 당인의 평소 용성用性한 가운데 좋은 실행이 있을 때에는 그 조건을 찬미하여 마음을 위안하라.

그러하면, 그 좋은 생각이 병자의 정신에 인상되어 내생의 원 습관이 되기 쉬우리라.

네째, 병자의 앞에서는 악한 소리와 간사한 말을 하지 말며, 음란하고 방탕한 이야기를 금지하라.

만일 그러하면, 그 악한 형상이 병자의 정신에 인상되어 또한 내생의 원습관이 되기 쉬우리라.

다섯째, 병자의 앞에서는 가산에 대한 걱정이나 친족에 대한 걱정 등 애연한 말과 비창한 태도를 보이지 말라.

만일 그러하면, 병자의 애착과 탐착을 조장하여 영혼으로 하여금 영원히 그 곳을 떠나지 못하게 하며, 그 착된 곳에서 인도 수생의 기회가 없을 때에는 자연히 악도에 떨어지기가 쉬우리라.

여섯째, 병자의 앞에서는 기회를 따라 염불도 하고 경도 보고 설법도 하되, 만일 음성을 싫어하거든 또한 선정으로 대하라.

그러하면, 병자의 정신이 거기에 의지하여 능히 안정을 얻을 수 있으리라.

일곱째, 병자가 열반이 임박하여 곧 호흡을 모을 때에는 절대로 울거나 몸을 흔들거나 부르는 등 시끄럽게 하지 말라.

그것은 한갓 떠나는 사람의 정신만 어지럽게 할 따름이요, 아무 이익이 없는 것이니, 인정상 부득이 슬픔을 발하게 될 때에는 열반 후 몇 시간을 지내서 하라.』《대종경》, 천도품 2장)

• 『열반이 가까운 병자로서는 스스로 열반의 시기가 가까움을 깨닫거든 만사를 다 방념하고 오직 정신 수습으로써 공부를 삼되 혹 부득이한 관계로 유언할 일이 있을 때에는 미리 처결하여 그 관념을 끊어서 정신 통일에 방해가 되지 않게 할지니, 그 때에는 정신 통일하는 외에 다른 긴요

한 일이 없나니라. 또는 스스로 생각하되 평소에 혹 누구에게 원망을 품었거나 원수를 맺은 일이 있거든 그 상대자를 청하여 될 수 있는 대로 전혐前嫌을 타파할 것이며, 혹 상대자가 없을 때에는 당인 혼자라도 그 원심을 놓아 버리는 데에 전력하라. 만일 마음 가운데 원진을 풀지 못하면 그것이 내생의 악한 인과의 종자가 되나니라. 또는 스스로 생각하되 평소부터 혹 어떠한 애욕 경계에 집착하여 그 착을 여의지 못한 경우가 있거든 오직 강연히라도 그 마음을 놓아 버리는 데에 전력하라. 만일, 착심을 여의지 못하면 자연히 참 열반을 얻지 못하며, 그 착된 바를 따라 영원히 악도 윤회의 원인이 되나니라. 병자가 이 모든 조항을 힘써 오다가 최후의 시간이 이른 때에는 더욱 청정한 정신으로 일체의 사념을 돈망하고 선정 혹은 염불에 의지하여 영혼이 떠나게 하라. 그러하면, 평소에 비록 생사 진리에 투철하지 못한 사람일지라도 능히 악도를 면하고 선도에 돌아오게 되리라. 그러나 이 법은 한갓 사람이 열반에 들 때에만 보고 행하라는 말이 아니라 평소부터 근본적 신심이 있고 단련이 있는 사람에게 더욱 최후사를 부탁함이요, 만일 신심과 단련이 없는 사람에게는 비록 임시로 행하고자 하나 잘 되지 아니하리니, 그대들은 이 뜻을 미리 각오하여 임시 불급臨時不及의 한탄이 없게 할 것이며, 이 모든 조항을 항상 명심 불망하여 영혼 거래에 큰 착이 없게 하라. 생사의 일이 큼이 되나니, 가히 삼가지 아니하지 못할지니라.』(《대종경》, 천도품 3장)

• 『대산 종사, '세 가지 바쁜 공부'에 대해 말씀하시기를 "첫째 현실 속에 존재하는 모든 것은 내 것이 아니라 마지막에 이르러서는 반드시 공空인 것을 깨달아 마음의 애착 탐착을 떼는 공부를 바삐 할 것이요, 둘째

천하에 제일 귀한 이 생명이 호흡 한 번 하는 사이에 있는 줄 알아서 무량수를 발견하여 생사 해탈 공부를 바삐 할 것이요, 셋째 현실의 잘되고 못되는 것이 다 내가 지어 받는 줄 알아서 앞으로 잘 짓는 공부를 바삐 할 것이니라.”』《대산종사법어》, 거래편 4장)

13.4   천도薦度의 도

천도薦度란 원래 죽은 영혼이 낮은 곳에서 높은 곳으로, 나쁜 곳[악도]에서 좋은 곳[선도]으로 옮겨갈 수 있도록 타력으로 도와주는 것을 말하며, 이를 위해서 행하는 의식(재齋)을 천도재라고 부릅니다.그러나 죽기 전에 스스로 수행을 열심히 해서 자력으로 선도에 수생할 수 있는 힘을 갖추는 것이 가장 좋은데 이를 자기 천도라고 부르고, 죽을 때 타력으로 악도를 벗어나 선도에 태어날 수 있도록 하기 위해 죽기 전에 미리 지내는 천도재에 준하는 의식을 예수재豫修齋라고 부릅니다. 따라서 자기 천도를 하기 위해서는 욕심과 집착을 내려놓고 청정한 마음이 되도록 해야 하며, 선업을 쌓고 수양력·연구력·취사력의 삼대력을 갖추어야만 합니다. 사후에 지내는 천도재는 독경과 천도법사의 도력과 가족, 친지 등의 정성을 합하여 타력에 의해 영가로 하여금 부처님과 인연을 맺어서 악도를 면하고 선도에 수생할 수 있도록 기원하며 죽은 사람의 명복을 빌어주는 의식입니다. 천도재는 죽은 뒤로부터 7일 간격으로 초재, 2재, 3재, 4재, 5재, 6재, 종재의 순서로 진행하므로 보통 77천도재 또는 49재라고 부르며, 영혼의 천도가 잘 안된다고 생각될 때는 죽은 뒤 100일째에 다시 지내기도 하는데 이를 100재라고 부릅니다.

또 죽은 뒤에 천도재를 지내지 못했거나 죽은 지 49일 이상 지난 뒤에 특별히 올리는 천도재를 특별천도재라고 부릅니다. 이 천도재는 죽은 사람을 위해서는 물론이고 산 사람을 위해서도 매우 중요한 의식이므로 반드시 지내주는 것이 좋습니다. 왜냐하면 죽은 영혼이 잘 가야 산 사람도 잘 살 수 있기 때문입니다. 만약 죽은 영혼이 다시 몸을 받지 않고 집 주위나 가족 주변을 떠돌 경우에는 질병을 비롯한 각종 사고 등으로 우환이 생기기 쉬우며, 천도를 잘 받아서 선도에 수생하면 일들이 잘 풀려서 가정도 그만큼 평안해지기 쉽기 때문입니다. 영혼의 세계가 일반인의 눈에는 보이지 않기 때문에 이를 미신으로 치부하기 쉬우나 엄연한 사실임이 여러 가지로 실증되고 있으므로 비과학적이라는 이유로 무조건 부정부터 하고 볼 일은 아닙니다.

> • 『천도의 도: 천도라 함은 악한 이를 착한 이로 돌리고 낮은 데에서 높은 데로 이끌어 제도하여 주는 것이니[306], 자기 자신이 스스로 천도하기도 하고 타력에 의지하여 천도를 받게도 되나니라.
>
> 천도의 도는 첫째 불연佛緣을 맺음이니, 정법 회상 인연이 없으면 천도받기가 어려우므로 먼저 불연을 맺을 것이요, 둘째는 믿음을 세움이니, 정당한 타력신과 자력신을 아울러 확립하여 자력과 타력이 한데 어울

---

306) 정산종사께서는 또 "천도薦度란 죽은 영가의 명복을 빌기 위하여 불보살께 재를 올려 그 영혼을 정토나 천계에 태어나도록 기원하는 법식法式을 말하나니라."라고 말씀하셨습니다.(오선명 엮음, 《정산종사 법설》, 244쪽.)

리게 할 것이요, 세째는 깨달음이니, 자타력의 병진으로 정진을 계속하여 마침내 스스로 깨달음을 얻어서 그 광명으로 능히 바른 길을 떳떳이 밟아 나아가게 할 것이요, 네째는 공덕을 쌓음이니, 평소에 정신 육신 물질로 모든 동포에게 고루 덕을 베풀며 특히 제도 사업에 보시를 많이 하면 그 은덕을 흠모하고 칭송하는 사람이 많게 되므로 오고 가는 데에 장애와 마장이 없이 언제 어디서나 천도를 받게 될 것이요, 다섯째는 일심을 청정하게 함이니, 일심이 청정한 근본 공덕을 알아서 평소에 세상 오욕에 물들고 집착하지 아니하여야 공덕이 공덕대로 거름이 되고 생사 거래에도 자유 활발하여 세세생생 끊임없는 천도를 얻게 되나니라.』《정산종사법어》, 세전, 제9장 열반)

• 『만약 계戒·정定·혜慧 삼학을 모르고, 또 불조 정전正傳의 심인을 모르고 보면 영육이 갈릴 때 자력을 얻지 못하여 꿈같이 빠져 나가나니, 사정邪正을 구분 못하여 바람 부는 대로 끌려 다니게 되나니라. 하지만 그 때는 지금의 생시처럼 삼라만상이 그대로 보이느냐 하면 그것이 아니니, 이 삼대력이 없는 영혼은 모두 반대로 보이게 되나니라. 대개 태중은 색욕으로 붙어서 들어가기에 개구리가 좋은 마누라로 보여서 들어가고, 돼지도 또 좋은 마누라로 보여서 들어가며, 논이 좋은 집으로 보이고, 연잎이 몇 층 가옥으로 보이게 되는 것이니라. 그러나 각자가 계·정·혜 삼학으로써 바른 정신을 가지고, 선지식의 법문을 항상 떠나지 아니하여 자력을 가진다면 태장에 들어갈 때에도 바른 진리로써 들어갈 뿐 업력에 끌리지 않는지라, 사견邪見이 아니고 정견正見으로 들어가게

되나니라.」《정산종사 법설》)[307]

• 『또 여쭙기를 "사람이 죽은 후에만 천도를 받나이까?" 대종사 말씀하시기를 "천도에는 생사가 다름이 없으므로 죽은 후에 다른 사람이 하는 것보다 생전에 자기 스스로 하는 것이 더욱 효과가 있으리라. 그러므로 평소에 자기 마음을 밝고 조촐하고 바르게 길들여, 육식六識이 육진六塵 가운데 출입하되 물들고 섞이지 아니할 정도에 이르면 남을 천도하는 데에도 큰 능력이 있을 뿐 아니라 자기 생전에 자기의 천도를 마쳤다 할 것이나, 이러한 사람은 그리 흔하지 아니하나니, 그러므로 삼세의 수도인들이 모두 바쁘게 수도하였나니라."』《대종경》, 천도품 38장)

• 『한 제자 여쭙기를 "영혼이 이 육신을 버리고 새 육신을 받는 경로와 상태를 알고 싶나이다." 대종사 말씀하시기를 "영혼이 이 육신과 갈릴 때에는 육신의 기식氣息이 완전히 끊어진 뒤에 뜨는 것이 보통이나, 아직 육신의 기식이 남아 있는데 영혼만 먼저 뜨는 수도 있으며, 영혼이 육신에서 뜨면 약 칠·칠七七일 동안 중음中陰으로 있다가 탁태되는 것이 보통이나, 뜨면서 바로 탁태되는 수도 있고, 또는 중음으로 몇 달 혹은 몇 해 동안 바람 같이 떠돌아 다니다가 탁태되는 수도 있는데, 보통 영혼은 새 육신을 받을 때까지는 잠잘 때 꿈꾸듯 자기의 육신을 그대로 가진 것으로 알고 돌아다니다가 한 번 탁태를 하면 먼저 의식은 사라지고 탁태된 육신을 자기 것으로 아나니라."』《대종경》, 천도품 13장)

• 『재齋는 열반인의 천도를 위하여 베푸는 법요 행사니, 초재初齋로부터

307) 오선명 엮음, 《정산종사 법설》, 248쪽.

종재終齋에 이르기까지 7·7 헌재獻齋를 계속하게 하는 것은, 열반인의 영식이 대개 약 7·7일 동안 중음中陰에 있다가 각기 업연을 따라 몸을 받게 되므로, 그 동안에 자주 독경 축원 등으로 청정한 일념을 챙기게 하고 남은 착심을 녹이게 하며, 선도 수생의 인연을 깊게 하는 동시에 헌공 등으로써 영가의 명복을 증진하게 하자는 것이며, 또는 모든 관계인들로 하여금 이 각 기간으로써 추도 거상居喪의 예를 지키도록 하자는 것이니, 그러므로 재齋를 행하는 이가 이 두가지 의의意義에 유의하여 어느 하나에도 결함됨이 없도록 모든 성의를 다 하여야 할 것이니라.』《원불교 예전》, 가례편)

• 『대산 종사, 교통사고로 사망한 영가의 유족에게 말씀하시기를 "그 시간에 그곳에 있지 않았으면 죽지 않았을 텐데 하겠지만 그것은 안 될 말이라, 성현들은 생사를 자유로 하기 때문에 그 시간을 넘길 수 있지만 중생들은 그럴 수가 없나니, 자식을 잃은 슬픔도 크겠지만 이제 영가의 완전한 해탈 천도를 위해 정성을 들이라. 영가는 가족들의 정성 여부를 모두 알고 있지만 힘이 없어 떠나지 못하는 것이므로, 49일 동안 정신적으로 기원하고 물질적으로 불공하며 축원해 주어야 완전한 해탈 천도를 받을 수 있느니라.』《대산종사법어》, 거래편 18장)

• 『한 제자 요절한 자녀의 종재를 앞두고 사뢰기를 "올 수만 있다면 저에게 다시 왔으면 좋겠습니다." 대산 종사 말씀하시기를 "불보살도 결정보는 함부로 세우지 않나니 미리 결정은 하지 마라. 먼저 가는 데에는 다 그만한 이유가 있고 급한 일이 있을 수 있으므로 다만 좋은 곳에 태어나기를 축원하면서 다시 태어나도 좋은 인연이 되기를 기원하라. 어렵

고 고단할 때 부모만한 후원자가 누가 있겠는가. 자기가 천지 밖으로 나갈 재주가 있다면 모르거니와 천지 안에 있는 이상 반드시 축원 공덕이 미치리라.』《대산종사법어》, 거래편 21장)

• 『대산 종사, 자녀의 죽음으로 안정을 얻지 못하는 교도에게 말씀하시기를 "먼저 간 자식을 애착하거나 미워해도 영가에게 해가 되나니 자기 인연 따라 가는 것이므로 이쪽에서 너무 붙들지 말아야 하느니라. 다음 생에는 다시 이런 일이 없도록 이 법으로 천도를 하고 미래를 개척해 주는 일이 중요하나니, 법력 있는 스승이나 동지를 모시고 정성스럽게 천도재를 지내도록 하라. 특히 이 영가는 일찍 갔으므로 종재를 마치더라도 백 일이나 천 일은 부모가 정성을 들여 천도해야 하나니, 긴 시간은 아니더라도 집에서 5분, 10분 재를 지내는 것도 좋으니라."』《대산종사법어》, 거래편 22장)

• 『대산 종사 말씀하시기를 "대종사께서는 염라국이 바로 자기가 살고 있는 집 울안이요 명부사자가 바로 가족과 친척들이라고 하셨나니, 열반을 당하였을 때 가족들이 정성을 다해 독경과 기원을 올리면 염라국이 극락이 되고 명부사자가 천도 법사가 되어 영가를 인도하게 되느니라."』《대산종사법어》, 거래편 23장)

13.5   천도재의 효과[308]

    영혼의 세계는 일반인이 직접 체험하여 알거나 과학적으로 입증하기가 쉽지 않기 때문에 보통 부정부터 하거나 미신으로 치부하기가 쉽습니다. 특히 유물론을 철저히 신봉하는 분들은 더욱 그러합니다. 그러나 영혼 또는 귀신과 관련된 내용이 동서고금을 막론하고 무수히 많으며, 현재도 다른 영혼에 빙의되어 점을 치며 살아가는 무당이나, 박수가 많이 있습니다. 또한 꿈을 통해 미리 어떤 사건, 사고를 예시해주는 예지몽이나 임신 사실을 친정 부모님이나 시부모님께 알려주는 태몽을 꾸는 예도 무수하게 많이 있습니다. 또한 천리만리 멀리 떨어져 있는 부모·자식이나 배우자, 친지 등의 사망·사고 소식을 꿈으로 알려주는 경우도 많이 있습니다. 또한 죽기 전에 자기가 곧 죽을 것이라는 것을, 또는 언제 죽을 것인지를 직감적으로 아는 분들도 많이 있습니다. 그리고 근현대에 와서는 임사 체험이나 전생 체험 등에 대한 심도 있는 연구도 많이 되어 있고, 전생을 기억하는 수많은 사람들을 통해 그 기억이 사실에 부합하는지를 실증적으로 체계적으로 연구하여 학술적으로

---

308) 천도재의 효과를 기술한 수많은 실증 사례에 대해서는 월간 원광사에서 펴낸 《죽음과 천도》(상)(하)권을 참고하시면 좋을 것입니다.

전생의 실재를 입증한 연구와 심령과학에 대한 체계적인 연구도 많이 있습니다. 그리고 현재 귀신이나 영혼을 직접 보고 알며, 그들과 직접 대화를 하는 분들도 상당수 있습니다.

필자는 이러한 제반 상황들을 볼 때에 영혼의 존재를 부정하기는 어렵다고 생각합니다. 만약 영혼의 존재도 없고 내생도 없으며, 단지 죽고 나면 모든 것이 끝이 난다고 가정한다면 사실 삶의 궁극적 의미와 가치는 거의 없다고 생각합니다. 굳이 아등바등 고생하며 살 이유가 없습니다. 이래 사나 저래 사나, 죽고 나면 모든 것이 끝이 난다고 하면 하고 싶은 것 마음대로 하며 살다가 그냥 죽어도 무방할 것입니다. 도덕 가치나 윤리 규범을 세울만한 본질적인 이유를 찾기가 어려울 것입니다. 어차피 모두가 죽으면 그만이고 반드시 살아야만 할 이유가 없어지니까요. 아무리 부귀영화를 누리며 잘 산다고 해도 죽으면 끝이고 무無로 돌아가는데 그것이 과연 무슨 의미가 있을까요? 어제와 오늘과 내일이 이어지듯이 과거와 현재와 미래가 끊임없이 이어지므로 삶도 전생과 금생과 내생으로 끊임없이 이어질 수밖에 없으며, 그러기 위해서는 영혼의 존재를 인정할 수밖에 없다고 생각합니다. 영혼의 실체를 인정하지 않는다고 해도 전생과 금생과 내생으로 이어지는 삶만큼은 인과법칙상 부정하기 어려우므로 우리는 영혼의 존재를 부정하고 사는 것보다는 긍정하고 사는 편이 여러 가지 면에서 훨씬 더 유리하고 안전할 것입니다.

천도 또는 천도재가 효과를 얻기 위해서는 첫째는 천도 법사의 도력이 있어야 하고, 둘째는 천도재를 지내는 가족, 친지 등의 정성이 있어야 하고, 셋째는 천도 받는 이를 위해 공덕을 지어줘야 하는데, 천도 받는 이의 업장·업력이 얼마나 중한지와 평소에 쌓은 선업 공덕과 수행 정도와 인연 여하에 따라 좌우되게 됩니다. 그래서 도력이 높을수록, 정성이 클수록, 공덕을 많이 지을수록, 죄업과 업장·업력이 가벼울수록, 선업 공덕이 많을수록, 마음이 청정할수록, 좋은 인연복이 많을수록 당연히 천도가 잘될 것입니다.

- 『박제봉朴濟奉이 여쭙기를 "칠·칠 천도재薦度齋나 열반 기념의 재식을 올리는 것이 그 영에 대하여 어떠한 이익이 있나이까?" 대종사 말씀하시기를 "천지에는 묘하게 서로 응하는 이치가 있나니, 사람이 땅에 곡식을 심고 비료를 주면 땅도 무정한 것이요, 곡식도 무정한 것이며, 비료도 또한 무정한 것이언마는, 그 곡출에 효과의 차를 내나니, 무정한 곡식도 그러하거든 하물며 최령한 사람이 어찌 정성에 감응이 없으리요. 모든 사람이 돌아간 영을 위하여 일심으로 심고를 올리고 축원도 드리며 헌공도 하고 선지식의 설법도 한즉, 마음과 마음이 서로 통하고 기운과 기운이 서로 응하여, 바로 천도를 받을 수도 있고, 설사 악도에 떨어졌다 하더라도 차차 진급이 되는 수도 있으며, 또는 전생에 많은 빚을 지고 갔을지라도 헌공금獻貢金을 잘 활용하여 영위의 이름으로 공중사업을 하여 주면 그 빚을 벗어 버리기도 하고 빚이 없는 사람은 무형한 가운데 복이 쌓이기도 하나니, 이 감응되는 이치를 다시 말하자면 전기와 전기가 서로 통하는 것과 같다 하리라."』《대종경》, 천도품 29장)

• 『한 제자 여쭙기를 "예로부터 자녀나 친척이나 동지된 사람이 자기 관계인의 영을 위하여 혹 불전에 헌공도 하고 선지식을 청하여 설법과 송경도 하게 하옵는 바 그에 따라 어떠한 효과가 나타나오며 그 정성과 도력의 차등에 따라 그 효과에 어떠한 차이가 있사오리까?" 대종사 말씀하시기를 "영을 위하여 축원을 올리고 헌공을 하는 것은 그 정성을 표함이니, 지성이면 감천으로 그 정성의 등급을 따라 축원한 바 효과가 나타나게 되는 것이며, 또는 설법을 하여 주고 송경을 하여 주는 것도 당시 선지식의 도력에 따라 그 위력이 나타나는 것이니, 혹은 과거에 지은 악업을 다 받은 후에야 자기도 모르는 가운데 선도에 돌아오기도 하며, 혹은 모든 업장을 벗어나서 바로 선도에 돌아오기도 하며, 혹은 앞길 미한 중음계에서 후생 길을 찾지 못하다가 다시 찾아 가기도 하며, 혹은 잠간 착에 걸려 있다가 그 착심을 놓아 버리고 천상 인간에 자유하여 복락 수용을 하는 수도 있으나, 만일 자녀의 정성이 특별하지 못하고 선지식의 도력이 부족하다면 그 영근靈根에 별스러운 효과를 주지 못하게 되나니, 어찌하여 그런고 하면 지극한 정성이 아니면 참된 위력이 나타나지 아니하는 것이, 비하건대 농부가 농사를 지을 때에 그 정성과 역량을 다 들이지 아니하면 곡출이 적은 것과 서로 같나니라."』(《대종경》, 천도품 30장)

• 『서대원이 여쭙기를 "천도를 받는 영으로서 천도 법문을 그대로 알아들을 수 있나니이까?" 대종사 말씀하시기를 "혹 듣는 영도 있고 못 듣는 영도 있으나 영가靈駕가 그 말을 그대로 알아 들어서 깨침을 얻는 것보다 그 들이는 공력이 저 영혼에 쏟히어서 알지 못하는 가운데 천도의

인因이 되나니라. 그리하여 마치 파리가 제 힘으로는 천리를 갈 수 없으나 천리마의 몸에 붙으면 부지중에 천리를 갈 수도 있듯이 그 인연으로 차차 법연을 찾아오게 되나니라."』(《대종경》, 천도품 31장)

- 『김대거 여쭙기를 "오늘 두 살된 어린 아이의 사십 구일 천도재를 지냈사온데 어른도 모든 의식을 다 이해하여 천도 받기가 어려울 것이어늘, 그 어린 영이 어떻게 알아듣고 천도를 받사오리까?" 대종사 말씀하시기를 "영혼에는 어른과 아이의 구별이 없나니, 천도되는 이치가 마치 식물에 거름하는 것 같으며 지남철 있는 곳에 뭇 쇠가 딸아 붙는 것 같나니, 일체 동물은 허공계에 영근을 박고 살므로 허공 법계를 통하여 진리로 재를 올리는 것이 그대로 영근에 거름이 되어 효과를 내나니라."』(《대종경》, 천도품 32장)

- 『또 여쭙기를 "그렇게 재를 올리오면 각자의 평소에 지은 바 죄업이 그 경중을 물론하고 일시에 소멸되어 천도를 받게 되나이까?" 대종사 말씀하시기를 "각자의 업의 경중과 기념주의 정성과 법사의 도력에 따라서 마치 태양이 얼음을 녹이는 것과 같이 일시적으로 녹일 수도 있고, 오랜 시일이 걸릴 수도 있으나, 재를 올리는 공이 결코 헛되지는 아니하여 반드시 그 영혼으로 하여금 선연을 맺게 하여 주나니라."』(《대종경》, 천도품 33장)

- 『또 여쭙기를 "천도재를 어찌 사십구일로 정하였나이까?" 대종사 말씀하시기를 "사람이 죽으면 대개 약 사십구일 동안 중음에 어렸다가 각기 업연業緣을 따라 몸을 받게 되므로 다시 한 번 청정 일념을 더하게 하기 위하여, 과거 부처님 말씀을 인연하여 그 날로 정해서 천도 발원을 하는 것이나, 명을 마친 즉시로 착심을 따라 몸을 받게 되는 영혼도 허다

하나니라."』(《대종경》, 천도품 34장)

- 『말씀하시기를 "사람의 영식이 최후의 일념을 확실히 챙기며 청정한 마음으로 구애 없이 떠난즉 가고 오는 길에 매함이 없으나, 그렇지 못한 영은 그 영로에 미혹이 많나니, 더욱 천도 행사가 필요하나니라."』(《정산종사법어》, 생사편 5장)

- 『말씀하시기를 "천도라 함은 영가靈駕로 하여금 이고득락離苦得樂케 하며, 지악수선止惡修善케 하며, 전미개오轉迷開悟케 하는 것이니, 일심이 청정하여 천도할 것 없는데 까지 천도함이 참다운 천도가 되나니라. 우리의 마음은 무형한 것이나, 일심이 되면 우주의 큰 기운과 합치하므로, 수도인들이 청정 도량에 모여 지성으로 축원을 하면 영근靈根에 감응이 되어 쉽게 천도를 받게 되나니, 이는 자손이나 후인이 열반인을 위하여 행하여야 할 가장 중요한 일 가운데 하나가 되나니라. 그러나 한갓 치재致齋행사 만이 능사가 아니니, 제일 중요한 것은 본인이 평소에 본인의 천도를 위하여 적공을 하는 것이요, 후인들도 행사에만 그치지 말고 항시 열반인을 위하여 심고도 하고 열반인을 위하여 적선도 하여, 열반인의 공덕이 길이 세상에 미치게 하는 것이 또한 천도의 중요한 조건이 되나니라."』(《정산종사법어》, 생사편 6장)

- 『또 묻기를 "열반인을 위하여 법요행사를 하오면 영가에게 어떻게 공덕이 미쳐 가나이까?" 답하시기를 "법요행사를 하는 것은, 첫째 열반인으로 하여금 도문에 인연을 맺게 하는 것이요, 또는 재주齋主나 주례나 대중이 일심으로 기원하면 법신불과 우리가 둘 아닌 이치를 따라 영가의 업장이 자연 녹아지는 수도 있고, 또는 도력 있는 선지식이 독경이나 설

법을 하면 부지중 열반인의 혜로가 혹 열리는 수도 있고, 또는 헌공을 바쳐서 공사에 도움이 있으면 영가의 명복에 도움이 되는 것이며, 또는 한 때의 행사 뿐 아니라 관계자가 그 영을 위하여 많은 공사를 하고 모든 선행을 닦으며 수도 문중에 도력을 얻은 자손이 있다면 그 음덕이 또한 그 영에 미쳐 갈 수 있나니, 이것이 다 무위자연한 이치를 따라 되는 것이므로 다만 현장에 나타난 것만으로는 능히 판단하지 못하나니라.”』(《정산종사법어》, 예도편 10장)

• 『대산 종사 말씀하시기를 “정성 없이 재를 지내면 영가에게 아무런 힘도 미치지 못하나니, 천도재를 지낼 때에는 영가를 위해 정성을 다해야 하느니라. 자기가 지은 죄업을 소멸하려면 안으로 자성이 공한 자리를 깨달아 죄업을 진실로 참회하여 청정한 마음을 기르고, 밖으로 무상 보시를 통하여 복락을 많이 장만하고 꿈에라도 죄 짓는 생활을 하지 않아야 천지 기운이 돌아와 제도를 받을 수 있느니라.”』(《대산종사법어》, 거래편 13장)

13.6 다음 생에 과보를 받는 순서[309]

- 과보를 받는 순서[310]: ① 무거운 업, ② 습관적으로 지은 업, ③ 임종에 다다라 지은 업, ④ 이미 지은 업

《청정도론》에 의하면 업이 성숙되는 순서를 다음과 같이 설명하고 있습니다. "네 가지의 다른 업이 있습니다. ①무거운 업, ②습관적인 업, ③임종에 이르러 지은 업, ④이미 지은 업 등입니다. 유익한 것이거나, 해로운 것이거나, 무겁거나 가벼운 업 중에서는 어머니를 살해한 경우나 선정력과 같은 고귀한 경지에서 지은 업이 무거운 업이고, 이것이 먼저 과보로 나타납니다. 마찬가지로 습관적인 것과 습관적이지 않은 것 중에서는 좋은 행위거나, 나쁜 행위거나 습관적인 것이 먼저 과보로 받습니다. 임종에 이르러 지은 업이란 입종 시에 기억하는 업으로, 기억하는 것에 따라 태어납니다. 이상 세 가지에는 포함되지 않지만 자주 반복하여 지은 업을 이미 지은 업이라 합니다. 앞의 세 가지 업이 없을 때는 이 업이 재생 연

---

309) ➡ 상권 246쪽, 「4.3.2. 태어남은 업을 조건으로 일어난다」 참조.
310) 파아욱 또야 사야도 지음, 정명스님 옮김, 앞의 책 363쪽.

결을 일으킵니다.[311]

"죽음 근처의 업"은 죽음의 시간에 아주 선명하게 회상하는 일상적이지 않은 업입니다. 일상적이지 않은 업은 그 자체가 습관적인 업을 제압할 만큼 충분하게 강하지 않습니다. 하지만 죽음의 순간에 아주 선명하게 평범하지 않은 업을 회상한다면 그 선명하게 회상하는 행위는 습관적인 업을 제압하기에 충분한 힘이 있습니다. 그러면 평범하지 않은 업은 과보를 만들어 낼 수 있습니다. 그리고 그에 따라 다시 태어납니다.[312] 그러므로 죽음에 이르러 해로운 행위를 하는 것은 아주 위험하다는 것을 이해하여야 합니다. 그래서 불교를 믿는 사람들이 죽어가는 사람들을 위하여 그들이 지은 훌륭한 행위를 회상시키거나, 혹은 마지막 죽음의 순간에 좋은 생각을 하도록 하는 것은 이 이유 때문입니다. 나쁜 성격을 가진 사람(해로운 업을 습관처럼 지은 자)이라 하여도 바로 죽기 전에는 유익한 업을 짓도록 하여야 합니다. 그들이 지은 업 때문에 다른 곳에 태어날 수 있도록. 그러나 죽음의 순간에 자기의 마음을 통제하기는 어렵습니다.

죽을 때 마지막 호흡이 일어났다가 사라지면 몸의 기능도 정지되고 마음의 기능도 정지됩니다. 이렇게 해서 한 생명이 지속해 온 일생의 연기緣起가 끝납니다. 그러나 마지막에 마음에 담긴 종자가 다음 마음을 만드는 원인이 되어 다시 식을 일으킵니다. 죽을 때

---

311) 마하시 아가 마하 빤디따 지음, 김한상 옮김, 《마하시 사야도의 12연기》, 284쪽. 각주7.

312) 파아옥 또야 사야도 지음, 정명스님 옮김, 앞의 책 362쪽

의 마음의 상태에 따라서 즉시 다음 생의 식으로 연결되는데, 이때의 마음에 담긴 종자가 과보심果報心이며, 이 과보심에 의해 만들어진 식이 재생연결식입니다. 과보심은 평소에 살면서 한 행위에 대한 결과의 마음입니다. 이 재생연결식은 과거의 행위에 대한 과보의 마음이므로 과거와 관계는 있지만 그렇다고 과거의 마음은 아닙니다. 마음은 매 순간 일어나고 사라지기 때문입니다. 여기에도 단지 원인과 결과만 있습니다. 죽을 때의 마음 상태에 따라서 다음 생이 결정되지만, 이때의 마음을 인위적으로 조정하기는 어렵습니다. 평소의 마음이 죽을 때의 마음을 결정하기 때문입니다. 그러므로 평소에 수행을 해서 선한 마음의 힘을 키워놓아야 합니다. 수행을 죽는 연습이라고도 말하는 이유가 이것입니다.[313]

---

313) 묘원 지음, 《사념처 명상의 세계》, 71~72쪽 참조.

참고문헌

1. Daum 사전, Naver 사전, 위키 백과, 지식인 사전

2. 《淮南子》, 《書經》, 《易經》, 《聖經》, 《老子》, 《論語》, 《孟子》, 《大學》 등

3. 《금강경》, 《반야심경》, 《사십이장경》, 《선악업보차별경》, 《정토삼부경》, 《정토경》 등

4. 각묵스님 지음, 《초기불교 입문》, 초기불전연구원, 2017.

5. 각산 신도형 지음, 《한글로 읽는 교전공부(수행편)》, 원불교출판사, 2010.

6. 교산 이성택 지음, 《어떻게 살 것인가》, 가디언, 2019.

7. 교화훈련부 편저, 《대산종사법어》, 원불교출판사, 2020.

8. 금산 권도갑교무님의 《마음공부방법론》 교안 14주, 원광디지털대학교, 2018.

9. 길도훈, 《단전주선》, 도서출판 씨아이알, 2017.

10. 김명우 지음, 《유식삼십송과 유식불교》, 예문서원, 2012.

11. 김수인 지음, 《지구별에서 우주까지 마음여행》, 마인드필드, 2020.

12. 김수인 지음, 《태극숨명상(1·2)》, 마인드필드, 2020.

13. 김윤수 지음, 《불교는 무엇을 말하는가(개정판)》, 한산암, 2014.

14. 김준걸 지음, 《나는 누구인가?》 k-books, 2013.

15. 김중묵 지음, 《인과의 세계》, 원광사, 2003.

16. 노아 엘크리프 지음, 이문영 옮김, 《생각을 걸러내면 행복만 남는다》, 정신세계사, 2018.

17. 니시사카 쓰토무 지음, 최서희 옮김, 《운을 읽는 변호사》, 알투스, 2018.

18. 마티유 리카르, 볼프 싱어 대담, 임영신 옮김, 《나를 넘다(뇌과학과 명상, 지성과 영성의 만남)》, ㈜쌤앤파커스, 2017.

19. 묘법스님 원저, 과경 엮음, 정원규 옮김,《오대산 노스님의 인과이야기》, 불광출판사, 2018.

20. 묘원 지음,《사념처 명상의 세계》, 행복한 숲, 2015.

21. 민수식 지음,《숨 쉴 줄 아십니까》, 해드림출판사, 2014.

22. 박정훈 편저,《(정산종사 법문과 일화) 한울안 한이치에》, 원불교출판사, 1987.

23. 법상 지음,《반야심경과 마음공부》, 서울, 도서출판 무한, 2017.

24. 법타원 김이현종사와 함께하는《정전 마음공부 길》, 원불교출판사, 2016.

25. 북창 정렴 지음, 윤홍식 역,《용호비결 강의》, 봉황동래, 2015.

26. 서광원 지음,《생활속의 공부길》, 원불교출판사, 2015.

27. 성철스님,《백일법문(상)》, 장경각, 불기 2536년.

28. 아신 빤딧짜 스님,《붓다의 첫 사자후, 세상을 깨우다》, 서울, 붇다 담마연구소, 1917.

29. 현각 엮음, 허문영 옮김,《숭산 대선사의 가르침 선의나침반》, 김영사, 2010.

30. 에드용 지음, 양병찬 옮김,《내 속엔 미생물이 너무도 많아》, 도서출판 어크로스 2017.

31. 예타원 전이창 지음,《죽음의 길을 어떻게 잘 다녀올까》, 도서출판 숩리, 1996.

32. 오선명 엮음,《정산종사 법설》, 월간 원광사, 2,000.

33. 요코야마 코이츠 지음, 김명우 옮김,《마음의 비밀》, 민족사, 2016.

34. 원불교 법무실 편,《대산종사법문집 제1집》, 원불교출판사, 1988.

35. 원불교사상연구원 편,《원불교대사전》, 원불교출판사, 2013.

36. 원불교정화사 편찬,《원불교전서》《《정전》,《대종경》,《정산종사법어》), 원불교출판사, 2014.

37. 원요범 지음, 호암 옮김,《요범사훈》, 하늘북, 2018. 2016.

38. 월간원광사 편,《원광자료모음집(대종경편1)》, 원광사, 1990.

39. 윌리엄 하트 지음, 담마코리아 옮김,《고엔카의 위빳사나 명상》, 김영사, 2019.

40. 윤홍식 지음,《초보자를 위한 단학》, 봉황동래, 2015.

41. 이공전 편저, 서문성 주석, 《주석 대종경선외록》, 원광사, 2017.

42. 이공주 수필(대종사 법문), 불법연구회 『회보 34호』, 『회보 44호』.

43. 이광정 지음, 《정전 무시선법 해설》, 원불교출판사, 2014.

44. 이광정 지음, 《정전 좌선의 방법 해설》, 원불교출판사, 2013.

45. 이노우에 위마라 외 2인 편, 윤희조 역, 《불교심리학사전》, 씨아이알, 2017.

46. 이정숙 지음, 《돌아서서 후회하지 않는 유쾌한 대화법 78(개정판)》, 나무생각, 2012.

47. 일묵 지음, 《사성제》, 서울, 불광출판사, 2020.

48. 일묵 지음, 《일묵스님이 들려주는 초기불교 윤회 이야기》, 불광사, 2019.

49. 일타큰스님 지음, 《(일타큰스님의) 윤회와 인과응보 이야기》, 효림출판사, 2017.

50. 제니스 캐플런 지음, 김은경 옮김, 《감사하면 달라지는 것들》(겨울 에디션), 위너스북, 2016년.

51. 최인철 지음, 《프레임-나를 바꾸는 심리학의 지혜》, 21세기북스, 2017.

52. 파아옥 또야 사야도 지음, 정명스님 옮김, 《업과 윤회의 법칙》, 도서출판 푸른 향기, 2012.

53. 한자경 지음, 《심층 마음의 연구(자아와 세계근원으로서의 아뢰야식)》, 서광사, 2016.

54. 허광영 지음, 《원불교 정전 해석서, 개교백년의 정전공부》, 원불교출판사, 2017.

55. 호진 지음, 《무아·윤회 문제의 연구》, 불광출판사, 1915.